A present from Sarah
May 2001.
Father's day

MEMORIAS POLÍTICAS

MEMORIAS POLÍTICAS

Joaquín Almunia

AGUILAR

© De esta edición:
2001, Grupo Santillana de Ediciones, S. A.
Ediciones El País, S. A.
Torrelaguna, 60. 28043 Madrid
Teléfono 91 744 90 60
Telefax 91 744 90 93

- Aguilar, Altea, Taurus, Alfaguara, S. A.
  Beazley 3860. 1437 Buenos Aires
- Aguilar, Altea, Taurus, Alfaguara, S. A. de C. V.
  Avda. Universidad, 767, Col. del Valle,
  México, D.F. C. P. 03100
- Ediciones Santillana, S. A.
  Calle 80 Nº 10-23
  Bogotá, Colombia

Fotografía de cubierta: Emilia Gutiérrez

1ª edición: febrero de 2001

ISBN: 84-03-09234-2
Depósito legal: M-6.047-2001
Impreso en España por Huertas, S. A. Fuenlabrada (Madrid)
Printed in Spain

A Mila, Cristina y Miguel

«Y el pueblo español, antes que a exigir, tenía que atreverse a esperar y la esperanza se estaba ya desatando.»

María Zambrano, *Delirio y destino*

Índice

Introducción 15

Capítulo I. La noche de la derrota del 12-M: el final de un largo ciclo 19
Capítulo II. De Bilbao a Madrid, pasando por Europa ... 29
Capítulo III. Doble militancia, en el PSOE y la UGT ... 51
Capítulo IV. Del 15-J a las elecciones de 1979 71
Capítulo V. Nos preparamos para gobernar 93
Capítulo VI. Del 23-F a la victoria electoral 115
Capítulo VII. De la pana al coche oficial 137
Capítulo VIII. La dificultad de crear empleo 153
Capítulo IX. La batalla de las pensiones 179
Capítulo X. ¿Cómo reformar la Administración? 201
Capítulo XI. La relación con los nacionalistas 215
Capítulo XII. Mi salida del Gobierno 237
Capítulo XIII. La última victoria 257
Capítulo XIV. Una legislatura complicada 275
Capítulo XV. El control del partido 299
Capítulo XVI. Los «barones» territoriales 315
Capítulo XVII. El 34 Congreso 337
Capítulo XVIII. Mil días al frente del partido 359
Capítulo XIX. ¿España se ha vuelto de derechas? 383

Epílogo político 413
Epílogo personal 429
Índice onomástico 437

Agradecimientos

Deseo expresar mi agradecimiento a quienes me han ayudado a lo largo de estos meses. Mila, mi mujer, me ha animado en todo momento a llevar adelante la tarea que me había fijado; y eso a pesar de que una parte del tiempo que me ha ocupado escribir este libro hubiese podido compartirlo con ella en otras actividades. Ha leído los sucesivos borradores, y sus observaciones siempre me han resultado esclarecedoras y útiles. También ha leído el texto primitivo Javier Pradera, quien ya me hizo algunas advertencias muy puestas en razón cuando aún estaba estructurando los diferentes capítulos. Después, me he beneficiado de sus comentarios, gracias a los cuales he podido mejorar de manera sustancial la primera versión. José María Maravall, con quien tantas veces he comentado muchas de las cosas de las que trata el libro, me hizo llegar sus opiniones sobre los primeros capítulos, como siempre inteligentes y llenas de amistad. Teófilo Serrano y Rosa Paz me ayudaron a precisar algunos datos. Julio Pérez y Juani Sánchez me han facilitado la tarea de manejar mis archivos, gracias a sus conocimientos informáticos. Patxo Unzueta, Luis Santos y José Luis Sardina encontraron con rapidez la documentación que les pedí. Mi secretaria, Concha Alonso, me ha ayudado a confeccionar y corregir la última versión del original.

Por último, mis editores recibieron desde el principio con mucho interés mi proyecto. Juan González, Carmen Lacambra y, más tarde, Ana Rosa Semprún acogieron la iniciativa, pusieron su experiencia a mi disposición y sus consejos me han sido muy útiles en mi condición de escritor novel. La colaboración de Santos López para la preparación del texto final ha sido magnífica.

Todos ellos, y muchos más, me han facilitado la tarea de sacar adelante el trabajo que ha supuesto este libro. Pero de los errores de su contenido, así como de las opiniones que en él se vierten, yo soy el único responsable.

Introducción

Tomé la decisión de escribir este libro pocos días después de dimitir como secretario general del PSOE, y aún no tengo una respuesta definitiva a la pregunta de por qué lo hice. Simplemente, sentí esa necesidad al hacerme cargo de los papeles acumulados durante los últimos tres años de mi vida. Trataba, en principio, de organizar un poco las ideas que había ido desperdigando en discursos, artículos, conferencias o en esquemas y notas preparadas para mi uso personal. Al leerlo, me pareció que todo aquel material podía cobrar vida de nuevo en forma de libro. Al fin y al cabo, ésa era una buena manera de aprovechar el tiempo del que iba a disponer a partir de entonces, después de una época en la que había tenido escasos momentos de reposo.

En cuanto puse manos a la obra vi que, para hacerme entender, tendría que remontarme hacia atrás en el tiempo. Casi sin proponérmelo, me encontré analizando toda mi trayectoria política, desde el momento en que entré en contacto con el PSOE. El objeto mismo de mi trabajo cambiaba al ampliarse su ámbito, y pasaba a ser un recorrido por los últimos veinticinco años de la historia de nuestro partido y de nuestro país. Ello me obligaba a analizar, en cierto modo, mi propia vida. Decidí aceptar el reto.

Hasta ahora no han sido muchos los socialistas de mi generación que han puesto por escrito su visión personal de lo que ha sucedido en España desde el comienzo de la transición, y de nuestro papel en todo ese tiempo. No sé cuál pueda ser la razón de que sea así. Quizás se deba al hecho de que muchos de los dirigentes del partido o de los componentes de los gobiernos de Felipe González estén aún desempeñando puestos de responsabilidad o se sientan todavía demasiado jóvenes como para retirarse a escribir sobre su propio pasado. De hecho, algunos amigos se han extrañado de que, a mis cincuenta y dos años, dedicase buena parte de mi tiempo a redactar las páginas que vienen a continuación. ¿Es ésa una tarea reservada a quienes no tienen ya otras cosas que hacer? Yo no estoy de acuerdo, y menos después de haber pasado por esta experiencia. Desde el punto de vista personal, me ha resultado gratificante y útil; espero que también a los lectores les resulte de interés.

¿He escrito unas memorias? Me lo he preguntado yo mismo, y la verdad es que no sé cómo calificar este libro. Es posible que, fruto de mi afición al cine, a lo que más se parezca lo que he hecho sea a una película, de la que soy a la vez director, guionista, cámara y actor. En mi calidad de director, me he permitido ciertas licencias, puesto que se trata de un cine de autor. En unas secuencias, aparezco en primer plano, y hablo a la cámara en primera persona. En otras, sólo soy uno más de los actores de reparto que acompañan a los protagonistas principales. También hay fases en las que prefiero tomar cierta distancia y limitarme a ser una voz en *off*, que pretende simplemente servir de apoyo al relato. En fin, en alguna ocasión tomo la cámara sobre mis hombros, filmando la parte de la realidad que me interesa para apoyar el guión, seleccionando algunos acontecimientos y enfocándolos bajo una perspectiva y un encuadre determinados.

Me he guiado ante todo por mis recuerdos. Y como de ellos se trata, no siempre me he sometido a la disciplina férrea del calendario. Por supuesto, he recurrido al *flash back*, saltándome las reglas estrictas de la cronología. Pero también, como en esas películas en las que la cámara atraviesa puertas y paredes para seguir al personaje de una determinada secuencia, he introducido algunas reflexiones de futuro, aun tratándose de una narración del pasado o, en todo caso, del presente. Confío en que tanta decisión caprichosa del director de la película, y tanto movimiento de cámara, no acaben cansando al espectador.

En muchos casos, los hechos sobre los que he construido mi relato están todavía muy recientes; es posible por ello que algunos de mis análisis hubiesen necesitado más reposo para convertirse en definitivos, una vez decantados con más sosiego. Hay quien opina que eso es lo recomendable. Pero también los hay partidarios de la tesis opuesta: argumentan que si los testimonios se difieren en el tiempo, la memoria selectiva introduce sesgos que pueden llegar a distorsionar la realidad de lo sucedido. Timothy Garton Ash, en su *Historia del presente*, introduce algunas reflexiones muy pertinentes en torno a una anécdota: cuando asistía, en noviembre de 1989 en Praga, a una reunión de los líderes de la «revolución de terciopelo» en el teatro de la Linterna Mágica, se dio cuenta de que era el único que tomaba notas de aquellos debates decisivos. ¿Quién hubiese podido reproducir el contenido de aquellos momentos cruciales, si él no hubiese hecho uso de su bolígrafo y de su cuaderno?

En ningún momento he pretendido ofrecer una visión panorámica del último cuarto de siglo. Me ha bastado con trasladar al papel, de entre todo lo ocurrido en ese periodo, algunas de las imágenes y de los puntos de vista que más significado tienen para mí. En este sentido, más que unas memorias a modo de balance definitivo de toda una vida, y reflejo fiel de toda una época, los capítulos que vienen a continuación no son sino apuntes y comentarios personales, al hilo de los hechos más significativos con los que me he ido encontrando a lo largo de mi experiencia política y personal. Ni siquiera me he podido apoyar en un diario, que nunca redacté a lo largo de estos años.

El lector no tiene entre sus manos, en todo caso, un libro de historia. Ése no es mi oficio, ni era mi propósito. Sólo he querido aportar mi visión personal, aunque uno de los motivos que también me ha animado a escribir ha sido que esa visión pudiese servir en su día a los historiadores como una materia prima más, entre muchas, con la que puedan elaborar sus trabajos.

Por supuesto, sé que algunas de las valoraciones políticas que subyacen en estas páginas no serán compartidas; por lo tanto, con ellas puedo estar provocando el debate. Bienvenido sea. Si éste no se produce, sentiré una cierta frustración. También formulo, a lo largo de estas páginas, algunos juicios sobre personas concretas; o más exactamente, sobre la opinión que me merecen los comportamientos políticos de algunas personas, pertenecientes o no al PSOE. En todos los casos he querido huir de valoraciones hirientes, y lo último que desearía es que el lector albergase la idea de que pretendo llevar a cabo un ajuste de cuentas.

Cuando empecé a trabajar en la redacción de este libro, el PSOE atravesaba una situación muy difícil. Aún quedaban varios meses hasta la fecha prevista para la celebración del 35 Congreso, en el que debíamos elegir al secretario general que ocupase el lugar que había quedado vacío tras mi dimisión, y una nueva dirección; el Partido Popular, a su vez, iniciaba la nueva legislatura confiado en que su mayoría absoluta y la crisis socialista le situaban a resguardo de cualquier turbulencia. Las cosas pintaban mal para nuestros intereses políticos, y la derecha se las prometía muy felices, con cuatro años por delante.

A comienzos de 2001, por el contrario, el panorama ha cambiado de manera sustancial. Los nuevos responsables del partido socialista, con José Luis Rodríguez Zapatero al frente, se benefician de un clima político mucho más favorable: el Gobierno Aznar ha comenzado la legislatura con mal pie, y en pocos meses ha acumulado un considerable desgaste, mientras que el electorado vuelve a mirar hacia el PSOE, atraído por la juventud de sus nuevos dirigentes y la sensatez y buen sentido político que está demostrando su nuevo líder.

No hay nada que me satisfaga más en este momento, desde el punto de vista político, que el sentimiento de optimismo que vuelve a respirarse en torno a lo que representa mi partido y a lo que los socialistas podemos ofrecer al conjunto de los ciudadanos españoles. Espero que al leer estas páginas, encuentren ustedes razones y argumentos para confirmar esos buenos augurios.

CAPÍTULO I

La noche de la derrota del 12-M: el final de un largo ciclo

«Me acaba de llamar por teléfono Jaime Mayor. Según sus estimaciones, van a obtener ciento ochenta y un diputados». No habría transcurrido mucho más de una hora desde que se habían cerrado las urnas. Estábamos todavía analizando los avances de resultados que diversos medios habían dado a conocer a las ocho en punto, y que coincidían en otorgar una cómoda ventaja al PP. El recuento de los votos en los miles de colegios electorales de toda España se desarrollaba al ritmo de ocasiones anteriores, y quedaba una larga noche por delante. Apenas empezaban a llegar los primeros datos a la *web* del Ministerio del Interior, pero el Gobierno parecía tener prisa por cantar cuanto antes su victoria.

Quien me traía esa noticia se había sentado frente a mí en la mesa del despacho de Ferraz, como tantas otras veces a lo largo de los tres últimos años. Ciprià Císcar no suele levantar la voz casi nunca, pero en esta ocasión apenas un susurro surgía de su boca. No me mostré muy sorprendido. De hecho, los primeros resultados del escrutinio que aparecían en la pantalla del ordenador, a la derecha de mi mesa, ya apuntaban en esa dirección.

Miré a Ciprià y le dije que, si la previsión del Gobierno se confirmaba, anunciaría mi dimisión esa misma noche. Hizo ademán de argumentar algo, pero no le dejé siquiera que iniciase su turno de réplica. En esta ocasión, no me iba a echar atrás, ni estaba dispuesto a dejarme convencer. Lo había meditado mucho, desde el mismo momento en que, el mes de julio del año anterior, había sido designado candidato para cubrir la vacante dejada por Borrell. Me había prometido a mí mismo que, si el resultado de las elecciones arrojaba una derrota clara, no me quedaría al frente del partido ni un minuto más de lo necesario.

Me había equivocado ya una vez, cuando a raíz de la derrota en las primarias no había mantenido mi renuncia a la Secretaría General. Ahora no quería repetir el mismo error. Ante el escenario que se avecinaba había que dar cuanto antes un paso atrás, dejando que tomase el relevo gente nueva. Una transición más dilatada nos reportaría más inconvenientes que ventajas.

La derrota sin paliativos entraba en mis cálculos. El anuncio de la oferta de pacto con IU había devuelto la alegría por unos instantes a parte de nuestra gente, modificando la sensación de que todo estaba ya resuelto de antemano. Pero las encuestas se habían mantenido inalterables. Durante la última semana de campaña no sólo no se había producido atisbo alguno de reacción entre el electorado indeciso, sino que la distancia que nos separaba del PP se había abierto aún más, hasta el punto de que Aznar bordeaba la mayoría absoluta. En la misma jornada de reflexión, las noticias que me habían llegado confirmaban la tendencia. La movilización de los días previos a la votación que se había producido otras veces, en esta ocasión no se percibía por ningún lado.

Malas noticias

El domingo 12 por la mañana me acerqué al colegio electoral. Me acompañó Mila, que esta vez no había querido actuar de interventora para estar junto a mí. Subimos la ligera pendiente de la calle Valderromán y atravesamos los soportales que desembocan en la verja que rodea el colegio Lepanto, a cinco minutos de mi casa, donde siempre he votado. Estaban congregados en la puerta algunos compañeros del partido y un grupo de vecinos que, al ver el alboroto de cámaras, fotógrafos y periodistas, se quedó a curiosear y a saludarnos. La mayoría me desearon suerte, y parecían hacerlo confiados en nuestras posibilidades de victoria.

Recordé los rostros emocionados de tantas personas, sobre todo mayores, en las primeras elecciones generales, o el 28 de octubre de 1982, apretando entre sus manos las papeletas de voto previamente escogidas en la soledad de sus hogares.

En esta ocasión yo contemplaba todo lo que me rodeaba con una mirada diferente. ¿Conseguiría, contra todo pronóstico, apoyos suficientes para formar una mayoría? ¿Sufriría, por el contrario, una gran decepción? ¿Qué cambios, políticos y personales, empezarían a producirse, en cuanto se recontasen los votos que toda aquella gente iba depositando en las urnas? Cumplí con el rito que obliga a los candidatos a amagar el voto varias veces, para que todos los fotógrafos tengan su oportunidad, hice unas breves declaraciones llamando a la participación, nos acercamos al quiosco a comprar los periódicos y nos volvimos tranquilamente a casa, a leer y escuchar música.

Después de comer, eché en falta las habituales llamadas para comentar el avance de los sondeos «israelitas», como llamamos coloquialmente a los que se hacen a la salida de los colegios. Mala señal. En todas las jornadas electorales, hacia las cuatro de la tarde empiezan a circular entre los medios las primeras quinielas, basadas en los datos recogidos hasta el mediodía. Sufrí esa espera, aparentando normalidad y sin decir nada a nadie, rumiando yo solo los malos presagios.

Por fin a media tarde sonó el teléfono: los datos que me avanzó Alfredo Pérez Rubalcaba no eran nada alentadores. Fue entonces cuando le dije a Mila que si las cosas rodaban finalmente en esa dirección, presentaría la dimisión inmediatamente. No sé si me creyó del todo. Hasta entonces, no había compartido mis intenciones sobre este tema ni siquiera con ella. Días después, no dejó de echármelo en cara. Con razón. Hacia las siete de la tarde me puse un traje y una corbata, y nos fuimos los dos a Ferraz.

En mi despacho, se vivía el ambiente de las noches electorales: la televisión y la radio encendidas, teletipos que anunciaban el nivel de participación acumulados encima de la mesa... A las ocho todos los sondeos de los medios de comunicación dieron ganador claro al PP, pero ninguno se acercó a los ciento ochenta y tres escaños. Es más que probable que, antes de ofrecer sus respectivas previsiones, los distintos institutos de opinión pacten entre ellos una horquilla de resultados. Así, si se equivocan, lo hacen todos a la vez. En todo caso, la victoria de Aznar parecía clara, y nadie la ponía en duda.

Las cosas no pintaban nada bien, pero las espadas todavía estaban en alto. Cipriá bajó al poco rato a la sala de prensa, e hizo unas declaraciones para salir del paso, sin desviarse ni un milímetro de los cánones establecidos: «los sondeos son lo que son, habrá que esperar a los datos del recuento, que siempre nos favorecen más que las encuestas». Mientras, nuestros adversarios no perdían el tiempo. Debían de estar muy seguros de sus propios sondeos, y esta vez no querían que se les aguase su triunfo, como les había ocurrido en las elecciones de 1996. Mariano Rajoy, en un alarde de confianza, proclamó la victoria del PP cuando aún no había sonado la campanada de las ocho y media.

En ese clima pesimista encontré unos minutos para dar una ojeada al proyecto de declaración que había encargado a José Enrique Serrano. En realidad, eran dos borradores. Uno de ellos, para utilizarlo en el supuesto de ganar; el otro, para el caso de que fuésemos derrotados. Presté más atención, como es obvio, a este último.

Al poco tiempo, después de que Ciprià abandonase mi despacho, conocedor ya de mis intenciones, se presentaron en él Felipe y Alfredo Pérez Rubalcaba. Les ratifiqué mi voluntad de dimitir si los malos augurios se confirmaban. Ambos me pidieron calma y prudencia, tratando de convencerme de que no hiciese pública mi dimisión esa misma noche. Pero era un intento vano. También Juan Manuel Eguiagaray vino a verme con el mismo mensaje.

Hacia las diez de la noche, pedí a quienes estaban en el despacho que me dejasen solo. Desgraciadamente, se confirmaban las estimaciones del Gobierno, apuntando de forma inequívoca a la mayoría absoluta del PP. Decidí no retrasar más de lo necesario el reconocimiento de la derrota.

Felicité a José María Aznar por su triunfo espectacular y le deseé suerte para su segunda legislatura como presidente. Ninguno de los dos nos caracterizamos por la efusividad ni por la exteriorización de los sentimientos más allá de lo estrictamente imprescindible, pese a lo cual percibí que estaba rebosante de satisfacción. Era lógico. Me preguntó cortésmente acerca de mi estado de ánimo, y le respondí que me encontraba tranquilo, sin anticiparle cuál iba a ser el sentido de mi declaración pública pocos minutos después.

Paco Frutos, a quien telefoneé a continuación, estaba pasando, como yo, una noche difícil. Los resultados de IU eran muy malos. El último día de campaña habíamos coincidido los dos en un acto en Madrid. Le había encontrado ya muy preocupado ante la posibilidad de tener que afrontar un escenario como el que se estaba confirmando. En los pocos minutos que duró nuestra conversación, le informé de que me disponía ya a reconocer el triunfo del PP por mayoría absoluta. Tampoco a él le hablé de mi decisión de dimitir. No quería que nadie, salvo los muy cercanos, lo supiese antes de hacerlo público.

LA DIMISIÓN QUE NADIE ESPERABA

A las diez y media, ya había corregido el texto de la declaración, añadiendo de mi cosecha algunas frases que diesen más contundencia a la valoración del resultado, además del párrafo relativo a mi dimisión. El PP obtenía una mayoría absoluta clara, y nosotros el peor resultado desde 1979. Casi todo el capital acumulado a raíz de la gran victoria de 1982 se había esfumado; pese a los casi ocho millones de votos que nos seguían respaldando, las pérdidas eran muy cuantiosas.

Salí del despacho para dirigirme a la sala Ramón Rubial, en la que se habían congregado los medios y la mayoría de la gente que había acudido a Ferraz. Me acompañaba Mila. El silencio se cortaba con un cuchillo.

Al avanzar hacia el atril me vinieron a la mente las imágenes de otro momento aciago para mí, vivido en aquel mismo escenario: la noche de las elecciones primarias, dos años antes. Traté de no trasladar mi estado de ánimo al auditorio. Comencé a leer. «El Partido Popular ha ganado las elecciones generales. Ha logrado el apoyo mayoritario de los españoles. Reconozco su triunfo y felicito al vencedor».

La declaración no se perdía en argumentos retorcidos que permitiesen fabricar una interpretación suavizada de los resultados. «Los socialistas no hemos sabido convencer a los españoles del proyecto de futuro que hemos venido defendiendo. No hemos sabido conectar con sus esperanzas e ilusiones del momento presente».

Cuando se pierde una elección hay que pensar en los motivos que hayan podido llevar a muchos ciudadanos a no manifestar su apoyo a nuestras tesis, pero también es obligado agradecer la confianza que han demostrado quienes sí nos han votado. Por eso, seguí leyendo: «...Los resultados que hemos obtenido obligan, más que nunca, a agradecer el apoyo que han manifestado a las candidaturas del Partido Socialista los millones de españoles que nos han otorgado su confianza (...) Todos ellos son la esperanza de un futuro más igualitario y solidario para España. Un futuro que no debemos dar por perdido; un futuro que sólo retrasa su comienzo en unos años».

Mi intervención no se alejaba de lo que correspondía a un momento como el que estábamos atravesando. Quizás contenía unas gotas más de autocrítica de la que recomiendan los que piensan que reconocer los errores propios es una torpeza.

Por fin llegué a los párrafos de mi intervención que iban a convertirse en titulares. «Ahora, los socialistas debemos hacer necesariamente una reflexión en profundidad sobre el resultado electoral, sobre sus causas y sobre sus consecuencias. Una reflexión a partir de la cual se afronte la renovación del Partido Socialista, que yo he querido iniciar, pero que requiere de un impulso nuevo y mucho más decidido que hasta ahora. La izquierda española, y todos los progresistas, necesitan iniciar el siglo XXI con un nuevo proyecto, con ideas nuevas, con gente nueva. Y para ello el PSOE tiene que estar en condiciones de liderar ese desafío cuanto antes. Por eso quiero anunciarles que desde este mismo momento presento de forma irrevocable mi dimisión como secretario general…».

La noticia cayó como una bomba. Oí algunas voces pidiéndome que no lo hiciese, que tenía que seguir, que no podía dejarlo ahora, precisamente ahora.

¿Y ahora qué?

Me encontraba especialmente sereno. Estaba seguro de haber hecho todo lo que política y humanamente era posible, dadas las circunstancias en las que había aceptado asumir la candidatura. Durante seis meses, me había recorrido toda España. Había defendido un programa electoral elaborado, esta vez sí, con la participación de muchos sectores, de expertos, de grupos de trabajo. Había lanzado una oferta de pacto a IU bastante arriesgada, sabiendo que no quedaba más remedio que sacudir el ambiente si queríamos despertar a una parte de nuestro electorado de la apatía, cuando no de la resignación acerca del triunfo inevitable del PP.

En vista de que todo ese esfuerzo no había producido los frutos esperados, estaba convencido de que la decisión que acababa de anunciar era la mejor para el partido, pese a que era consciente del riesgo de que, con mi dimisión, se crease una situación de vacío de poder.

Cuando subí de nuevo a la cuarta planta, el ambiente se había hecho aún más plomizo y cargado. Recibí algunas llamadas telefónicas, de dirigentes del partido y de amigos, para darme un abrazo y ofrecerme su respaldo en esos momentos. Javier Solana, con quien había cenado el sábado, llamaba cada media hora desde Bruselas para solidarizarse y seguir la marcha de los acontecimientos. En cuanto hubo un avance fiable del escrutinio de las elecciones andaluzas, que también se habían celebrado ese día, llamé a Manolo Chaves para felicitarle por su nuevo triunfo. Empezaron a ponerse en contacto conmigo algunos compañeros de la Internacional Socialista. Recuerdo especialmente las palabras cariñosas de Lionel Jospin, Antonio Guterres y Fernando de la Rúa.

Felipe vino a verme de nuevo. Estaba tremendamente triste y preocupado. Nos sentamos el uno frente al otro en torno a una mesa redonda, y recabé su opinión. Percibí con claridad que no compartía la forma en la que yo había hecho pública mi decisión irrevocable de abandonar la Secretaría General. Mantuvo aquella noche, como siempre, un exquisito respeto hacia mis criterios. Pero nos conocemos desde hace muchos años, y su gesto era signo inequívoco de contrariedad, porque las cosas no se estaban haciendo como él las hubiese hecho.

Hacia la una de la madrugada, recogí los papeles que se habían ido acumulando sobre mi mesa de trabajo, saludé a los rezagados que todavía deambulaban por las inmediaciones del despacho y volví con Mila a casa. Al salir de Ferraz por el garaje, miré de soslayo al escenario que se había improvisado en la calle, delante de la puerta principal de la sede, para el supuesto de que hubiese habido un triunfo que celebrar aquella noche. Unas pocas personas paseaban por las inmediaciones, desorientadas. ¡Qué diferencia con otras ocasiones! El poder que iba a acumular en sus manos la derecha era muy superior al de 1979, la caída de nuestros apoyos electorales no tenía parangón y esta vez, además, yo era el máximo responsable de lo que había sucedido.

Ya en casa, todavía estuve un rato echando un último vistazo a los resultados. Por provincias, por comunidades autónomas, analizando la votación en algunos municipios. El varapalo era general. Prácticamente nadie se salvaba del desastre. En la habitación contigua, dormía Miguel, mi hijo.

Pocos días antes, desde el mismo ordenador que yo manejaba, me había dirigido a mi dirección electrónica un *e-mail* que no conservo, pero sigo recordando casi en su literalidad. «Papá, aunque soy consciente de que a nuestro país le conviene más que seas tú el próximo presidente del Gobierno, yo miro las cosas desde el lado egoísta y no quiero que ganes, pues no me apetece nada tener que ir a vivir a La Moncloa. Lo siento». Efectivamente, no iba a verse obligado a llevar escolta a sus diecisiete años, ni a cambiar de domicilio y de barrio. Pero, ¿qué consecuencias tendrían, para él y para otra mucha gente de su edad, cuatro años de mayoría absoluta de una derecha crecida por su éxito, y con mucho terreno por delante gracias a nuestra crisis? Al menos, a partir de ahora podría dedicarle como padre una parte del tiempo que le había robado para dedicárselo a la política.

Hacia el cambio generacional

Al día siguiente, el lunes 13 de marzo, convoqué a la Comisión Ejecutiva. A las cinco de la tarde, después de recibir con la mejor cara posible a los cámaras de televisión y a los fotógrafos, tomé la palabra y desarrollé mi análisis de los resultados, apoyado por el informe de urgencia que había confeccionado el Comité Electoral. Reiteré mi decisión de dimitir de forma irrevocable, y después de algunas intervenciones, todos los miembros de la Ejecutiva asumieron la situación y plantearon a su vez la dimisión, que era en todo caso obligada por mi renuncia a la Secretaría General. Convocamos un Comité Federal extraordinario, ante el que yo presentaría ocho días más tarde el análisis y la valoración de los resultados, la propuesta de convocatoria del congreso del partido, para finales de julio, y la necesidad de elegir, en ese mismo comité, una comisión política que organizase el congreso y dirigiese, entre tanto, los destinos del partido. Días más tarde, el Comité Federal respaldó nuestra propuesta, y eligió una comisión, presidida por Manuel Chaves, encargada de dirigir los asuntos diarios del partido hasta la elección de la nueva dirección.

Pronto empezaron a emerger opiniones contrarias a la solución drástica que se había desencadenado con mi renuncia y la de toda la dirección. Se estaba creando una sensación de vacío, que a duras penas podía ser evitada por muy buena que fuese la voluntad que estaba poniendo en su cometido la comisión política. La inquietud era comprensible. Había contado con ello al tomar mi decisión, considerando que era un precio inevitable que había que pagar, a cambio de producir las transformaciones necesarias. Las cosas estuvieron a punto de desbordarse a la vista del desbarajuste que produjo la proliferación inicial de candidaturas, pero pronto volvió a serenarse el clima.

Cuando los delegados del 35 Congreso eligieron, meses después, y por una pequeña diferencia de votos, a José Luis Rodríguez Zapatero como nuevo secretario general, me alegré profundamente y respiré tranquilo. Esta vez, pensé, el PSOE había entendido el mensaje de los electores. Los cambios que vienen ocurriendo desde entonces en la valoración que el partido y sus dirigentes reciben de la opinión pública lo confirman.

Capítulo II

De Bilbao a Madrid, pasando por Europa

Mi encuentro con el PSOE y la UGT requiere alguna explicación biográfica. Nací en el seno de una familia de clase media alta, conservadora y muy apegada a los valores católicos tradicionales. Mis padres pertenecían al bando de los vencedores de la guerra civil. El anticomunismo y el antinacionalismo vasco formaban parte de la cultura en la que se había desarrollado mi infancia, aunque en mi casa no se hablaba mucho de política. Estudié en un colegio religioso, de jesuitas para más señas, y en una universidad privada, regentada también por la Compañía de Jesús.

Con esos antecedentes, lo más normal es que mi vida hubiese tomado unos derroteros muy distintos a los que emprendí cuando me afilié al PSOE y, sobre todo, cuando al cabo de año y medio empecé a trabajar en la UGT. Me pregunto si, de haber nacido treinta años más tarde, las cosas se hubiesen desarrollado de la misma manera.

Mi padre amaba su profesión y poseía una gran cultura. Ingeniero industrial experto en acero, repartía su tiempo libre entre el golf —como buen anglófilo—, la cocina, su biblioteca de libros viejos y la investigación sobre los orígenes históricos de la siderurgia vasca. Nació en Valencia, estudió en Madrid y trabajó en varios lugares de España antes de recalar en Bilbao; tenía a gala exhibir un talante cosmopolita, lejos de cualquier provincialismo. Le atraía la historia del País Vasco, sobre todo la relacionada con su siderurgia.

Gran experto en la historia de las ferrerías y demás artes metalúrgicas tradicionales, impartía conferencias o publicaba artículos sobre estos temas, por lo que fue admitido como miembro de la Real Sociedad Vascongada de Amigos del País. Le recuerdo como una bellísima persona, gran trabajador y honrado a carta cabal.

Mi madre, como la mayoría de las mujeres de entonces, no trabajaba fuera de casa. Ocupaba la mayor parte de su tiempo cuidando de su marido y de la educación de sus tres hijos, y atendiendo el piso alquilado en el que vivíamos, cerca del puente colgante que separa Las Arenas de Portugalete. Su familia, los Amann, procedía del norte de Alemania, pero estaba establecida en Bilbao desde el siglo XIX. Algunos de sus miembros se han ganado un lugar en la pequeña historia de la ciudad. El más famoso es mi bisabuelo José Isaac, uno de los que idearon y empezaron a urbanizar Neguri, al tiempo que construían el ferrocarril que lo une con Bilbao, hoy convertido en Metro.

Haciendo honor al carácter inquieto de sus antepasados, gente emprendedora y viajera, mi madre mostraba gran curiosidad por las novedades del extranjero, para compensar la mediocridad en que se desarrollaba la vida en la España de posguerra. Estaba muy atenta a los artilugios domésticos que, procedentes del estraperlo, llegaban al puerto de Santurce, y ojeaba las revistas francesas para cuando, una vez al año, nos acercásemos a Bayona y a Biarritz, a comprar las cosas que no se podían encontrar en las tiendas españolas. Vajillas de Duralex, ollas a presión, máquinas de tricotar o pantalones y camisas de tergal: esos y otros productos se convirtieron, gracias a mi madre, en objetos de uso habitual para nosotros, años antes de que se comercializasen en nuestros mercados.

Al llegar a la adolescencia, vislumbré que la sociedad era mucho más compleja de lo que me habían contado, y que el mundo no se acababa en los límites estrechos de mi entorno familiar. Algunas imágenes me marcaron de forma especial. Recuerdo a toda mi clase de segundo de bachillerato, puesta en pie para guardar un minuto de silencio en memoria del *lehendakari* Aguirre, muerto lejos de su tierra en 1961. El padre Arberas, profesor de Literatura, interrumpió la lectura de la *Odisea* y nos expuso en pocas palabras quién era Aguirre y cuáles habían sido las causas por las que había tenido que morir lejos del País Vasco. Supe entonces que las familias de algunos de mis compañeros eran nacionalistas, y por lo tanto perdedoras de la guerra civil. Así aprendí lo que eran el exilio y el nacionalismo, y que había ideas que no podían expresarse en voz alta.

El mismo padre Arberas organizaba los fines de semana una visita al extrarradio de Bilbao, donde había aparecido en los últimos tiempos un gran número de chabolas, en las que se hacinaban los emigrantes recién venidos de otras partes de España. Los que nos sumábamos al grupo llevábamos con nosotros paquetes de alimentos y de otros productos básicos, para repartirlos entre aquella gente. En Uretamendi, encima del barrio de Recaldeberri, a unos veinte minutos a pie del lugar en que se encontraba el colegio, vi con mis propios ojos lo que eran la pobreza y la marginación. Cuando años después leí *Tiempo de silencio*, reconocí en sus descripciones magistrales de la periferia del Madrid de los años cincuenta un mundo similar al que yo había recorrido por las laderas de los montes que rodean Bilbao. Para entonces, ya sabía distinguir entre la caridad y la política.

Tres años después vino a mi curso uno de los niños que habían crecido entre aquellos lodazales, después de obtener una beca lograda a base de buenos resultados académicos. Tenía que estudiar casi sin luz eléctrica, frente a las comodidades que encontrábamos en nuestras casas sin darles importancia. Sus magníficas notas le permitieron obtener otra beca para matricularse en Deusto. Fuimos compañeros de curso durante cinco años en la Universidad. Hoy Julián Pérez Delgado es un importante ejecutivo de una gran empresa vasca.

En esa misma época presencié la primera manifestación. El autobús que cada mañana nos desplazaba hasta el colegio a quienes vivíamos en los barrios residenciales de Getxo tuvo que pararse más tiempo del habitual en Erandio, el pueblo de Ramón Rubial, porque un grupo de obreros había cortado la carretera. Podría tratarse, quizás, de una muestra de solidaridad con los mineros de Asturias, durante la huelga de 1962. En la margen derecha de la ría había muchas fábricas, cuyos nombres me sabía de memoria, pero nunca se me había ocurrido pensar en los conflictos que albergaban en su seno. Recuerdo cómo salían del transbordador del Puente Colgante, al acabar su jornada laboral, los trabajadores que vivían en el barrio obrero de Romo, al otro lado de las vías del tren que conectaba Algorta con Bilbao. Se les distinguía porque llevaban consigo una tartera con el almuerzo.

Pronto empezaron las lecturas, y con ellas se me abrió de par en par un mundo apasionante. Los profesores nos recomendaban a Martín Vigil, Michel Quoist o Maxence van der Meersch. Sin duda, eso era mejor que las novelas del Padre Coloma o José María Pereda que habían leído quienes pasaron antes que nosotros por aquellas aulas. Pero mis dos hermanas y yo teníamos nuestros propios criterios, como muchos otros de nuestros amigos. Empezamos a introducir en casa novelas que no formaban parte de la biblioteca paterna, y nos convertimos en lectores voraces. Un día, mi madre organizó un gran escándalo al ver que circulaba entre nosotros un ejemplar de *Anna Karenina*. Pero los tiempos estaban cambiando. Los aires del Concilio Vaticano II se notaban cada vez más, y muchos curas se salían de los cauces de la ortodoxia y nos sugerían escritores y títulos distintos a los tradicionales. Baroja, Sastre, Buero, Camus y otros autores alejados de los criterios tradicionales, empezaron a interesarme.

A los dieciséis años tuve en mis manos uno de los primeros números de *Cuadernos para el Diálogo*, que aún conservo en casa. Me lo proporcionó un jesuita, el padre Mendibelzúa. En sus páginas encontré argumentos que me ayudaban a ordenar el torbellino de ideas que, de forma confusa, empezaban a bullir en mi cabeza. Al aprobar el Preu, conseguí que mi padre me diese algún dinero para suscribirme a la revista, y su lectura me acompañó durante todo el periodo universitario. Lo que no me imaginaba entonces es que, años después, conocería a muchos de sus redactores y trabajaría con ellos. También empecé a leer a Unamuno, por indicación de Paco García Salve, el mismo que luego sería condenado en el famoso proceso 1001, como dirigente clandestino de Comisiones Obreras. Con él, cura rebelde por antonomasia, se podía hablar en un tono diferente al que estábamos acostumbrados, y no me extrañó nada verlo poco después encabezando una manifestación de curas por el centro de Bilbao, que causó escándalo y estupor en los círculos bienpensantes.

De esa época arranca mi alejamiento progresivo de la fe católica. Después de ocho años de misa y rosario diarios, al dejar el colegio mi práctica religiosa pasó de ser una obligación impuesta a convertirse en una rutina cada vez más espaciada, que abandoné totalmente, sin grandes traumas, durante los primeros años de universidad. El sentimiento de culpa por los pecados cometidos fue desapareciendo, y el sexo pasó a ser algo con lo que había que procurar disfrutar, por difícil que fuese lograrlo en aquellos tiempos. Las dudas sobre la existencia de Dios, de un Dios cuyos sacerdotes colgaban en aquella época sus sotanas a gran velocidad, me dejaron de agobiar. Sin embargo, nunca he caído en un anticlericalismo militante. Aprecio a los católicos que intentan ser consecuentes con sus creencias, sin olvidarse del mandato bíblico del amor al prójimo. Paradójicamente, al mismo tiempo que me convertía en agnóstico, me interesaba por las nuevas ideas que surgían del Concilio Vaticano II y por las encíclicas de Juan XXIII. Cada vez había más voces que, desde posiciones católicas, defendían las libertades y derechos fundamentales de todos, y denunciaban al franquismo por reprimirlos. Los portavoces de esa Iglesia moderna hablaban un lenguaje que los gobernantes de entonces consideraban subversivo, pero que se parecía mucho al nuestro.

MARX Y DEUSTO

Empecé a estudiar Económicas y Derecho en octubre de 1965. Aquellos cinco años fueron de una intensidad especial: no hace falta explicar lo que significó la segunda mitad de los sesenta, en todos los órdenes. El impacto del 68 también llegó hasta la universidad de Deusto, pese a su fama, sólo en parte merecida, de ser un reducto elitista. La realidad es que allí había de todo, desde hijos de papá irrecuperables hasta izquierdistas impenitentes; los franquistas eran en todo caso minoritarios, tanto entre los estudiantes como entre el profesorado. Entre mis compañeros de curso en Derecho, algunos se harían luego famosos: Fernando Almansa, Mario Conde o Jose Mari Gorordo, entre otros.

La mayoría vivimos intensamente la batalla contra el SEU y su prolongación, las APES (Asociaciones Profesionales de Estudiantes), a través del Sindicato Democrático. Pedíamos la autonomía de la universidad, pero nos movilizábamos al mismo tiempo gritando eslóganes contra el franquismo y en favor de la democracia. Algunos profesores, tanto jesuitas como seglares, nos apoyaban claramente. Otros muchos hacían la vista gorda.

Participé en ese mundo sin ejercer un liderazgo destacado —aunque fui elegido como uno de los representantes del curso en varias ocasiones— ni abandonar nunca la dedicación al estudio. El nivel de exigencia académica de la Universidad Comercial —nombre que recibe la Facultad de Económicas de Deusto— era muy alto, y perder un curso casi equivalía a tener que abandonar la carrera, pues no había posibilidad de convalidar esas enseñanzas en otro lugar.

Sin embargo, hicimos huelgas, nos manifestamos dentro y fuera del campus, nos solidarizamos con los trabajadores en conflicto —recuerdo, por encima de cualquier otra, la huelga de Laminación de Bandas— y nos movilizamos en defensa de los estudiantes detenidos o expedientados, en Bilbao o en otros distritos universitarios. A Andoni Pérez Ayala, uno de mis compañeros de curso y hoy miembro de IU-EB, la policía le torturó; a Jesús Omeñaca le pegaron un tiro durante una de nuestras innumerables carreras escapando de las porras o del agua con anilina que arrojaban las tanquetas de los «grises». Txabi Etxebarrieta, el primer muerto de ETA, era estudiante de la Facultad de Económicas de Sarriko —perteneciente a la universidad pública, no a Deusto— pero le había visto y escuchado en muchas asambleas y reuniones.

Mayo del 68 lo seguíamos a través de la prensa y la televisión, con gran excitación. La posibilidad de que las masas tomasen el poder desde las barricadas del Barrio Latino fue, por unos días, una hipótesis verosímil. En aquel momento hubiese pagado por recorrer esas calles y respirar el ambiente revolucionario. París era una ciudad que me había subyugado al visitarla como turista. A través del cine y de la literatura, había idealizado aún más sus monumentos, sus perspectivas y sus rincones. Ahora, al ver su enorme vitalidad política e intelectual, se convirtió para mí en un mito y en una meta.

Empecé por entonces a leer a Marx y Engels. El régimen acababa de autorizar la edición en España de casi toda sus obras; así que gracias a la manga ancha de Fraga y a editoriales como Ciencia Nueva, dediqué muchas horas a empaparme de los textos marxistas. Hubo quien pasó de la lectura al compromiso político. Unos, en el lado nacionalista e incluso en ETA; otros, en el PCE o en los distintos grupos y grupúsculos de la izquierda radical de entonces. No me sentí atraído ni por unos ni por otros. Quizás hubiese en mi actitud un punto de elitismo, de egoísmo o de temor. Pero el hecho es que nunca pude soportar el ambiente cerrado y casi conspiratorio en el que se tenían que mover las organizaciones clandestinas en aquellos años. Recuerdo la impresión tan deplorable que me produjo, a finales de los años sesenta, la lectura del primer ejemplar de *El Socialista* que cayó en mis manos. El lenguaje era arcaico, el formato antiguo y sus análisis desfasados.

No todo se reducía a estudiar y participar en manifestaciones y asambleas. Tenía tiempo para otras actividades más lúdicas. Además del Athletic, la música ocupó en mi juventud un lugar preferente. Mis primeros guateques estuvieron acompañados por los Beatles y los Rolling, Elvis, Johnny Halliday, Sylvie Vartan o Françoise Hardy. En la universidad, mis gustos se ampliaron: Brassens o Pete Seeger eran objeto de culto, aunque Bob Dylan se llevaba la palma. Asistí emocionado a los recitales que dio en Bilbao Paco Ibáñez. Invitamos a cantar en Deusto a Raimon, que era la voz por excelencia del movimiento estudiantil democrático. Al oírle cantar *Tots els colors del vert* o al corear *Diguem no*, se me ponía la carne de gallina. Por esa época, también empecé a asistir a los conciertos de música clásica que, con precios asequibles para estudiantes, ofrecía la Sinfónica de Bilbao. Desde pequeño había tomado contacto con ella en el viejo gramófono de mi abuelo Amann, gracias al cual supe de Beethoven, Mozart, Chopin, Verdi o Puccini. También formaban parte de mi universo cultural las exposiciones de la Galería Grises, las sesiones de *cine fórum* o las salas de arte y ensayo que empezaron a surgir en aquellos años. Por supuesto, leí a los novelistas del *boom* latinoamericano, que me ayudaron a superar los dos largos veranos de las milicias universitarias, en el campamento de Montelarreina.

Cuando superé el quinto curso de Económicas, acababa de cumplir veintidós años. Para entonces, la mezcla de lecturas, influencias culturales y experiencias vividas en la universidad me situaban a la izquierda. Pero una izquierda más estética que basada en compromisos concretos. Por utilizar los términos de la época, una *gauche divine*, aunque sin mucho dinero para tomar copas en los equivalentes bilbaínos de Boccaccio.

Estaba bastante desorientado sobre mi futuro. Lo único que sabía era que no quería trabajar en una empresa privada o en un gran banco. Ése era un mundo que no me interesaba en absoluto. Me horrorizaba ponerme una corbata, dedicarme a ganar un buen sueldo, y tener como horizonte buscar piso del brazo de una novia formal, con la que hablar de cómo organizar una boda convencional y fundar una familia. No tenía ninguna prisa. Quería, ante todo, sentirme libre para decidir por mí mismo. Gané algún dinero dando clases particulares y busqué la forma de salir de España.

París: aires nuevos

Decidí ir a París, quería tocar con mis propias manos el mito. En octubre de 1970 llegué a la estación de Austerlitz, con una pequeña beca, el compromiso de mis padres de enviarme alguna cantidad de dinero adicional y la dirección de L'École Pratique des Hautes Études. En esa escuela se impartían un buen número de cursos y seminarios de posgrado, uno de los cuales lo dirigía el economista marxista Charles Bettelheim. Algunos compañeros que ya habían participado en ellos me pusieron sobre la pista.

Allí estuve durante todo el curso 1970-71. Asistí al seminario de Bettelheim, que me aburrió, y también a otros cursos y conferencias de la EPHE, del Colegio de Francia o de la Sorbona, más interesantes. Redacté durante esos meses una tesina de licenciatura, que me sirvió para familiarizarme algo más con las ideas económicas de Carlos Marx. Su título: «La formación de los precios en las economías de mercado y en los países con planificación central». Guardo en mi casa un ejemplar de aquel trabajo, en el que pretendí demostrar que el plan era mucho más eficiente que el mecanismo del mercado para formar precios y asignar recursos. A la vista está que mi razonamiento debió de incurrir en algún fallo científico. Pero no perdí el tiempo. Consulté y leí gran cantidad de libros y artículos sobre economía, sociología y filosofía política, la mayor parte orientados, eso sí, por la ideología entonces dominante en muchos círculos intelectuales franceses, mezcla de marxismo y estructuralismo. Disfruté de una libertad total, por primera vez. Libertad para pensar, para leer lo que me apetecía, para ver el cine que quería, para organizar con total autonomía mi vida.

Aquel invierno se celebró el proceso de Burgos, y participé en alguna de las manifestaciones que se organizaron como protesta. Visité casi diariamente la Cinemateca francesa, devorando todo el cine que la censura franquista no nos había dejado ver en España, pero también las películas de los grandes clásicos: Griffith, Eisenstein, John Ford, Howard Hawks, Fritz Lang, Renoir o Von Stroheim. Pasé muchas horas en las librerías del Barrio Latino. En Ruedo Ibérico conocí a José Martínez, cuya dirección me había proporcionado uno de mis profesores de Deusto, José Miguel Rincón, hermano de Luciano, el conocido escritor antifranquista. En la Editorial Ebro, ligada al PCE, me vendieron la edición cubana de *El Capital* de Marx a un precio bajísimo, «ya que lo iba a introducir en España». Y, cómo no, visité muchas veces la Joie de Lire de François Masperó. Allí, en su sótano, Antonio Pérez vendía los libros que más nos interesaban a los españoles, e incluso se podían encontrar panfletos y propaganda de las organizaciones clandestinas.

Volví a Bilbao nueve meses después, con mi tesina en la cartera. Gracias a ella, recibí el título de licenciado en Económicas. Hablé con el famoso padre Bernaola, quien todavía dirigía la Universidad Comercial con mano de hierro. Le pedí que me contratase para dar clases de Economía, como había hecho con Juan Manuel Eguiagaray y José Luis Narvaiza, que también habían estado ese curso en Francia. Me miró fijamente y me preguntó si yo creía que era lógico enseñar a los alumnos «el tipo de cosas» sobre las que había escrito la tesis. Bernaola me cerró el paso a una experiencia docente que me atraía, aunque fuese en aquella universidad tan mojigata. Al salir del Gobierno, en 1991, pude desquitarme de la frustración que me produjo no poder ejercer entonces como profesor, y durante dos cursos pertenecí como profesor asociado al claustro de la Universidad de Alcalá de Henares.

París me había permitido descubrir cantidad de cosas nuevas e interesantes. Entre otras, el proceso de renovación de los socialistas franceses, que preparaban su Congreso de Epinay y se disponían a consagrar el liderazgo de François Mitterrand. ¡Qué diferencia con el viejo PSOE de Llopis y la SFIO de Guy Mollet! En cambio, el sectarismo que vi en el comportamiento de los grupos de extrema izquierda que trataban de constituirse en herederos únicos del mayo francés me vacunó para siempre de la tentación de militar en organizaciones ultraminoritarias. Y ello, pese a que mi pensamiento teórico se había radicalizado mucho, con tanta lectura y tan poco contacto con la realidad. Pero los sarampiones teóricos, como los otros, se curan con el tiempo.

Para acabar Derecho me faltaba aprobar el Derecho Civil de Familia y Sucesiones, y superar después un examen de reválida ante un tribunal procedente de la Universidad de Valladolid, sin el cual el título académico no era homologado. También tenía que dedicar cuatro meses a las prácticas del servicio militar, en las que tendría que ejercer de sargento pese a mis escasísimas dotes castrenses. Entre una cosa y otra volví a dar clases particulares, para ganar algún dinero. Aunque no quería depender de ellos económicamente, aún vivía con mis padres, que empezaban a mostrar alguna inquietud acerca de mis planes futuros. Les hubiese gustado verme trabajar en alguna de las empresas señeras de la economía vizcaína, pero ya intuían que no eran ésas mis intenciones y en todo momento se mostraron enormemente respetuosos con mi actitud.

En julio de 1972, nada más licenciarme en Derecho, busqué un billete barato y volé a Londres. Quería mejorar el inglés y, sobre todo, salir otra vez de España para respirar aire puro. Durante varios meses preparé los desayunos de un pequeño *Bed and breakfast*. Por las tardes, atendía un par de horas a los clientes. Mi inglés mejoró, pero no todo lo que hubiese deseado, pues mi jefe era un indio que tenía un acento aún peor que el mío y muchos de los huéspedes eran turistas extranjeros.

Bruselas: un funcionario *sui géneris*

Un día recibí una carta proponiéndome trabajar en Bruselas. Un amigo mío dejaba su empleo en la oficina que las Cámaras de Comercio tenían —y tienen— allí para seguir los asuntos relacionados con la Comunidad Europea, y me ofrecía la posibilidad de sustituirle. Me desplacé a Bruselas, y me entrevisté con el director de la oficina, Daniel Busturia. Mi aspecto no era el más recomendable, con unos vaqueros raídos, la barba larga y un evidente desaliño. Pasé de la mejor manera posible por ese primer trámite, y volví a España. En la siguiente entrevista, con los responsables de las Cámaras en España, cuidé algo más mi imagen. Pocos días más tarde, el presidente de la Cámara de Bilbao, Enrique Guzmán, me llamó para informarme de que había sido aceptado. Empecé a trabajar cuando aún no había finalizado 1972.

El contenido de mi primer trabajo formal era interesante. Me exigía conocer a fondo todo lo que tuviese que ver con la integración europea y mantener contactos permanentes con los responsables de la Comisión. Sobre esa base, elaboraba continuos informes y estudios. Además, trataba a mucha gente que se acercaba a Bruselas y que, en aquellos años, no querían pasearse por las instituciones comunitarias de la mano de la misión oficial española, dirigida por Ullastres. No obstante, aunque era el representante del régimen de Franco, y además miembro notorio del Opus Dei, Alberto Ullastres era una persona competente, respetable y bastante accesible. Empresarios, periodistas, profesores e incluso algunos políticos no implicados con el sistema franquista nos pedían a Daniel o a mí que les guiásemos por los pasillos de la Comisión y les pusiésemos al día de lo que sucedía en Europa. A cambio, fui descubriendo una parte de la realidad española que desconocía: el mundo empresarial.

Pronto trabé amistad con muchos funcionarios europeos de orientación socialdemócrata. Junto con periodistas que seguían la actualidad de la CEE o trabajaban en los boletines de información diaria sobre esos asuntos, se reunían en torno a la revista *Agenor*, que dirigía un inglés llamado John Lambert. Por allí aparecían también algunos de los periodistas españoles acreditados en Bruselas: Miguel Ángel Aguilar, Pablo Sebastián, Ramón Vilaró o Joaquín Portillo, entre otros. Uno de los temas recurrentes de conversación era lo que podía pasar en España a la muerte de Franco. Los demócratas españoles coincidíamos con nuestros amigos europeos en que, mientras el régimen no desapareciese, los intentos de los ministros franquistas y de algunos *lobbies* conservadores por abrir a nuestro país las puertas de la Comunidad estaban condenados al fracaso. A su vez, unos y otros deseábamos que, en cuanto alcanzásemos una situación democrática, se nos admitiese cuanto antes en el club europeo, para ayudar a consolidar las nuevas instituciones. Pero no éramos ingenuos. Sabíamos que, una vez levantadas las reservas de tipo político, las negociaciones de adhesión de España pasarían por serias dificultades de naturaleza económica.

También tomé contacto con el sindicalismo. Junto a nuestra oficina, en el mismo edificio, unos amigos españoles trabajaban en una consultora privada, que asesoraba a algunas empresas sobre asuntos europeos. Habían surgido en ella algunos problemas laborales, y sus empleados, entre ellos mis amigos, necesitaban asesoramiento y apoyo jurídico. Por razones de principio descartamos acudir a la agregaduría laboral española, así que decidimos —yo también, aunque los problemas no me afectaban— afiliarnos al sindicato belga de orientación socialdemócrata. Mi primer carnet de afiliado fue, pues, el del sindicato de empleados y cuadros perteneciente a la confederación FGTB. En sus locales trabajaban, para atender a los emigrantes españoles, algunos ugetistas y socialistas, con los que pronto establecí contacto.

Encuentro con el PSOE

Mi encuentro con el PSOE tuvo lugar un día de primavera de 1974, cuando acudí a una reunión de mis amigos socialdemócratas europeos. Se trataba de escuchar a alguien que nos iba a informar de la «revolución de los claveles», que acababa de triunfar en Portugal el 25 de abril. En el coloquio, alguien

CONVERSATION TALK

me preguntó mi opinión sobre la situación del socialismo en España. Comencé a decirle que el PSOE, por las noticias que yo tenía, estaba desfasado y alejado de la España real, recordando aquel ejemplar de *El Socialista* que había llegado a mis manos en Bilbao años antes. Rápidamente, un hombre de más de sesenta años, que hasta entonces había permanecido en silencio, terció en la conversación, informándonos del proceso de modernización que se estaba empezando a producir en el partido con el protagonismo creciente de jóvenes del interior de España. Era Francisco López Real. Curro —que es como le llama todo el mundo— estuvo muy convincente. Le fui a saludar y quedamos en que le llamaría para continuar aquella conversación.

Por aquellos mismos días, Manolo Marín me dijo que había oído hablar de Curro, y que quería hablar con él. Manolo y yo nos habíamos conocido poco antes. Él estudiaba en el Colegio Europeo de Brujas, solía venir a la oficina de las Cámaras, a veces acompañado de un tipo con una chapela enorme, que resultó ser Juan María Ollora, más tarde dirigente del PNV. Juntos fuimos a casa de Curro López Real. Las puertas de su despacho en la sede de la CIOSL, donde trabajaba de traductor, y las de su casa estaban siempre abiertas para quien quisiese hablar del PSOE y de España. Pese a su edad, había apostado claramente por los jóvenes del interior en su batalla contra Llopis, y adoraba a Felipe González y a Alfonso Guerra.

Casi inmediatamente, tanto Manolo como yo decidimos incorporarnos al partido. Leímos algún material preparatorio del Congreso de Suresnes y los ejemplares más recientes de *El Socialista*, que había modernizado ya su lenguaje. Estudié con especial atención la declaración que habían redactado en San Sebastián, un mes antes del Congreso, quienes poco después ocuparían los puestos de mayor responsabilidad en la nueva Comisión Ejecutiva. Sus principales compromisos, ratificados en Suresnes, marcaron la orientación estratégica del PSOE durante la primera fase de la transición. Con Curro, entramos por primera vez en el centro cultural Pablo Iglesias, sede del PSOE y la UGT de Bruselas. Recibimos antes el carnet de la UGT, y uno o dos meses después, se nos hizo entrega formal del carnet del PSOE.

Las cosas se movían con rapidez en el partido y las fuerzas de la oposición clandestina en el interior. La Junta Democrática se había dado a conocer el verano de 1974, coincidiendo con la primera enfermedad grave de Franco, la famosa flebitis. Poco después, junto con los democristianos de Ruiz-Jiménez y algunos grupos de extrema izquierda, el PSOE encabezó la Plataforma Democrática. Mi primera tarea como militante fue, junto a Miguel Ángel Martínez, configurar la Plataforma en Bruselas. Curro me indicó que tomase contacto con él, que acababa de llegar de Viena para trabajar también en la CIOSL. Quedamos citados en una cafetería del Rond Point Schumann, al lado de la sede de la Comisión. Le pregunté por teléfono por la manera de reconocernos uno a otro. Miguel Ángel no lo dudó un instante y me dijo: «No te preocupes, llevo puesto un poncho argentino que me llega hasta los pies». En efecto, nada más entrar en aquel lugar divisé, entre un enjambre de funcionarios comunitarios y algún que otro belga despistado, su figura inconfundible, con su poncho impecable y unos largos bigotes que empezaban a encanecer.

Desde aquel día, trabajé muchas horas mano a mano con él. Tomamos contacto con grupos y grupúsculos de lo más variopinto. Con nacionalistas vascos del PNV, como Gorka Aguirre. Con otros exiliados vascos de Bruselas o de Lovaina, que habían ido abandonando su militancia en ETA. Con gentes del Movimiento Comunista. Con anarquistas. Con los comunistas de Líster, escindidos del PCE. Nos faltaban los democristianos para completar la plataforma, pero salvo dos funcionarios de la Comisión Europea —Cembrero y Sans— que no podían aparecer públicamente en ese tipo de actividades, no conocíamos a nadie. Hablamos también con la Junta, articulada en torno a los comunistas de Carrillo. Con dificultades, establecimos con ellos algún tipo de coordinación, lo que nos permitió movilizar mucha gente en las protestas contra las penas de muerte del otoño de 1975.

Además, Miguel Ángel y yo asumimos la responsabilidad de redactar mensualmente un nuevo boletín de los socialistas de Bruselas. Dedicábamos mucho tiempo a escribirlo, confeccionarlo y editarlo con la ayuda de los socialistas belgas. Se llamaba *La lucha de clases*, en homenaje a un boletín histórico de los socialistas vizcaínos, y creo que siguió publicándose algún tiempo después de nuestra vuelta a Madrid. Una vez, recién nombrado ministro de Asuntos Exteriores, José María de Areilza visitó la Comisión Europea, y un supuesto periodista le quiso formular una pregunta en la rueda de prensa que se había convocado al efecto. El funcionario encargado de dar la palabra notó algo extraño, y preguntó a quien había levantado la mano cuál era el medio al que pertenecía. La voz del interpelante sonó con contundencia en toda la sala: ¡Soy de *La lucha de clases*! No le dejaron seguir, pero el golpe de efecto se había logrado.

Felipe González

A Felipe González le conocí a principios de 1975. Se había organizado en Francfort un mitin en el que intervenían Felipe y Nicolás Redondo. Curro, Manolo Marín y yo fuimos, entre otros, algunos de los integrantes de una nutrida caravana que se desplazó hasta allí desde Bruselas. Felipe habló de la situación en España, y su discurso me pareció moderno y construido con rigor. Salvando las distancias, sus palabras tenían, respecto del viejo lenguaje de los tiempos de Llopis, la misma relación que mantenían los análisis de Semprún y Claudín con los de la vieja guardia del PCE.

Al finalizar las intervenciones, pudimos conversar con él un rato gracias a los buenos oficios de Curro. Nos preguntó a Manolo y a mí por los motivos que nos habían llevado a Bélgica, y al hablarle de Europa se mostró muy interesado, pidiéndonos que nos mantuviésemos en contacto con él. Ése fue el origen de nuestra incorporación, un año más tarde, al pequeño «aparato» que se organizó en Madrid.

A lo largo de ese año también conocí a otros líderes del PSOE que formaban parte de la nueva dirección, o que trabajaban directamente con ella. Por casa de Curro, o por el centro Pablo Iglesias, pasaron, entre otros, Pablo Castellano, Enrique Múgica, Nicolás Redondo, Manolo Chaves, Juan Iglesias, Luis Yáñez y Carmeli Hermosín. También vinieron a la sede, en aquellos meses, otros políticos de la oposición, que participaban en reuniones del Movimiento Europeo, o en contactos bilaterales con el partido: José María Gil-Robles, el *lehendakari* Leizaola, Manuel Irujo, Enrique Líster, Josep Pallach y Heribert Barrera entre otros.

Tanta militancia acabó creándome problemas con las Cámaras de Comercio. Antes del verano de 1975, mis actividades políticas llegaron a oídos de mis jefes, a través de los informadores que la embajada tenía desplegados entre los medios de la emigración y de los exiliados. En agosto, el presidente del Consejo Superior de Cámaras, Ignacio Bernar, me citó para decirme que no era posible compatibilizar mi trabajo con la pertenencia a un partido ilegal, y para colmo de izquierdas. Le respondí que, en ese caso, yo no deseaba seguir trabajando en las Cámaras por más tiempo; buscaría otro empleo, sin necesidad de que me comunicasen formalmente que querían prescindir de mis servicios.

En paralelo, el partido había recibido de los socialistas del Parlamento Europeo una invitación para que alguien del partido permaneciese durante unos meses trabajando con ellos, en el secretariado del grupo. Curro me comunicó que, a criterio de Felipe, yo podría desplazarme allí, dado que vivía ya en el extranjero, conocía los temas comunitarios y hablaba idiomas. Ni corto ni perezoso, acepté. A comienzos del otoño, me instalé en Luxemburgo.

El contacto con los parlamentarios socialistas y con los compañeros del secretariado fue muy gratificante. Pude ver desde dentro el funcionamiento del Parlamento, conocer a mucha gente, informar al Grupo sobre la situación española y organizar algunas visitas, entre otras una de Felipe. También preparé algunos telegramas denunciando las actividades represivas que tuvieron lugar en los últimos meses de vida del dictador, que enviaba a España el presidente del Grupo, el alemán Ludwig Fellermaier. Por supuesto, fueron especialmente dolorosos los que tuve que redactar en protesta por las últimas cinco penas de muerte dictadas por el franquismo, cuya ejecución no pudo ser evitada, pese a las innumerables acciones de condena y de rechazo que tuvieron lugar dentro y fuera de España.

En Bruselas, adonde me desplazaba continuamente, participé activamente en las protestas. En una de ellas, contemplé desde la cabecera de una manifestación ante nuestra embajada cómo se veían obligados a desalojar sus despachos el embajador y los diplomáticos que allí trabajaban. Reconocí inmediatamente a uno de ellos: era mi compañero de curso Fernando Almansa. Junto a él caminaba el embajador, con quien también había hablado muchas veces. Javier Elorza, padre del actual embajador en París, había sido incluso amigo de la infancia de mi madre, cuando ambos coincidían veraneando en Oñate. Creo que ninguno de los dos se dio cuenta de que yo era uno de los que gritaban a pocos metros de la barrera policial que nos separaba de ellos.

«Españoles: Franco ha muerto»

Una fría mañana de noviembre, en la explanada de Kirchberg donde se encuentran las oficinas del Parlamento Europeo en Luxemburgo, me encontré a Pablo Sebastián. «¡Franco ya se ha muerto!», me dijo con la voz alterada. A los cinco minutos, estaba conduciendo mi coche camino de Bruselas. Llegué al local del partido, donde ya se había empezado a celebrar el principio del fin del régimen franquista. Por aquellos días se encontraba en Bruselas, participando en una reunión como sindicalista del sector bancario, Carlos Solchaga. Cenamos ambos en casa de Miguel Ángel, para valorar la situación mientras descorchábamos una botella de champán.

A partir del 20-N, la reorganización del partido y de la UGT en el interior se hizo aún más necesaria. No podíamos esperar a que el sistema político fuese abriéndose por su propia voluntad. La oposición, que no pudo acabar con el franquismo en vida del dictador, tenía ahora que pisar el acelerador y empujar hasta donde se pudiese, con prudencia pero con firmeza. Había que recuperar un tiempo precioso, sobre todo los socialistas, que nos habíamos quedado rezagados por los avatares de la sustitución de Llopis y los problemas de la escisión subsiguiente. El PCE y Comisiones disponían de estructuras organizativas potentes, mientras que las nuestras eran raquíticas. El partido decidió que la Comisión Ejecutiva debía disponer ya de un local propio en Madrid en el que algunos de sus miembros trabajasen, aunque con muy pocos recursos. La UGT se planteó una estrategia similar; pero además decidió celebrar en España su XXX Congreso, que antes de la muerte de Franco se había previsto organizar en Bruselas.

En un principio, y a partir de lo hablado con Felipe en Francfort, Manolo Marín y yo nos íbamos a incorporar a la oficina en la que se acababa de instalar la dirección del PSOE. Estaba en la calle Jacometrezo, al lado de la plaza del Callao, en pleno centro de Madrid. Teóricamente, nuestra colaboración tenía que ver con nuestro conocimiento de los temas europeos; en la práctica se trataba de hacer de todo, empezando por lo más urgente: recomponer la organización y captar nuevos afiliados y cuadros. Pero Nicolás Redondo pidió al partido que uno de los dos fuésemos a trabajar con él a la UGT. Mi condición de economista fue el argumento decisivo para que, de la noche a la mañana, me convirtiese en componente del pequeño grupo que tenía que reorganizar, casi desde cero, la Unión General de Trabajadores.

Semiclandestino en Madrid

Mis compromisos en el Parlamento Europeo hicieron que no llegase a Madrid hasta mediados de febrero de 1976. Diez días antes, recogí mis pertenencias de Bruselas y Luxemburgo, me despedí de los compañeros y amigos, y me puse en ruta. Después de un agitado paso de frontera, en el que me tocó en suerte un guardia civil que se empeñó en revisar uno a uno las decenas de libros que traía desparramados en el asiento trasero del coche, y en preguntarme por su procedencia, llegué a Algorta, a casa de mis padres. Tuve que soportar también allí un interrogatorio sobre lo que me disponía a hacer en Madrid, y me vi obligado a inventarme una historia que no sé si consiguió tranquilizarles.

Durante esos días, pude asistir a los mítines que Felipe, Alfonso y Enrique Múgica protagonizaron, primero en la Facultad de Sarriko de Bilbao, y dos días después en el frontón Astelena de Eibar. Era la primera vez en cuarenta años que el PSOE, o cualquier otro partido democrático, aparecía en el interior de España en un acto de esa naturaleza: a cara descubierta, sin ocultar sus siglas y con las banderas rojas desplegadas. Fue emocionante estar allí, sintiendo cómo se ponía un jalón muy importante en el camino de la recuperación de las libertades. El partido había decidido forzar la máquina, poniendo entre la espada y la pared a quienes todavía gobernaban con las leyes y los instrumentos de represión de la dictadura. En los dos actos hubo muchísima gente, lo que anticipaba cuál sería nuestra fuerza en cuanto saliésemos a la calle.

Pero no todo iban a ser alegrías, pues hubo quienes se empeñaron en aguarnos aquella fiesta. Grupos de nacionalistas radicales intentaron boicotear ambos actos. Estábamos preparados para responder a quienes se resistían a la desaparición del franquismo, pero esta vez el ataque nos vino desde las filas de los antecesores de la actual Herri Batasuna. El servicio de orden, bien dirigido por los compañeros de la margen izquierda, no se anduvo con contemplaciones.

Una semana más tarde, ya estaba en Madrid. Tenía veintisiete años, y los últimos cinco había permanecido casi continuamente fuera de España. Amaba la libertad, pero sólo la había podido encontrar lejos de mi país. Ahora, se abría la posibilidad de que España se pudiese convertir en una democracia como las que había conocido en Europa, y podía contribuir a que ese sueño se convirtiese en realidad. En poco tiempo, había cambiado radicalmente de actividad profesional y de perspectivas vitales. El compromiso político había pasado a ocupar un lugar relevante en mi vida. Me encontraba en una situación en la que no podía explicar, ni en mi familia ni a muchos de mis amigos, en qué consistía realmente mi trabajo. Sin embargo, por nada del mundo lo hubiese cambiado por otro. Estaba feliz de hacer lo que hacía, y dispuesto a dejarme la piel en defensa de las cosas en las que creía.

Capítulo III

Doble militancia, en el PSOE y la UGT

Me atraía la idea de vivir en Madrid. Sentía tener que seguir alejado de Bilbao, donde estaban mis raíces, mis padres y muchos de mis mejores amigos; pero la capital no era para mí un lugar extraño. De niño, iba todos los años a pasar las Navidades en casa de mi abuela paterna, en la calle Españoleto, y guardaba muy buenos recuerdos de aquella época. Al poco tiempo de empezar a trabajar en UGT, dio la casualidad de que tuve que volver a aquel piso, que con el tiempo se había convertido en la sede del sector de profesionales de Comisiones Obreras. ¡Si lo hubiese sabido mi pobre abuela, se habría muerto del susto!

Entre una y otra fecha, había estado muchas veces en Madrid, por diversos motivos: desde un viaje de estudios hasta las clásicas escapadas para ver teatro, visitar el Museo del Prado y alguna exposición, o simplemente pasear por la ciudad. En otoño de 1971, había decidido solicitar destino en la capital para realizar las prácticas de las milicias universitarias. Me enviaron al campamento de reclutas de Colmenar Viejo. Cuando no estaba de guardia o arrestado, disfrutaba de la vida gastando el escaso sueldo que me pagaban como sargento de complemento. Aquellos meses me dejaron un buen sabor de boca, y pensé que me gustaría trabajar en Madrid.

Ahora, en febrero de 1976, bajaba conduciendo por las curvas de la Dehesa de la Villa que llevan al barrio de Saconia, camino del piso que había alquilado a medias con Manolo Marín, y me sentí feliz. Iniciaba un periodo de mi vida diferente a los anteriores. Renunciaba a algunas comodidades, pero eso no me preocupaba en absoluto. Hoy, viendo las cosas en perspectiva, soy consciente de lo que arriesgué al tomar esa decisión, pero ¿qué otra cosa podía hacer? Si hubiera llegado a echarme atrás, no me lo habría perdonado nunca. Tenía pocas necesidades materiales y ningún otro compromiso. El dinero no me agobiaba, pues durante un tiempo podía compensar lo exiguo del sueldo que iba a cobrar con los ahorros que había reunido en Bruselas.

Me excitaba pensar en los acontecimientos que iba a contemplar desde un lugar privilegiado, y en los que incluso iba a participar, en unos momentos cruciales. Habría que sortear algunas dificultades, sin duda. Tendría que escatimar explicaciones sobre mi actividad. Decidí decir que iba a trabajar en un bufete como laboralista. Ni siquiera podía ser muy explícito con mis amistades de otra época. Al poco tiempo de llegar, me topé en el barrio de Salamanca con Javier Muñoz, compañero de curso en la universidad y buen amigo, a quien no veía desde antes de irme a Bruselas. Sabía que él había estado detenido durante mi estancia fuera de España, e imaginaba que seguía comprometido con algún grupo de extrema izquierda. Nos saludamos efusivamente, comentamos la actualidad y nos despedimos sin preguntarnos a qué nos dedicábamos cada uno. Yo intuía que él no quería contármelo, y Javier debió de pensar lo mismo de mí. Poco después, nos reímos mucho recordando las circunstancias de aquel encuentro.

La gente estaba ilusionada y expectante. Las cosas comenzaban a bullir como no lo habían hecho desde la República. Los líderes sociales procuraban que las aguas no se desbordasen; las aspiraciones reprimidas durante años se expresaban, en general, con una moderación encomiable. No se quería renunciar a nada, pero había una gran inquietud sobre lo que pudiese suceder, y lo más importante era evitar que todo se frustrase y se produjese una involución. No se sabía cuál podía ser la reacción de los sectores más duros del régimen ante los avances que pretendíamos realizar día tras día, y se miraba de reojo al Ejército. ¿Habría acertado Franco cuando dijo que lo dejaba todo «atado y bien atado»? Junto a la ambición, estaba el realismo; junto a la urgencia, la comprensión.

Desde el punto de vista político, la partida de la transición se empezaba a jugar entre la oposición democrática, agrupada en torno a la Junta y la Plataforma, que pronto se unieron en Coordinación Democrática, y los que, procediendo del franquismo, querían evolucionar de forma pacífica hacia una monarquía parlamentaria homologable con los demás países europeos. La historia de cómo se fueron acercando esos dos polos, hasta llegar a la «ruptura pactada» es conocida. Y los méritos de quienes lo hicieron posible, evidentes. Pero sin el concurso de un entramado social variopinto y desarticulado, que salió a la luz en esos meses después de haber estado moviéndose entre las tinieblas del franquismo, el proceso de transición hacia la democracia no hubiese podido realizarse de una manera tan suave, y a la vez tan profunda. Como los componentes de aquel entramado no suelen tener la oportunidad de reivindicar su importante papel en aquellos momentos tan difíciles, es de justicia recordar a tanta gente anónima que asumió riesgos, relegando a un segundo plano sus intereses personales, y dedicó sus mejores esfuerzos a que todos pudiésemos disfrutar de la libertad.

UN PUÑADO DE SINDICALISTAS

Los afiliados al PSOE y a la UGT éramos apenas unos miles de personas, mientras que el PCE y CCOO tenían muchos más efectivos organizados. En Madrid, la participación de los ugetistas en las huelgas de enero de 1976 había sido testimonial, y sabíamos que quedaba un duro camino por recorrer hasta lograr una presencia real en las fábricas y en los distintos sectores. Nuestro rechazo a participar en las elecciones del sindicalismo vertical le permitía a Comisiones disponer de buenos cuadros dirigentes y estar presente en muchas empresas a través de los jurados y enlaces sindicales, por lo que partía con ventaja. A su vez, la Unión Sindical Obrera competía por nuestro mismo espacio sindical, y los diversos grupos de la extrema izquierda maoísta intentaban organizar sus propias centrales. Los trotskistas, en cambio, preferían introducirse en CCOO y UGT, para tratar de influir en las organizaciones mayoritarias desde dentro.

Pero incluso sumando todos los miembros del conjunto de las organizaciones de la izquierda, quedaba fuera la gran mayoría de los hombres y mujeres que participaban de las mismas ideas y objetivos que quienes teníamos un carnet en el bolsillo. Lo comprobé al poco tiempo de llegar a mi nuevo barrio, cuando tomé contacto con la Asociación de Vecinos. Estaba controlada por la gente del PCE, pero allí se producía, como en tantos otros lugares, la convivencia entre los escasos militantes de los partidos y una mayoría no afiliada a nada, que había encontrado en el movimiento ciudadano un terreno en el que luchar por sus convicciones democráticas.

Por toda España, se movilizaban ya en favor de la democracia las asociaciones de vecinos, las comunidades cristianas de muchas parroquias, los jurados de empresa de las grandes fábricas, los intelectuales y artistas, los estudiantes y profesores de las universidades, los colectivos de profesionales. Ese entramado social, que había ido buscando en los últimos años los resquicios imprescindibles para sobrevivir al franquismo, empezó a relacionarse entre sí gracias a la creación de la Junta Democrática, pero ahora salía con decisión a la calle, como una gran explosión de libertad.

Uno de los aglutinantes de la movilización de esos colectivos fueron las manifestaciones para pedir la amnistía de los presos políticos. En Cataluña, se unió a esa petición la reivindicación del Estatuto, y en el País Vasco, además de la autonomía y la amnistía, se pedía la vuelta de los refugiados. La prensa favorable al cambio hacia la democracia, que había extremado su ingenio para escribir entre líneas lo que muchos queríamos leer, se convirtió en un poderoso instrumento de apoyo de todos esos movimientos. La salida a la calle de *El País*, en mayo de 1976, supuso un momento clave en ese proceso. *Cambio 16*, *Diario16* y *Cuadernos para el Diálogo* también jugaron un papel crucial. La transición no podría explicarse sin la aportación procedente de este sustrato social, más amplio que el perteneciente entonces a las diferentes organizaciones de la oposición política y sindical.

El piso de Hermosilla

Ése era el clima que se vivía en Madrid cuando traspasé por vez primera la puerta del número 83 de la calle Hermosilla, en el que se había instalado la dirección de la UGT. No sabía cuál iba a ser el contenido concreto de mi trabajo, pues en mis conversaciones no se habían fijado aún unas líneas precisas de actuación, muy difíciles de trazar en aquellos momentos. El aspecto de aquel piso no ayudaba a clarificar mis ideas. Situado en pleno barrio de Salamanca, con el estilo de las viviendas de la burguesía madrileña, podía pensarse cualquier cosa salvo que allí se albergaba la sede central de un sindicato. ¡Qué dirían nuestros vecinos al caer en la cuenta —si es que llegaron a saberlo— de lo que se cocía allí dentro!

Lo había alquilado Manuel Simón con la ayuda de Pablo Castellano, alegando que éste lo necesitaba para su bufete de abogado. Simón, un hijo de exiliados educado en Bélgica, era uno de los dirigentes del exterior que, desde los años sesenta, habían plantado cara a Llopis, en connivencia con los jóvenes socialistas del interior de España. Llegó a Madrid procedente de Portugal, donde por encargo de la CIOSL había ayudado a los socialistas portugueses a resistir la pretensión comunista de controlar el sindicato único procedente del salazarismo. UGT tenía que hacer frente en España a un desafío similar: Marcelino Camacho había advertido de que lo que pretendía CCOO era quedarse con la organización sindical franquista «con los ascensores funcionando».

Al principio, en el piso de Hermosilla solamente trabajaba con Simón otra persona: Rosa Rodríguez, hija del histórico Máximo Rodríguez Valverde, que hacía las funciones de secretaria. Los miembros de la dirección del sindicato venían por el local con asiduidad. Algunos, como Nicolás Redondo, Eduardo *Lalo* López Albizu, Jesús Mancho, Luis Alonso Novo o el propio Máximo, estaban habitualmente allí. Enrique Múgica o Pablo Castellano, en cambio, se dedicaban más a las tareas del partido. Pronto ocuparon también despachos en la sede Antonio García Duarte y Manuel Garnacho, llegados desde el exilio francés.

¿Y las bases? Los metalúrgicos vascos y los mineros asturianos eran la columna vertebral de la UGT. En Andalucía, la memoria histórica y el trabajo de los sevillanos había conseguido también formar algunos núcleos de militantes. El resto eran grupos más bien dispersos, en general simple reflejo de la obligación de todos los socialistas de pertenecer también al sindicato. El caso más extremo era Madrid. En la construcción, los transportes o el metal, la presencia de la UGT era casi nula, mientras que una parte importante de nuestros efectivos se encontraba entre los funcionarios públicos, los abogados o los periodistas. No es de extrañar que surgiesen entre nosotros serias dudas de que la distancia que nos separaba de CCOO pudiese ser corregida a tiempo, para impedir que las intenciones anunciadas por Camacho se hiciesen realidad.

Miguel Ángel y yo dimos unas cuantas vueltas pensando qué podíamos hacer en aquella situación. En principio, él tenía que encargarse de la formación de los nuevos afiliados, y yo, como economista, de organizar el asesoramiento técnico del sindicato. Pero los medios brillaban por su ausencia. Ni siquiera teníamos una mesa en la que trabajar, sillas donde sentarnos, máquinas de escribir y algún archivador. En el Rastro, conseguimos equiparnos por un módico precio. Pero una vez instalados, ni Miguel Ángel tenía clientela para sus cursos, ni yo posibilidad de abordar mi nuevo cometido.

Decidimos concentrarnos en la redacción de varios folletos explicativos de lo que era la UGT, el sindicalismo de clase y otras cuestiones de esa naturaleza. Trabajamos al alimón, como en Bruselas, escribiendo, mecanografiando, incluso decidiendo el diseño de unas portadas que nos ayudó a imprimir Rafael Robledo, el marido de Carmen García Bloise. Ella trabajaba con Felipe en el local de Jacometrezo, y Rafael montó una imprenta al servicio de las dos organizaciones. Quienes volvían del exilio, y en particular de Francia, ocupaban muchos de los trabajos necesarios en el partido y en el sindicato; fue entonces cuando se empezó a hablar del «clan del cassoulet», aludiendo al famoso guiso de la región de Toulouse.

En los folletos, explicábamos que nuestro modelo de sindicalismo era el que se practicaba en los países democráticos europeos. Un sindicalismo de clase, pero negociador; un sindicalismo de masas, que necesitaba millones de afiliados para disponer de recursos y emplearlos en asesoramiento y servicios para los afiliados; un sindicalismo plural, beligerante contra el intento de CCOO de imponer la unidad sindical. Todo ello acompañado, como era propio de la época, de una fuerte carga retórica y de unas categorías marxistas bastante rudimentarias.

Quienes se acercaban a la UGT no lo hacían, de todas formas, atraídos por ese discurso. Por suerte, les movían otras razones. A muchos de ellos, lo que realmente les resultaba atractivo era el nuevo PSOE, y tomaban contacto con nosotros porque en el partido les informaban de que una de sus obligaciones como militantes socialistas era pertenecer a la UGT. En aquellos tiempos, la relación entre partido y sindicato era muy estrecha, después de haber permanecido prácticamente confundidos durante los años de la clandestinidad y del exilio. Otros se acercaban a nosotros para reencontrarse con la organización a la que habían pertenecido en su juventud, o como un homenaje a la memoria de sus padres. Algunos de ellos traían, para que pudiésemos comprobar que sus antecedentes eran auténticos, viejos carnets ocultados durante décadas a la mirada de la policía, fotografías desgastadas y grabados de Pablo Iglesias y de los demás líderes históricos del socialismo, o las cartas enviadas desde la cárcel por el padre o el familiar condenado a muerte, cuya lectura nos hacía pasar momentos de una gran emotividad. En fin, había quien se quería afiliar a la UGT para participar en la organización de un auténtico sindicato, después de haber conocido de cerca la experiencia de unas Comisiones Obreras que, pese a definirse como un «movimiento sociopolítico», ya no podían ocultar los lazos que les unían al PCE.

Los dirigentes de UGT estaban volcados en la preparación del congreso, previsto para abril. Miguel Ángel y yo nos concentramos, entre tanto, en la captación de nuevos afiliados. Nicolás, con la ayuda entre otros de Ciriaco de Vicente, intentaba convencer a Fraga de que autorizase el congreso; nosotros tratábamos de reclutar cuadros sindicales. Según la documentación oficial del XXX Congreso, en abril de 1976 la Unión contaba con catorce Federaciones de Industria constituidas, aunque algunas de ellas solamente existían sobre el papel, y otras eran tan peculiares como la «Federación de Trabajadores del Derecho», que agrupaba a los abogados, la mayoría de ellos laboralistas.

El desafío del XXX Congreso de la UGT

La inauguración del congreso fue un acontecimiento inolvidable. Los dueños de los salones de bodas Biarritz se habían atrevido a alquilarnos un local, ya desaparecido, situado curiosamente en lo que hoy es la avenida de Pablo Iglesias. Delegados e invitados nos apretujábamos en aquel recinto, atestado de gente y de humo, sin acabar de creer que lo que veíamos estuviese realmente teniendo lugar. Un mar de puños en alto acompañó el canto de *La Internacional* con el que se inició la reunión. Había lágrimas en muchos rostros, temblor en las voces y la sensación de estar participando en un momento histórico, que anticipaba otros cambios en los meses siguientes.

Se eligió la mesa del congreso, y por vez primera vi en persona al mítico Ramón Rubial. Poco después, Nicolás se acercó al micrófono, y empezó a leer el discurso en el que habíamos trabajado Miguel Ángel y yo. El primer párrafo lo había escrito, emocionado, Miguel Ángel: «Hace cuarenta y cuatro años, en este mismo barrio madrileño de los Cuatro Caminos, celebró la UGT su decimoséptimo congreso, siendo éste el último que nuestra organización pudo realizar dentro del país...». Él había nacido en ese barrio, a pocos minutos del lugar en el que nos encontrábamos, y vivió allí hasta que tuvo que salir de España camino del exilio.

Habló después Felipe. En su saludo al congreso, desarrolló un análisis lúcido y realista sobre la situación política en la que estábamos viviendo aquellos meses. « (...) el país ha entrado en una nueva etapa histórica. Las instituciones permanecen, no ha habido ningún cambio en la superestructura política del Estado, pero la sociedad cambia vertiginosamente (...) ¿Hacia dónde va a inclinarse la balanza de la evolución política de nuestro país? (...) El momento es difícil... porque no está clara la relación de fuerzas. Sí está clara la voluntad popular (...) Pero (...) las fuerzas retardatarias del país pueden asestar un golpe más a esa esperanza de democracia que vivimos». Sus palabras, seguidas como siempre con gran atención, supusieron un baño de realismo y de prudencia en aquel foro enardecido. Intervinieron también algunos representantes del sindicalismo democrático internacional y los delegados de CNT, CCOO y USO.

El debate del congreso alcanzó momentos de tensión cuando los delegados madrileños encabezaron la defensa de una enmienda que pretendía incompatibilizar el desempeño de cargos de responsabilidad en la UGT y en el partido. Fueron derrotados por una amplia mayoría, que veía en el mantenimiento de la simbiosis del PSOE y la Unión una garantía de que el sindicato no sería absorbido por sus competidores.

Hubo unanimidad, en cambio, para defender, como decía el eslogan del Congreso, «la unidad sindical desde la libertad». Sin reconocer el derecho de cada sindicato a existir, y el de cada trabajador a afiliarse al sindicato de su elección, no cabía hablar de unidad. Así que CCOO no podría contar con la UGT para quedarse con las estructuras del sindicalismo vertical en vez de desmantelarlas, y sus llamamientos a la unidad caerían en el vacío. No estábamos dispuestos a que en España sucediese lo mismo que en Portugal; tampoco queríamos que el PSOE quedase desligado del contacto directo con los trabajadores, a través de su sindicato hermano.

En la nueva Ejecutiva elegida, Nicolás reafirmaba su liderazgo al frente de un equipo en el que convivían todavía algunos dirigentes procedentes del exilio con los nuevos cuadros surgidos en el interior. Entre estos últimos, dos profesores de Derecho del Trabajo iban a jugar un importante papel en la formulación de las posiciones de la UGT para los tiempos que se avecinaban: Manuel Chaves y Jerónimo Saavedra.

El congreso cubrió con creces todos sus objetivos. Supuso un gran paso adelante para conquistar el derecho de reunión; sirvió para dar a conocer ante la opinión pública a la UGT; permitió que el hecho sindical ocupase, por unos días, el protagonismo que normalmente correspondía a la actividad política; y, sobre todo, marcó un antes y un después en cuanto a la posibilidad de actuar en la calle, a la luz del día. Pero las reglas del juego seguían sin estar claras; como había dicho Felipe, la balanza todavía no se había inclinado de manera definitiva del lado de la libertad. Esporádicamente seguía habiendo detenciones, aunque si se trataba de ugetistas, de socialistas o de miembros de otras organizaciones no comunistas, quedaban inmediatamente en libertad.

Finalizado el congreso, decidimos publicar un libro que recogiese lo que habíamos vivido durante aquellos cuatro días históricos. Nos costó algo encontrar un editor que se atreviese a correr el riesgo de que, una vez impreso, el Gobierno no autorizase su venta. Ramón Akal aceptó el envite, y de paso también publicó los materiales del congreso que la Federación de la Enseñanza de la UGT (FETE-UGT) había celebrado un mes antes, en Cádiz.

Gracias al impulso publicitario que habíamos conseguido, en las semanas siguientes se produjo una auténtica avalancha de peticiones de contactos, entrevistas y reuniones, a la que no estábamos acostumbrados. De repente, todos querían estar con la UGT, conocernos de cerca, saber qué pensaban sus dirigentes y, en muchos casos, afiliarse y colaborar con nosotros. Un día Nicolás me pidió que le acompañase, pues le habían solicitado una entrevista y quería que le echase una mano en los temas económicos, que él no dominaba. Las preguntas se iban sucediendo con normalidad, hasta que en un momento determinado giraron hacia cuestiones que difícilmente podían interesar a los lectores de una revista de información general, pues entraban en detalles sobre el funcionamiento interno de la organización y las obligaciones que debían asumir los miembros de la misma. Una vez culminado con éxito el interrogatorio, Mariano Guindal, que era el entrevistador, miró a Nicolás y le espetó: «Quiero firmar lo que sea para afiliarme a la UGT, ¿lo podría hacer ahora mismo?».

En mayo, un mes después del congreso, Manuel Rodríguez Casanueva decidió organizar en Euroforum el primer encuentro entre sindicatos y empresarios. Colaboré con él para que resultase un éxito, consciente de la importancia de que se empezasen a establecer ese tipo de contactos entre quienes debían protagonizar en poco tiempo las nuevas relaciones laborales. Al Palacio de Congresos de la Castellana asistieron sendas delegaciones de UGT, CCOO y USO y unos cincuenta directivos de grandes empresas. La publicación que recogió aquellos debates define así el clima en que se celebraron: «La celebración de estos coloquios fue objeto, en su día, de notables medidas restrictivas por parte de las autoridades gubernativas: sesiones a puerta cerrada, sin presencia de la prensa, que los representantes sindicales no pudiesen hacer pública su afiliación, y asistencia de dos inspectores de policía». Los mismos que habían autorizado un mes antes el congreso de la UGT, ahora ponían como condición que no se hiciese pública la afiliación sindical. Así de contradictorios eran aquellos momentos, bajo el Gobierno de Arias Navarro.

Reforma o ruptura

Con la llegada de Suárez a la Presidencia del Gobierno, en julio de 1976, las cosas avanzaron a mayor velocidad, aunque no sin dificultades. El Gobierno estaba absorbido por la agenda política. Trataba de tender puentes a la oposición democrática pero sin provocar la reacción de los inmovilistas, cuyo voto en las Cortes necesitaba. Se sucedían los contactos entre los diferentes grupos: la oposición se había reunido por fin en un único organismo unitario; sus líderes se veían con Suárez; los sectores reformistas del régimen trataban de organizarse de cara al nuevo tiempo que se avecinaba; los núcleos más duros del régimen, algunos militares y los sectores más reaccionarios del sindicalismo vertical, estaban dispuestos a plantar cara a quienes querían dinamitar sus esencias.

En ese periodo, acompañé regularmente a Jesús Mancho a las reuniones de Coordinación Democrática. La UGT se limitaba a respaldar las posiciones del PSOE, que estaba representado por Enrique Múgica. Las discusiones se centraban en la manera de avanzar hacia la «ruptura democrática». Quienes veíamos imprescindible algún tipo de pacto con los sectores partidarios de la reforma, siempre que no se comprometiese el resultado final del proceso de avance hacia la democracia, nos teníamos que enfrentar con los partidarios de no negociar con Suárez. El principal abanderado de estas posturas era Antonio García Trevijano, que sólo se representaba a sí mismo, aunque recibía el apoyo de los grupos de extrema izquierda. Las divergencias estallaron definitivamente meses después, cuando Múgica enarboló, en medio de la reunión, los documentos en los que se demostraba la implicación de Trevijano con el dictador guineano Macías. La mayoría de los asistentes nos levantamos nada más acabar la intervención de Enrique, poniendo fin así a la vida de un organismo que ya había dado de sí todo lo que se pedía de él. Poco después, la «Comisión de los Nueve», formada por los líderes de los principales partidos y por representantes de los nacionalistas vascos, catalanes y gallegos, tomó el relevo, y empezó a negociar con Suárez la convocatoria de las primeras elecciones.

UGT combate en dos frentes

Durante los meses anteriores a junio de 1977, se libró una encarnizada batalla en torno a la legalización de los partidos de izquierda. En nuestro propio espacio, tuvimos que defendernos con uñas y dientes de los intentos de sembrar confusión en torno a las siglas PSOE. Un sector del Gobierno estaba empeñado en favorecer al máximo a los miembros del sector histórico que, siguiendo a Llopis, se habían escindido del partido en 1972. Pero el conflicto principal se libró en torno a la legalización del PCE. Suárez recibía fuertes presiones de los sectores más reaccionarios, que veían en los comunistas el símbolo por antonomasia de todo aquello contra lo que habían luchado desde la guerra civil. Los socialistas teníamos la llave, pues estábamos siendo presionados para avalar, con nuestra participación, unas elecciones sin la previa legalización del PCE. Pero la dirección del partido mantuvo una posición inequívoca. Finalmente, y con algo de retraso respecto de los demás partidos, el Gobierno legalizó al PCE en la Semana Santa de 1977.

UGT tenía que pelear en dos frentes simultáneos. Por un lado, uniendo esfuerzos con los demás sindicatos de clase y con el resto de la oposición, para exigir al Gobierno que la transición sindical no quedase relegada a las calendas grecas. El establecimiento de un marco de relaciones laborales libres no era tarea fácil, pues requería desmantelar previamente los tentáculos que había ido extendiendo el sindicalismo franquista sobre sectores muy diversos: desde la formación profesional hasta los servicios de ocio, pasando por la regulación de ciertas profesiones e, incluso, por la elaboración de algunas estadísticas oficiales. Pero además UGT tenía que combatir el modelo sindical que propugnaba CCOO. Un modelo mucho más asequible, porque suponía introducir menos cambios y dar por válidas una parte de las estructuras vigentes.

Como prolongación de los organismos unitarios de la oposición, de la que también formaban parte, UGT, CCOO y USO decidieron constituir una plataforma para coordinar sus actuaciones. La Coordinadora de Organizaciones Sindicales (COS) se creó a mitad de 1976 y funcionó durante unos meses, sin que se superasen nunca los recelos que mantenían entre sí sus componentes. Lo más relevante de su actuación fue la convocatoria de la huelga general contra las medidas económicas que se habían aprobado en otoño de ese año. La crisis del petróleo había estallado en octubre de 1973, provocando una recesión en todas las economías europeas. En España, nadie había adoptado hasta entonces las medidas de ajuste adecuadas. Los acontecimientos políticos no habían dejado ni un minuto de respiro, desde el asesinato de Carrero en diciembre de 1973 hasta el nombramiento de Suárez. Sólo ahora, éste se atrevía a poner en marcha una serie de medidas de ajuste, aprobadas por decreto-ley, que inmediatamente contaron con la oposición de los sindicatos.

El paro tuvo lugar el 12 de noviembre. El seguimiento de los trabajadores al llamamiento a la huelga fue desigual. Preparamos un detallado informe de repercusión de la huelga, por ciudades y sectores, que fue recogido con generosidad por los medios comprometidos con la democracia: los convocantes estimamos que habían participado más de dos millones de trabajadores, mientras que el Gobierno rebajó la cifra a medio millón. También hubo varios centenares de detenidos por participar en piquetes. Pero, incluso aunque nuestros datos fuesen más cercanos a la realidad, la mayoría de los convocados no había seguido un paro del que, quizás, no tuvieron casi ninguna información previa. «La huelga no alteró la paz ciudadana», tituló al día siguiente *El País*.

Días después, publicamos en UGT un cuadernillo en el que relatamos en tono épico los antecedentes y los resultados de la huelga. ¡Por lo menos, había parado más gente que en las míticas «huelgas generales pacíficas» convocadas por el PCE en los sesenta! ¿Qué valoración podía hacerse de aquella experiencia? Por un lado, habíamos conseguido llevar a cabo la mayor movilización obrera registrada en España desde la guerra civil. Y lo habíamos hecho desde unas centrales sindicales todavía ilegales, carentes casi por completo de medios humanos y materiales. Pero, de otra parte, quedaba un largo camino por recorrer hasta poder disponer de unas organizaciones preparadas para afrontar una acción sindical en libertad. Y esto no sólo era aplicable a UGT. Aunque la implantación de CCOO era muy superior a la nuestra, todavía estaba lejos de llegar a todos los centros de trabajo.

El 27 Congreso del PSOE: letra y música radical

Antes de finalizar el año, el PSOE también decidió celebrar su congreso en Madrid. En los debates precongresuales, me encontré enfrentado a las posiciones de los líderes políticos de la Agrupación Socialista Madrileña, encabezadas por Luis Gómez Llorente, Pablo Castellano y Francisco Bustelo. Ninguno de los tres pertenecía a la mayoría surgida en Suresnes —el famoso «Pacto del Betis»— y mantenían una relación distante con el núcleo fuerte de la Ejecutiva. Tanto Castellano como Bustelo habían dimitido por sus divergencias con los andaluces, y Luis había aceptado sustituir a Bustelo, aunque mantenía sus distancias con la línea oficial. Mis afectos se orientaban, en cambio, hacia las posturas de la Ejecutiva. Junto con otros compañeros —Miguel Ángel Martínez y Alejandro Cercas, entre otros— formamos un grupo minoritario, el «Colectivo Pablo Iglesias», que defendió unas posiciones hiperradicales. Refresqué mis lecturas de Marx en París, para redactar algunas enmiendas. ¡Menos mal que estuve entre quienes, dentro del Colectivo, nos manifestamos contrarios a la dictadura del proletariado!

El 27 Congreso, después de un primer aplazamiento, comenzó por fin un día de diciembre, en el Hotel Meliá Castilla, en Madrid. El hecho de reunirnos a la luz del día ya no suponía un desafío como el del congreso de la UGT. Pero impresionaba la presencia de los líderes del socialismo internacional, venidos para dar el espaldarazo definitivo a un partido que aún no estaba legalizado. Willy Brandt, François Mitterrand, Olof Palme, Pietro Nenni, Carlos Altamirano o Michael Foot, entre otros, nos acompañaron en aquellos momentos de gran emotividad. Los «grises» se situaron en las inmediaciones del hotel, y muchos delegados dudaban de si estaban allí para protegernos o, por el contrario, para irrumpir en el hotel y suspender la reunión. Cuando Pedro Pablo Mansilla atravesó la sala del congreso enarbolando una bandera republicana, los viejos socialistas pensaron que sus esfuerzos y sus sufrimientos tendrían pronto la recompensa que merecían.

Las resoluciones que aprobamos pecaban de inmadurez y exceso de radicalismo. Y eso que, en la ponencia económica, Miguel Boyer había intentado contener algunos ímpetus. Él, que representaba las posiciones más moderadas, propuso la nacionalización de la banca; otros delegados logramos añadir una coletilla al texto de la resolución política, en la que se aclaraba que esas propuestas no eran sino un eslabón más en el camino hacia la sociedad socialista, una vez consumada la ruptura con el capitalismo.

Sin embargo, al margen de la letra radical de algunas resoluciones, el PSOE surgió del congreso como un partido con gran futuro. Sus posibilidades se nutrían con la memoria histórica de lo que el socialismo había representado en el pasado para las capas populares de nuestro país, pero también con la energía de una juventud que se acercaba al socialismo no sólo por coincidencia ideológica sino también por la identificación generacional que sentía respecto de sus líderes. Además, nuestros vínculos con la socialdemocracia europea permitían identificar con claridad cuál era el modelo de sociedad al que aspirábamos.

Suárez se apunta un tanto

Días después, Suárez se apuntaba un éxito decisivo, al ganar holgadamente en el referéndum de la reforma política. El partido, junto con el resto de la oposición democrática, había decidido llamar a la abstención. La ley, que había sido aceptada por los procuradores de las Cortes franquistas, permitía la convocatoria de elecciones, pero no aclaraba si todos los partidos podrían presentar candidaturas ni cuáles serían las potestades de las Cámaras en cuanto a la elaboración de una Constitución democrática. La respuesta del electorado supuso, no obstante, un gran triunfo para los reformistas. Los «síes» fueron abrumadores, nuestro llamamiento a la abstención no tuvo demasiado eco, y los «noes» de los nostálgicos del franquismo, muy escasos. A partir de ese momento, el margen de maniobra de Suárez aumentó de manera considerable. Ya no tendría que negociar más con los procuradores franquistas, y en el proceso de conversaciones que iniciaba con la «Comisión de los Nueve», partía de una posición de fuerza.

Sin embargo, los franquistas no se daban por vencidos, y sus elementos más extremistas hicieron todo lo posible por frenar el proceso hacia la democracia y provocar una involución. Un día de enero de 1977, los sindicatos celebramos una reunión para fijar posiciones sobre el Libro Blanco para la Reforma de la Seguridad Social, que había publicado el Gobierno. Tuvo lugar en un local de Comisiones, en la calle de Atocha. Nicolás Sartorius encabezaba la delegación de los anfitriones, y yo fui acompañado por Aurelio Desdentado, hoy magistrado de la Sala Cuarta del Tribunal Supremo. Horas después, ya en mi casa, escuché voces que me llamaban desde la calle, y me asomé al balcón del piso, un primero. Eran las once de la noche, cuando un vecino, que era del partido, me informó de la tragedia: un grupo de abogados laboralistas de Comisiones acababan de ser asesinados por un grupo de ultras, en su despacho de la calle Atocha. A la conmoción que me produjo la noticia, se sumaba el hecho de que yo había estado esa tarde en la misma calle y en un local de CCOO. Al día siguiente, comprobé que se trataba de otro piso; pero no pude evitar pensar en los riesgos que todos estábamos corriendo. La fragilidad del proceso de transición y las enormes dificultades que aún había que superar no era sólo materia de análisis, sino que formaba parte de nuestra vida diaria.

La sociedad española no estaba, sin embargo, dispuesta a arrugarse. Al contrario. El entierro de los abogados de Atocha congregó a cientos de miles de personas. La conquista de la calle por una muchedumbre pacífica era un inmenso homenaje espontáneo a las víctimas de aquella salvajada, que habían sido asesinadas por luchar por la libertad. Había que seguir combinando la audacia con la prudencia. A esas alturas, los objetivos que perseguíamos ya eran probablemente los mismos que tenía Adolfo Suárez, aunque éste todavía no se atrevía a expresarlos con total claridad. También eran los objetivos del rey Juan Carlos, de quien se dice que aquella tarde sobrevoló en helicóptero la riada humana que se dirigía hacia el cementerio de La Almudena, solidarizándose con quienes estábamos allí abajo, y en particular con las familias, amigos y compañeros de los muertos. Por esos mismos días, los ultras cometieron más asesinatos y los GRAPO mantenían secuestrados a Antonio Oriol y al general Villaescusa. La transición se sometió, en aquella semana negra, a una de sus pruebas más difíciles.

Los obstáculos que se habían superado desde la muerte de Franco para despejar el camino hacia la democracia eran ingentes. Sólo unos pocos sectores minoritarios se resistían a soltar amarras del franquismo y proyectaban sus sombras sobre un trayecto que la sociedad española estaba deseando recorrer desde mucho antes de la muerte de Franco. Por un lado, estaban los involucionistas. Por otro, los terroristas. ETA no estaba dispuesta a sumarse al clamor en favor de una transición pacífica, aunque, en aquel momento, aún éramos muchos los que pensábamos que si se concedía una amnistía total, el problema del terrorismo pasaría a formar parte de la historia triste del franquismo.

En los meses que siguieron, Suárez empleó buena parte de sus energías en organizar sus huestes políticas y en administrar la enorme conmoción que en los sectores reaccionarios provocó la legalización del Partido Comunista. Pero antes de las elecciones, había que resolver también algunos asuntos en el terreno sindical. La legalización de las centrales obreras, el desmantelamiento de la organización sindical franquista y la creación de la AISS (Administración Institucional de Servicios Socioprofesionales), heredera de la burocracia del antiguo verticalismo, se produjeron en los meses posteriores al referéndum y antes del 15 de junio. Redondo, Chaves y Saavedra participaron en las conversaciones con el Gobierno para negociar las bases mínimas del marco democrático de relaciones laborales. José Antonio Aguiriano, miembro de UGT y del PSOE, utilizó con habilidad su puesto de representante de los trabajadores en la OIT para acabar de convencer a Enrique de la Mata, ministro de Relaciones Sindicales, de que la democracia no podía construirse a espaldas de los sindicatos.

El horizonte de las primeras elecciones democráticas

Nos acercábamos, pues, a las primeras elecciones democráticas que se iban a celebrar en España desde hacía cuarenta años. La transición estaba consiguiendo sus objetivos; quedaban aún por despejar numerosas incógnitas, la principal de las cuales era saber si las Cortes que se eligiesen el 15 de junio tendrían carácter constituyente. En el plano sindical, estaban todavía abiertos los elementos básicos del modelo de relaciones laborales. Pero tanto el PSOE como la UGT habían sido ya legalizados, sus estructuras estaban en plena recomposición, y recibían una demanda creciente de afiliaciones. Para desempeñar nuestra actividad en el nuevo contexto de libertades, tendríamos que desprendernos de la sobrecarga ideológica acumulada durante los años de la clandestinidad, y bajar a ras de suelo nuestras propuestas programáticas. Todavía debía pasar algún tiempo hasta que la UGT apostase por la concertación social o el PSOE abandonase su definición como partido marxista.

Pero la lectura que nuestros dirigentes habían hecho de la transición era más correcta que la que todavía mantenían otros líderes de aquella época. Nicolás Redondo acertó al presionar al Gobierno para celebrar el congreso de la UGT en Madrid, pues no habría libertad sin el pleno reconocimiento de la libertad sindical. Felipe González intuyó desde el primer día la capacidad de liderazgo de Adolfo Suárez, y apostó por él frente a quienes le consideraron incapacitado, dados sus orígenes, para llevar adelante el proceso de democratización hasta sus últimas consecuencias. Gracias a todos, en esos meses decisivos la España oficial y la España real dieron pasos trascendentales para encontrarse y fundirse en un solo proyecto de país, democrático y abierto a todos. Quedaba todavía un largo camino por transitar, pero los votos de millones de españoles iban a facilitar el éxito de ese empeño.

Mi vida también había experimentado cambios muy profundos. No sólo desde el punto de vista profesional. En una de las múltiples reuniones de partido en las que participé durante los meses posteriores a mi llegada a Madrid, conocí a Milagros Candela, Mila, una joven profesora de la Universidad Complutense que, ante mis argumentos en favor de la afiliación al PSOE, se mostró un tanto escéptica. Prefería seguir trabajando en la FETE-UGT y, sobre todo, en las luchas de los profesores no numerarios, los famosos PNN; pero también quería seguir participando en nuestras reuniones. A partir de ese día, nos encontrábamos con regularidad, para salir a repartir folletos, celebrar reuniones y preparar el congreso, pues conseguí convencerla de que ingresase en el partido. Vivía muy cerca de mi casa, y empezamos a vernos para hablar de cosas diferentes a la política.

CAPÍTULO IV

Del 15-J a las elecciones de 1979

Al iniciarse los preparativos de la campaña electoral de 1977, los compañeros de Ciudad Real intentaron convencerme para que me incorporase a las listas. Había viajado varias veces a esa provincia con Manolo Marín, que había nacido allí. El PSOE se estaba reorganizando a marchas forzadas con el concurso de algunos veteranos, a los que tratábamos de ayudar. Junto a ellos, unos pocos jóvenes y un par de profesionales estaban dispuestos a poner de nuevo en pie las estructuras del partido y del sindicato en la provincia.

Los nuevos afiliados se acercaban a nuestras filas con muy buena voluntad pero sin experiencia alguna de lo que era un partido. Había que encuadrar a los recién llegados, enseñarles unas mínimas reglas de funcionamiento e impartirles nociones básicas sobre el socialismo y la historia del PSOE. Ciudad Real nos era, pese a todo, una zona bastante favorable. En La Mancha, la memoria histórica estaba muy viva, y no pasaba una semana sin que surgiesen grupos, en la capital o en los principales pueblos, que pedían formar parte de las organizaciones a las que habían pertenecido ellos o sus padres hasta la guerra civil. El recuerdo de las atrocidades cometidas por los franquistas y de los sufrimientos y el miedo vividos en la posguerra les había hecho renunciar a una actividad clandestina, pero ahora querían participar cuanto antes en la recomposición del partido y de la UGT.

Sin embargo, una cosa era colaborar desde el anonimato y otra muy diferente dar la cara en mítines y en debates. Los recién llegados no se atrevían, salvo excepciones, a ser protagonistas y por eso buscaban militantes más avezados. De ahí que pensasen que yo podría figurar en la candidatura al Congreso de los Diputados, junto a Manolo. Les agradecí su oferta, pero no la acepté. Miguel Ángel Martínez sí lo hizo, y durante muchos años ejerció con tenacidad y eficacia sus labores como diputado manchego. A cambio, me comprometí a colaborar con ellos durante la campaña, e incluso fui el administrador legal de los pocos recursos disponibles para financiar las actividades electorales.

Fueron semanas inolvidables. Si aún quedaba alguna brizna de escepticismo o desconfianza sobre cuál sería la meta final de la transición, saltó por los aires gracias a la dinámica de cambio que se respiró en la calle nada más comenzar la campaña. Los recelos que todavía teníamos sobre las verdaderas intenciones de quien había sido, hasta el año anterior, secretario general del Movimiento, quedaron barridos por lo que veíamos día tras día. El clima que se palpaba en los actos públicos, la recepción que se nos daba en los pueblos, el ánimo de la gente, todo lo que nos rodeaba nos daba la medida del profundo cambio que estaba teniendo lugar. Los sentimientos ocultos durante varias décadas salían a la luz. Las ilusiones acalladas por el miedo se expresaban ahora en voz alta. El recuerdo de la libertad vivida hacía muchos años, que con el tiempo se había difuminado, cobraba de nuevo actualidad al ver por las calles la misma bandera roja, al escuchar los acordes de *La Internacional*, al evocar a Pablo Iglesias y contemplar en los carteles las siglas del PSOE.

Quedé muy sorprendido ante el gentío que acudió a la Fiesta de la Rosa, que el partido había organizado en el barrio madrileño de San Blas poco antes del comienzo de la campaña. Estudiantes, profesionales, trabajadores de toda clase y condición, personas mayores y familias enteras, se acercaron a tomar contacto con el nuevo PSOE. Compraron mecheros y ceniceros con la rosa y el puño, mostraron su identificación con los candidatos y, sobre todo, aplaudieron a rabiar a los oradores, especialmente a Felipe y a Mitterrand. Hasta el 15-J, nos acompañó constantemente una multitud alegre y esperanzada, que nos daba ánimos, nos prometía su apoyo y nos arrancaba de las manos los folletos con los textos de Peridis, los carteles con dibujos de José Ramón o las fotos de un Felipe sin corbata, que miraba con seguridad a la cámara. Nuestro eslogan, «La libertad está en tu mano», reflejaba perfectamente lo que sintieron durante aquellas semanas millones de españoles. Fernando Colomo filmó en *Tigres de papel* el ambiente en el que muchísimos jóvenes decidieron participar en los mítines de las diferentes candidaturas de la izquierda. Ojalá sus hijos —nuestros hijos— puedan, alguna vez, vibrar así con la política.

La campaña del Dyane 6

Viví también la campaña en el ámbito rural, recorriendo los lugares más recónditos de la provincia de Ciudad Real. Descubrí facetas de mi país que hasta entonces ignoraba. Al frente de un pequeño equipo de voluntarios, solía acompañar a alguno de los candidatos, sobre todo a quienes tenían menos experiencia y más reparos a hablar en público. Normalmente íbamos en mi coche —un Dyane 6— al que se había acoplado un pequeño equipo de sonido. Al llegar al punto de destino programado, comprobábamos si ya se habían colocado los carteles anunciando el acto, situábamos el coche en el lugar más céntrico posible y lanzábamos al aire, con el volumen a tope, los sones de *La Internacional*. Cada poco tiempo, la música se interrumpía para dar paso a los eslóganes de la campaña y al anuncio del mitin.

Al principio, casi nadie se aproximaba. Sólo cuando veían a la pareja de la Guardia Civil hablando con nosotros sin que pasase nada extraño, se acercaban los paisanos a pedirnos propaganda y confirmar el lugar y hora del acto. El primer orador tenía que dirigirse, muchas veces, a una sala medio vacía. Pero a medida que los recelos se disipaban, al comprobar que la fuerza pública no interrumpía el acto, se iban ocupando las sillas. Al final, nuestra capacidad de convocatoria quedaba en buen lugar. A veces fallaba el local asignado por la Junta Electoral. La razón solía ser bien simple: el alcalde, nombrado «a dedo» y en muchos casos franquista acérrimo, se negaba a cedérselo a «los rojos de toda la vida». En ese caso había que hablar en plena calle, utilizando nuestro modesto equipo de sonido. En alguno de sus feudos, los falangistas se dedicaban mientras a recorrer las calles adyacentes al mitin, entonando el *Cara al Sol* con gesto amenazante.

Alternaba la campaña en Ciudad Real con alguna actividad electoral en Madrid. Colaboré pegando carteles en mi barrio, repartí propaganda y actué de telonero en algún acto. A partir del esquema que utilizaba en mis intervenciones, redacté un texto que me solicitó Lalo López Albizu. Lalo era un personaje inolvidable, con el que había establecido una buena amistad desde que llegué a Madrid. Metalúrgico de la Naval de Sestao, desempeñaba cargos de responsabilidad en el PSOE y la UGT desde los años sesenta. Alto, simpático, campechano, desbordaba humanidad y sensibilidad por todos sus poros, aunque trataba de esconder su bonhomía con el tono seco característico de nuestra tierra. Ocupaba el segundo lugar de la lista por Vizcaya, pero le aterraba ponerse delante de un micrófono. Cuando le conté mis incursiones por los pueblos manchegos, me pidió una copia de mi discurso, y le preparé unos pocos folios. Estaba encantado porque, al leerlos por primera vez, el auditorio le había correspondido con aplausos en algunos pasajes de su intervención. La fórmula era muy sencilla: en dos o tres párrafos del texto, le subrayé frases que tenían que ser pronunciadas con cierta solemnidad, para dar paso a continuación a una pausa en espera de una reacción favorable del público. Se referían a Pablo Iglesias y a Felipe, cuya sola mención era garantía de éxito.

Por fin, se acercaba el momento de votar. A punto de cumplir veintinueve años, nunca lo había podido hacer antes. Hice de interventor en mi mesa electoral. Los presentes en el colegio Lepanto a las ocho de la mañana, fuese cual fuese nuestra edad, no teníamos la más mínima experiencia de lo que había que hacer para que todo se desarrollase en orden: ni los interventores de las distintas candidaturas, ni los elegidos para presidir la mesa o hacer de secretarios. Lo cual era todo un motivo de reflexión sobre nuestra reciente historia. Resolvimos como pudimos las dudas, colocamos las papeletas, redactamos actas, rellenamos impresos y repartimos los censos con un gran espíritu de colaboración entre todos. Aquel día todo tenía que salir bien. Durante las horas que pasé sentado en la mesa electoral, vi cómo muchas personas mayores no podían ocultar su emoción al introducir los dos sobres en las respectivas urnas. Yo también me emocioné. Con aquel voto, expresábamos nuestra voluntad de futuro y, también, enterrábamos pacíficamente muchos años de iniquidad. Ese día no lo olvidaré nunca. Habíamos votado con plena libertad. Un éxito que nadie podrá discutir nunca a Adolfo Suárez.

15-J. Hegemonía en la izquierda

Los resultados del 15 de junio nos proporcionaron una gran alegría. Obtuvimos casi el treinta por ciento de los votos, cuando pocos meses antes hubiésemos firmado cualquier cosa por encima del veinte. La UCD de Suárez ganó, pero no arrasó, Alianza Popular sólo era el cuarto partido en votos y tanto el PCE como el PSP sufrían una enorme decepción. La distancia que les separaba de nosotros era abismal, lo que confirmaba nuestra hegemonía en la izquierda. Tanto Carrillo como Tierno habían acariciado desde años atrás la idea de un sistema de partidos a la italiana, mediante el cual los comunistas y los *tiernistas* se erigirían en los interlocutores del centro-derecha, en una especie de «compromiso histórico» a la española. Su convivencia en el seno de la Junta Democrática les había aproximado entre sí, y ambos mantenían excelentes relaciones con un puñado de personajes independientes que acariciaban también ese modelo. Ahora, con más de un tercio de los diputados del grupo socialista, el liderazgo del PSOE en el espacio progresista era indiscutible; los otros proyectos alternativos se caían como un castillo de naipes.

Como es obvio, Adolfo Suárez también tenía muchas razones para estar satisfecho, aunque las cosas no le salieron tal y como las había previsto. Sus estrategas de la UCD pensaban conseguir el 15-J la mayoría absoluta; como mal menor, habían dibujado un escenario en virtud del cual tendrían que completar los votos que les faltasen con los de la derecha más conservadora, representada por Fraga y sus «siete magníficos». Los votantes desbarataron esa hipótesis, y quienes se habían presentado como los auténticos albaceas del legado de Franco recibieron un monumental varapalo.

¿Cuál fue el mensaje que habían querido enviar los electores? Vista la composición del Congreso de los Diputados, UCD y PSOE estábamos obligados a entendernos para construir una democracia auténtica, sin limitaciones ni ataduras. Gracias a ello, el margen de maniobra de Suárez, ampliado a raíz del referéndum de la reforma política, se ensanchaba todavía más, por donde quizás no lo había imaginado. Hasta ese momento, los reformistas habían conseguido imponer sus tesis en cuanto a los procedimientos; ahora, los electores inclinaban la balanza claramente a nuestro favor en cuanto a los contenidos de los cambios. El camino hacia la elaboración de una Constitución totalmente democrática quedaba definitivamente despejado. Los temores que Felipe había expresado en su intervención del XXX Congreso de la UGT quedaban barridos definitivamente gracias a la fuerza de los votos. Las nuevas Cortes se propusieron desde el inicio constituir un sistema político radicalmente distinto al anterior. El Rey, en su intervención durante la apertura solemne de la legislatura, no desperdició la ocasión y habló de la necesidad de elaborar una Constitución homologable con las de las demás democracias europeas.

¿Qué lectura cabía hacer de esos cambios en el terreno sindical? El PSOE contaba con muchos votos, pero quizás no fuesen suficientes para bloquear en el Parlamento la implantación de un modelo sindical como el que propugnaba CCOO. Sin duda, esto último hubiese sido mas fácil en un escenario de cambios menos radicales. Ahora, los socialistas teníamos que conseguir que la futura Constitución marcase también la ruptura en materia laboral. Pero el peligro no estaba aún conjurado. Porque así como la distancia electoral entre PSOE y PCE marcaba una clara hegemonía socialista en el conjunto de la izquierda, no sucedía lo mismo en el plano sindical. Además, la agenda política se vería condicionada por la discusión constitucional y la actividad parlamentaria, lo que generaba el temor entre los dirigentes de la UGT de que la relación con el partido no fuese, a partir de este momento, tan estrecha como antaño. El PSOE, en fin, había recibido muchos votos de los afiliados a CCOO, y también se debía a ellos. La simbiosis que había caracterizado las relaciones de ugetistas y socialistas durante los años del exilio empezaba a necesitar algunas adaptaciones.

Sindicatos-Gobierno: nuevos usos, nuevas formas de negociar

Antes de que se empezase a librar la batalla por el modelo laboral, un nuevo factor ocupó el lugar prioritario en la agenda de los sindicatos. La pésima situación económica obligaba a tomar medidas para responder a la crisis. El paro crecía en progresión casi geométrica, el número de empresas en crisis se multiplicaba, la inflación aumentaba a ritmo galopante y las arcas públicas estaban en situación caótica. El franquismo había dejado un legado económico envenenado y el sistema productivo hacía aguas por los cuatro costados. Frente a todo ello, los paquetes de medidas del primer Gobierno Suárez no habían servido de gran cosa, ni el Ejecutivo había intentado aún el diálogo con los sindicatos. Nadie había dedicado a la economía la atención que requería. Tras las elecciones, llegaba el momento de hacerlo. En el nuevo Gobierno, el vicepresidente económico, Enrique Fuentes Quintana, prefería llegar a compromisos con los partidos, pero antes estaba obligado a sentar a la mesa a los interlocutores sociales.

En pleno verano, fuimos convocados a la sede del Ministerio de Hacienda. CCOO, UGT y USO nos sentamos públicamente, por primera vez, con la representación del Gobierno. Además de Fuentes, asistieron a la reunión el ministro de Hacienda, Fernández Ordóñez, y el de Industria, Rodríguez Sahagún. Las maderas nobles y la pinacoteca del palacio de la Aduana, edificado en tiempos de Carlos III, chocaban con nuestro atuendo informal.

Fuentes expuso, con su proverbial capacidad pedagógica, los elementos más significativos de la desastrosa situación económica. La inflación alcanzaba en el segundo trimestre de 1977 un ritmo de crecimiento anual cercano al 30 por ciento, en un proceso galopante autoalimentado por el aumento de los costes laborales. En esas condiciones, el ajuste pasaba por el recorte del poder adquisitivo de los trabajadores. Bajando algo el tono, avanzó su petición: quería que acordásemos aumentos salariales inferiores en tres o cuatro puntos a la tasa de inflación prevista para 1978. Ante ese envite, los sindicatos teníamos que decidir si nos comprometíamos con una estrategia que el Gobierno, en todo caso, iba a poner en marcha.

El acuerdo no fue posible, aunque las conversaciones se desarrollaron en un tono relajado y amable. Comprendíamos el peso que recaía sobre las espaldas del Gobierno, pero los sindicatos no estábamos aún en condiciones de asumir ese tipo de responsabilidades. La fragilidad de nuestras estructuras impedía vertebrar y coordinar con eficacia a quienes, a nivel de empresa o de sector, negociasen los convenios colectivos. En muchas mesas negociadoras, reinaba en esos momentos una enorme confusión. Los viejos mecanismos heredados del sindicalismo vertical se desmoronaban, mientras que las nuevas instancias representativas estaban aún por definirse. Recuerdo haber participado en la mesa negociadora del convenio de Explosivos Riotinto, formando parte de una delegación de los trabajadores que rondaba el centenar de miembros, entre los pertenecientes a la empresa y los que nos sentábamos allí en nombre de al menos cinco sindicatos diferentes. Ponernos de acuerdo entre nosotros era, ya de por sí, una tarea casi imposible.

LOS PACTOS DE LA MONCLOA

Fracasado el diálogo con los sindicatos, el Gobierno se dirigió a los partidos, recabando su apoyo. Contaba con la predisposición favorable del PCE, que pensaba adquirir así el protagonismo que los electores le habían negado y una respetabilidad que moderase los recelos que todavía despertaban «los comunistas». El PSOE, por el contrario, veía con prevención la maniobra envolvente del Gobierno, temiendo quedar excesivamente comprometido con las duras medidas que habría que adoptar. Si al consenso constitucional se añadía el derivado de la firma de los acuerdos económicos, el margen de maniobra para ejercer la oposición quedaba seriamente limitado. Pero la dirección del partido era a la vez consciente de que, en los momentos que estábamos viviendo, había muy pocos argumentos para negarse a compartir los esfuerzos que se requerían para ayudar a consolidar las instituciones democráticas.

Después de unas negociaciones intensas, esta vez sí hubo acuerdo: los famosos Pactos de La Moncloa. Su firma por todos los líderes parlamentarios planteó discrepancias entre la UGT y el PSOE. Mientras éste coincidía con el PCE y CCOO en el apoyo a los pactos, UGT se manifestaba en contra de la moderación salarial acordada. Por primera vez en mucho tiempo, las opiniones del sindicato y del partido diferían en un punto importante. La doble afiliación estaba muy extendida, y no era fácil defender como miembro del partido el contenido de unos pactos que había que rechazar en el terreno sindical.

La situación era extraordinariamente incómoda para todos, máxime teniendo en cuenta que los principales dirigentes ugetistas eran, al mismo tiempo, dirigentes y parlamentarios del PSOE. También lo era para mí: la razón me situaba del lado del PSOE, pero mi trabajo como asesor económico de la UGT me obligaba a acatar la posición oficial del sindicato. Celebramos varias reuniones entre ambas direcciones, para tratar de conciliar las respectivas posiciones, y al final los argumentos de Felipe consiguieron convencer a Nicolás Redondo, que bajó el diapasón de sus críticas. La oposición del sindicato se fue diluyendo, y de hecho la UGT acabó respetando los topes salariales fijados en los pactos.

El papel del PCE como aliado del Gobierno no se limitaba solamente a los Pactos de La Moncloa, hasta el punto que el PSOE se sentía a veces emparedado entre uno y otro. La «pinza» UCD-PCE suponía, entre otras cosas, que CCOO gozaba de las simpatías gubernamentales, en detrimento de la UGT. Comisiones no sólo era un interlocutor más estructurado, con más presencia en las fábricas; además, su referente político jugaba el juego que proponía el Gobierno en materia económica. Para colmo, el nuevo ministro de Trabajo, Manuel Jiménez de Parga, mantenía unas excelentes relaciones personales con Marcelino Camacho desde los tiempos del franquismo. A la vista de todo ello, las alarmas sonaron en el cuartel general ugetista.

FERNANDO ABRIL, UN NEGOCIADOR PACIENTE

Había que evitar por todos los medios que el Gobierno apoyase el modelo laboral y sindical de CCOO; ello supondría consolidar para siempre la hegemonía de que disponía de momento el sindicato comunista. Un aspecto muy importante sobre el que había que decidir era la manera de medir la representatividad de las centrales sindicales. Si se optaba por el número de afiliados, se favorecía a Comisiones. UGT prefería algún baremo basado en la votación del conjunto de los trabajadores de cada centro de trabajo, pero sin que los organismos elegidos —los comités de empresa— tuviesen capacidad de negociación; ello supondría ir hacia un modelo parecido al de los jurados de empresa, lo que también beneficiaba a CCOO.

La posición de la UGT era por lo tanto frágil. Las alternativas no eran muchas: la CEOE y la derecha no estaban por la labor de encomendar facultades negociadoras a las secciones sindicales de empresa, como pedía la UGT, por considerar que ello llevaría a una politización indeseable de la vida de la empresa; y pensar en un sistema que otorgase representatividad a los sindicatos sin pasar de algún modo por las urnas, era impensable. En diciembre de 1977, el Gobierno aprobó finalmente un decreto convocando las primeras elecciones a comités de empresa, que satisfizo más a CCOO que a nosotros. La votación tuvo lugar a comienzos de 1978, y aunque Comisiones las ganó con holgura, UGT obtuvo un porcentaje apreciable de delegados.

Con la llegada de Fernando Abril Martorell a la Vicepresidencia económica, tras la dimisión de Fuentes, la relación entre la UGT y el Gobierno recibió un impulso espectacular. Empezaron a ser habituales las reuniones con Abril y sus principales colaboradores en el palacete de Castellana 3. Unas, tenían por objeto analizar la situación de empresas en crisis, que solicitaban ayudas públicas, cuando no su nacionalización pura y simple. Abril, con una paciencia infinita, dedicaba mucho tiempo a explorar posibles soluciones, sin preocuparse demasiado de la ortodoxia económica de los instrumentos a emplear para salvar puestos de trabajo. Muy pronto, José Luis Corcuera y algunos otros dirigentes metalúrgicos de la UGT relevaron a la dirección confederal del sindicato en la interlocución continua con el Gobierno respecto de estos temas, asesorados por algunos miembros del partido que años más tarde serían muy conocidos: Miguel Boyer y Carlos Solchaga entre otros.

Otras reuniones con el vicepresidente trataban de avanzar en la definición del modelo de relaciones laborales. Tras las elecciones a comités de empresa, seguíamos empeñados en potenciar a los sindicatos para que actuasen en el interior de las empresas. Nos apoyaban un grupo importante de profesores universitarios de Derecho del Trabajo, influidos por los laboralistas italianos. En cambio, algunos líderes empresariales —entre ellos Carlos Ferrer Salat, elegido presidente de la CEOE— preferían acomodarse al modelo unitario de representación defendido por CCOO, porque no querían enfrentarse al sindicato mayoritario en sus propios centros de trabajo. Por si fuera poco, Ferrer estaba rodeado en la nueva organización empresarial por funcionarios procedentes del sindicalismo vertical, como José María Cuevas y Fabián Márquez, que entendían mejor el evolucionismo de Marcelino Camacho que la ruptura implícita en el modelo de Nicolás Redondo.

Dentro del Gobierno, las opiniones estaban divididas. Había quien pensaba que lo que le convenía a la UCD era mantener buenas relaciones con el PCE de Carrillo, y por lo tanto con CCOO. Coincidían con los sectores de la patronal que preferían una transición lo más suave posible entre el viejo y el nuevo modelo. Por otra parte, algunos ministros democristianos intentaron, sin éxito, que la UCD ensayase el apoyo a la USO, vinculada a los sindicatos confesionales existentes en algunos países europeos y latinoamericanos. En fin, Abril Martorell encabezaba dentro del Ejecutivo a los partidarios de potenciar a la UGT. Consciente de la importancia del diálogo con el PSOE para la elaboración de una Constitución por consenso, y también de la necesidad de potenciar el espacio socialista frente a la alternativa comunista, vio claramente que no debía aislarse a la UGT.

Durante ese año, establecí unas magníficas relaciones con muchos de los colaboradores de Fernando Abril. José Luis Leal, primero como secretario de Estado y después como ministro, siempre estuvo totalmente abierto al contacto con la UGT, y desde entonces establecimos una buena amistad, que dura hasta hoy. Junto a él, estuvo siempre Crisanto Plaza, excelente persona y antiguo afiliado a UGT, que se había visto obligado a dejar el carnet para incorporarse como director general al equipo económico del vicepresidente.

En otoño de 1978, cuando el debate constitucional ya tocaba a su fin, Fernando Abril convocó a los sindicatos y a la patronal para negociar la prórroga, durante el año siguiente, de la moderación salarial de los Pactos de La Moncloa. En términos generales, ésta se había acabado trasladando a los convenios colectivos, pese a nuestra oposición inicial. Las reuniones, que se prolongaron durante varias sesiones, fueron pomposamente denominadas «jornadas de reflexión», y tuvieron un impacto en los medios de comunicación muy superior al de las conversaciones del año anterior. Hablamos de salarios, pero también de otros asuntos; desde la reconversión naval que intentaba poner en marcha sin éxito Agustín Rodríguez Sahagún, hasta la transformación del viejo SEAF-PPO en el INEM, creado, en teoría, a imagen y semejanza del instituto federal alemán de empleo. ¡Lástima que nunca alcanzase su eficacia!

Las reuniones fueron útiles: nos permitieron debatir abiertamente sobre la situación económica y sobre todos los temas pendientes de la agenda laboral. Pero fracasó en su objetivo principal, pues no pudimos llegar a un acuerdo. CCOO ya no estaba por la labor de sacarle a Suárez las castañas del fuego; los dos sindicatos nos mostramos igualmente renuentes ante la petición de prorrogar la moderación salarial. Se esperaba la disolución de las Cortes en cuanto quedase aprobada la Constitución, y en la izquierda nadie quería acudir a las siguientes elecciones habiendo suscrito los sacrificios que el Gobierno seguía exigiendo a los trabajadores. Al dar por concluidas las negociaciones, Abril Martorell anunció que propondría al Consejo de Ministros un decreto-ley fijando unos topes salariales, al tiempo que nos advertía, en tono amistoso, que las movilizaciones que organizásemos en contra de esa decisión supondrían un puñado más de votos en favor de la UCD, porque la gente sabía muy bien que esas medidas eran a todas luces necesarias.

Los socialistas se agrupan

Entre las primeras elecciones y la aprobación de la Constitución, se habían producido en la izquierda varios reagrupamientos clarificadores, tanto en el plano político como en el sindical. El éxito electoral del PSOE había acabado por vencer las resistencias de Tierno Galván, y el 30 de abril de 1978 se celebró el congreso de fusión entre el PSP y nuestro partido. En realidad, lo que se produjo fue la integración de la mayoría de sus afiliados, casi todos ellos cuadros y profesionales, en el PSOE. En ese mismo año, se produjo la fusión de todos los socialistas catalanes bajo las siglas del PSC (PSC-PSOE), después de que, en 1977, la federación catalana del PSOE y las dos ramas del PSC, el PSC-Congrés y el PSC-Reagrupament, se hubiesen presentado en coalición. Con ello, todos los socialistas estábamos ya reunidos bajo las mismas siglas, pues antes de las primeras elecciones ya se habían integrado en el PSOE la mayoría de los grupos que habían constituido en los últimos años del franquismo la Federación de Partidos Socialistas, así como el grueso del PSOE histórico.

En el terreno sindical, la multiplicación de siglas no había llegado tan lejos, pero también era necesario reordenar el panorama. Los sindicatos que habían aparecido al lado de los dos principales grupos de la extrema izquierda maoísta, el Sindicato Unitario y la CSUT, desaparecieron de hecho, distribuyéndose sus afiliados entre las dos centrales mayoritarias. La CNT nunca pudo alcanzar una representatividad comparable a la de éstas, y además vivió desde el comienzo una dura pugna entre el sector más apegado a sus afiliados históricos y los jóvenes que se integraron en sus filas. La Unión Sindical Obrera intentó encontrar un hueco entre el espacio cubierto por CCOO y el que quería cubrir la UGT, pero pronto tomó conciencia de la dificultad de la tarea. Un grupo significativo de sus miembros, al frente de los cuales se situó su principal líder José María Zufiaur, apostó por converger con UGT, y decidió fusionarse con nosotros. El congreso de fusión tuvo lugar en diciembre de 1977. Un sector minoritario, encabezado por José María Zaguirre, prefirió mantener su independencia, y así ha llegado hasta nuestros días, aunque ocupan una posición testimonial.

La incorporación de Zufiaur y los afiliados de la USO generó una inyección muy positiva de cuadros sindicales experimentados, de los que tan necesitada estaba la UGT. Pero además, la enérgica defensa que hacían de la autonomía respecto de los partidos, incluido el PSOE, suponía un soplo de aire fresco para animar un debate que, a medida que la actividad de la UGT se centraba en tareas estrictamente sindicales, era más necesario. Lo que el XXX Congreso, al hablar de incompatibilidades, había enfocado desde el punto de vista estatutario, ahora se planteaba en términos más políticos.

Un congreso cerrado en falso

El XXXI Congreso de UGT se celebró en Barcelona, en mayo de 1978. En él, la discusión sobre la autonomía sindical se mezcló con la relativa al papel que debían jugar las federaciones de industria —metal, construcción, empleados públicos...— respecto de la estructura territorial del sindicato. En ambos casos, latía la necesidad de que la UGT se concentrase cada vez más en las tareas estrictamente sindicales, si bien los defensores de ambas posturas no eran los mismos. Mientras que Zufiaur o Pepe Romero eran las cabezas visibles de las posiciones «autonomistas», quien más se distinguía en el debate sobre el papel de la estructura profesional era Manuel Garnacho, que paradójicamente sostenía las posiciones más tradicionales en cuanto a la necesidad de preservar unas relaciones muy estrechas entre el sindicato y el PSOE.

Nicolás Redondo recelaba de ambas tesis: defendía la continuación del modelo tradicional de relación con el PSOE, pero con una estructura interior del sindicato en la que las uniones territoriales seguían manteniendo un fuerte protagonismo. El XXXI Congreso concluyó con una amplia mayoría a favor de las posiciones del secretario general, pero también con la sensación de que sus debates se habían cerrado en falso, sin aportar respuestas convincentes. Se empezaba a echar en falta una reflexión en profundidad sobre los desafíos que debía afrontar el sindicato con base en sus propias fuerzas, sin recurrir permanentemente al partido para que le sirviese de apoyo o de muleta.

Mi papel durante el congreso consistía en ayudar al desarrollo de los debates en todo lo relacionado con la política económica y las reivindicaciones de la UGT al respecto. Los delegados debían pronunciarse, meses después de su firma, sobre los resultados de la aplicación de los topes salariales establecidos en los acuerdos de La Moncloa, y fijar criterios de cara al futuro. Pedí a Joaquín Leguina, que había participado junto con Felipe en la negociación de los acuerdos, que me acompañase. Una vez en el congreso, sin embargo, no pude evitar verme mezclado en algunas de las discusiones sobre la estrategia del sindicato. Me sentía más próximo a quienes apostaban por una mayor «sindicalización» de la UGT, y especialmente a los defensores de la autonomía sindical. Incluso alguien manejó mi nombre, sin que yo lo hubiese autorizado, en una candidatura alternativa a la encabezada por Nicolás, que no llegó a presentarse formalmente.

Empecé a pensar que mi trabajo en la UGT tendría que llegar a su fin en algún momento. Había cubierto una etapa extraordinariamente interesante, pero empezaba a necesitar un cambio de aires. Ahora me arrepentía de no haber aceptado la oferta de los compañeros de Ciudad Real, que me hubiese permitido participar en los trabajos de las Cortes Constituyentes. En el sindicato, cada federación de industria y cada unión territorial se habían dotado poco a poco de sus propios equipos de asesoramiento, y la actividad se hacía cada vez más rutinaria. Pero sobre todo, la forma en la que UGT seguía enfocando su relación con el PSOE me parecía contradictoria, cuando no desacertada.

Nicolás seguía recurriendo demasiado al apoyo del partido, sin confiar en la propia capacidad del sindicato. En el Parlamento, defendiendo su modelo de relaciones laborales. En las provincias, ayudando a consolidar sus estructuras y velando para que las opiniones minoritarias que habían aflorado en el congreso no fuesen asumidas por los afiliados socialistas del sindicato. Reclamando a los economistas socialistas como asesores distinguidos de los representantes sindicales. Pero, por mucho que esos apoyos fuesen aún necesarios, yo pensaba que lo que la UGT necesitaba por encima de todo era ir encontrando su propio espacio y su propia personalidad. La demanda de una mayor autonomía sindical planteada por una minoría de cuadros ugetistas era lógica, pese a que todavía no lo viesen así sus principales dirigentes.

Al mismo tiempo, en mi esfera personal se estaban produciendo cambios muy importantes. La relación con Mila había desembocado ya en la formación de una pareja estable, y, en junio de 1978, nos casamos. Dos o tres meses antes de la fecha de la boda, una vez tomada la decisión de compartir nuestra vida, hicimos sendos viajes a Murcia y a Bilbao para informar a nuestras respectivas familias de la buena nueva. Todo se desarrolló estupendamente. Juan Candela, que había enviudado recientemente, me recibió con los brazos abiertos y desde el primer momento me sentí acogido en su casa y en su entorno familiar con simpatía y cariño. Mis padres hicieron lo propio con Mila, y quedaron encantados cuando supieron que su futuro consuegro era un demócrata cristiano tan apegado como ellos a los valores religiosos. Los tres hubiesen sufrido mucho con una boda civil, así que transigimos en hacer las cosas como a ellos les gustaba. El día de San Juan, en la capilla renacentista de los Vélez de la catedral de Murcia, y tras una breve ceremonia, firmamos un contrato que mantiene hoy toda su vigencia. Disfrutamos de unos días en La Manga y en Ibiza, y volvimos a Madrid muy felices por el paso que habíamos dado.

EL PSOE QUIERE GOBERNAR

En otoño de ese mismo año culminó la discusión parlamentaria de la Constitución. A partir del referéndum del 6 de diciembre, empezó la cuenta atrás de las nuevas elecciones. Esta vez, intentaría formar parte de las listas. Era ya miembro del Comité Federal del PSOE, representando a Madrid tras el hueco dejado por Pablo Castellano, Francisco Bustelo, Sócrates Gómez y Manuel Turrión. Los cuatro habían dimitido al quedar en minoría en la FSM, y me habían elegido para sustituirlos, junto a Agapito Ramos, Enrique Moral y José Acosta. Cuando llegó el momento de elaboración de las candidaturas al congreso, mi nombre fue propuesto, junto a otros muchos, por las agrupaciones. Pedí a Nicolás que me echase una mano. La renuncia de Carlota Bustelo, que no quiso repetir como diputada en protesta por la falta clamorosa de mujeres en las listas, facilitó mi inclusión en un lugar con posibilidades de ser elegido.

La campaña de 1979 fue muy diferente a la anterior. Por muchas razones. En primer lugar, ya no tenía el componente de la novedad. Además, junto a la preocupación por las amenazas que tanto el terrorismo como el golpismo suponían para una democracia aún muy frágil, la crisis económica estaba omnipresente. La destrucción de empleo era muy intensa y las arcas públicas no podían paliar sus consecuencias más lacerantes. Las expectativas acerca de la capacidad de la democracia para resolver cualquier tipo de problemas, chocaban con la debilidad del sistema de protección social y con la ineficacia de los servicios públicos. La alegría colectiva de 1977 había empezado a transformarse en lo que entonces se denominó «desencanto».

Lejos de atizar demagógicamente esas quejas, el partido decidió que el mensaje que debía enviar al electorado era el correspondiente a una alternativa seria y rigurosa, capaz de gobernar con realismo. Pretendíamos combatir la acusación de inexperiencia y de radicalismo que se nos hacía desde las filas centristas. El tono gris de nuestra propaganda electoral contrastaba poderosamente con el colorido de 1977. Felipe aparecía en los carteles con rostro serio y las patillas encanecidas, al lado de eslóganes como «un Gobierno serio para un país seguro». El clima invernal ayudó a reforzar la impresión severa que se deducía de la imagen elegida por nuestros expertos: aquellas semanas hizo en Madrid un tiempo especialmente frío y desapacible.

Nuestras encuestas nos situaban en primera posición. Las publicadas por los medios de comunicación también nos daban, en general, como favoritos, aunque el porcentaje de indecisos era muy elevado. El esfuerzo que había hecho el partido para ganar respetabilidad, afinar sus propuestas programáticas, dotarse de cuadros y de expertos, consensuar la Constitución y, en general, moderar los rasgos más radicales heredados de tantos años de clandestinidad, parecía que iba a encontrar su recompensa en las urnas.

Suárez seguía siendo el principal artífice de la transición, y se acababa de apuntar un nuevo éxito con el respaldo masivo que la Constitución había tenido en el referéndum. Pero también aparecía como el principal responsable de la insatisfacción que se había generado en una serie de sectores sociales. La UCD, aglutinada en torno al poder, no había logrado convertirse en un partido sólido, cohesionado por una ideología definida y asumida por todos sus miembros. El PCE, por su parte, intensificaba sus ataques contra nosotros, pero tenía grandes dificultades para superar los resultados que había alcanzado en 1977. La imagen de marca del comunismo no contaba con demasiados adeptos; pero sobre todo, la mayoría de sus dirigentes ofrecían un aspecto antiguo y desfasado, frente a un PSOE que había tenido el acierto de provocar una fuerte renovación generacional justo en el comienzo de la transición.

La desilusión que sentimos al comprobar nuestra derrota fue muy grande. Alfonso Guerra cayó incluso en la tentación de culpabilizar a los electores por no haber querido apoyarnos. Las caras que vi aquella noche, tanto en Santa Engracia, donde estaba entonces la Ejecutiva, como en Tomás Bretón, sede de la FSM, se parecían a las que veintiún años después me acompañaron en Ferraz el 12-M de 2000. Pese al crecimiento de nuestros afiliados, la labor parlamentaria realizada y la integración de los demás grupos socialistas, casi no avanzábamos nada respecto a 1977, con la diferencia de que esta vez nuestras expectativas apuntaban hacia la victoria, mientras que dos años antes habíamos obtenido muchos más votos de los que habíamos calculado.

¿Cuáles eran las causas de nuestro estancamiento? Por una parte, era lógico que los votantes premiasen con su apoyo a quien había liderado esta nueva fase de la transición. Pero ese factor no explicaba por sí solo la diferencia entre nuestras previsiones y los datos reales. ¿Qué había sucedido en el último momento? La respuesta parecía clara: una gran mayoría de indecisos se habían decantado, al final, por apoyar de nuevo a Suárez.

Éste no había realizado una gran campaña, pero el último día nos sorprendió con una intervención televisiva extraordinariamente eficaz. Mirando a los ojos de la gente, alertó ante el riesgo de que un partido que se autodefinía como marxista, llegase al Gobierno de España. No se trataba tan sólo de argumentar sobre nuestra escasa experiencia, ni siquiera de criticar con dureza nuestras propuestas, que ya se habían moderado mucho respecto a las más radicales de las resoluciones del 27 Congreso. Suárez había ido directo a la yugular, apuntando sin matices hacia aquello que más rechazo y miedo podía generar entre quienes dudaban si ya habría llegado el momento de la alternancia. El aborto libre, la supresión de la enseñanza privada o las nacionalizaciones: todo valía para apelar al «voto del miedo», estuviese o no incluido en nuestro programa electoral.

En 1977, nuestra campaña había sido claramente la mejor de entre todos los partidos: moderna, alegre, eficaz. Ahora, en cambio, Suárez nos enseñaba cómo se podía utilizar la televisión para ganar votos, en un espacio de tiempo casi idéntico al que Felipe había dispuesto minutos antes. El jarro de agua fría que recibimos aquella noche tendría consecuencias importantes en los meses siguientes, en los que teníamos que afrontar, además de las elecciones municipales, un congreso.

Señor diputado

Me decepcionó el resultado, pero al mismo tiempo estaba muy feliz al haber sido elegido diputado. No sabía si podría compatibilizar el trabajo en el Parlamento con el trabajo sindical. Redondo, Chaves y Saavedra lo hacían. Eran al mismo tiempo miembros de la Ejecutiva de la UGT y diputados; pero mi caso era diferente, pues no ocupaba en UGT un cargo político. Lo que no imaginaba entonces era que la convulsión que se produciría dos meses después de las elecciones, con la dimisión de Felipe, me llevaría pronto a formar parte de la dirección del partido.

La entrada en el Palacio del Congreso me deslumbró. Las alfombras, las lámparas y los relieves dorados se fundían con los *flashes* de los fotógrafos de prensa y los focos de las cámaras de televisión. Desde lo alto del hemiciclo, fui descubriendo dónde se sentaban algunas personalidades a las que no conocía más que a través de la televisión —Suárez, Tierno, Carrillo, Fraga o Areilza— o tipos temibles como Blas Piñar. También recuerdo que me hizo gracia el trato deferente que nos deparaban los funcionarios de la Cámara, al ayudarnos a los recién llegados a rellenar los primeros papeles y orientarnos por los pasillos.

El debate de investidura fue muy agitado. Landelino Lavilla negó a la oposición la posibilidad de replicar a la intervención inicial de Adolfo Suárez, pasando directamente de la lectura de sesenta o setenta folios por parte del candidato a presidente a la votación de su investidura. ¡Qué hubiesen dicho algunos si eso lo llega a hacer Felipe! La actitud temerosa del presidente del Gobierno con el Parlamento era todo un síntoma de lo que iba a sucederle, a él y a su partido durante los próximos años. Nicolás Redondo aporreó con tanto ímpetu la mesita plegable que entonces tenían los viejos escaños, que estuvo a punto de dar con ella en el suelo.

Comenzaba la primera legislatura constitucional. Las incertidumbres de los primeros tiempos se iban cerrando y los ciudadanos, pese a la crisis económica, sentían un apego creciente por las instituciones democráticas. Los socialistas habíamos recibido, por segunda vez en menos de dos años, el mandato de ejercer como oposición y prepararnos para constituir pronto una alternativa de gobierno. No obstante, quedaba aún un largo trecho hasta poder decretar el final de la transición. La política, en la que hasta entonces había participado de forma intermitente, a caballo con mi trabajo en UGT, absorbería a partir de ahora casi todo mi tiempo. Un tiempo que tendría que aprender a administrar mejor, para ocuparme de mis nuevas obligaciones como marido y como padre. Porque, poco antes de la jornada electoral, Mila me había dicho que esperábamos nuestro primer hijo.

CAPÍTULO V

Nos preparamos para gobernar

En un momento del tormentoso debate que precedió a su nueva investidura, Suárez dijo que el consenso había terminado. Al negarse a que la oposición pudiese discutir con él sus propuestas para la legislatura, estaba anunciando el cambio de estilo político con el que pensaba enfrentarse a la nueva fase, una vez aprobada la Constitución. Es verdad que mantenía como «número dos» del Gobierno a Fernando Abril Martorell, que era la imagen misma del diálogo y de la búsqueda de acuerdos; pero simultáneamente recibía presiones crecientes de los sectores conservadores de UCD ligados a los poderes económicos, empeñados en reorientar las políticas del Gobierno hacia lo que Fraga llamaba «la mayoría natural», que no era sino un eufemismo para denominar a la derecha tradicional. A pesar de la victoria que acababa de lograr, muchas de las ideas del proyecto original de Suárez se habían agotado con la aprobación de la Constitución.

Al mes siguiente de las legislativas, afrontamos una nueva campaña, esta vez municipal. Los ayuntamientos todavía estaban dirigidos por alcaldes nombrados «a dedo» por los gobiernos de la época. Solamente donde los gobiernos municipales habían entrado en crisis, se habían nombrado «comisiones gestoras» formadas por representantes de los partidos democráticos, pero sin pasar antes por las urnas. La izquierda en bloque había exigido que las municipales precediesen a las legislativas, pero desde la UCD y los sectores de la derecha se veía aún el fantasma de abril de 1931, y temían que un triunfo progresista en los ayuntamientos supusiese la apertura de un proceso que se escapase a su control.

Casi sin recuperar el resuello de las elecciones generales, nos pusimos a elaborar miles de candidaturas, muchas de ellas en pueblos en los que aún no teníamos implantación. Incluso allí donde sí existía organización del partido, éste no siempre contaba con suficientes personas dispuestas a incorporarse a las listas, y hubo que apelar muchas veces a líderes ciudadanos que se habían dado a conocer en las movilizaciones de los últimos años. Los programas electorales definían objetivos y asumían compromisos mucho más pegados al terreno de lo que era habitual hasta entonces en nuestros documentos y resoluciones. El partido se reencontró con su vocación municipalista, y tomó contacto con sectores de la sociedad que hasta ese momento no habían dialogado con nosotros. De nuevo, nuestros carteles tuvieron el colorido de 1977. José Ramón dio otra vez en la diana con unos dibujos *naïf* que se hicieron famosos, en los que se reflejaba el modelo de ciudad que queríamos lograr con nuestra acción de gobierno.

En contra de lo que suele pensarse, los resultados no consiguieron siquiera igualar a los que habíamos alcanzado un mes antes. Pero la UCD retrocedió bastante más aún que nosotros, y el acuerdo poselectoral con el PCE nos permitió formar mayorías de izquierda en las principales ciudades y en muchos municipios de las áreas metropolitanas, con lo que pasamos a gobernar a escala local sobre un porcentaje muy elevado de la población.

Nuestros alcaldes alcanzaron enseguida un gran protagonismo, y contribuyeron a mejorar la imagen que los ciudadanos tenían del PSOE. Éstos comprobaron que teníamos magníficos gestores de la cosa pública, capaces de dinamizar unas administraciones locales que habían estado, en general, en manos de ediles indolentes o sometidos al dictado de intereses inconfesables. Tierno Galván, Narcís Serra, Pedro Aparicio, Tomás Rodríguez Bolaños, Joaquim Nadal, Antoni Siurana y tantos otros buenos alcaldes son recordados desde entonces con gran cariño, por haber hecho posible que nuestras ciudades fuesen más habitables.

Miles de socialistas empezaron a tomar contacto con la política a ras de suelo gracias a su experiencia en la administración local. Antes de lanzar grandes proyectos, había que poner orden en una administración raquítica y muchas veces sometida a intereses espurios. Se abandonaron los planteamientos más ideologizados para gestionar unas finanzas en bancarrota, pues los anteriores gobernantes habían hecho dejación de sus competencias recaudatorias sobre muchos tributos. Casi todo estaba por hacer, pero la caja estaba vacía.

Sin embargo, muchas tareas no podían esperar. El alumbrado y asfaltado de barrios enteros, la puesta en funcionamiento de infraestructuras viarias o de saneamiento, la dotación de equipamientos básicos, educativos o sanitarios, eran demandas que habían quedado insatisfechas durante décadas. Los ayuntamientos democráticos no podían aplazar de nuevo su realización. El Gobierno, a través del omnipresente Fernando Abril, entendió que no podía dar la espalda a las peticiones más urgentes de los alcaldes, y negoció fórmulas de urgencia para asumir una parte del endeudamiento acumulado y ayudar a enderezar las haciendas locales. Los acuerdos de La Moncloa, por su parte, habían previsto un plan de extensión y mejora de las instalaciones educativas, que fue impulsado de inmediato por los nuevos responsables municipales.

Tres años después, millones de ciudadanos habían comprobado con hechos concretos en qué consistía la manera de gobernar de los socialistas. Cuáles eran sus prioridades, cuántas horas dedicaban al ejercicio de sus responsabilidades públicas, cómo concebían la participación de los vecinos y la manera en la que eran capaces de dialogar con otros niveles de la Administración. Cuando lanzamos el eslogan «Por el cambio» para la campaña de octubre de 1982, la mayoría de los electores ya tenían una idea del estilo de gobierno al que nos estábamos refiriendo. La gestión municipal de nuestros alcaldes fue, sin duda, un apoyo crucial para abrirnos las puertas de La Moncloa.

Mientras otros se estrenaban al frente de los ayuntamientos, yo tomaba contacto con mi nueva actividad como diputado. A las pocas semanas de iniciarse el primer periodo de sesiones, el 10 de mayo de 1979, intervine por primera vez en el hemiciclo. El Gobierno había provocado un debate sobre la política económica, y nuestro portavoz en la materia, Enrique Barón, me pidió que defendiese la moción que presentaba el Grupo. Cuando llegó el momento de tomar la palabra, sentí un cosquilleo por dentro. Subí las escaleras que conducen a la tribuna de oradores agarrando con fuerza el folio en el que había garabateado un esquema para apoyar mi intervención, como si esa simple hoja de papel fuese mi tabla particular de salvación. La primera sensación que recuerdo es la altura del atril, que se elevaba del suelo mucho más de lo que yo percibía desde mi escaño.

Miré hacia la sala medio vacía, en la que sólo unos pocos diputados, los que participaban directamente en aquel debate, seguían mis palabras. El ministro de Economía, mi amigo José Luis Leal, estaba sentado en el banco azul justo enfrente de la tribuna, y a él dirigí mi breve parlamento. Critiqué a fondo la política del Gobierno: «…se ha perdido mucho tiempo desde los acuerdos de La Moncloa… Se ha dejado pasar un tiempo precioso… los problemas no se atacan porque no hay criterios claros ni decisiones en el Gobierno para hacerlo… hay que explicar al país claramente cuánto tiempo necesitamos para poder frenar el ascenso del paro…». Acabé pidiendo al Ejecutivo que presentase ante la Cámara medidas a corto y medio plazo «para afrontar la crisis económica con el mínimo coste social posible». No construí una pieza oratoria de altura, pero mi nombre ya figuraba en el *Diario de sesiones*.

MARX, EN CUESTIÓN

Días después, tuve que realizar una intervención mucho más complicada. Pero esta vez no tuvo lugar en el Parlamento, sino en el 28 Congreso del PSOE. Felipe había provocado en los últimos meses un debate público sobre la conveniencia de abandonar la definición marxista del partido, generándose a partir de ese momento una división creciente entre partidarios y detractores de la misma. Las posiciones estaban muy polarizadas: la amplia mayoría que apoyaba a la dirección desde Suresnes se partió por la mitad.

El nivel teórico del debate no era muy elevado, pero tras los respectivos argumentos subyacían planteamientos de gran calado. Frente a quienes considerábamos que había que adaptar los planteamientos del partido y nuestro concepto del socialismo a los tiempos actuales, para ganar la confianza de los electores y gobernar, se situaban los defensores de las esencias socialistas, que no estaban dispuestos a desprenderse de la sobrecarga ideológica arrastrada desde la clandestinidad. Para nosotros, la victoria de Suárez en marzo se debía a que había logrado atraer la mayoría de los votos del centro-izquierda; el electorado pedía un mayor grado de madurez y de realismo que el que nosotros habíamos ofrecido hasta entonces. Para los críticos, en cambio, el abandono del marxismo convertiría al PSOE en un mero gestor de la realidad, y en esas condiciones les era indiferente llegar o no al poder, pues entendían que esto último sólo tenía sentido si se utilizaba la presencia en el Gobierno para desarrollar una política socialista digna de tal nombre.

Concurrían, además, otros elementos que dificultaban un debate sereno y reflexivo. Acabábamos de perder, contra pronóstico, unas elecciones generales. Muchos delegados pretendían pasar factura por ello, exigiendo responsabilidades a la dirección saliente. También había que tener en cuenta que los delegados eran elegidos directamente en cada agrupación local, tal y como acordamos en el anterior congreso, y muchos de ellos venían con un mandato cerrado de apoyo a la definición marxista del partido. En mi caso, la agrupación del distrito de Moncloa me eligió con un mandato abierto. En fin, la mayoría de los delegados no se habían visto nunca antes en un trance semejante, e incluso muchos eran afiliados recientes sin experiencia política casi. Todo apuntaba a que las tensiones serían fuertes, aunque no tanto como para que las aguas se desbordasen.

Nada más comenzar el congreso, sin embargo, los peores presagios empezaron a confirmarse: la candidatura a la Mesa que proponía la Ejecutiva cayó derrotada. En su discurso inaugural, Felipe reafirmó con contundencia sus tesis y pidió a los delegados que definiesen un proyecto para la mayoría de la sociedad, «con rigor y frescura intelectual, sin dogmatismos ni posiciones que se anclen en el pasado». Se aprobó la gestión de la dirección saliente, pero pronto comprobamos que los defensores del marxismo tenían mayoría, y nuestras enmiendas fueron derrotadas. El texto a debatir por el pleno del congreso, votado previamente por la ponencia, reafirmaba al PSOE como un partido de carácter «marxista, democrático y federal».

Al acabar el debate, se me acercó Pepote Rodríguez de la Borbolla para pedirme que defendiese nuestra posición. Ambos habíamos trabajado, junto con Juan Manuel Eguiagaray y otros delegados, intentando evitar que la mayoría se inclinase por las tesis marxistas. Después de hablar con Felipe, asumí aquel encargo endiablado. Éste no quiso ni siquiera conocer previamente los argumentos que pensaba emplear en mi intervención, y deduje por su actitud que ya lo daba todo por perdido. Me encerré en un despacho a preparar un guión, consciente de la responsabilidad que caía sobre mis hombros.

Francisco Bustelo defendió la posición mayoritaria. Inició su defensa del marxismo con tono emotivo, provocando enseguida los aplausos de la mayoría de los delegados, que cortaron su intervención cantando *La Internacional*. Aquello tomó todo el cariz de un mitin, exactamente lo contrario de lo que yo necesitaba para convencer a los delegados con los argumentos que había bosquejado. Cuando me tocó ocupar la tribuna, no me llegaba la camisa al cuerpo. Nunca me había encontrado ante un auditorio tan multitudinario y enfebrecido, predispuesto en contra de mis posiciones y deseoso de que mi parlamento acabase cuanto antes, para votar la postura que la mayoría ya tenía decidida de antemano.

Me salió un discurso pobre, incapaz de convencer a nadie que no lo estuviese previamente. Me faltaba hasta la saliva, y no sabía dónde mirar para buscar un trago de agua que aliviase la sequedad de mis labios. Conservo una fotografía de aquella intervención, en la que aparezco con la mirada triste y medio perdida, como si buscase en el auditorio del Palacio de Exposiciones alguna comprensión, en medio de tanto rostro refractario hacia lo que estaba intentando transmitir.

Con el 61 por ciento de votos favorables, el marxismo seguiría formando parte de la definición ideológica del partido.

Al día siguiente, Felipe confirmó lo que todos presentíamos: no se presentaba a la reelección, pues no quería hacer dejación de sus convicciones ni dirigir el partido cuya definición ideológica no compartía. «Hay que ser socialistas antes que marxistas», dijo, y añadió: «nunca he sido un junco que mueve el viento en la dirección que sopla». Durante su discurso, y en medio de un silencio que se cortaba con un cuchillo, los mismos que habían votado en contra de sus posiciones lloraban amargamente al escuchar su renuncia.

Aquel domingo de mayo de 1979 vivimos uno de los momentos más emotivos de nuestra trayectoria como militantes del PSOE. Muchos delegados no sabían cómo explicar a sus bases que, por haber cumplido a rajatabla su mandato de defender el marxismo, habían provocado la dimisión de Felipe. Y millones de españoles pensaban, con angustia, que una democracia tan frágil necesitaba llenar cuanto antes el vacío político que se había creado.

Las 59 tesis

En los cuatro meses que mediaron entre el 28 Congreso y el congreso extraordinario convocado para finales de septiembre, repartí mi actividad entre el trabajo en UGT, las sesiones del Parlamento y las reuniones preparatorias de la siguiente batalla partidaria. Como asesor del sindicato, participé en las conversaciones que dieron lugar al primero de los grandes acuerdos sociales que se alcanzaron hasta la mitad de la década de los ochenta. Fue mi última colaboración con UGT. El hecho de que el PSOE estuviese descabezado impulsó a la UGT a apostar con valentía por la concertación social. Ante la crisis abierta en el partido, creo que Nicolás Redondo sintió sobre sus espaldas una especial responsabilidad y se decidió a marcar sus propios objetivos y estrategias, apostando por la concertación y el diálogo como vía para consolidar al sindicalismo de clase, pero también como contribución a la paz social, en medio de una situación política complicada.

Con el Acuerdo Básico Interconfederal, firmado el 10 de julio de 1979, en plena crisis del PSOE, por UGT y CEOE, se puso fin al periodo de desencuentro anterior y se establecieron las bases a partir de las que se ha desarrollado nuestro modelo de relaciones laborales. El Gobierno ajustó el anteproyecto de Estatuto de los Trabajadores, que había elaborado Juan Antonio Sagardoy en el Instituto de Estudios Laborales, a lo pactado en el Acuerdo Básico. UGT pudo así hacer prevalecer sus criterios frente a los de CCOO, que había de autoexcluirse de la concertación social, en congruencia con la nueva estrategia de oposición frontal del PCE. Pocos meses después, CEOE y UGT negociaron un nuevo acuerdo, en el que pactaron unas bandas salariales moderadas que se trasladaron a los convenios colectivos, pese a la actitud contraria de Comisiones. La concertación social estaba suponiendo en el terreno laboral, lo que el consenso constitucional había representado en el plano político algunos años antes.

Mientras tanto, Felipe recorría las agrupaciones del partido defendiendo sus posiciones cara al congreso extraordinario, y Alfonso Guerra organizaba su cuartel general en el grupo parlamentario. En Madrid, unos compañeros trabajamos para elaborar un documento que reflejase nuestras ideas y sirviese de respaldo a una candidatura que sintonizase con las posiciones de González, que aspiraba además a ser elegido delegado al congreso por la FSM. Lo denominamos «Las 59 tesis»: Álvaro Espina nos propuso rendir con ese título un pequeño homenaje al papel que Lutero había asumido, siglos atrás, para combatir las posiciones más inmovilistas de la Iglesia.

La tesis cuarta decía: « (…) El PSOE está enriquecido por una pluralidad de tradiciones que explica la diversidad de motivaciones socialistas existentes en su seno». A continuación, y además del marxismo, citaba a algunas de ellas: «… la tradición humanista democrática, así como aquella que hunde sus raíces en las corrientes libertarias». La tesis remachaba su descripción de las bases doctrinales del socialismo, afirmando: «En el partido socialista militan, pues, hombres y mujeres que han llegado a él a través del sentimiento de clase, del marxismo, del humanismo democrático, de sus convicciones éticas, laicas o religiosas, y que aceptan la línea fundamental del partido». Pese a que el documento, leído hoy, adolece de un lenguaje un tanto doctrinario, su definición ideológica del socialismo mantiene plena vigencia.

En pleno mes de agosto, se sucedían las reuniones para organizar una mayoría que sostuviese las posiciones que habían sido derrotadas meses antes y afrontar la batalla del congreso en condiciones de ganar. Madrid seguía siendo uno de los lugares más difíciles, como feudo del sector crítico, reforzado con nuevas incorporaciones como la de Alonso Puerta, secretario general de la FSM. Bajé y subí muchas veces de Guadarrama a Madrid, y de Madrid a Guadarrama. Habíamos alquilado allí un apartamento durante el mes de agosto, pues el embarazo de Mila estaba muy avanzado, y no queríamos alejarnos mucho del hospital de La Paz.

El congreso de la FSM previo al federal debía elegir a los delegados madrileños. Hicimos lo que pudimos. Los críticos coparon casi todos los puestos gracias al sistema electoral mayoritario; sólo fuimos elegidos cuatro miembros del sector no marxista: Felipe, Javier Solana, Joaquín Leguina y yo mismo. En el curso de los debates previos a la votación, tuve que abandonar la sala, pues Mila me avisó de que el parto era inminente. Fui a casa a buscarla, y la llevé a La Paz. Como no me dejaron quedarme junto a ella, volví al congreso. A partir de ese momento, salí varias veces a telefonear para recabar noticias, y volví a entrar otras tantas ocasiones para intentar seguir los debates.

Por fin, poco antes de medianoche, me avisaron de que llegaba la hora de la verdad, y me presenté en el hospital. No se permitía que los familiares estuviesen presentes en el paritorio, pero me introduje como pude en los pasillos del servicio de ginecología. Al rato, mi amiga Marga Escudero, que trabajaba como enfermera en el servicio, me enseñó a una niña recién nacida, muy colorada y con la frente todavía aplastada por el esfuerzo que había debido realizar para salir al exterior. Era Cristina, mi hija. Se me saltaban las lágrimas de la emoción. Cuando llegué a casa, avanzada la madrugada, recibí una llamada telefónica para informarme del resultado final de las votaciones del congreso. Aún estando en minoría, era feliz.

El regreso de Felipe

El congreso extraordinario tuvo lugar en el mismo hotel en el que habíamos celebrado el de 1976. Esta vez se vio desde el comienzo que la mayoría iba a inclinarse a favor de nuestras posiciones. Raimon Obiols hizo una gran intervención, argumentando con solvencia y seriedad a favor de la necesidad de modernizar el partido y actualizar nuestra definición ideológica.

Si los delegados del PSC llevaban la iniciativa del discurso político, Andalucía, con Alfonso Guerra a la cabeza, marcaba la orientación de voto de la mayoría de las delegaciones. Los Estatutos aprobados en el 28 Congreso habían establecido un sistema de representación en virtud del cual quienes tenían derecho de voto para elegir a los órganos de dirección no eran los delegados individuales, sino las delegaciones; y éstas ya no representaban a las agrupaciones locales sino a las provinciales, que a su vez podían unirse y hablar con una sola voz a escala de cada nacionalidad o región. Ese sistema, creado curiosamente por el mismo congreso que había hecho saltar por los aires de manera iconoclasta a Felipe, permitió a los dirigentes de esa época, hasta que fue modificado en 1994, un control férreo de la organización.

Esta vez no hubo sorpresas ni sobresaltos, y Felipe volvió a ser el secretario general del PSOE. Fui elegido miembro de la Comisión Ejecutiva, responsable de la política sindical. Sucedía en ese puesto a mi amigo Lalo López Albizu. Recuerdo muy bien la primera Ejecutiva a la que asistí, días después del Congreso. Se celebró en una habitación destartalada de la tercera planta del local de Santa Engracia, pues la sala utilizada hasta entonces se había quedado pequeña y la nueva aún estaba en obras. Despachamos un orden del día de trámite, para resolver las cuestiones operativas más urgentes, pero a mí me dio la impresión de que nunca hasta entonces había asistido a una reunión tan importante.

La Ejecutiva se reunía semanalmente. Casi siempre, Felipe hacía un comentario al comienzo sobre los asuntos más relevantes de la actualidad, que Alfonso acostumbraba a apostillar con algunos matices adicionales. En aquella época, se solían complementar sin mayores problemas, aunque hilando fino ya podían apreciarse algunos rasgos diferenciales, que años más tarde se convertirían en profundas discrepancias. A partir de sus palabras, se abría una ronda de intervenciones de los demás miembros de la dirección. Las decisiones se adoptaban en general por consenso, si bien cuando era imprescindible se recurría a la votación. No se hablaba con la misma profundidad de todos los asuntos; pero para mí, que era un neófito en muchos temas, aquellos debates supusieron una fantástica escuela de formación. Como dijo Ernest Lluch años más tarde, al ser preguntado por sus recuerdos de las discusiones en torno a la mesa del Consejo de Ministros, «ver pensar a Felipe en voz alta» era un privilegio impagable. Su capacidad para desmenuzar una situación, analizarla en todas sus dimensiones y proponer salidas imaginativas siempre era notable.

Las relaciones entre la UGT y el PSOE

En mi nueva responsabilidad debía velar ante todo por el mantenimiento de unas relaciones estrechas con UGT. Además, me correspondía preparar las posiciones del partido sobre temas laborales, y coordinarlas con la actividad del grupo parlamentario. Sabía que el primero de los aspectos sería con mucho el más complejo, dados los criterios que sostenía Nicolás Redondo al respecto. Éste no sólo pedía que los socialistas cumpliesen con la obligación estatutaria de pertenecer a la UGT, sino que además debían constituir en sus empresas los llamados «grupos sindicales socialistas», encargados de velar para que el sindicato no se apartase de la ortodoxia. Pero la ortodoxia no la fijaba el partido sino él, o en todo caso la dirección de la UGT.

Era un planteamiento enrevesado, difícil de aplicar en la práctica, y por tanto condenado al fracaso. De hecho, los grupos sindicales solamente se habían creado en algunas pocas fábricas. ¿Qué pretendían en última instancia Redondo y los demás dirigentes de UGT apegados a este modelo tan *sui géneris*? En aquel momento, su obsesión era no ceder espacios de poder a los cuadros procedentes de la USO y a quienes, siendo veteranos en la UGT, coincidían con ellos en la demanda de una mayor autonomía respecto del partido. La batalla entre ambos sectores no se había calmado desde el congreso de Barcelona, y uno de los lugares donde era más encarnizada era precisamente en Vizcaya. Además, pese a que en Suresnes había renunciado a ser el principal dirigente del PSOE, a Redondo le seguía atrayendo mucho la política, y es posible que viese en los grupos sindicales una forma de tener influencia en el interior del partido.

En abril de 1980, la UGT celebró de nuevo su congreso. Como responsable sindical del partido, seguí de cerca sus preparativos. Me encontraba en medio de una contradicción evidente: la dirección del PSOE apoyaba a Nicolás Redondo como líder del sindicato, pese a que muchos compañeros —yo entre ellos— estábamos convencidos de la necesidad de que UGT «sindicalizase» más su estrategia y adquiriese mayor autonomía respecto del partido. Si nos estábamos preparando para ganar las elecciones y llegar pronto al Gobierno, mantener inalteradas las relaciones de los años del exilio era un error.

Esa dependencia mutua tan estrecha, propia de la clandestinidad y de organizaciones ultraminoritarias, saltaría hecha pedazos en el momento en que llegásemos al Gobierno. Éste no podría seguir mecánicamente los dictados del sindicato, ni la UGT tenía por qué aplaudir todas las decisiones del Ejecutivo. Lo más sensato era prepararnos con tiempo suficiente para un escenario cada vez más verosímil y cercano en el tiempo. Antes del congreso, entregué a Felipe una larga nota exponiéndole cómo veía las cosas, pero temo que otros asuntos atrajeron más su atención en aquellos momentos, pues no recuerdo haber recibido ningún comentario suyo respecto a mis reflexiones.

Tras el debate inicial sobre la gestión de la dirección saliente, el congreso emitió un fuerte voto de castigo contra José María Zufiaur y José María Romero, que eran los que más se habían significado en la defensa de las posiciones autonomistas. Zufiaur era el blanco hacia el que apuntaban los principales ataques, y hubo que convencerle para que, pese al castigo recibido, siguiese siendo miembro de la nueva Ejecutiva. La situación era paradójica: el responsable sindical del partido, yo, trataba de convencer al máximo defensor de la autonomía sindical para que no arrojase la toalla, y siguiese dando esa batalla. Al final, Felipe intervino entre bambalinas, y la nueva dirección del sindicato integró a unos y a otros. Sin embargo, la cuestión de fondo seguía planteada: o la relación entre el partido y el sindicato se establecía sobre bases nuevas, o el conflicto que subyacía en las discusiones internas de la UGT acabaría convirtiéndose en otro que enfrentase a ésta con el PSOE.

El resto de mis responsabilidades podía ejercerlas sin traumas. Junto con Chaves y Saavedra, participé en el debate parlamentario del Estatuto de los Trabajadores, cuyo texto fue el resultado de un acuerdo a cuatro bandas entre el Gobierno, el PSOE, la UGT y la CEOE. Los demás grupos lo apoyaron, con la excepción del PCE. Acompañé a Felipe a una reunión para tratar de convencer a Santiago Carrillo de que sus diputados votasen a favor de un texto que introducía racionalidad y modernidad en nuestras relaciones laborales. Con claridad, Carrillo nos dijo que si por él fuese lo apoyaría con gusto, pero Marcelino Camacho se lo impedía.

Poco después, abordamos el debate parlamentario del proyecto de Ley Básica de Empleo. A pesar del nombre, lo que pretendía esa norma era un drástico recorte de la protección por desempleo. El aumento del paro estaba impulsando un crecimiento de los gastos en este capítulo, y el Gobierno quiso atajar la sangría con unas propuestas que contaron desde el comienzo con nuestra oposición tajante. Tuve una intensa participación en la discusión del proyecto de ley y en la difusión de nuestras posiciones. En uno de esos actos, en los que participaba en una mesa redonda junto al ponente de UCD, me vi obligado a protegerle de las iras de la concurrencia, que no estaba dispuesta a permitir que el defensor de un recorte social de esa magnitud saliese indemne de la sala.

Pese al fracaso de los grupos sindicales, seguimos apoyando a la UGT, pero por otros procedimientos. Según lo previsto en el Estatuto de los Trabajadores, se convocaron de nuevo elecciones sindicales para el otoño de 1980, y acordamos que los dirigentes del partido nos pondríamos a disposición del sindicato para respaldar sus candidaturas. Expuse en la Ejecutiva un plan en este sentido, y propuse fechas y lugares para que cada miembro de la dirección visitase una o dos provincias, con el propósito de trasladar esas directrices e impulsar las actuaciones correspondientes. Enrique Múgica, que no es precisamente un experto en temas laborales, recibió el encargo de visitar Lérida. Ni corto ni perezoso, echó mano de su condición de presidente de la Comisión de Defensa del Congreso y organizó un almuerzo con el entonces gobernador militar de la provincia, el general Alfonso Armada, al que fue acompañado por Joan Reventós y Antoni Siurana. Aquella comida dio mucho que hablar. Lo que no suele contarse es el motivo real que llevó a Múgica a visitar Lérida, y quién fue responsable de que tuviese que desplazarse hasta allí por aquellas fechas.

Los problemas de Suárez

Sin embargo, los temas sindicales no ocupaban la atención prioritaria del partido. Suárez había iniciado la legislatura con mal pie, y pronto se le empezaron a complicar las cosas. De una parte, el Gobierno tenía que afrontar algunos problemas graves, que nos afectaban a todos: el terrorismo de ETA, que arreciaba con intensidad creciente; los movimientos involucionistas que agitaban a las Fuerzas Armadas, en connivencia con los sectores civiles nostálgicos del pasado; la negociación de los Estatutos de Autonomía del País Vasco y Cataluña, que creaba tensiones con los nacionalistas, lo que a su vez espoleaba las posiciones más radicales y extremas, tanto de ETA como de los golpistas; la situación económica, que de nuevo sufría el impacto negativo de la crisis petrolífera, pues los países de la OPEP decidieron dar una segunda vuelta de tuerca a sus clientes, aumentando aún más el precio del crudo.

Para hacer frente a ese cúmulo de problemas, el presidente del Gobierno no sólo carecía de una mayoría parlamentaria sólida, sino que tenía dificultades serias dentro de su propio partido. La UCD empezaba a registrar fuertes tensiones, provocadas por su sector conservador, cada vez más reticente ante la orientación de algunas políticas gubernamentales y apoyado de manera flagrante por los llamados «poderes fácticos» —empresariales, religiosos, militares, mediáticos—, decididos a segar la hierba bajo los pies de Adolfo Suárez.

Ante los desafíos planteados, y en medio de peleas internas crecientes, Suárez empezó a cometer graves equivocaciones. La primera de ellas fue su actitud ante el referéndum provocado por las mociones aprobadas en municipios y diputaciones andaluces a favor de la autonomía plena, a través de la vía del artículo 151 de la Constitución. El Gobierno, presionado por quienes le exigían un cambio de rumbo en su política autonómica tras la aprobación de los Estatutos vasco y catalán, redactó una pregunta ininteligible. A pesar de los chistes que provocó el galimatías escrito en las papeletas, los andaluces se sintieron profundamente agraviados con la actitud del Gobierno cuando, para completar el despropósito, la UCD reclamó la abstención.

El PSOE, en cambio, pisó el acelerador y se puso al frente de quienes alentaban el «sí» a la autonomía plena. Pese a que los votos de Almería no fueron suficientes en un primer momento, Andalucía derrotó por goleada al Gobierno. El 28 de febrero, fecha del referéndum, se convirtió en la fiesta de Andalucía, y en un recordatorio permanente de que, en democracia, son siempre los ciudadanos quienes tienen la última palabra. Desde ese día, el desarrollo autonómico inició un camino imparable hacia la generalización de niveles elevados de autogobierno para todas las regiones.

Se ha discutido mucho sobre nuestra actitud. ¿Queríamos realmente que el nivel de autogobierno que la Constitución preveía para las llamadas nacionalidades históricas se generalizase a las demás comunidades autónomas? ¿Habíamos calculado cuál sería, en ese caso, la reacción de los nacionalistas vascos y catalanes, al ver que sus hechos diferenciales no recibían un trato sustancialmente distinto al de los demás? ¿O se trataba solamente de un movimiento táctico para poner en dificultades a Suárez, sin reparar en las consecuencias derivadas de la identificación entre Andalucía, por un lado, y Cataluña y Euskadi por otro? No estoy seguro de que, en 1980, valorásemos con suficiente detenimiento la trascendencia enorme de la decisión que estábamos tomando.

En los prolegómenos de la transición, las reivindicaciones inmediatas de los nacionalistas se habían concretado en el restablecimiento de la legalidad estatutaria de la Segunda República. De hecho, en la «Comisión de los Nueve» que negoció con Suárez antes de las primeras elecciones, se sentaban los representantes de las fuerzas nacionalistas de las tres autonomías —Euskadi, Cataluña y Galicia— que habían logrado aprobar sus Estatutos antes del final de la guerra civil. No era casual. Los documentos elaborados por los organismos unitarios de la oposición durante 1976 recogían en sus propios términos sus pretensiones.

El regreso de Tarradellas supuso un paso importante en esa dirección. Por un momento, pareció que la futura Constitución podría reconocer amplias facultades de autogobierno a las nacionalidades históricas, en base al precedente de la República, ofreciendo en cambio una modesta descentralización administrativa al resto del territorio. Pero enseguida las cosas tomaron derroteros distintos. Sólo en Cataluña, la nueva y la vieja legitimidad se fundieron en un único proyecto. En el País Vasco se constituyó un ente preautonómico sin vinculación directa con las instituciones del exilio; y en Galicia, los representantes del galleguismo histórico no obtuvieron representación en el Parlamento. Al reconocerse la capacidad de autogobierno de las nacionalidades y regiones partiendo de una legitimidad originada en la propia Constitución, era imposible privilegiar los derechos de unos pocos respecto de los de los demás; así se llegó al referéndum andaluz, y poco después al denominado «café para todos».

Hay quienes lamentan aquella decisión. Argumentan que la generalización autonómica no se basó en una demanda existente entonces en buena parte del territorio, y que una vez acordada y llevada a la práctica, indujo a que catalanes y vascos considerasen que sus hechos diferenciales no estaban siendo suficientemente reconocidos. ¿Es razonable ese argumento? Pienso que no. A partir de la aprobación del Título VIII de la Constitución, la homologación del contenido básico de los diferentes Estatutos de autonomía no hubiese podido evitarse a medio plazo, en ninguno de los escenarios imaginables. ¿Cómo negar a unas regiones españolas la posibilidad de tener unas instituciones o un techo de competencias que sí se les reconocían a otras?

Inmediatamente después del estrepitoso fracaso que supuso para el Gobierno el resultado del 28-F andaluz, las primeras elecciones autonómicas vascas y catalanas produjeron sendos descalabros para la UCD, pues en ambos casos perdió la mitad de los votos que había obtenido un año antes. Suárez intentó retomar impulso. Necesitaba además calmar a su propio partido. Introdujo cambios en el Gobierno cuando sólo había transcurrido un año desde su nombramiento y presentó ante el Congreso una comunicación política para dar pie a un debate sobre política general. Quería enmendar su error de la investidura, y salir al paso de las acusaciones que se le hacían por rehuir la tribuna del Parlamento. Pero ahora el clima político le era mucho más hostil que al comienzo de la legislatura.

La moción de censura sorpresa

La dirección del partido analizó la situación. Envalentonados por el éxito andaluz, pero también preocupados por la creciente sensación de impotencia que trasladaba Suárez, era el momento de aparecer ante la opinión pública como una alternativa real de poder, planteando un programa de gobierno y lanzando la figura de Felipe como candidato a presidente. Nuestro secretario general tenía todo el apoyo de un partido fuerte y unido que le faltaba a su oponente. Decidimos presentar una moción de censura. Aunque, salvo imprevistos, no tendríamos votos suficientes para que la moción triunfase, su debate nos daba una oportunidad magnífica de explicar nuestra alternativa.

Cuando Felipe anunció por sorpresa la moción de censura, durante el debate que se celebraba a iniciativa de Suárez, se creó una gran conmoción en el hemiciclo. El presidente no se movió de su escaño en el banco azul, y tuvo que ser Fernando Abril quien, haciendo de tripas corazón, respondiese en caliente al torpedo que acabábamos de dirigir a la línea de flotación del Gobierno. Su intervención se hizo famosa: no había forma de entender su argumentación enrevesada sobre la dialéctica Norte-Sur. Poco antes de su muerte, Fernando me dijo que no era cierto que la moción les hubiese cogido por sorpresa, y que el Gobierno siempre estuvo preparado para responder, y le tocó a él pechar con esa responsabilidad. Creo que con esa mentira piadosa trató de dejar en buen lugar a su amigo Adolfo, que aquella tarde le había dejado solo a los pies de los caballos.

La moción de censura se debatió una semana más tarde. Javier Solana y yo trabajamos denodadamente para estructurar un conjunto de propuestas con el mayor rigor y solidez posibles. Había que demostrar que estábamos en condiciones de asumir el Gobierno en cualquier momento, y evitar que Suárez se volviese a beneficiar del voto del miedo. El debate fue televisado en directo, y Felipe se apuntó un éxito enorme. No por el discurso inicial que le habíamos preparado, bastante plomizo, sino por la capacidad que exhibió para responder a las intervenciones de media docena de ministros, que intentaron someterle, con ayuda del reglamento, a una verdadera trinca de oposiciones. Superó el lance con holgura y con brillantez. La moción de censura fue rechazada, pero la victoria política que nos apuntamos era innegable.

Ruido de sables y deriva conservadora

Durante esos meses, la tensión en la vida pública española crecía día a día. Si en 1978 Tejero y su «Operación Galaxia» habían producido un gran sobresalto, en enero de 1980 el Gobierno había tenido que cesar al jefe de la División Acorazada Brunete, el general Torres Rojas, por sus actividades golpistas. La crisis abierta de la UCD y la intensidad de los atentados terroristas se sumaban al permanente «ruido de sables», generando gran inquietud. Suárez había quedado debilitado tras la moción de censura, y se empezó a barajar la hipótesis de un Gobierno de coalición entre la UCD y el PSOE. Analizamos ese escenario en nuestros debates internos. Ésa había sido la vía a través de la cual había llegado por vez primera al Gobierno el SPD alemán; vencida la prevención del electorado hacia la presencia de la izquierda en el Ejecutivo, era más fácil ganar las siguientes elecciones.

Entre tanto, los «barones» de UCD provocaron un nuevo cambio de Gobierno en septiembre de 1980, cuatro meses después del anterior. En medio se había producido la dimisión de Abril Martorell. Los centristas se escoraban cada vez más hacia la derecha. En cuanto los nuevos ministros tomaron posesión, Suárez presentó una moción de confianza, que ganó a base de efectuar cesiones a CiU y a los andalucistas, dando marcha atrás a las posiciones que había mantenido en el referéndum del 28-F. En esas condiciones, los argumentos de los defensores de la coalición tenían un peso indudable. Pero éramos mayoría quienes, en la dirección del PSOE, pensábamos que el partido debía esperar hasta la convocatoria de nuevas elecciones. Esta vez era muy probable que no se nos escapase la victoria. El Comité Federal zanjó la discusión, aprobando el 20 de octubre una declaración política en la que se afirmaba que «la UCD era incapaz de dirigir los destinos del país».

Los últimos meses de 1980 y el comienzo del año siguiente fueron los momentos más delicados de la transición desde que se produjesen los crímenes de Atocha, cuatro años antes. En las primeras semanas de 1981 tuvieron lugar la suspensión del congreso de UCD, la dimisión de Suárez, la publicación en *El Alcázar* de los artículos del colectivo «Almendros» incitando al golpe, los incidentes con motivo de la visita de los Reyes a la Casa de Juntas de Guernica, el asesinato del ingeniero Ryan y la muerte por torturas del etarra Arregui. Cundió la sensación de que había poderes ocultos que estaban manejando los hilos para provocar un vacío de poder y justificar así el «golpe de timón» que algunos reclamaban. Algún día se llegará a conocer la lista completa de todos los que participaron, de un modo u otro, en las operaciones anticonstitucionales que se entrecruzaban entre sí, tanto militares como civiles.

La posibilidad de que triunfase alguna de las operaciones involucionistas que se estaban preparando, al aprovechar el vacío creado al frente del Ejecutivo, provocó que el partido corrigiese la posición que habíamos fijado dos meses antes. Tras la dimisión de Suárez, Felipe manifestó al Rey nuestra disponibilidad para entrar en un Gobierno de coalición, pero el monarca decidió esperar a que se celebrase el congreso de UCD para designar un candidato a presidente. Calvo Sotelo fue propuesto como candidato por el Jefe del Estado, doce días después de la renuncia de su antecesor.

El día en que se iba a votar su investidura como presidente, comí en las cercanías de la sede de Santa Engracia con Javier Solana y José María Maravall. Intercambiamos opiniones sobre lo que podrían suponer los cambios al frente del Gobierno y de UCD, que había elegido a Rodríguez Sahagún como nuevo presidente del partido. Más que la dureza de nuestra oposición, en la dimisión de Suárez habían pesado los ataques y las deslealtades que tuvo que sufrir en su propio campo por parte de quienes primero le apoyaron, pero más tarde se negaron a compartir su visión. En el momento de su relevo, nos preocupaba sobre todo la fragilidad de las instituciones democráticas. La deriva conservadora que iba a introducir Calvo Sotelo merecía una valoración más matizada: si UCD se escoraba definitivamente hacia la derecha, como parecía probable, dejaba a nuestra disposición un gran espacio, lo que aumentaba nuestras expectativas. Javier y yo nos despedimos de Maravall, que no era diputado, y nos encaminamos hacia el Congreso, sin imaginar lo que nos estaba aguardando aquella tarde. La democracia española estaba a punto de sufrir su prueba más dura.

Capítulo VI

Del 23-F a la victoria electoral

El secretario de la Mesa leía con tono monocorde los nombres de los diputados. Uno tras otro nos levantábamos del escaño para pronunciar en voz alta la opinión favorable o contraria a la investidura de Leopoldo Calvo Sotelo como presidente del Gobierno. Cuando Carlos Navarrete expresaba su voto, y se reclamaba ya la opinión de Manuel Núñez Encabo, oímos gritos procedentes de los pasillos. Inmediatamente se abrió de forma violenta la puerta situada a la derecha de la tribuna de oradores, y todos miramos instintivamente hacia allí para averiguar lo que estaba sucediendo. Entraron varios guardias civiles. El que los dirigía se encaramó a la tribuna rápidamente hasta situarse al lado de Landelino Lavilla, con una pistola en la mano.

Reconocí inmediatamente al Tejero de la «Operación Galaxia» y caí en la cuenta de lo que se trataba. Suárez y Gutiérrez Mellado se encararon con varios guardias, y se produjeron los disparos cuyas huellas siguen presentes en el techo del salón de Plenos del palacio de la Carrera de San Jerónimo, como recuerdo de aquella ignominia. En esa época, había prescindido temporalmente de la barba que me acompaña desde que acabé el servicio militar. Por mi escasa experiencia en el afeitado aquel día me había hecho un pequeño corte. En cuanto acabaron las ráfagas de metralleta, Esteban Granados, que se sentaba a mi derecha, vio un rastro de sangre debajo de una de mis patillas, y aún en el suelo me susurró: «¿Te han dado?». A pesar de la angustia del momento, no pude dejar de sonreír.

Cuando los principales líderes fueron obligados a salir del hemiciclo pensé lo peor. Agucé el oído, esperando oír en cualquier momento nuevas ráfagas de metralleta, que por fortuna no se produjeron. Después, a lo largo de las horas que permanecimos encerrados, me vinieron a la cabeza los peores escenarios imaginables. Según avanzaba la noche, la situación pareció estancarse y los rostros de los golpistas se tornaron más taciturnos. Pero al comienzo, todo era posible. Podían sacarnos de allí por grupos, como habían hecho con Suárez, Felipe, Carrillo y Sahagún, y llevarnos Dios sabe dónde; obligarnos a desalojar completamente el Congreso y encerrarnos en cualquier prisión; o tenernos allí secuestrados durante días.

Si triunfaba el golpe, todo el edificio democrático que se había ido construyendo desde la muerte de Franco caería hecho pedazos. Fuese cual fuese nuestro destino particular, se repetiría en España lo que estaba sucediendo en Chile o en Argentina. No les sería suficiente con detener o liquidar a los parlamentarios. Tendrían que someter a las demás instituciones, empezando por la Corona, y enfrentarse con la voluntad de la inmensa mayoría de los españoles, que no estaban dispuestos a volver a desandar el camino recorrido. ¿Habría reacción popular? ¿Todo el Ejército seguiría a los golpistas?

El tiempo transcurría con lentitud, aunque de vez en cuando se producían novedades. Un teniente de la Guardia Civil se aficionó a subir a la tribuna para darnos instrucciones o información interesada sobre la evolución de los acontecimientos. Por la tribuna de invitados aparecían de vez en cuando algunos civiles. Recuerdo muy bien a un joven con pantalones vaqueros que parecía moverse con mucha soltura, del que nunca se supo quién era ni qué le había llevado hasta allí; también se dejaban ver grupos de soldados y miembros de la Policía Militar, que habían llegado a reforzar a los golpistas al mando de Pardo Zancada.

En un momento determinado, Tejero y el marino Menéndez representaron ante nosotros una mala escena teatral. Sentados alrededor de la pequeña mesa de los taquígrafos, en el centro del hemiciclo, mantuvieron una conversación relajada, como si estuviesen en el casino de su pueblo. Más tarde, esas mismas sillas fueron apiladas después de sacar el material de relleno de sus asientos, como si quisieran emplearlo como combustible para prenderlas fuego. Justo encima de ellas, está la claraboya por la que el secretario de Estado para la Seguridad, Francisco Laína, pensó que podrían descolgarse los GEO para liberarnos. José María Maravall y Txiki Benegas se tuvieron que emplear a fondo para disuadirle de llevar a cabo esa operación, que según las propias estimaciones de Interior se hubiese cobrado a cambio un número apreciable de bajas.

Además de preocuparme las consecuencias políticas del golpe y sus repercusiones sobre los que estábamos allí dentro, no podía dejar de pensar en Mila y en Cristina. ¿Cómo habría encajado Mila la noticia de lo que estaba pasando? ¿Dónde estarían en ese momento? ¿Cuándo volvería a verlas? ¿Cómo se arreglarían sin mí? Me producía una sensación de impotencia intolerable no poder siquiera acercarme a los teléfonos de las salas contiguas para hablar con ellas, sabiendo lo que estarían sufriendo. Pero sólo nos dejaban movernos para ir al servicio. Un guardia civil nos iba dando la correspondiente autorización, nos formaba en pequeños grupos y vigilaba para que no nos desplazásemos a ningún otro lugar alejado del hemiciclo.

De vez en cuando dirigía la mirada al escaño de Blas Piñar, que dormitaba, y al de Fraga, intentando escrutar en sus gestos algún indicio sobre su estado de ánimo y la valoración que estarían haciendo de la situación. Fraga era el único de los máximos dirigentes de los partidos nacionales que no había sido obligado a abandonar el pleno, lo que le hacía sospechoso. ¿Sabría algo de lo que estaba pasando fuera del Parlamento? Era verosímil que si la operación involucionista no era una pura improvisación, sus protagonistas hubiesen estado en contacto con alguien de Alianza Popular.

Únicamente permitieron la salida de las diputadas que lo deseasen —muchas se quedaron— y de algún compañero que se sentía mal físicamente. En cambio, José Vida Soria, que acababa de dejar su escaño, y Antonio Jiménez Blanco, recién nombrado presidente del Consejo de Estado, tuvieron la gallardía de presentarse en la puerta del Congreso y consiguieron llegar a introducirse en el hemiciclo, para estar junto a sus antiguos compañeros.

El paso del tiempo ponía a prueba, entre tanto, los nervios de algunos de los diputados. Joaquín Satrústegui se atrevió a alzar la voz cuando, desde la tribuna, el teniente de la guardia civil citó el nombre de Milans del Bosch. «¡Eso no puede ser cierto. El general Milans nunca se alzaría contra el Rey!». El pobre Joaquín creyó que todos los que pasaban por ser monárquicos tendrían tanta lealtad a la Corona como la que él demostró durante toda su vida. Fernando Álvarez de Miranda también protagonizó un incidente. En un momento dado, empezó a descender desde una de las últimas filas del hemiciclo, y se dirigió hacia los guardias civiles descubriéndose el pecho, haciendo ademán de que no les tenía miedo. Menos mal que alguien pudo retenerlo antes de que alguno de aquellos energúmenos reaccionase.

De madrugada, empezamos a confiar en que la intentona acabase en un sonoro fracaso. Progresivamente, se intensificaron los rumores de que se preparaba una solución. Algunas noticias corrían ya de boca en boca por los escaños, a partir de las informaciones captadas por una radio que tenía Fernando Abril, sentado en las últimas filas de los escaños centristas. También nos llegaban novedades a través de la doctora Echave, que entraba y salía trayendo medicinas y algunos paquetes de cigarrillos. Yo era entonces un fumador empedernido, y la falta de provisiones aumentaba aún más mi ansiedad.

Una vez que el intento de golpe apareció como la inmensa chapuza que era, quedaba por resolver la manera en la que los sublevados depondrían las armas. Por fin, a media mañana fuimos informados de que podíamos abandonar el Parlamento. Antes, habían vuelto a ocupar sus escaños los líderes, que, como luego supimos, habían pasado la noche en una de las salas cercanas al salón de Plenos. Sentimos gran tranquilidad al verles sanos y salvos. Todo había acabado. En medio de dos hileras de guardias civiles, atravesamos el pasillo que comunica el hemiciclo con la puerta de Floridablanca, por la que la tarde anterior habían entrado en tromba los que ahora nos miraban con gestos de cansancio, y salimos a la calle. Una de las primeras caras que vi fue la de Armada. ¡Parecía celebrar la recuperación de nuestra libertad!

Ya en la Carrera de San Jerónimo, me despedí de los compañeros que salían a mi lado, y me encaminé hacia Cibeles, para llegar en Metro al local de Santa Engracia, donde habíamos convenido en congregarnos. La gente que se había agolpado por las inmediaciones del Congreso aplaudía a rabiar cada vez que reconocía a alguno de los diputados. Entre el público divisé a José Luis Leal, que como un ciudadano más había salido a la calle para acompañarnos en nuestra puesta en libertad, y nos saludamos efusivamente.

Al llegar a la sede del partido abracé con toda mi alma a Mila, que estaba esperándome allí. Poco después, ya en casa, besé una y otra vez a Cristina. Mila me contó que había escuchado por la radio, y en directo, los tiros en el interior del Parlamento. Su primera reacción fue abrazarse a Cristina y ponerse a llorar. Durante toda la noche, siguió en compañía de algunos amigos y familiares la evolución de los acontecimientos. Le hice un relato de cómo habían sido las cosas vistas desde dentro, y después de una reconfortante ducha y de comer algo, me acerqué de nuevo a Santa Engracia, para asistir a la Ejecutiva.

No fue una reunión larga, pues Felipe había sido citado en La Zarzuela, donde el Rey recibía a los principales líderes políticos. Estuvimos de acuerdo en que el partido debía formular a Calvo Sotelo una oferta generosa de consenso para todo aquello que sirviese a la consolidación de la democracia y de la Constitución. Incluso estábamos dispuestos, como a raíz de la dimisión de Suárez, a formar parte de un Gobierno de coalición.

El nuevo Gobierno tendría que actuar con rapidez, habilidad y energía en muchos frentes a la vez: la investigación sobre la trama golpista y la puesta en marcha del correspondiente juicio, la reorganización de una cadena de mando militar sometida al poder civil, la política antiterrorista y el desarrollo autonómico. Todo ello, sin dejar de prestar atención a una situación económica delicada. El partido debía respaldar en todos esos terrenos las iniciativas tendentes a superar la convulsión que habíamos sufrido, y en esas condiciones lo mejor era asumir esa responsabilidad formando parte del Gobierno.

No obstante, la situación era paradójica. La conveniencia del consenso, que el Gobierno era el primero en aceptar, se contraponía con la voluntad de reorientar hacia la derecha sus políticas. El programa de investidura de Calvo Sotelo, expuesto cinco días antes del 23-F, no dejaba lugar a dudas. El mejor símbolo fue su compromiso explícito de negociar la plena integración de España en la OTAN. ¿Cómo hacer compatible el consenso en los asuntos de Estado con unos compromisos políticos que se alejaban de las posiciones del PSOE en tantos terrenos?

Calvo Sotelo nos respondió pronto, rechazando nuestra oferta de coalición. Sabía que tenía que contar con nosotros para una parte de sus tareas, pero a la vez quería mantener su propio espacio político, con el apoyo de Alianza Popular y, si fuese posible, con el de los nacionalistas catalanes.

Los acuerdos autonómicos

Descartada la hipótesis de la coalición por Calvo Sotelo, combinamos una labor de oposición, que en ocasiones alcanzó tonos muy duros, con actitudes de consenso en las materias que así lo requerían. Uno de los frutos de éste fueron los acuerdos autonómicos. El Gobierno y el PSOE, de común acuerdo, encomendaron a un grupo de expertos dirigidos por el profesor García de Enterría el diseño de una estrategia para encauzar el desarrollo autonómico. Con base en el informe que entregaron los expertos, la UCD y el PSOE decidimos firmar unos acuerdos que enmarcaron el contenido del resto de los estatutos de autonomía y dieron lugar a la famosa LOAPA (Ley Orgánica de Armonización del Proceso Autonómico).

Esa firma, que tuvo lugar en julio de 1981, alteró el clima autonómico. El *plus* con el que los constituyentes contemplaron la situación de las nacionalidades históricas, que empezó a difuminarse con el referéndum andaluz, sufrió ahora un recorte más amplio, creando gran inquietud en CiU y el PNV. La LOAPA, en particular, produjo una profunda quiebra en la confianza de los nacionalistas sobre la voluntad autonomista del PSOE. En algunos momentos, el debate llegó a alcanzar tonos un tanto agrios. La puesta en marcha de la generalización autonómica contribuyó a agrandar aún más las distancias entre ellos y nosotros. Los nacionalistas denunciaron inmediatamente el «frenazo» autonómico, y en algunos aspectos no les faltaban razones para ello. De haber recibido un trato preferente, se hubiesen sentido más cómodos, incluso con el mismo grado de autogobierno del que disponen Cataluña o Euskadi. Pero políticamente la situación hubiese sido inestable.

El acceso de Andalucía al nivel más alto de autogobierno, abría, de hecho, un portillo para que otras comunidades utilizasen también la vía rápida del artículo 151 que el referéndum del 28-F había dejado expedita en esa Comunidad. En tales circunstancias, era razonable que se quisiese moderar el ritmo y diseñar un esquema institucional y de competencias coherente que permitiese esbozar cuál sería la resultante final del conjunto del Estado. Quedaban aún catorce Estatutos de autonomía por aprobarse, y lo mejor era que los dos grandes partidos nacionales acabasen de trazar los planos de un edificio que estaba a medio construir.

Pero así como otros aspectos de aquellos pactos han hecho valer su necesidad con el paso del tiempo, la LOAPA fue demasiado lejos. En muchos de sus preceptos se intentaba recortar lo que los Estatutos y la propia Constitución habían reconocido previamente. Las preocupaciones de sus autores podían ser comprensibles, pero el método y los instrumentos elegidos eran erróneos. Dos años más tarde, el Tribunal Constitucional declaró inconstitucionales muchos de sus artículos.

También respaldamos al Gobierno en todo lo relacionado con las consecuencias judiciales y militares del 23-F. Por su parte, los interlocutores sociales suscribieron, esta vez contando con la presencia directa del Ejecutivo y con la firma de CCOO, el Acuerdo Nacional sobre el Empleo. Varios economistas del partido auxiliaron a los negociadores de la UGT, y el PSOE asumió los compromisos suscritos. Lo que no fue óbice para que algunos expresásemos dudas sobre la necesidad de una moderación salarial tan fuerte como la pactada, que podía incrementar aún más las tendencias recesivas de la economía.

El consenso sobre esas materias no nos impidió, simultáneamente, ejercer dentro y fuera del Parlamento una oposición contundente. Se nos ha acusado de haber practicado en ese periodo una oposición sin contemplaciones. Sólo en parte responde a la realidad. Por supuesto, la decisión de entrar en la OTAN recibió por nuestra parte una respuesta negativa inmediata, reiterando la exigencia de un referéndum. Pero nuestra posición no obedecía a cálculos tácticos, sino que era el fruto de la cultura política en la que nos habíamos formado; algo que Calvo Sotelo no supo valorar al provocar ese debate de manera muy poco hábil. En vez de intentar convencernos, se escudó desde el principio en su mayoría parlamentaria, renunciando a cualquier posible diálogo. El otro gran tema de discrepancia con el Gobierno antes de las elecciones fue el escándalo de la colza. En relación con él admito que fuimos implacables, ayudados por la torpeza con la que el Gobierno quiso hacer frente a aquel desastre.

Visto en perspectiva, el fracaso del 23-F sirvió a la consolidación de la democracia y también a la confirmación del PSOE como alternativa de gobierno. A raíz del golpe, la sociedad española aumentó de manera considerable su aprecio por la figura del Rey y por las instituciones democráticas, y se sintió más comprometida en contra de todo intento involucionista.

La manera en la que se había desarrollado, desde dentro de UCD, la caza y captura de Suárez, la permanente crisis del partido del Gobierno y las conexiones de algunos sectores de la derecha económica con los golpistas, generaban inseguridad e inquietud; mientras que el creciente liderazgo social de Felipe, nuestra cohesión interna, la moderación de nuestro perfil ideológico, nuestro inequívoco compromiso democrático y la buena gestión municipal eran, todos ellos, factores que jugaban claramente a nuestro favor. A diferencia de 1979, ahora el miedo lo producía el desgobierno de UCD, mientras que la alternancia parecía la opción más segura.

Éramos la principal referencia democrática de la sociedad española. Se acercaban a nuestras filas numerosas personas que, al ver lo que podía haber ocurrido si el golpe hubiese triunfado, decidieron no quedarse con los brazos cruzados. Dirigentes del PCE, antiguos miembros de los grupos de extrema izquierda, intelectuales, profesionales, líderes de organizaciones sociales, artistas y un largo etcétera de personas que, hasta entonces, se habían mantenido alejadas del PSOE, quisieron trabajar con nosotros en pos de unas metas democráticas que sólo nosotros, como partido, estábamos en condiciones de garantizar.

Fueron momentos extraordinariamente intensos. El partido se abría a la sociedad, y ésta confiaba en los socialistas para liderar una tarea cuyos objetivos desbordaban los tradicionalmente asignados a nuestro espacio político. Más que nunca, el partido era un instrumento para el cambio y actuaba como tal, poniendo los intereses generales por delante de los nuestros particulares.

29 CONGRESO: TODOS A UNA

En ese clima, celebramos el 29 Congreso, en octubre de 1981. Cara al exterior, fue el congreso de la unanimidad. Sólo las escasas voces procedentes del antiguo sector crítico, convertido en la corriente Izquierda Socialista, impedían que el consenso en el terreno de las ideas fuese completo. Pero como los órganos de dirección se elegían a través de los jefes de delegación, la gestión de la Ejecutiva fue aprobada casi por el cien por cien, y la nueva dirección recibió el voto de todas las delegaciones.

Ello no suponía la inexistencia de tensiones, más o menos soterradas. Éstas se palpaban por los pasillos y los despachos del Palacio de Exposiciones, referidas casi siempre a las personas. Hubo quien discutió la idoneidad de Carmen García Bloise como responsable de Organización, aunque finalmente fue confirmada en el puesto para un nuevo mandato. Rafael Escuredo pretendió formar parte de la Ejecutiva pese a no figurar en la candidatura oficial, y no lo consiguió. Y Javier Solana pasó a ser vocal sin ninguna responsabilidad específica, siendo yo el encargado de sustituirle al frente de la Secretaría de Estudios y Programas. No fue agradable para mí asumir una tarea que venía siendo desempeñada por un buen amigo como Javier. Lo hablé directamente con él, antes de aceptar. Nunca llegué a saber muy bien quién movió los hilos para descabalgar a Solana, aunque imagino que no estaba situado muy lejos de las posiciones de Alfonso Guerra.

El cometido de la Secretaría de Estudios y Programas era muy sugerente, en unos momentos en los que había que preparar el programa con el que concurriríamos a las próximas elecciones. Desde el primer día, me dediqué a organizar grupos de trabajo, reclutar expertos, establecer contactos con los diferentes sectores sociales y precisar las posiciones del partido, que hacíamos públicas en jornadas, seminarios, artículos o conferencias. Solamente los asuntos de Interior, Política Exterior y Defensa quedaban fuera de mi coordinación, bajo la responsabilidad directa de Guerra, en el primer caso, y de Felipe en los otros dos.

El plantel de profesionales y cuadros políticos vinculados con la preparación del programa fue realmente impresionante, por su número, por su valía profesional y por el tiempo y el esfuerzo intelectual que nos dedicaron. Nadie pedía nada a cambio, aunque todos jugábamos con el valor entendido de que entre aquella gente se iban a reclutar nuestros colaboradores en los diferentes ministerios, en cuanto llegásemos al Gobierno. Poco a poco, el pequeño fichero en el que empecé a almacenar los datos de quienes trabajaban con nosotros empezó a crecer, y los medios de comunicación empezaron a hacer referencia a él. Cuando en 1994, a raíz del 33 Congreso, volví a desempeñar esa misma responsabilidad en la dirección del partido, recuperé aquel fichero, que Gustavo Sariego había conservado con cariño durante doce años.

Gustavo se ocupaba ya, desde el mandato de Javier Solana, de hacer el seguimiento de todo lo que sucedía en los principales países europeos, con especial atención a lo que pasaba en Francia. En mayo de 1981, la llegada de los socialistas franceses al Gobierno nos sirvió de guía para orientarnos sobre qué políticas tenían éxito y cuáles, por el contrario, eran incapaces de alcanzar los resultados que se esperaba de ellas. La experiencia del Gobierno Mauroy nos fue muy útil, pues gracias a ella pudimos comprobar a tiempo el fracaso de la política expansiva que llevaron a cabo durante su primera etapa.

A la vez que muchos profesionales y expertos venían a colaborar con nosotros, el partido crecía rápidamente en afiliación. Frente a los menos de cuatro mil afiliados de Suresnes, o los ocho mil con los que contábamos en el 27 Congreso, ahora habíamos superado la barrera de los cien mil. La avalancha de nuevos militantes, en torno a las primeras elecciones, había sido seguida de un reflujo lógico, pues las expectativas iniciales no habían podido ser plenamente satisfechas por unas estructuras partidarias endebles e inexpertas. Pero tras las elecciones de 1979, y sobre todo a raíz del 23-F, las peticiones de afiliación se habían vuelto a disparar. Corrimos conscientemente el riesgo de abrir nuestras puertas de par en par. Atrajimos a una inmensa mayoría de ciudadanos de buena fe, pero también a algunos que se nos acercaron al calor del poder que empezábamos a administrar, y que íbamos a incrementar mucho si ganábamos las elecciones.

¿Hubiese sido posible emitir un juicio de valor sobre las verdaderas intenciones de cada uno de los que pedían el carnet? No lo creo. ¿Qué barreras de entrada podrían establecerse, más allá de los procedimientos y avales establecidos? No se me ocurre ninguna, so pena de caer en la aplicación de medidas arbitrarias. Si en algo nos equivocamos, no fue en la apertura del partido. En cambio, sí debimos haber reaccionado inmediatamente ante las denuncias de irregularidades. Cuando empezamos a hacerlo, ya era demasiado tarde.

La imagen de un partido que daba amparo a quienes actuaban en su nombre, con independencia de la naturaleza de sus comportamientos y actuaciones, enviaba un mensaje muy preocupante. Con ella, se sugería que lo que hiciese el partido, o alguien que actuase en su nombre, no tenía que estar sujeto a las mismas normas y principios éticos que las actuaciones de cualquier particular. Además, se estaba atrayendo a nuestras filas a quienes sólo buscaban cobertura para su beneficio particular. Si a unos se les protegía por encima de cualquier sospecha, ¿por qué no a ellos? La extensión de las prácticas de financiación irregular, junto con la carencia de respuestas ante las sospechas de comportamientos contrarios a las normas y a la ética, ya fuesen movidos por el interés del partido o por el individual de sus autores, constituyeron una mezcla explosiva, cuyas consecuencias nos estallaron en las manos algunos años más tarde.

Es muy ilustrativo, a este respecto, la manera en la que el partido reaccionó ante el primer caso de denuncias relacionadas con la presunta financiación ilegal del partido conocido a escala nacional. Me refiero al «caso Alonso Puerta». En septiembre de 1981, se denunció que en el Ayuntamiento de Madrid se habían producido ofertas de comisiones ilegales, para financiar al partido, a cambio de la concesión de unas contratas. Quien denunció la existencia de esas ofertas, el entonces concejal socialista Alonso Puerta, fue suspendido de militancia en el partido una semana después. Sobre la materia denunciada se practicó una investigación interna, pero pronto la tierra se encargó de cubrir lo que pudiese haber o no de cierto en todo ello.

No es el caso de profundizar aquí sobre cuáles fueron las auténticas intenciones de Alonso Puerta al formular sus acusaciones. Puerta había sido desplazado de la dirección de la FSM a raíz de su alineamiento con el sector más crítico con la Ejecutiva Federal, y su motivación podía muy bien deberse a una *vendetta* contra quienes le habían dejado en minoría dos años antes. Pero dicho esto, nuestra reacción ante sus denuncias fue desgraciada: parecía como si el único enemigo a batir fuese el denunciante, sin prestar atención a quien cometiese las irregularidades.

LA PREPARACIÓN DEL PROGRAMA ELECTORAL

Todo el tiempo que me quedaba libre, al margen de la coordinación de los trabajos programáticos, estaba dedicado a las relaciones con el mundo exterior al partido. Los empresarios, los líderes de los diferentes sectores sociales y corporaciones, los intelectuales y las gentes de la cultura y, por supuesto, los medios de comunicación españoles y extranjeros: todos querían conocer de primera mano cuáles iban a ser nuestras propuestas electorales, y lo que pensábamos sobre los problemas planteados en la sociedad española.

La preocupación por los perfiles de nuestro modelo de sociedad, que había caracterizado nuestros contactos con el *establishment* hasta un periodo reciente, había dado paso a una curiosidad más alentadora para nosotros, centrada en los criterios que sosteníamos en política económica o en relación con las políticas sociales. Desde el Círculo de Empresarios hasta los movimientos sociales de toda índole, desde los representantes de los cuerpos de élite de la Administración hasta la Iglesia, en el espacio que medió entre el 23-F y la convocatoria de las elecciones no hubo un solo sector relevante de la sociedad española que no mantuviese contacto con nosotros.

En cambio, nuestros adversarios políticos seguían sufriendo todo tipo de problemas. En el interior del PCE estalló la batalla de los «renovadores» frente a Santiago Carrillo, que intentaba todavía dirigir férreamente una organización que se le empezaba a ir de las manos. Los resultados electorales de 1979 les habían sido ligeramente más favorables que los de 1977, que tanto les habían decepcionado; pero su protagonismo había disminuido desde el final del proceso constituyente. Una parte de los profesionales e intelectuales que habían contribuido a asegurar la presencia relevante del PCE en los momentos finales de la dictadura empezaban a mostrar serias discrepancias con la dirección de su partido.

El PCE había sido para muchos de ellos la única organización democrática implantada en los años de clandestinidad, pero ahora veían las cosas de manera distinta. Una vez aprobada la Constitución, ya no había que luchar por conquistar las libertades, terreno en el que el PCE había jugado un papel muy relevante, sino que procedía alcanzar una mayoría que permitiese impulsar reformas, consolidar y desarrollar los derechos y libertades ya conquistados en una dirección progresista, frente a los intentos de la derecha económica y social para consagrar una lectura conservadora del modelo constitucional.

Para todo ello, el PSOE aparecía claramente como la fuerza mejor situada. Era un partido con solera y con implantación creciente en muchos sectores sociales, cuyos dirigentes se habían renovado a tiempo, frente a un PCE, con Pasionaria y Carrillo al frente, que desconfiaba cada vez más de los jóvenes universitarios incorporados durante el final del franquismo a su Comité Central, llamándoles despectivamente «picos de oro». En noviembre de 1981 se producían expulsiones sonadas en el PCE. El detonante de la crisis fue la fusión de la rama vasca del partido, dirigida por Roberto Lertxundi, con Euskadiko Eskerra. La mayoría de los expulsados —Pilar Brabo, Carlos Alonso Zaldívar, Manolo Azcárate, Julio Segura, Cristina Almeida o Luis Larroque, entre otros— acabarían pronto colaborando de una forma más o menos directa con nosotros.

En la UCD, las cosas estaban todavía más agitadas. Paco Ordóñez, a quien Calvo Sotelo había reincorporado al Gobierno como ministro de Justicia, consiguió aprobar con nuestro apoyo la Ley del Divorcio, pero a los seis meses de su nombramiento, en el verano de 1981, dejó de nuevo el Gabinete. Antes de finalizar el año, abandonó UCD y pasó junto con un pequeño grupo de diputados centristas al grupo mixto. Con ellos fundó el Partido de Acción Democrática, que se presentó a las elecciones de 1982 en nuestras listas, y poco después se disolvió, ingresando sus miembros en el PSOE. Por el otro lado del espectro, las tensiones entre quienes querían arrastrar a UCD hacia el espacio ocupado por Fraga, y los que mantenían posiciones menos conservadoras, caracterizaron todo el mandato de Calvo Sotelo, afectando a la inestabilidad de su Gobierno. La composición del Ejecutivo nombrado a raíz del 23-F sufrió varios cambios entre esa fecha y el final de la legislatura. También la dirección de UCD fue sustituida a los pocos meses de su elección.

El triunfo del PSOE se veía venir cada vez con mayor claridad. En las primeras elecciones autonómicas de Galicia, celebradas antes de finalizar 1981, Alianza Popular obtuvo un gran éxito electoral. Nosotros avanzamos posiciones respecto de los votos obtenidos en las generales de 1979, mientras que UCD cosechó su tercer gran fracaso autonómico, después de los sufridos en el País Vasco y en Cataluña. La gota que colmó el vaso fueron, sin embargo, las elecciones andaluzas de mayo de 1982. Rafael Escuredo fue elegido presidente de la Junta de Andalucía con el respaldo del 52 por ciento de los votos, lo que permitía una clara mayoría absoluta frente al nuevo descalabro centrista.

En esas elecciones, la CEOE se empleó a fondo en contra de nuestras candidaturas, tratando de salvar del naufragio al Gobierno, y ayudando de paso a Alianza Popular. Ferrer Salat y Cuevas hicieron campaña activa mediante una propaganda insólita: los socialistas aparecíamos representados por un gusano que asomaba la cabeza desde el interior de una manzana podrida. ¡Qué asesores les habrían sugerido ese desatino! Alguien pensó utilizar las elecciones andaluzas como banco de pruebas de cara a las generales que se avecinaban; pero el tiro les salió por la culata. En octubre de 1982, los dirigentes empresariales habían aprendido la lección, aunque después José María Cuevas ha vuelto a implicarse repetidas veces, de manera directa y partidista, en batallas políticas.

Tras el triunfo en Andalucía, pedí a todos los que trabajaban en el programa que intensificasen su actividad, pues la hipótesis de unas elecciones anticipadas ganaba terreno. En julio, el PSOE solicitó formalmente la disolución de las Cámaras. Por aquellos días, Suárez se dio de baja en UCD. Vivíamos en un clima de efervescencia, pues nos sabíamos en puertas del triunfo. Siendo sinceros, no pensábamos que éste alcanzase la dimensión que luego tuvo, y manejábamos sobre todo la hipótesis de una mayoría relativa, que habría que completar con grupos desgajados de UCD o con los partidos nacionalistas.

Al llegar el verano, necesitaba un momento de respiro después de unos meses muy intensos de trabajo. Además esperábamos nuestro segundo hijo, y Mila y yo pensamos que lo mejor era salir fuera de España unas semanas, para estar más tranquilos. Decidí aceptar esta vez la invitación que me había dirigido la embajada de Estados Unidos para visitar su país. Nos separábamos por primera vez de Cristina, que estaba a punto de cumplir dos años. Tomamos el avión para Washington, dispuestos a pasar tres semanas viajando, conociendo aquel país, practicando el inglés y poniendo tierra por medio para ver las cosas con algo más de perspectiva.

Ocho días después de nuestra llegada, estábamos en Boston visitando una empresa de ordenadores cuando me avisaron de que tenía una llamada urgente desde Madrid. En un primer momento, pensé lo peor: alguna desgracia familiar o un nuevo intento de golpe. No eran esos, por suerte, los motivos por los que trataban de localizarme con tanta insistencia. Alfonso Guerra me informó de que acababa de anunciarse la convocatoria de elecciones para el 28 de octubre. Como encargado de la redacción del programa electoral, tenía que volver cuanto antes para elaborar el borrador final y discutirlo en la Ejecutiva.

LOS COMPROMISOS

La discusión del programa se centró en unos pocos temas, como es habitual. Uno de los más delicados era la redacción del compromiso sobre el referéndum de la OTAN. No recuerdo que nadie se atreviese a suscitar en la Ejecutiva la necesidad de dejar abierto un resquicio para modificar nuestra posición contraria al ingreso en la Alianza. Fue al llegar al Gobierno cuando empezamos a modificar abiertamente nuestros análisis. Pero la redacción que aprobamos era muy sutil: «El Gobierno trabajará para lograr un mayor techo de autonomía para España, desvinculándola progresivamente en el plano militar del Bloque del Atlántico Norte. En consecuencia, y en la línea ya expresada anteriormente por el PSOE, en un primer momento y como medida inmediata, se congelarán las negociaciones para la integración en la organización militar. En un segundo momento, se mantendrá el compromiso contraído por el PSOE de convocar un referéndum para que sea el pueblo español el que decida acerca de nuestra pertenencia a la OTAN». En su literalidad, cumplimos ese compromiso tal y como fue redactado, aunque lo más importante es que, en tres años, cambiamos el «De entrada, no» de 1981, al «Sí» con condiciones aprobado en el congreso de 1984.

El segundo asunto peliagudo se refería a la postura en relación con el aborto. Por las encuestas, sabíamos que la mayoría era favorable a la despenalización de la interrupción voluntaria del embarazo en tres supuestos: peligro para la vida de la madre, malformaciones del feto y violación. Formulamos en esos mismos términos nuestro compromiso electoral, que en 1983 trasladamos al Código Penal.

Al tercero de los temas le dedicamos mucho tiempo de discusión, y es el más polémico desde entonces: el compromiso de los ochocientos mil puestos de trabajo. ¿Cómo lo llegamos a incluir? Junto con el Comité Electoral que presidía Guerra, los redactores del programa debíamos seleccionar las cien principales medidas, y una de ellas sería un compromiso concreto de creación de empleo para la legislatura. El grupo de trabajo encargado de la política económica había elaborado escenarios macroeconómicos plurianuales, que cubrían el periodo de la legislatura. Seguíamos atravesando un periodo recesivo, aunque las perspectivas de las principales economías europeas permitían albergar esperanzas de que un mayor crecimiento pudiese paliar, al menos, el panorama tan negativo de nuestro mercado de trabajo, arrastrado desde 1976.

Pero la situación, incluso en la hipótesis optimista, no era como para dar saltos de alegría. Cuando expliqué en la Ejecutiva que la creación de puestos de trabajo prevista no sería ni siquiera capaz de absorber el aumento de población activa, y que por tanto el paro seguiría aumentando, se produjo una auténtica conmoción. ¿Cómo admitir que, con un Gobierno socialista, el paro siguiese aumentando? Guerra dijo que había que modificar aquellas previsiones; como responsable de la campaña electoral quería un compromiso de creación de empleo más atractivo, al estilo de lo que habían hecho los socialistas franceses en su programa de 1981.

Me encargaron rehacer los números. Volví a reunir a algunos economistas, para trasladarles el criterio de los responsables de la campaña. El papel lo aguanta todo, y a los pocos días puse en manos del Comité Electoral unos cálculos, según los cuales el paro se reduciría si, para un incremento razonable de la tasa de actividad, los empleos creados en el periodo de la legislatura alcanzaban la cifra de ochocientos mil. Una simple operación aritmética, poco creíble, pasó a constituir nuestra promesa electoral más señalada.

En un libro llamado *El desafío socialista*, publicado antes de las elecciones y cuyos autores eran Carlos Elordi y César Alonso de los Ríos, se nos entrevistaba a varios de los que participábamos en la elaboración del programa. En respuesta a una de las preguntas que me hicieron, dije: «Podemos hacer una buena gestión económica, podemos hacer reformas estructurales, mejorar el sector público, definir las relaciones entre los empresarios y el Gobierno, trazar una buena política de negociación colectiva o potenciar las organizaciones sindicales, y vamos a hacerlo sabiendo que es necesario y positivo. Pero si además de eso no nos favorece la coyuntura internacional, no se mantienen estables los precios del petróleo, o la estrategia económica de los Estados Unidos no fomenta una reactivación mundial, no podremos conseguir avances importantes en la lucha contra el paro». Obviamente, esas declaraciones estaban hechas antes de la discusión en la Ejecutiva sobre los compromisos cifrados en materia de empleo, y reflejaban muy bien mis verdaderos puntos de vista.

Era injusto que el resplandor de los ochocientos mil puestos de trabajo ocultase el resto de nuestros compromisos. El programa contenía muchísimas medidas que llevamos a la práctica en un porcentaje muy elevado. Pero lo cierto es que ha pasado a la historia por el estruendoso incumplimiento de aquella promesa poco meditada. Nuestro programa no fue ni el primero ni el último de los muchos que han incorporado entre sus compromisos objetivos cifrados de creación de empleo. Pero en aquel momento, nadie advirtió a nuestros técnicos electorales de que ni el crecimiento económico, ni las decisiones de inversión, ni la viabilidad de las empresas iban a depender del color del Gobierno o de la voluntad de sus miembros. Eso sí, a partir de entonces aprendimos para siempre esa lección.

La cantidad de empleo que aspirábamos a crear no era compatible con el realismo económico, pero la credibilidad del partido en aquel momento era tal que muchísimos electores confiaron en que nuestro Gobierno lo conseguiría. Y es verdad que lo hicimos, pero con retraso.

El borrador del programa mereció también la atención de la UGT. Nicolás Redondo pidió que el PSOE asumiese algunas reivindicaciones del sindicato. Tras varias reuniones previas, se sentaron frente a frente, en la sede de Santa Engracia, los dos secretarios generales acompañados por sus delegaciones respectivas. Una negociación de estas características no tenía precedentes; hasta entonces bastaba con la presencia de Nicolás en la Ejecutiva del partido para ajustar las posiciones de unos y otros antes de cada proceso electoral.

Las cosas eran ahora, sin embargo, más complejas y difíciles. De una parte, había que escenificar el apoyo de la UGT al PSOE, que necesitaba recibir a cambio alguna contrapartida. Con toda probabilidad, íbamos a gobernar, y la UGT no podía extendernos un cheque en blanco, so pena de renunciar a su margen de maniobra como sindicato. Hasta ahí, todos coincidíamos. Pero Nicolás quería ir un poco más lejos, y dejar patente su influencia en el partido. Planteó la inclusión en el programa de varias medidas como condición inexcusable para darle su respaldo. El debate no fue sencillo. Después del correspondiente tira y afloja, normal entre un partido que aspira a gobernar y un sindicato celoso de su autonomía, pero inhabitual en nuestras relaciones fraternales, asumimos dos compromisos de envergadura: la ley de fijación de la jornada semanal en cuarenta horas, y la anticipación de la edad de jubilación a los sesenta y cuatro años.

Una vez que el Comité Federal aprobó el texto, lo presentamos con cierta solemnidad en una rueda de prensa multitudinaria protagonizada por Felipe. Yo comparecí a su lado. Nunca me había visto envuelto en tal barahúnda de micrófonos y cámaras de televisión. Me gané una cariñosa reprimenda del secretario general por acudir sin corbata, con una camisa de manga corta. La imagen empezaba a condicionar nuestra manera de ser, de vestir y de comportarnos públicamente.

Releyendo años más tarde el programa de 1982, me volví a sentir muy satisfecho del trabajo que habíamos realizado. No pudimos cumplirlo al cien por cien durante la primera legislatura del Gobierno socialista, pero las principales reformas que impulsamos en ese periodo estaban definidas, y algunas incluso desarrolladas, en sus páginas. Frente a lo que podía deducirse del debate en torno a los ochocientos mil puestos de trabajo, se trataba en lo sustancial de un programa moderado y realista, redactado por gentes muy conscientes de los obstáculos que tendríamos que superar para llevar a la práctica nuestros propósitos.

LA CAMPAÑA DE 1982

Afrontamos la campaña en un clima de expectación sobre la magnitud de la victoria, y sobre la situación que se crearía a partir de ella. Pensábamos, por supuesto, arañar el máximo número posible de votos, pero no perdíamos de vista que, al día siguiente, tendríamos que llevar a la práctica todas nuestras promesas. Nos sabíamos ya en puertas de asumir una gran responsabilidad; éramos conscientes de hacerlo en un momento apasionante, pero también muy difícil. Máxime cuando durante la campaña se descubrió una nueva intentona golpista, que pretendía llevar a cabo sus aviesos propósitos la víspera de la jornada electoral, el 27 de octubre.

Por encima de otras muchas imágenes de aquellas semanas trepidantes, me viene a la memoria la del último mitin de campaña, la noche del día 26 en la Ciudad Universitaria. Se celebró en el mismo lugar en el que, quince meses antes, habíamos convocado el acto multitudinario en contra de la OTAN. Casi medio millón de personas acudieron a escuchar la intervención final de Felipe. Fue impresionante. Estábamos a un paso de la victoria, y sentíamos que la mayoría de los electores estaban con nosotros, dispuestos a arrimar el hombro. Cantaron Paco Ibáñez, Georges Moustaki, Miguel Ríos y Serrat. Cuando escuché a Joan Manuel entonar *Hoy puede ser un gran día*, deseé que cuarenta y ocho horas más tarde, los votos le diesen la razón. Y mis deseos, nuestros deseos, se hicieron realidad.

La velada electoral ha sido contada minuto a minuto en muchas ocasiones. El hotel Palace estaba de bote en bote. Los ordenadores del Ministerio del Interior enmudecían, para no anticipar demasiado la avalancha de votos que estábamos recibiendo, superior a las previsiones que se venían manejando. En un momento determinado, Alfonso Guerra puso fin a la tensa espera, tomó el micrófono instalado en la mitad de la rotonda del Palace y anunció que, según nuestras estimaciones, superábamos los doscientos diputados. La alegría se desbordó, dentro y fuera del hotel. En la Plaza Mayor empezaba la fiesta, que se iba extendiendo a los alrededores de la Carrera de San Jerónimo y a muchas calles de Madrid. La gente más insospechada hacía sonar las bocinas de sus coches y saltaba de alegría enarbolando los grandes titulares de las ediciones especiales que habían puesto en circulación algunos periódicos. Felipe se dirigió a quienes llenábamos el Palace con tono sereno y gesto serio, ofreciendo su primera imagen como gobernante. Empezaba una nueva etapa.

Capítulo VII

De la pana al coche oficial

Todavía hoy seguimos saboreando la victoria de 1982. Tiene razón José Luis Rodríguez Zapatero cuando dice que los socialistas debemos pasar de la nostalgia a la esperanza; pero eso no tiene por qué hacernos olvidar la emoción que nos embargó aquella noche. Los famosos diez millones de votos superaron con creces nuestras expectativas. La alegría fue contagiándose, hasta el punto de que, meses después, los estudios de opinión nos atribuían un recuerdo de voto varios puntos por encima de los que realmente habíamos conseguido.

Después de un largo y doloroso paréntesis de más de cuarenta años, la izquierda llegaba al poder en España en unas condiciones inéditas. El PSOE recibía una responsabilidad abrumadora, aún mayor que la que había asumido en otras épocas de su historia; pero también disponía de un amplísimo margen de maniobra. Gobernaríamos sin necesidad de acudir a ningún tipo de coaliciones ni pactos que pudiesen condicionar nuestro proyecto. Si las elecciones de 1977 habían cerrado una etapa negra, abriendo las puertas de la libertad, ahora se inauguraba una nueva fase, en la que los socialistas recibíamos un enorme depósito de confianza, personal y política.

El nuestro era un proyecto autónomo, no condicionado por la voluntad de otras fuerzas políticas ni sometido a otros intereses que no fuesen los del conjunto de la ciudadanía; comprometido ante todo con la consolidación de la democracia y de las instituciones surgidas de la Constitución. Un proyecto para toda España, y además respetuoso con nuestra pluralidad interna. Al mismo tiempo, era también un proyecto europeo y abierto al mundo. Y se trataba, por supuesto, de un proyecto de modernización, riguroso en lo económico y dotado a la vez de metas ambiciosas en el terreno social. Junto a esas líneas maestras, el liderazgo de Felipe jugaba un papel relevante, extendiéndose más allá de los límites de nuestro propio electorado.

La mayoría de los ciudadanos aspiraban a vivir en un país como el que nosotros dibujábamos. Incluso muchos de los que no nos habían votado estaban dispuestos a colaborar con nosotros para hacerlo realidad, máxime en función de lo que veían a nuestro alrededor. Los estragos en las filas de la oposición eran tremendos. Alianza Popular, con más de cien diputados, se convirtió en el principal partido de la oposición, pero con Fraga al frente quedaba aún muy lejos de representar una auténtica alternativa. El desastre electoral de UCD fue mucho mayor aún que el que habían registrado en las cuatro elecciones autonómicas celebradas en los dos últimos años. Landelino Lavilla, que había ejercido su papel de candidato con dignidad, no pudo reunir más que una docena de diputados, y se vio obligado a dimitir para que pudiese ocupar un escaño Leopoldo Calvo Sotelo. Adolfo Suárez, al frente de su nuevo proyecto centrista, el CDS, sólo estaba acompañado en el hemiciclo por Agustín Rodríguez Sahagún. Santiago Carrillo también dimitió, al quedar reducida la representación del PCE a cuatro diputados.

El traspaso de poderes

Una vez agotadas las botellas de cava, nos preparamos para asumir el poder. A menos de veinticuatro horas de proclamar su triunfo, Felipe se entrevistó con Calvo Sotelo para preparar el traspaso de poderes. No había precedentes de una operación de esas características, y es de justicia señalar que Leopoldo estuvo a la altura de las circunstancias, facilitando al máximo la tarea. ETA quiso hacerse notar en esos momentos, confirmando que no estaba dispuesta a modificar su actitud. El 31 de octubre, la explosión de un coche bomba dejó un muerto y varios heridos en las calles de Vitoria, y el 4 de noviembre fue asesinado en Madrid el general Lago, jefe de la División Acorazada Brunete. Los problemas del terrorismo eran los más graves, pero no los únicos que esperaban encima de la mesa. A comienzos de noviembre, el Banco de España tuvo que hacerse cargo de Banca Catalana, al aflorar un «agujero» cifrado en unos 130.000 millones de pesetas de los de entonces. Y todavía quedaba un mes para que llegase el momento en que pudiese constituirse el Gobierno y empezáramos a tomar nosotros las decisiones.

Felipe concentró su atención y su tiempo en los asuntos más importantes y urgentes. Junto a Miguel Boyer, se puso inmediatamente al corriente de la delicadísima situación económica que estábamos atravesando, agravada por las incertidumbres del cambio político. Calvo Sotelo y el vicepresidente económico en funciones García Díez le informaron de los flujos de salida de divisas, de la crisis financiera y de la necesidad de adoptar algunas medidas —como la devaluación de la peseta— que el Gobierno saliente había retrasado por motivos electorales. Con el ministro de Defensa Alberto Oliart, Felipe habló del proceso a los golpistas del 23-F, del intento fallido para el 27-O y, en general, de la situación militar. Juan José Rosón era un interlocutor cómodo para tomar contacto con la agenda del Ministerio del Interior, dominada por la lucha contra el terrorismo.

Además, tenía que ocuparse de la composición de su primer Gobierno. Creo que el primer nombre que figuró en la lista de Felipe fue el de Miguel Boyer como responsable de Economía y Hacienda. Miguel pertenecía al PSOE desde siempre; había llegado a estar por ello en la cárcel de Carabanchel, en los años sesenta. Llegó a formar parte de la Ejecutiva elegida en el 27 Congreso, de la que dimitió a las pocas semanas. Después, recaló por unos meses en los grupos socialdemócratas que se integraron en la UCD. Pronto volvió al partido; eso sí, manteniendo siempre su independencia de criterio y una vinculación especial con Felipe, al que había introducido en los medios económicos madrileños.

Fuimos vecinos de escaño tras las elecciones de 1979, lo que me permitió ser testigo de excepción de cómo mataba su aburrimiento leyendo tratados de física o ensayos sobre filosofía de la ciencia. La verdad es que los responsables del grupo parlamentario no contaban con él. Miguel dimitió como diputado al cabo de unos meses, pasando a ocupar un puesto directivo en el recién creado Instituto Nacional de Hidrocarburos. Con ese historial, es fácil entender el recelo con el que se veía su figura en el partido, y no sólo entre los allegados a Alfonso Guerra. Siempre he mantenido una buena relación con él, apreciando su excepcional inteligencia y su sentido del humor, aunque discrepando de buena parte de sus planteamientos.

En paralelo a los contactos al máximo nivel que protagonizaba Felipe, la Ejecutiva me encargó que coordinase el proceso de traspaso de poderes, ministerio a ministerio. Organicé el trabajo en el mismo local de la calle Bravo Murillo en el que, desde antes de comenzar la campaña, nos habíamos instalado el Comité Electoral y todo el equipo de la Secretaría de Estudios y Programas. Ahora también se habían instalado allí, en sendos despachos, Felipe y Guerra.

Las continuas entradas y salidas de gente en aquel edificio no cesaron hasta que llegamos al Gobierno, alterando la tranquilidad de unos vecinos que probablemente serían votantes de AP.

No recibí ninguna indicación sobre las personas con las que debía contar para ese proceso, así que formé grupos con gente conocedora de cada uno de los departamentos, casi todos expertos que habían colaborado en el programa. Para evitar cualquier malentendido, les advertí de que su designación no estaba para nada relacionada con los nombramientos que debían producirse una vez constituido el Gobierno. Cada grupo tenía que presentarse en un ministerio, para que los secretarios de Estado y subsecretarios salientes les entregasen documentación sobre los asuntos pendientes. Por las tardes, reunía a los miembros de esos equipos, para analizar la marcha del proceso y comentar todas las incidencias que hubiesen surgido. Cuando hubo que solicitar más atención por parte de algún departamento, Calvo Sotelo lo hizo con diligencia y autoridad.

LA FORMACIÓN DEL PRIMER GOBIERNO

Sólo Defensa e Interior quedaron al margen de ese procedimiento. De eso se ocupaba directamente Felipe. Uno de los días, vimos salir de su despacho a Narcís Serra; poco después, también pasó por allí Pepe Barrionuevo. Ambos desempeñaban cargos en el ámbito municipal: Narcís era el alcalde de Barcelona y Pepe era concejal en el equipo del Ayuntamiento de Madrid que encabezaba Tierno Galván. Enseguida nos dimos cuenta de cuál era la razón de sus visitas al futuro presidente del Gobierno, y les deseamos suerte para que tuviesen éxito en las responsabilidades que iban a desempeñar.

La composición del resto del Gabinete se fue conociendo de manera progresiva. Junto con Carlos Romero, fui a ver a Felipe, respondiendo a su llamada. Quería conocer nuestros criterios sobre el futuro Gobierno y que le sugiriésemos nombres de gente que hubiesen participado en el programa. A medida que los íbamos enumerando, él escribía los que le parecían interesantes en un folio, en el que previamente figuraba la lista de los ministerios. Junto a alguno de éstos aparecía un único nombre; en otros el espacio estaba todavía en blanco, o bien había anotado un abanico de posibilidades amplio. Aquel día supo Romero que sería ministro de Agricultura, y también conocimos los nombres de otros futuros miembros del Gobierno: Maravall en Educación, Morán en Exteriores, Fernando Ledesma en Justicia y Corcuera en Trabajo.

Las quinielas sobre los posibles ministros venían publicándose desde antes de las elecciones, pero las especulaciones se desataron en noviembre. Cuando se supo que nos reuníamos todas las tardes en Bravo Murillo, los periodistas empezaron a pulular por las inmediaciones, para intentar que les filtrasen algunos nombres. No todos los que aparecían como fijos en las quinielas llegaron a tomar posesión. Los casos más sonados fueron los de Ciriaco de Vicente y Joan Prats. Al primero, todos le daban como seguro al frente del Ministerio de Sanidad después de sus intervenciones parlamentarias en el asunto de la colza. Prats aparecía como probable ministro de la Presidencia, dado el trabajo que había realizado sobre la reforma de la Administración. Cuando ambos comprobaron que quedaban fuera de la lista definitiva, se llevaron un gran disgusto.

Pero el escollo que más complicó la formación del Gobierno fueron las dudas de Alfonso Guerra. El día 19 de noviembre, cuando faltaba semana y media para el debate de investidura, los periódicos se hacían eco de su intención de no formar parte del Ejecutivo; al parecer, prefería ocuparse del partido y de dirigir el grupo parlamentario. Pese a que sus diferencias de carácter, de talante y de estilo eran conocidas, Felipe y Alfonso venían trabajando en tándem desde antes de Suresnes —Lluch solía referirse a ellos, a comienzos de los ochenta, como «la santísima dualidad»— y hasta entonces no habían surgido nunca entre ellos unas fricciones como las que se podían deducir del *impasse* provocado por la actitud del «número dos» del partido. No había por qué exagerar la gravedad de la situación, pero la incertidumbre creada estaba desatando bastantes especulaciones.

¿Cuáles fueron los motivos de su actitud? ¿Quería orientar la acción del Gobierno más a la izquierda? ¿Trataba de influir en la composición de un equipo en el que, hasta entonces, no había podido intervenir mucho? Ni lo supe entonces, ni lo sé hoy. Hay quien piensa que lo que Guerra objetaba era el poder asignado a Miguel Boyer, que de hecho se iba a convertir en un vicepresidente para asuntos económicos. Otros creen que lo que Alfonso pretendía era un mayor control del Ministerio del Interior, del que dependían los delegados del Gobierno y los gobernadores civiles. En fin, una posibilidad es que las discrepancias tuviesen que ver con el papel que debía cumplir el nuevo gabinete de La Moncloa.

Fuese porque recibió lo que quería o por no tirar de la cuerda más de lo razonable, Guerra dio al final su brazo a torcer. Dos días antes del debate de investidura aceptó ocupar la Vicepresidencia del Gobierno. Desde allí, controlaría ciertas áreas: en particular, el gabinete de la Presidencia —y no del presidente— y algunas políticas en las que consideraba que debía oírse más la voz del partido: la relación con autonomías, ayuntamientos y administración periférica del Estado, las relaciones con el Parlamento y con los demás poderes constitucionales, y el seguimiento —y control, por qué no decirlo— de RTVE. El resultado de ese toma y daca convertía a la Vicepresidencia en un órgano dotado de poder, pero con una esfera imprecisa de actuación. Quizás se refería a eso cuando dijo que él estaba «de oyente» en el Gobierno.

La solución alcanzada frustraba mis deseos de trabajar en el gabinete de La Moncloa, que había ido alimentando discretamente en los meses anteriores. Conocía bien a alguno de los colaboradores directos de Calvo Sotelo, y especialmente a Luis Sánchez Merlo, con quien había coincidido primero en la universidad y más tarde en Bruselas. Antes de las elecciones nos habíamos visto con cierta regularidad, asegurando un cauce de relación entre el Gobierno y el partido, y enseguida pensé que ese tipo de trabajo se adecuaba mucho a mis características: estaba en el meollo de los asuntos, pero sin una excesiva proyección pública. Además, podía ser una prolongación excelente de la labor que había realizado hasta entonces. Pero mi proyecto no era viable desde el momento en que Guerra se iba a ocupar del gabinete de Presidencia, dados los esquemas con los que él trabajaba y la gente con la que quería contar en su entorno.

Dos días después del fracaso de mi particular castillo de naipes, surgió otra posibilidad distinta. José Luis Corcuera comunicó a Felipe, en tono apesadumbrado, que la UGT no estaba de acuerdo con el hecho de que uno de sus principales dirigentes fuese nombrado ministro de Trabajo. Cuando José Luis trasladó a Nicolás Redondo la propuesta que se le había hecho, se encontró con una reacción negativa, y no quería entrar en el Gobierno en contra de la opinión del máximo líder del sindicato. Felipe, al ver que su plan inicial se venía abajo, recurrió a mí.

Estábamos en el Congreso, en una de las sesiones inaugurales de la legislatura, cuando me pidió que nos acercásemos un momento a una esquina del hemiciclo. A la vista de los fotógrafos, que dejaron constancia de la conversación, me dijo que había pensado que yo era la persona adecuada para dirigir el Ministerio de Trabajo, una vez que había fallado Corcuera. Instintivamente, le empecé a poner dificultades. La primera, mis relaciones con Nicolás, que se habían enfriado algo en los últimos tiempos. Me replicó que Nicolás conocía la oferta que me estaba haciendo, y que estaba de acuerdo con ella. Pasé a continuación a argumentar mi excesiva juventud, pero fue en vano. Felipe sabe ser convincente cuando algo le interesa, y puso la carne en el asador para lograr una respuesta positiva. Al cabo de un rato de forcejeo dialéctico acepté, sin pedir ni siquiera unas horas para meditarlo. Lo hice con serenidad pero también preocupado por lo que me caía encima.

Por la noche, al llegar a casa, se lo dije a Mila. Me dio ánimos y me ofreció todo su apoyo, pero también ella vio claramente que no todo sería de color de rosa: tendría que cuidar en solitario a nuestra hija de tres años, esperábamos otro hijo para enero, y por si fuera poco, tenía que atender a su trabajo como investigadora y profesora de universidad. A partir de entonces, sabía que no podría contar para muchas cosas con su marido, a punto de introducirse en una vorágine considerable.

Durante una de sus intervenciones en el debate de investidura y a preguntas de Miquel Roca, Felipe hizo pública de manera oficial la composición definitiva de su primer Gobierno. La suerte estaba echada. José María Maravall, que conocía desde hacía algún tiempo su designación como ministro de Educación, y por ello llevaba ya un tiempo preparándose para el desembarco en el Gobierno, me dio ánimos para afrontar lo que se me venía encima.

Primeros pasos como ministro

Empecé a pensar en las decisiones que tenía que tomar en los próximos días. Reuní a Álvaro Espina, Segismundo Crespo y Alejandro Cercas, que habían constituido el equipo que se entrevistó con los responsables del ministerio de Trabajo durante el traspaso de poderes, y repasé con ellos la documentación que nos habían proporcionado. Entre otras cosas, examiné el organigrama del departamento, para saber los nombramientos que debía proponer al Consejo de Ministros. Ya entonces, como era inevitable, algunos compañeros habían empezado de manera velada a ofrecerse para que contase con ellos.

Julio Feo y Roberto Dorado se encargaron de facilitar al máximo nuestros primeros pasos. Los miembros del futuro Gobierno fuimos convocados en Santa Engracia, para recibir instrucciones sobre algunas cuestiones operativas. A partir de ese momento dispondríamos de escoltas, coche oficial y conductores del Parque Móvil; tendríamos que utilizar entre nosotros, en público y en las reuniones oficiales, un tratamiento respetuoso e impersonal —«como ha dicho el presidente», «quiero replicar al ministro»—; debíamos intentar huir del compadreo que caracterizaba muchas veces nuestra relación con los periodistas; etcétera. También nos pusieron al tanto de cómo organizar semanalmente la confección de los órdenes del día del Consejo de Ministros y de la Comisión de Subsecretarios, y de los criterios a seguir en la composición de los gabinetes de cada ministro. En fin, todo un tratado de buenas costumbres gubernamentales, tedioso pero en general necesario.

Al salir, comentamos jocosamente muchas de las indicaciones que habíamos recibido. Alguna razón había para ello. Tanto Julio como Roberto manifestaban una profunda convicción al hablarnos de las cuestiones de protocolo, asumiendo sin la más mínima crítica las imágenes y costumbres tradicionalmente unidas al ejercicio del poder. Se les notaba que llevaban ya varias semanas totalmente imbuidos de sus nuevas responsabilidades. Fue una lástima, sin embargo, que nadie se atreviese entonces a romper algunos de esos moldes, para buscar un estilo más sencillo y cercano a la gente.

Conocí a quienes iban a ser mis acompañantes cotidianos durante los próximos años: Rubén, como conductor, y Agustín como jefe de escolta. Su primer servicio consistió en acompañarnos a Mila y a mí a El Corte Inglés, pues tenía que equiparme para la toma de posesión. Bajo la mirada de Agustín, que insistía en que no hacía falta que nos volviésemos hacia él cada minuto para comprobar si nos seguía o no por los pasillos y los departamentos, compré lo que necesitaba: un traje de chaqueta azul marino, una camisa azul clara, una corbata a juego y un par de zapatos negros. Después de dejar en casa a Mila y dar un beso a Cristina, me encaminé al ministerio. Allí me esperaba a cenar el ministro saliente.

Santiago Rodríguez Miranda pertenecía al sector socialdemócrata de UCD que no había seguido a Paco Ordóñez en su camino hacia el PSOE. Había desempeñado un papel bastante relevante en el grupo parlamentario centrista, y el último año de la legislatura pasó a formar parte del Gobierno, donde sin embargo no había hecho grandes cosas. Las turbulencias de su partido y su escasa relación profesional con los asuntos laborales impidieron que pudiese dejar huella en la pequeña historia del departamento. Cuando llegué, me mostró su despacho, se detuvo particularmente en la descripción de los sistemas de comunicación disponibles a través de los aparatos telefónicos situados a la derecha de la mesa de trabajo, y enseguida me invitó a subir al piso oficial, situado en la planta más alta del edificio.

La residencia del ministro era un lugar muy poco acogedor. Las habitaciones eran inmensas y los pasillos interminables, mientras que los muebles tenían el estilo impersonal propio de los recintos oficiales. Todo ello, impregnado por una luz evanescente. En medio de ese ambiente desangelado, la conversación mantuvo un tono educado pero distante y frío. Rodríguez Miranda trazó un panorama general de los temas de su competencia, me advirtió de algunas órdenes que requerían mi firma urgente y se excusó por no quedarse a recibirme, cuando al día siguiente volviese del acto de toma de posesión. Al parecer, unas obligaciones ineludibles requerían su presencia en Mallorca. Cuando el coche oficial me devolvió a casa, sentí un gran alivio.

La promesa solemne del cargo ante el Rey tuvo lugar el 3 de diciembre. Cuando salí a la calle, no podía dejar de pensar en la responsabilidad que recaía sobre mis espaldas. Estaba, además, avergonzado por el despliegue que me encontré en el portal: los escoltas, el conductor, el portero y algún vecino concentraban sus miradas en mí. Caminé torpemente hacia el coche, con el azoramiento de quien se sabe observado por muchos pares de ojos y la rigidez propia de los zapatos recién estrenados. Una vez dentro del vehículo, tuve un conjunto de sensaciones simultáneas: emoción, orgullo, temor, satisfacción, incertidumbre. Después de atravesar el control de seguridad de Somontes, que da paso al bosque que rodea La Zarzuela, disfruté mirando la dehesa, en la que de vez en cuando se veía a algunos venados pastando. La tranquilidad del paisaje me relajó. Cuando llegué al palacio y me encontré con mis nuevos colegas, me sentía mucho mejor.

Felipe, que había tomado posesión el día anterior, y el ministro de Justicia como Notario del Reino, acompañaban a los Reyes y a los presidentes del Congreso, del Senado, del Tribunal Constitucional y del Consejo del Poder Judicial. Los demás nos fuimos acercando a una pequeña mesa en la que se habían colocado sendos ejemplares de la Constitución y de la Biblia. Cuando llegó mi turno, avancé, saludé a los

Reyes y leí el texto situado sobre uno de los libros: «Prometo por mi conciencia y honor cumplir fielmente con las obligaciones del cargo de Ministro de Trabajo y Seguridad Social, con lealtad al Rey; y cumplir y hacer cumplir la Constitución, así como mantener el secreto sobre las deliberaciones del Consejo de Ministros». Tras una nueva salutación, volví al fondo de la sala, junto a los demás miembros del Gobierno.

Al finalizar su promesa el último de los ministros, don Juan Carlos y doña Sofía rompieron el protocolo, y acercándose a nosotros nos felicitaron y nos desearon mucha suerte. Todos juntos, con los Reyes en el medio, posamos para una foto de plano general. A continuación nos pusimos en marcha, camino de nuestros respectivos despachos.

Conocía el edificio donde se ubica el Ministerio de Trabajo desde que trabajaba en la UGT. Había mantenido allí muchas entrevistas, y visitado alguna vez a Pepe Barrionuevo, que fue nombrado subdirector general cuando Jiménez de Parga era ministro. Siendo ya responsable sindical del partido y diputado, a partir de 1979, asistí a varias reuniones con el ministro Calvo Ortega, para negociar la manera de integrar el contenido del Acuerdo Básico Interconfederal, pactado entre la UGT y la CEOE, en el proyecto de Estatuto de los Trabajadores elaborado por el Gobierno.

En esta ocasión, sin embargo, mi llegada a la puerta del ministerio que da al paseo de la Castellana tenía un significado especial. Me detuve a saludar a las personas que se encontraban en las inmediaciones, mientras las cámaras de televisión efectuaban unas tomas. Una señora mayor, con lágrimas en los ojos, me agarró con fuerza del brazo y me deseó todo tipo de éxitos. Esa imagen fue muy repetida en los telediarios de aquel día.

En el vestíbulo me estaba esperando el subsecretario saliente, Miguel Cuenca, persona abierta y dialogante, que había mantenido buenas relaciones tanto con los sindicatos como con la oposición socialista. Excusó la ausencia del ministro y me sugirió que recorriese en su compañía algunas dependencias del edificio, para saludar al personal en sus despachos. En uno de ellos encontré a una funcionaria conocida mía, cercana ya a la edad de jubilación. Me besó emocionada y, acercándose a mi oído, me dijo: «Si quieres parecerte a Largo Caballero, sal a una de las ventanas que dan al exterior y pronuncia una alocución». No me atreví a seguir su consejo, aunque su intención fuese la mejor de las imaginables.

Nunca había estrechado tantas manos en tan poco tiempo, ni se me habían dirigido con tanto respeto. Me preguntaba cómo podríamos aprovechar la experiencia y los conocimientos de toda aquella gente, en la que percibí una mezcla de esperanza, curiosidad y desconfianza. En un momento dado, Miguel Cuenca recabó mi atención hacia un espacio que acababa de ser destinado al establecimiento de una peluquería, para servir a los empleados del ministerio. El encargado miró mi frente despejada, se me acercó y me susurró al oído: «Ministro, soy un experto en pelucas y postizos, por si le interesa». No supe si estallar en una carcajada o hacerme el distraído. Como consecuencia de las medidas de austeridad en el gasto que implantamos al poco de llegar, la peluquería cerró meses después. Espero que aquel buen hombre no se lo tomase como algo personal.

Al cabo de un par de horas, me senté por fin en el despacho, y me reuní con algunos de mis futuros colaboradores: Teófilo Serrano, Álvaro Espina y Segismundo Crespo. Teófilo, que había trabajado conmigo en la Ejecutiva del PSOE, sería mi jefe del gabinete. Mantenía muy buenas relaciones con el equipo de Guerra y yo tenía plena confianza en él, en su competencia profesional, su sentido político y su lealtad personal. Álvaro Espina, además de ser amigo personal, conocía a fondo los temas de empleo, de los que venía ocupándose en el Ministerio de Economía. Le nombré secretario general técnico, y se encargó con enorme profesionalidad de la preparación de los Consejos de Ministros, de la relación con las autonomías y de las negociaciones con la Comunidad Europea. En 1985, pasó a ser secretario general de Empleo, después de una reorganización. Segismundo Crespo, al que no había tratado tanto como a los anteriores, era un inspector de Trabajo que sabía moverse muy bien por aquella casa. Enseguida pensé en él como subsecretario.

Mi equipo más cercano se completó con el nombramiento de Luis García de Blas como máximo responsable de la Seguridad Social, auxiliado de manera extraordinariamente eficaz por Adolfo Jiménez. Luis, que no era miembro del PSOE, conocía muy bien nuestro sistema de protección social, pues lo había estudiado desde su puesto en el Servicio de Estudios del Banco de España. Cuando mi decisión llegó a oídos de Josep Borrell, me llamó por teléfono para proponerme que le nombrase a él, mientras que García de Blas podría pasar a ocupar a cambio el puesto que le había ofrecido Miguel Boyer como «número dos» de la Secretaría de Estado de Hacienda. Yo tenía muy claro que, en la Seguridad Social, había que preparar un plan para reconducirla hacia el equilibrio financiero, así que opté por personas con el perfil técnico de Luis y Adolfo, agradeciendo a Pepe su ofrecimiento.

Todavía tuve tiempo de preparar algunos otros nombramientos, para que pudiesen formalizarse en el primer Consejo. En cada caso, no sólo debía hablar con los candidatos a los que ofrecía el puesto, muchos de ellos personas a las que no conocía a fondo, y a quienes debía explicar lo que se requería de ellas. También tenía que pasar por el penoso trámite de ir recibiendo, uno tras otro, a los altos cargos salientes. A todos ellos, además de saludarlos, tenía que comunicarles su cese e informarles de cuándo se iba a producir el relevo correspondiente.

La mayoría se adelantaban a mis palabras, y antes de sentarse frente a mí ya me habían facilitado la tarea, poniendo su cargo a mi disposición. Incluso a algunos me vi obligado a pedirles que se quedasen algunas semanas, hasta que les encontrase un sustituto. Pero en dos o tres casos, los cesantes se hicieron los remolones. Alguno hizo alusión a su asepsia ideológica, e incluso hubo quien sacó a colación el paisanaje con mi mujer, a la que al parecer conocía desde niña.

La primera foto de familia

El martes día 7 de diciembre celebramos nuestro primer Consejo de Ministros ordinario. El día amaneció dominado por una espesa niebla, que rodeaba La Moncloa. Pese a la renovación parcial de mi vestuario, éste no estaba todavía a la altura de las circunstancias, así que bajé del coche oficial enfundado en una trenca que inmediatamente atrajo la atención de los fotógrafos apostados en la entrada principal del palacio. Al día siguiente, *Abc* me incluyó en sus páginas de huecograbado, saliendo del vehículo oficial con mi reluciente cartera negra y una prenda de abrigo inusual para sus esquemas. En el pie de foto, el diario conservador criticaba la etiqueta tan inadecuada con la que acudí a mi primera cita como gobernante.

Los más madrugadores tomamos un café en el patio de columnas del palacio comentando las anécdotas de las primeras jornadas. Por fin, Felipe nos indicó que debíamos pasar a la sala contigua y sentarnos en torno a la mesa del Consejo, para ser fotografiados y filmados por la avalancha de medios que no querían perderse aquel momento. Las imágenes las he visto muchas veces en televisión. Yo aparezco un poco cohibido ante tanto foco, hurgando en mis carpetas sin mirar a las cámaras, ni siquiera a Maravall y Solchaga, sentados frente a mí. A mi izquierda, en un extremo de la mesa, Felipe se disponía a presidir la discusión; en la otra punta se veía a Eduardo Sotillos, que, como portavoz del Gobierno, asistía a las reuniones. A mi lado estaban Julián Campo, encargado de Obras Públicas, y Carlos Romero, de Agricultura.

Cuando nos quedamos solos, sentimos algo especial. ¡El primer Gobierno socialista! ¡Cuántas lágrimas se habían derramado durante años, y cuántos sufrimientos se habían tenido que producir, hasta ese momento! ¡Cuántos obstáculos tuvo que superar el PSOE a lo largo de su historia, para llegar hasta allí! Las medidas que acordamos en el primer Consejo, además de una larga lista de nombramientos, no eran agradables: la devaluación de la peseta y la subida de la gasolina. Boyer y Solchaga las explicaron en la conferencia de prensa que siguió a nuestra reunión, ofreciendo una imagen de firmeza, propia de un Gobierno dispuesto a coger el toro por los cuernos, mirar de frente a los problemas y hacerse respetar por todos los sectores de la sociedad. Al acabar la reunión, salimos a las escalerillas del palacio para que nos hiciesen la tradicional foto de familia. Aquel grupo de gente joven, varios de ellos con barbas poco recortadas y chaquetas de *sport*, concitaba en la sociedad española una inmensa esperanza.

Pero no nos llamábamos a engaño. También sabíamos que habría que tomar más decisiones impopulares como las que acabábamos de adoptar, y explicarlas bien ante la opinión pública, empezando por nuestros propios votantes. Todavía tendrían que transcurrir algunos años hasta que los españoles pudiesen vivir con la tranquilidad de que sus instituciones estaban a resguardo de cualquier tentativa de involución. Y muchos más hasta que pudiésemos tener la seguridad de que nadie sería asesinado o extorsionado por los terroristas de ETA. Los terroristas ya nos habían enviado su mensaje siniestro, con los atentados cometidos después de las elecciones.

De nosotros iba a depender, fundamentalmente, no defraudar sus expectativas. Teníamos unas cuantas ideas muy claras sobre lo que debíamos hacer, y un gran deseo de hacerlo bien. Estábamos convencidos de que superaríamos las dificultades, por grandes que fuesen, gracias entre otras cosas al respaldo tan profundo con el que contábamos.

Capítulo VIII

La dificultad de crear empleo

Los primeros pasos al frente del ministerio estuvieron rodeados de un ambiente magnífico. Se percibía en las ganas de trabajar y en la motivación de mis colaboradores, y también en la buena disposición que mostraban hacia nosotros los que se acercaban al ministerio para exponernos sus problemas. Por supuesto, yo participaba de ese clima con entusiasmo y con unas ganas enormes de hacer las cosas bien. La confianza en que lo conseguiríamos no me impedía ser consciente de la magnitud del reto que acababa de asumir a mis treinta y cuatro años, sin ninguna experiencia previa de poder.

La principal piedra de toque de mi gestión se centraba en la necesidad de ayudar a crear empleo, a través de la generación de un marco favorable a la actividad empresarial, del diálogo social y de la adecuación de unas normas laborales todavía impregnadas del corporativismo propio de la dictadura. Sabía muy bien las dificultades que se interponían en el camino. La economía estaba en una situación catastrófica, el empleo se destruía a un ritmo vertiginoso y la mayoría de las reformas necesarias habían quedado aparcadas por la debilidad y la inestabilidad de los gobiernos de UCD. En el último trimestre de 1982, el número de parados registrados en el INEM se incrementó a razón de cien mil mensuales, batiendo todos los récords conocidos.

Meses antes, yo había escrito en *El País* un artículo vitriólico contra la insensibilidad del Gobierno de Calvo Sotelo ante el aumento del paro, que titulé «TPI: la tasa de paro insoportable». Respondía así a un editorial publicado en Información Comercial Española, la revista oficial del Ministerio de Economía y Comercio, en el que se hablaba en tono aséptico de la elevación de la NAIRU (tasa de paro no aceleradora de la inflación). Hubo réplica y contrarréplica, con el mismo tono encendido. Ahora era yo quien tenía que hacer frente a la «TPI».

Para afrontar ese panorama, no estaba solo. Contaba, como todo el Gobierno, con el apoyo de los diez millones de votantes que habían apostado por el cambio. En concreto, para acometer las reformas que figuraban en el programa esperaba recibir, hasta un límite razonable, el apoyo y la comprensión de la UGT. Los roces surgidos antes del 28-O, la frustración del nombramiento de Corcuera como ministro o las dudas sobre la manera en que quedarían establecidas sus relaciones con nosotros a partir de la formación del Gobierno, no eran motivo suficiente para dejar de confiar en el sindicato al que pertenecía y en el que había trabajado tres años y medio, codo con codo con sus principales dirigentes. Prácticamente todos ellos, y la mayoría de sus cuadros, eran socialistas que querían que la experiencia del Gobierno del PSOE fuese un éxito.

En cambio, ni me hacía ilusiones sobre la actitud de CCOO, ni esperaba demasiada colaboración desde la CEOE, aunque con ambos debía intentar cuanto antes establecer relaciones fluidas. Marcelino Camacho había acotado el terreno en un artículo publicado quince días antes de la formación del Gobierno. Se titulaba «El cambio posible y el cambio necesario». Fiel a sí mismo, el líder de Comisiones nos advertía de que sólo un pacto establecido sobre bases diferentes a las del programa recién votado podía servir para una colaboración seria entre unos y otros. Daba la impresión de que CCOO nos recibía con la escopeta cargada, esperando que cometiésemos cualquier fallo para confirmar sus prevenciones y desconfianzas hacia nosotros.

La CEOE, por su parte, había celebrado alguna reunión previa con quienes íbamos a formar parte del área económica del Gobierno; en ellas había hecho gala de una actitud responsable, comprendiendo las dificultades económicas que debíamos afrontar y manifestando su disposición a echar una mano para ayudar a superarlas. Pero muchos de nosotros no podíamos olvidar que, sólo unos meses antes, esos mismos interlocutores tan afables habían promovido y financiado los carteles del gusano y la manzana podrida durante la campaña andaluza.

Sin embargo, esas dificultades no podían enturbiar mi confianza. Más tarde o más temprano, los esfuerzos que estaba dispuesto a hacer personalmente, y a exigir al resto del equipo del ministerio, darían sus resultados. Tuve la peregrina idea de convocar las primeras reuniones del Consejo de Dirección los sábados por la mañana, pese a lo cual todos los altos cargos mostraban en ellas muchas ganas de trabajar y una gran creatividad. Eran tantas las iniciativas que había encima de la mesa, que hubo que organizar de inmediato un plan de actuación, con fechas y plazos de realización. La amplitud de las competencias del ministerio me obligó también a organizarme de manera que pudiese seguir las tareas de una veintena de direcciones generales, recibir a los sectores sociales relacionados o afectados por ellas, viajar, preparar y pronunciar discursos y toda clase de intervenciones públicas y, al mismo tiempo, encontrar un hueco para reflexionar sobre los asuntos de mayor trascendencia. Además, cada semana tenía que participar en las reuniones del Consejo de Ministros y de la Comisión Delegada de Asuntos Económicos y atender a los medios de comunicación. Hubiese pagado para que los días y las semanas fuesen más largos.

En el escaso tiempo libre que me quedaba, trataba de estar cerca de Mila y de Cristina. Los fines de semana que no estaban ocupados por algún compromiso, caía rendido en casa. Los inventos del vídeo y de los CD, que entonces empezaban a desarrollarse, fueron un buen bálsamo para curar las heridas producidas por el cansancio. En cambio, salir a la calle era algo más complicado; ya no podía hacer la misma vida que antes. Nunca me he sentido cómodo yendo al cine,

TIREDNESS

COMFORTABLE GOING

o a una librería, en coche oficial y acompañado por los escoltas. Alguna vez les esquivaba, saliendo de casa sin avisarles previamente, para tomar una cerveza con los amigos de Saconia o ir a cenar fuera.

Con la inminente llegada de un nuevo miembro a la familia, la casa de la calle Antonio Machado se nos iba a quedar pequeña y dudamos si ir a vivir temporalmente al ministerio, cosa que yo rechacé de plano, provocando alguna discusión con Mila. Tampoco podría seguir los consejos que me había dado mi buen amigo José Antonio Aguiriano. Él, que ocupaba un importante puesto en el Secretariado de la OIT en representación de los trabajadores, me había sugerido que, para deshacer el hielo, invitase a comer a los líderes sindicales y empresariales. Nicolás y otros compañeros de la UGT sí vinieron a casa alguna vez; pero no podía imaginarme a Carlos Ferrer Salat en aquel salón de quince metros cuadrados, trayendo él mismo los manjares desde la cocina.

Para ayudarme a organizar mi tiempo, se vino conmigo desde el partido José Luis Fernández Rioja. A las pocas semanas, también se incorporó, como mi secretaria particular, Concha Alonso, que desde entonces ha sido imprescindible para mí, tanto en el Gobierno como en el PSOE. Concha es sinónimo de eficacia, inteligencia y lealtad. A lo largo de todos estos años, me lo ha demostrado cada día.

Nunca antes había estado en contacto diario con los funcionarios públicos. Partía de una cierta prevención hacia ese mundo, cuya fama en España no era la mejor de las imaginables. De hecho, nada más instalarnos en el Gobierno, desde el Ministerio de la Presidencia se establecieron una serie de criterios sobre horarios y demás condiciones de trabajo que destilaban de manera inequívoca una visión negativa del colectivo funcionarial. Sin embargo, a medida que los fui conociendo, me sorprendió favorablemente la cualificación profesional de muchos de ellos y la actitud vocacional perceptible en muchas áreas, desde la propia Inspección de Trabajo hasta los Servicios Sociales, pasando por la administración de la Seguridad Social.

LA LEY DE LAS CUARENTA HORAS

A los pocos días de tomar posesión, me llamó Nicolás Redondo interesándose por la ley de reducción de la jornada laboral a cuarenta horas semanales. Ése había sido el principal de los compromisos asumidos por el partido al negociar con la UGT nuestro programa, y el sindicato quería ponerlo en práctica urgentemente. Le respondí que iba a encargar inmediatamente que se estudiase la forma de abordar su regulación legal, pero omití el dato de que ni siquiera había sustituido todavía al director general de Trabajo competente para elaborar tal estudio. Nada más colgar el teléfono, me llamó Alfonso Guerra. Él también había hablado con Nicolás, y estaba de acuerdo en acelerar al máximo el envío al Parlamento del proyecto de ley. Hablé con Felipe para ponerle al corriente y conocer su criterio, y empecé a trabajar. Segismundo Crespo, Álvaro Espina y Teófilo Serrano aportaron ideas, y en pocos días disponíamos de un primer texto.

Pese a su brevedad —el proyecto constaba de dos artículos, una disposición transitoria y otra final— planteaba algunas dificultades importantes. Todos defendíamos la reducción de la jornada como una reivindicación natural, pero nadie había pensado, al parecer, cómo conciliar un mandato legal sobre el tiempo de trabajo con los términos en los que los convenios colectivos determinaban la duración pactada de la semana laboral. En 1976, la Ley de Relaciones Laborales había fijado la jornada máxima en cuarenta y cuatro horas semanales, y en 1980 el Estatuto de los Trabajadores la había reducido hasta cuarenta y tres o cuarenta y dos horas, según se tratase de jornada partida o continua. Pero en ambos casos, la ley había ido por detrás de la realidad, pues la mayoría de los convenios colectivos recogían ya jornadas de duración similar o inferior a la que fijaba el Estatuto.

Ahora, sin embargo, el límite que se quería establecer por ley tendría efectos concretos, pues pocos convenios habían llegado hasta las cuarenta horas. Y ello planteaba problemas serios, pues el propio Estatuto acababa de otorgar a los convenios colectivos una fuerza vinculante equiparable a la de una norma de rango legal. Las prisas de última hora para incorporar al programa las exigencias planteadas por la UGT no nos habían permitido considerar, hasta ese momento, la forma de superarlos. Estábamos ante un conflicto entre la ley y el convenio; o dicho de otra forma, entre unos determinados objetivos políticos y la pulcritud jurídica.

Si queríamos presentar cuanto antes el proyecto de ley al Congreso, no había tiempo de solicitar sesudos dictámenes. La verdad es que hasta febrero no se empezaría a discutir en el Parlamento, pues enero era un mes de vacaciones parlamentarias, pero las prisas de UGT nos presionaban. Decidimos aprobarlo en el Consejo de Ministros del 22 de diciembre, y dejar que el debate parlamentario y el correspondiente reglamento encontrasen la forma de resolver el conflicto entre ley y convenio. La presentación pública del proyecto causó gran alborozo en nuestra gente, y sobre todo entre los sindicalistas. Con las cuarenta horas, se daba satisfacción a una reivindicación mítica del movimiento obrero, además de cumplir nuestro programa y de ayudar a la creación de empleo. Solamente la CEOE puso el grito en el cielo, alegando que se pondría en peligro la competitividad empresarial y que la injerencia legal en lo pactado en convenio era intolerable. La presión de la patronal se siguió produciendo durante toda la discusión parlamentaria, que se prolongó hasta el mes de junio.

A lo largo de todo el debate, tanto de la ley como de su reglamento, comprobamos lo difícil que era legislar sobre una materia que forma parte esencial de la negociación colectiva sin un proceso previo de acuerdo con todas las partes implicadas. Además de los correspondientes rifirrafes entre la mayoría socialista y la oposición de AP, se produjo un hecho un tanto insólito. En el texto del proyecto de ley que iba publicando el *Boletín Oficial del Congreso* a medida que avanzaba su tramitación, había dos comas que cambiaban caprichosamente de sitio, y al hacerlo modificaban los efectos que produciría la entrada en vigor de la norma. Tal cosa se producía en el párrafo segundo de la disposición transitoria, que pretendía delimitar qué elementos de la jornada laboral debían respetar obligatoriamente lo previsto en la nueva ley, y cuáles podían en cambio ser objeto de consideración en la negociación colectiva.

El párrafo redactado por la ponencia decía: «La puesta en práctica de la jornada que se establece en la presente Ley no afectará a la ordenación global de la jornada de trabajo existente en las empresas a la entrada en vigor de esta Ley, sino exclusivamente a su duración, salvo pacto en contrario». No podía, pues, negociarse una duración de la jornada mayor que la fijada por la ley, pero sí una ordenación global de la misma diferente a la que se hubiese establecido antes.

Pero al publicarse el dictamen de la Comisión, en la que no se habían votado cambios a ese párrafo, y más tarde el texto aprobado en primera lectura por el Congreso, se suprimió la coma que figuraba antes de «salvo pacto en contrario». Con ello, lo que parecía ahora negociable era la propia duración máxima de la jornada. ¿Para qué hubiese servido la ley? Durante toda su tramitación en el Senado, nadie reparó en ello. El texto publicado después de la aprobación definitiva por el Congreso en segunda lectura rectificó el error en vista de las advertencias que se hicieron desde nuestro grupo, pero eliminaba otra coma del mismo párrafo, produciendo el mismo efecto que la vez anterior. Hubo que publicar una corrección de errores en el *Boletín Oficial del Congreso*, ¡un mes después de su aprobación! De no haberse producido, los convenios hubiesen podido eludir la aplicación de las cuarenta horas. ¿Estuvo orientado aquel «duende» por las consignas de la patronal? No tengo pruebas para afirmarlo.

En cambio, al redactar el reglamento de la ley el conflicto se planteó con los sindicatos. En particular con la UGT, que se consideraba coautora de la iniciativa. Como muchos de los convenios vigentes para el ejercicio de 1983 ya habían sido negociados, el borrador de real decreto que elaboramos en el ministerio establecía un mecanismo progresivo de adaptación de las previsiones legales. UGT montó en cólera, pero decidí mantener mis criterios y el decreto contó con el rechazo sindical.

Al final, el balance de lo conseguido no fue plenamente satisfactorio para nadie. Desde el Gobierno, queríamos generar empleo y profundizar en el diálogo social, pero no conseguimos ninguno de los dos objetivos. En unas circunstancias económicas como las del año 1983, la destrucción de empleo siguió produciéndose de forma intensa. UGT logró la disminución de jornada, pero se sintió frustrada por tener que hacerlo en dos años y al precio de abrir un conflicto con el Ejecutivo. CCOO siguió, en este tema, la rueda de UGT. La CEOE vio que su influencia sobre el Gobierno era reducida, aunque desde el Ministerio de Economía casi siempre recibiesen buenas palabras. Dicho lo cual, hay que añadir que, desde 1984 hasta la fecha, no se ha vuelto a producir un proceso similar de reducción de la jornada, lo que lleva a pensar en las dificultades de que se produzca algo así por el juego exclusivo de los acuerdos que alcancen los interlocutores sociales.

Las primeras decisiones, los primeros problemas

Antes de acabar diciembre, llevé a la mesa del Consejo de Ministros la prórroga del sistema de contratación temporal que había puesto en marcha el Gobierno anterior, para tratar de reanimar el mercado de trabajo. También propuse al Gobierno un nuevo calendario laboral, la subida del salario mínimo y de las pensiones correspondientes a 1983, así como la fijación de las cotizaciones sociales para ese año. En pensiones, planteé su incremento de manera que las que se situaban en niveles mínimos aumentasen considerablemente su poder adquisitivo. Con esta medida, la vida de los millones de pensionistas que percibían unas cantidades raquíticas no dejó de estar sujeta a estrecheces, pero su dignidad recibió la satisfacción de saber que el nuevo Gobierno pensaba en ellos.

Justo cuando se cumplía mi primer mes al frente del ministerio, se descubrió en Barcelona un importante caso de fraude a la Seguridad Social por valor de 1.600 millones de pesetas. La Inspección de Trabajo comprobó que una importante red de empresas —entre otras JOSA, Rocalla, Bruguera, Juncadella, Puigneró, Bertrand Serra, etcétera— habían establecido un mecanismo, en connivencia con altos funcionarios de la Delegación de Trabajo, con el presidente del Colegio de Graduados Sociales de Barcelona, abogados y gestorías, para cotizar sistemáticamente por debajo de lo que les correspondía. Nada más conocer los hechos, llamé a Madrid al jefe de la Inspección de Barcelona, que vino acompañado por el inspector encargado de las investigaciones. Estudié con ellos la documentación disponible, y al comprobar que sus acusaciones estaban bien fundadas, lo puse en conocimiento de la Fiscalía. Hubo setenta y tres personas procesadas, de las que cincuenta y ocho fueron detenidas. La conmoción creada al conocerse los nombres de algunos de los empresarios que estaban siendo imputados y encarcelados fue muy grande. Desde Pujol a Ferrer Salat, me llamaron para pedirme prudencia, y tuve que explicarles en detalle la información que obraba en mi poder.

Mientras tanto, los sindicatos y la CEOE intentaban pactar una banda salarial para 1983. La patronal amagó con retirarse de la mesa si se mantenía el proyecto de ley de jornada en los términos en que lo habíamos enviado al Congreso, pero finalmente se pudo cerrar el acuerdo a finales de enero, aunque su firma se retrasó hasta mediados de febrero. El día final de las negociaciones me encontraba en mi despacho con Nicolás Redondo y con Georges Debunne, que presidía entonces la Confederación Europea de Sindicatos, y a cuyo sindicato, la FGTB, yo había estado afiliado en Bruselas. En mitad de la conversación, me pasaron una llamada urgente.

Nada más colgar, pedí excusas a mis invitados por tener que dar por concluida nuestra reunión: desde la Maternidad del hospital Gregorio Marañón, me decían que Mila ya estaba siendo conducida al paritorio. Nuestro segundo hijo estaba a punto de nacer.

Llegué a tiempo. Me permitieron asistir al parto, y me dio un vuelco el corazón cuando vi cómo rompía a llorar mi segundo hijo. Todo fue esta vez más fácil. Mila se encontraba mejor que la primera vez, y además se sentía acompañada en una habitación soleada y accesible. Los pasillos se llenaron de ramos de flores. El nacimiento de Miguel llegó inmediatamente a conocimiento de los medios de comunicación, que fueron perfectamente atendidos por Fuensanta, la hermana pequeña de Mila. En medio de la alegría que sentía y del ajetreo propio de esas situaciones, yo tenía que estar pendiente de la marcha de las conversaciones entre los sindicatos y la patronal, que culminaron definitivamente mientras me encontraba en la Maternidad.

No es nada fácil ser, a la vez, un buen marido, un buen padre y un político que debe vivir mañana, tarde y noche volcado en su tarea profesional. Pero nunca me he dado por vencido. Compatibilizar una y otra responsabilidad es difícil, pero posible. Es más, creo que la gente haría bien en fiarse más de los políticos que saben reservar una parte de su tiempo para atender su esfera personal y familiar.

Recuerdo una noche, en la que había citado en mi casa a José Luis Corcuera, imagino que para discutir algún tema urgente relacionado con la reconversión industrial. Mila no estaba, pues había tenido que viajar fuera de Madrid por motivos profesionales. Abrí la puerta y le pedí a José Luis que se instalase cómodamente, hasta que en unos minutos pudiese atenderle. Cuál no sería su sorpresa cuando vio lo que me tenía tan ocupado: estaba cambiándole los pañales a Miguel, que lloriqueaba agitando sus pies diminutos encima de la toalla extendida sobre una mesa. Años después, José Luis seguía mostrando su admiración por el hecho de que yo fuese capaz de llevar a cabo con éxito ese tipo de cometidos.

Casi en los mismos días de febrero en que se firmó el Acuerdo Interconfederal, se convocaron dos huelgas de cierta relevancia: una en Sagunto, para protestar por el anuncio de cierre de la cabecera de su siderurgia; otra en el campo andaluz, donde los jornaleros protestaban por la insuficiencia de los recursos destinados al viejo sistema de empleo comunitario. Ambos conflictos, de los que luego hablaré, se prolongaron durante 1983, y sólo conseguimos solucionarlos a comienzos del año siguiente.

En cambio, el comienzo de la legislatura en el Parlamento fue bastante fácil, dada nuestra amplísima mayoría y la inexperiencia de buena parte de los diputados del grupo popular. Mi primera comparecencia en la Comisión de Trabajo y Seguridad Social tuvo lugar en febrero, y la exposición de mis intenciones para los próximos cuatro años no recibió críticas demasiado fuertes. Quizás los más contundentes fuesen los nacionalistas vascos. Tanto el PNV como Juan Mari Bandrés me pedían un compromiso para el traspaso a la comunidad vasca de competencias en materia de empleo y de Seguridad Social. Cuando desde el PNV se critica el incumplimiento del Estatuto de Guernica, se piensa, entre otras cosas, en este tema.

LA EXPROPIACIÓN DE RUMASA

En ese mismo mes, nos tuvimos que enfrentar a la decisión más difícil y controvertida de las muchas que adoptamos en nuestro primer mandato: la expropiación de Rumasa. La mala situación económica de ese conglomerado era un secreto a voces. Pero la gota que colmó el vaso, y que nos obligó a actuar de forma expeditiva, fue la negativa de Ruiz Mateos a cumplir las órdenes del Ministerio de Economía para que aplicase con urgencia algunas medidas exigidas por la auditoría que había realizado Arthur Andersen. En la Comisión Delegada para Asuntos Económicos, Boyer nos había ido informando de la evolución de los acontecimientos, e incluso se vio obligado a ausentarse durante la última reunión de la Comisión antes de la expropiación, para hablar con Ruiz Mateos y sus abogados.

Sin embargo, la primera noticia sobre sus intenciones se le escapó a Boyer en una rueda de prensa, a preguntas de Mariano Guindal, el mismo periodista que en 1976 había pedido la afiliación a la UGT nada más entrevistar a Nicolás Redondo. La respuesta del ministro provocó la aceleración de la crisis, que fue analizada en un Consejo de Ministros extraordinario celebrado el 23 de febrero que finalizó casi de madrugada. En cuanto decidimos los términos de la expropiación, después de un largo debate, Eduardo Sotillos se dirigió a Prado del Rey para leer en directo, ante las cámaras de TVE, un comunicado explicando el acuerdo adoptado. Al día siguiente, Boyer, Solchaga y algunos otros ministros económicos ofrecieron una multitudinaria conferencia de prensa para explicar en detalle las razones de la decisión. En las semanas que siguieron, en el Ministerio de Trabajo descubrimos que Rumasa había cometido fraudes muy importantes a la Seguridad Social, con pleno conocimiento, según todos los indicios, de los máximos responsables del *holding*.

¿Acertamos o nos equivocamos con Rumasa? Nunca sabremos lo que hubiese sucedido en caso de haber optado por la intervención, sin llegar a expropiar las empresas del grupo. En mi opinión, los argumentos a favor de una u otra alternativa eran consistentes. Se trataba, por lo tanto, de elegir entre dos opciones, igualmente válidas. Yo me encontraba entonces entre quienes hubiésemos visto más razonable adoptar una decisión a favor de la intervención, sin perjuicio de que, en una segunda fase, se hubiese llegado a la expropiación si las circunstancias lo aconsejaban. La intervención no implicaba que se incorporasen al patrimonio del Estado una larga lista de empresas que en pocos años hubo que sanear y vender con un coste elevado para los contribuyentes. También había, sin duda, argumentos sólidos en sentido contrario. La situación caótica de la mayoría de los bancos de Rumasa podía contaminar un sistema financiero aún no recuperado de la crisis desatada en los años setenta. Por si hacía falta algún recordatorio, ahí estaba el caso de Banca Catalana, que había estallado coincidiendo con nuestra llegada al Gobierno. En todo caso, el Tribunal Constitucional confirmó que habíamos actuado conforme a la legalidad.

Los efectos de la crisis económica

El aumento vertiginoso del paro, impulsado también por la incorporación de jóvenes al mercado de trabajo y por la vuelta de muchos emigrantes, se nutría sobre todo de las continuas crisis de empresas. Carlos Solchaga, desde el Ministerio de Industria, planteó la necesidad de poner en marcha planes de reconversión para los principales sectores productivos. Además, miles de empresas no incluidas en esos planes pedían que el Ministerio de Trabajo las atendiese una por una para solucionar sus problemas.

Las visitas de empresarios en dificultades, acompañados por los representantes de sus comités de empresa y por los sindicatos, eran continuas. Los recibíamos abiertos a cualquier fórmula, salvo la nacionalización de las pérdidas: expedientes de suspensión o de extinción de contratos, reducciones de jornada, prejubilaciones, conversión en cooperativas o sociedades anónimas laborales, pago de los salarios de las empresas insolventes por el Fondo de Garantía Salarial. Cuando la empresa y los trabajadores no habían alcanzado un acuerdo, debíamos decidir si la solución pasaba o no por el despido de los trabajadores. Carlos Navarro, que como director general de Empleo era el encargado de resolver esos entuertos, sufría aún más que yo cada vez que había que tomar decisiones traumáticas, que siempre que podíamos tratábamos de evitar.

En los planes de reconversión, había que fijar el criterio para reducir las plantillas. Industria planteaba, como norma general, el despido de los trabajadores excedentes, a quienes se ofrecía a cambio un nivel de protección por desempleo más elevado que el establecido con carácter general y la puesta en marcha de unos fondos encargados de incentivar su recolocación. El debate entre Industria y Economía, por un lado, y Trabajo y los sindicatos por otro, duró meses. Al final, la solución se inclinó de nuestro lado. El sector de aceros especiales era el primero al que había que aplicar esas normas, y Corcuera logró convencer a Felipe, en vísperas de las elecciones vascas de febrero de 1984, para que no hubiese despidos. Poco después, se aplicó la misma fórmula en la siderurgia de Sagunto, y a partir de ahí la fórmula quedó consagrada para siempre. Era más cara y menos tajante que la propuesta por los ministros económicos, pero gracias a ella fue posible que UGT, y también en ocasiones CCOO, pactasen los planes de reconversión, con lo que su aplicación fue más rápida y menos conflictiva.

En cuanto a la situación del campo andaluz, el sistema de empleo comunitario heredado del franquismo debía ser sustituido cuanto antes. La imagen de los jornaleros haciendo cola en las plazas de los pueblos esperando ser contratados de manera graciable por los representantes del Gobierno Civil, para fingir que trabajaban y recibir a cambio unas pocas pesetas, era más propia de la España de la Restauración que de la democracia de finales del siglo XX. Las negociaciones para establecer un nuevo sistema, sobre cuyo diseño habíamos trabajado desde antes de las elecciones, se extendieron durante varios meses. Entre tanto hubo que aumentar los fondos del empleo comunitario. Rafael Escuredo, como presidente de la Junta de Andalucía, y Leocadio Marín, como delegado del Gobierno en esa Comunidad, me sirvieron de gran ayuda para encontrar los mecanismos que hiciesen factible el funcionamiento del nuevo sistema.

Éste, inmortalizado con las siglas PER (Plan de Empleo Rural), era el resultado de la combinación de dos instrumentos. De una parte, se creaba un subsidio de desempleo en favor de los temporeros del campo que acreditasen haber cotizado en labores agrarias; de otra, se programaron una serie de obras de infraestructura en las que podían y debían trabajar esos mismos temporeros. Ignacio Pérez Infante, entonces asesor de mi gabinete, fue quien preparó la mayoría de los textos. El PP arremetió contra el PER desde el principio, denunciando que los socialistas buscábamos con él un «voto cautivo». Pero a su llegada al Gobierno, en 1996, no encontró una alternativa mejor y en lo sustancial mantuvo el mismo esquema, aunque cambiándole el nombre. Creo que el sistema que pusimos en marcha no sólo era incomparablemente mejor que el que venía a sustituir, sino que no tiene una alternativa fácil, al menos mientras no cambien otros factores estructurales en las labores agrarias de esas zonas. Es verdad que pronto dio lugar a abusos: se trata de un sistema necesitado de continuas mejoras parciales, algunas de las cuales se fueron introduciendo ya por los últimos gobiernos socialistas.

Los 800.000 puestos de trabajo pasan factura

Cuando se cumplieron los cien primeros días de gobierno, el principal problema seguía siendo el aumento del paro y la destrucción del empleo. Después de unos primeros meses de invierno terribles, en los que el paro registrado aumentaba a velocidad de vértigo, en marzo la cifra disminuyó y nos permitió respirar. Pero no me dejé deslumbrar por ese espejismo, sabiendo que la mejoría era sólo de carácter coyuntural. Para empezar de verdad a recuperar el ritmo de creación de empleo, perdido hacía siete años, era necesaria una recuperación del crecimiento económico que aún no se vislumbraba por ninguna parte. Nada permitía suponer que a corto plazo fuese a cambiar de raíz una tendencia que venía de lejos: en la legislatura anterior, la última de la UCD, el empleo había disminuido en casi un millón de puestos de trabajo.

En el seno del Gobierno, convivíamos los optimistas y los pesimistas. O dicho de otra manera, había quienes se dejaban arrastrar por el voluntarismo, pensando que las cosas pronto empezarían a arreglarse, sin pensar qué políticas debían ponerse en marcha previamente. Frente a ellos, los más realistas creían que para llegar a una nueva fase expansiva de la economía, había que pasar antes por una fase de ajuste, incompatible con unos buenos resultados en el terreno del empleo. Yo no compartía el optimismo ingenuo de algunos, pero tampoco debía, dado el puesto que ocupaba, expresar con total libertad lo que mi cerebro de economista me aconsejaba. Estaba en una posición muy incómoda, pues mucha gente pensaba que el único responsable de que el paro aumentara o de que los puestos de trabajo se esfumasen era yo, como ministro de Trabajo. Pero decir en voz alta la verdad, sería tanto como reconocer mi impotencia.

Las diferentes posiciones, hasta entonces latentes, se expresaron públicamente con crudeza en el mes de mayo. En unas jornadas sobre la economía española, que se organizaron en Madrid bajo los auspicios del *International Herald Tribune*, Carlos Solchaga hizo gala de su franqueza navarra y reconoció ante los asistentes, entre los que se encontraban todos los medios de comunicación, que nuestro compromiso en materia de empleo era inviable. El escándalo fue mayúsculo. Al día siguiente, se inauguraba el XXXIII Congreso de la UGT, y en su alocución durante la sesión de apertura, Alfonso Guerra afirmó con solemnidad que ese compromiso sería cumplido, en contra de lo dicho por Solchaga.

Empecé a notar que casi todas las miradas se dirigían hacia mí. Había sido el responsable del programa electoral, y muchos me consideraban el autor de la ocurrencia de los ochocientos mil puestos de trabajo. Además, como ministro debía responder de la evolución del empleo. Cada entrevista en prensa o en radio, cada comparecencia parlamentaria, cada encuentro con afiliados del partido o de los sindicatos, suponían para mí hacer frente a la pregunta del millón: ¿quién lleva razón, Guerra o Solchaga? ¿Se van a cumplir o no las promesas electorales? Tuve que morderme la lengua para no decir en voz alta lo que pensaba del dichoso compromiso electoral. Además, sabía que mientras el crecimiento del PIB no se recuperase, era imposible crear empleo. En el ministerio disponía de una amplia gama de instrumentos para paliar las consecuencias de la crisis, pero no del poder necesario para darle la vuelta al ciclo económico.

Durante los meses que siguieron al rifirrafe entre Guerra y Solchaga, el Gobierno trabajó en la definición de su estrategia de política económica. La moderación salarial era necesaria, pero estaba en función de lo que decidiesen los interlocutores sociales, mientras que sí dependía exclusivamente de nuestra voluntad el recurso al gasto público como impulsor de la demanda. Pero, en este caso, el margen de maniobra estaba limitado por un déficit público muy elevado, que necesitaba además cambios urgentes en su financiación para no alimentar más las tensiones inflacionistas. En cuanto enviamos al Parlamento el proyecto de presupuestos correspondientes a 1983, elaborado con el ejercicio ya iniciado, empezamos a preparar las orientaciones para los del año siguiente, cuya música inicial auguraba que se avecinaba un ajuste bastante duro.

Para complicar más el panorama, las relaciones con la UGT empezaban a agriarse. A partir de la discusión de la ley de jornada y de las discrepancias sobre la reconversión industrial, el sindicato tomó nota de que el Gobierno fijaba sus prioridades y orientaciones de manera autónoma, sin pasar antes por el filtro de la negociación con ellos. Eso creaba tensiones, especialmente entre Nicolás Redondo y los ministros económicos. Un día, en el que habíamos quedado citados en la sede de Trabajo, Nicolás montó en cólera al ver que Miguel Boyer no venía y enviaba en su lugar a Josep Borrell; intentó echarlo de la reunión, produciéndose una situación muy desagradable. En julio, empezamos a discutir con ellos las orientaciones económicas que servirían de marco a los Presupuestos para 1984. Su carácter era inequívocamente restrictivo, por lo que enseguida vimos que sería muy difícil conseguir, en otoño, la renovación del Acuerdo Interconfederal para el año siguiente.

En pleno mes de agosto, se filtró el contenido de un documento elaborado en el Ministerio de Economía que hacía alusión a la necesidad de introducir más flexibilidad laboral, lo que fue confirmado por algunos altos cargos del ministerio en declaraciones a la prensa. Redondo volvió de vacaciones, y nada más pisar la pista de Barajas arremetió contra esos presuntos propósitos gubernamentales. Durante las semanas siguientes se confirmó que no era posible prolongar los acuerdos salariales a escala nacional, que venían teniendo vigencia desde 1979. Nos preparamos para afrontar un año muy duro, con unos presupuestos restrictivos, una negociación colectiva no encauzada por ninguna banda salarial, la reconversión industrial en marcha y unas cifras de paro cada vez peores.

La negociación del AES

En los meses que siguieron, hasta bien entrado 1984, el diálogo social pasó cada vez por más dificultades. Dentro del partido empezaba a cundir la preocupación por el deterioro creciente de nuestra relación con UGT. En las reuniones de la Ejecutiva federal, Nicolás Redondo, que todavía acudía a ellas como invitado, expresaba con contundencia creciente sus críticas al Gobierno, en algunos casos dirigidas directamente contra mi gestión. Había quienes pensaban, Nicolás entre ellos, que mi obligación, pese a formar parte del Gobierno, era la de erigirme en portavoz de las reivindicaciones sindicales. Yo no compartía esa tesis. En primer lugar, porque estaba de acuerdo en lo sustancial con la política económica diseñada por Boyer, aunque no me gustaba el estilo con el que trataba de defenderla. Me parecía necesario, además, preservar la autonomía del Gobierno respecto de los sindicatos. Teníamos que gobernar para todos, y no sólo para nuestras bases; mi obligación como ministro era pensar en los intereses generales, aunque valorase la gran importancia del diálogo social y, personalmente, me doliese la brecha que se empezaba a abrir con nuestros compañeros de la UGT.

Cuando se aproximaba el verano, Nicolás hizo unas sonadas declaraciones pidiendo cambios en algunas áreas del Gobierno. Todo el mundo interpretó que se estaba refiriendo a Miguel Boyer y a Carlos Solchaga, e incluso algunos pensaron que también yo podría estar en el lote. Desde ese momento, la psicosis de la crisis se instaló por vez primera entre nosotros. Algunos medios empezaron a especular y a avanzar algunas quinielas, pero el pistoletazo de salida lo dio Miguel Boyer, durante una comida convocada por el rector de la Universidad Menéndez Pelayo de Santander, Santiago Roldán, con abundante presencia de periodistas. Boyer analizó uno por uno a sus colegas de gabinete, dando su opinión descarnada sobre cada uno de nosotros y elaborando por su cuenta la lista de la futura remodelación, muy diferente a la que le pasaba por la cabeza al secretario general de UGT. El escándalo fue mayúsculo. Como conclusión de esa marejada, los cambios en los que sin duda estaba pensando Felipe quedaron aplazados *sine die*.

Abortada la crisis, y antes de las vacaciones de agosto, mantuvimos de nuevo contactos con los interlocutores sociales para intentar recomponer el diálogo social y tratar de asociarlos al esfuerzo que toda la sociedad española debería hacer como consecuencia de nuestra ya próxima integración en la Comunidad Europea. Nada más iniciarse septiembre, reanudamos las conversaciones. Frente a lo que era habitual, esta vez el liderazgo de la delegación gubernamental no le correspondía al ministro de Economía, sino a mí como ministro de Trabajo. Con Boyer al frente, era prácticamente imposible imaginar un acuerdo con los sindicatos, y me tocó asumir esa responsabilidad.

Simbólicamente, celebramos la primera reunión en la sede del Instituto Nacional de la Seguridad Social, en la calle Padre Damián, lejos de los elegantes salones de la sede de Hacienda. Alrededor de la mesa, nos sentamos las delegaciones de UGT, CCOO, CEOE y el Gobierno. Abrí el fuego, explicando los objetivos que pretendíamos en esa negociación: queríamos alcanzar compromisos precisos para favorecer la recuperación del crecimiento y el empleo, y preparar a la vez nuestro ingreso en la CEE. Para ello, el Gobierno estaba dispuesto a compartir con sindicatos y patronal todos los aspectos de la política económica que quisiesen acordar con nosotros, al tiempo que les pedía que, en el ámbito de sus responsabilidades, asumiesen una política salarial compatible con los escenarios macroeconómicos.

Los representantes de CCOO no estaban dispuestos al pacto, en contraste con la actitud favorable que en principio mostraban los otros dos interlocutores. Tras varias reuniones, y después de consultarlo con UGT y CEOE, planteé con claridad a Julián Ariza, que encabezaba la delegación de Comisiones, si creía o no en la posibilidad de lograr un acuerdo. Julián reconoció que su sindicato no quería corresponsabilizarse en un pacto de esa envergadura, y su delegación abandonó la mesa de negociación. A partir de ese momento trabajamos en grupos más reducidos, asociando a nuestras reuniones a expertos y técnicos que nos ayudaban a evaluar las propuestas respectivas. Durante algo más de un mes, analizamos sin interrupción una gran cantidad de documentos, intercambiamos múltiples propuestas, y tras horas y horas de debate acercamos posiciones sobre un amplio abanico de temas.

Un día, debatiendo acerca de la posibilidad de introducir algunos incentivos fiscales, comprobé que no estaba presente ningún representante de Hacienda. Solicité a Miguel Boyer que enviase a alguien, y como Borrell no podía acudir, se presentó su colaborador Antoni Zabalza, a quien no conocíamos ninguno de los negociadores. Le pedí que expresase su opinión sobre la cuantía del incentivo en cuestión, puso un gesto grave y empezó a decir: «Lo deseable es que no sobrepase tal límite, pero el margen de negociación que me han dicho que tenemos es...». José Luis Corcuera, que representaba a la UGT en la discusión, no pudo contenerse. Le miró fijamente, y le cortó: «¡Yo que tú no lo diría tan pronto!». Zabalza recibió así su bautismo como negociador, y el Gobierno se ahorró cesiones innecesarias gracias al sentido de la responsabilidad de quien no formaba parte de su delegación.

Las discusiones fueron largas y complicadas. Encima de la mesa estaba casi toda la política económica del Gobierno

(A)
INTERLOCUTOR SPEAKER M/F

para lo que quedaba de legislatura: la política fiscal, el mercado de trabajo, la protección al desempleo y los incentivos al empleo, la banda de aumentos salariales. En varias ocasiones, tuve que consultar directamente con Felipe antes de comprometer al Gobierno. Una de las veces que me desplacé a La Moncloa para despachar con él, estaba reunido en el jardín con Olof Palme. Con una taza de café delante de nosotros, le describimos los grandes rasgos del acuerdo que intentábamos alcanzar, y él nos expuso el sistema de concertación social que se había venido practicando en Suecia, y que por aquella época empezaba a entrar en crisis.

Ésa fue la última vez que le vi. Olof Palme fue para toda mi generación un referente de coherencia y de coraje en la defensa de los valores de la socialdemocracia. ¿Cómo no recordarlo recorriendo las calles de Estocolmo, siendo primer ministro, manifestándose en solidaridad con los demócratas españoles con una hucha en la mano para recaudar fondos? Muchos años después, puse unas flores en la sencilla tumba que encierra sus restos, cerca del lugar en el que fue tiroteado, y volví a sentir la misma rabia que cuando tuve conocimiento de su muerte.

Las negociaciones se prolongaron más tiempo del que habíamos pensado, y el Gobierno no pudo presentar ante el Parlamento el proyecto de Presupuestos para 1985 en la fecha prevista constitucionalmente. El último escollo tenía que ver con las reformas a introducir en el mercado de trabajo. Habíamos acordado aumentar las posibilidades para la contratación temporal de trabajadores y reformar la regulación de los contratos a tiempo parcial y de los que se referían al primer empleo de los jóvenes. También habíamos diseñado algunas nuevas modalidades de contrato laboral, para vencer en lo posible sus reticencias al aumento de las plantillas. La UGT estaba, en términos generales, de acuerdo con esa estrategia, pero a cambio se cerraba en banda a admitir cualquier modificación de las normas relativas al despido. Por el contrario, la CEOE quería que en el acuerdo se pactase la incorporación al Estatuto de los Trabajadores del contenido de una directiva comunitaria sobre despidos colectivos, lo que según ellos obligaría a eliminar la autorización previa de la autoridad laboral en los expedientes de regulación de empleo.

Todos sabíamos que en cuanto nos integrásemos en la Comunidad, la directiva tendría que ser trasladada a nuestra legislación interna, como todas las demás. Pero según la interpretación que hacíamos de ella en el ministerio, su texto no obligaba a suprimir la autorización administrativa que estaba regulada en el Estatuto; la razón que alegábamos era que se trataba de una directiva que fijaba unos niveles mínimos de protección de los trabajadores, por lo que no tenía sentido la lectura que hacía de ella la patronal. Traté de convencer a la UGT de que aceptase una redacción ambigua, para zanjar de momento una discusión que, en cuanto al fondo, habría que mantener en un momento posterior. Corcuera estaba de acuerdo en esta solución de compromiso, los negociadores de la CEOE lo aceptaban a regañadientes, pero Nicolás Redondo se seguía oponiendo a que en el texto final figurase ninguna alusión a la famosa directiva.

Reunidos en el despacho presidencial, Felipe, Nicolás, Cuevas y yo cerramos por fin una redacción que satisfizo a todos, y dimos por concluida la negociación del Acuerdo Económico y Social. El AES tenía una vigencia de dos años; por lo tanto se extendía a toda la segunda mitad de la legislatura, que en el límite podía prolongarse hasta diciembre de 1986. Constaba de dos partes. La primera incluía los compromisos que el Gobierno debía incorporar a los Presupuestos o desarrollar legislativamente, en diálogo con la Comisión de seguimiento del acuerdo: cambios en los mecanismos de contratación laboral, mejoras en la protección al desempleo, incentivos fiscales, refuerzo de las competencias de los Comités de Empresa, etcétera. En la segunda parte del acuerdo, UGT y CEOE pactaban unas bandas de aumento salarial para los dos años siguientes. Ninguno de los pactos alcanzados a partir de 1979 había abarcado tantos asuntos ni previsto tantos compromisos de las partes firmantes.

La firma solemne tuvo lugar el 8 de octubre de 1984, en el patio de columnas de La Moncloa. Se dispuso una mesa principal, en la que los tres máximos responsables del Gobierno, UGT y CEOE firmaron el acuerdo ante las cámaras de televisión. Detrás, en varias filas de sillas, nos sentamos los miembros de las respectivas comisiones negociadoras. Yo estaba agotado, pero muy satisfecho. Había culminado con éxito una tarea muy difícil, y el contenido de lo pactado me parecía importante: sobre todo, porque los cambios que a partir del acuerdo íbamos a introducir en el mercado de trabajo, junto con la moderación salarial, eran muy necesarios para facilitar nuestra adaptación a la nueva situación creada por el ya cercano ingreso de España en la CEE. Además, con el AES se había recuperado el diálogo social roto desde comienzos de año, aunque CCOO se hubiese quedado fuera de él.

El distanciamiento de Nicolás

Pero eso no significaba que las cosas fuesen a transcurrir de manera cómoda a partir de ese momento. Más bien al contrario. La negociación del AES había vuelto a poner de manifiesto que Nicolás Redondo se sentía cada vez más alejado de las orientaciones de la política del Gobierno. No se trataba solamente de un cierto pugilato frente al poder creciente de Boyer, para el cual contaba con la comprensión y el apoyo velado de buena parte del partido e incluso del Gobierno. Ni siquiera explicaba su actitud la hipótesis de que, conociendo el importante peso político que el secretario general de la UGT había tenido en el seno del partido hasta el Congreso de Suresnes, ahora quisiera hacerlo valer, para ejercer su influencia sobre las decisiones del Gobierno a través del sindicato. Lo que ahora empezaba a verse con claridad era que Nicolás, y la dirección de la UGT arrastrada por él, mantenía serias discrepancias de fondo con las principales orientaciones de la política que estaba desarrollando el Gobierno socialista.

Nicolás Redondo no compartía prácticamente ninguna de las bases de la política económica que estábamos llevando a cabo, por lo que se negaba a que UGT tuviese que corresponsabilizarse de los esfuerzos del Gobierno para recuperar un ritmo razonable de crecimiento. Quería utilizar el poder del sindicato para deslegitimar la acción del Gobierno, o para ganarle un pulso obligándole a cambiar el rumbo. Si Felipe y el PSOE no le hacían caso, estaba dispuesto a plantar cara con todas sus consecuencias. Desde su punto de vista, la firma del AES había sido la última oportunidad que nos daba la UGT. En el desarrollo del acuerdo, se disponía a aplicar con rigor esas nuevas reglas del juego. ¡Qué lejos estaban estas posiciones de las que él mismo había mantenido cuatro años antes, pidiéndole al partido que «domesticase» a quienes dentro del sindicato pretendían una mayor autonomía de éste respecto del PSOE!

La CEOE, por su parte, había conseguido muchos de los objetivos que buscaba al iniciarse la negociación del acuerdo. Se había asegurado una negociación colectiva pacífica, y las reformas del mercado de trabajo abrían por fin un boquete en la muralla de rigideces que el corporativismo franquista había edificado en nuestra legislación laboral, a cambio de reprimir la libertad sindical y el derecho de huelga. Pero no debíamos engañarnos: la patronal no tenía ningún interés en permitir que el Gobierno capitalizase el AES de cara a las siguientes elecciones. Por razones diferentes a las de UGT, tampoco pensaba hacer del seguimiento de lo pactado un camino de rosas. A su vez, los diputados de Alianza Popular, con el ex ministro franquista Fernando Suárez como abanderado, clamaban en el Parlamento contra una concertación social tan amplia que, combinada con nuestra mayoría absoluta, limitaba según ellos sus competencias.

El otoño posterior a la firma del acuerdo fue tranquilo desde el punto de vista social. En el ministerio trabajamos para desarrollar cuanto antes los compromisos más urgentes que se derivaban del AES, y en pocas semanas se aprobaron por el Gobierno los decretos sobre contratación temporal y nuevas modalidades de contratos. Además, envié al Congreso la reforma del Estatuto de los Trabajadores y del sistema de protección al desempleo.

En cambio, el clima político sí se calentó durante esos meses. En el debate sobre el estado de la nación, que se celebró quince días después de la firma del acuerdo, Felipe expuso ante el Congreso el nuevo decálogo sobre política exterior, uno de cuyos puntos recogía nuestra posición favorable al mantenimiento de España en la OTAN, y anunciaba la convocatoria de un referéndum antes del final de la legislatura. En él, los socialistas pediríamos el «sí», bajo unas determinadas condiciones, salvo que el inminente Congreso del PSOE nos obligase a cambiar esa posición, lo que era improbable.

En el 30 Congreso, celebrado en diciembre de 1984, triunfó el apoyo al «sí» con bastante holgura. Pero quien defendió el «no» fue nada más y nada menos que Nicolás Redondo. Sus discrepancias como sindicalista se ampliaban ahora a un asunto estrictamente político, y de enorme trascendencia. Los tiempos conflictivos que se avecinaban no los pude vivir, sin embargo, desde la Ejecutiva del partido. En ese Congreso se aprobaron, bajo la inspiración directa de Alfonso Guerra, unas normas que hacían incompatible la pertenencia a la Ejecutiva con la condición de miembro del Gobierno, salvo en los casos del presidente y vicepresidente. Con la sutileza propia de la política que se instrumenta a través de la modificación de las normas estatutarias, Javier Solana, José María Maravall y yo quedamos apeados de la dirección del partido. Más allá de los sinsabores personales, la separación entre Moncloa y Ferraz que se inició entonces tendría, años más tarde, consecuencias negativas importantes. Lo mismo que la quiebra de confianza entre la UGT y el Gobierno. Pero hasta que ambos conflictos estallaron abiertamente, aún debían suceder muchas cosas.

Capítulo IX

La batalla de las pensiones

Pocos meses después de la firma del AES, el mercado de trabajo ya registraba buenos resultados. La recuperación económica empezó, por fin, durante los meses centrales de 1985, y su coincidencia con la entrada en vigor de las nuevas modalidades de contratación hizo que los empresarios utilizasen estas últimas de forma masiva. Junto con el decreto-ley de medidas liberalizadoras, aprobado en junio de ese año, las nuevas posibilidades de contratación temporal jugaron un papel muy importante para superar inercias, despejar incertidumbres en los inversores y animarles a apostar por una estrategia ofensiva, en vísperas de nuestra incorporación a la CEE.

Durante más de seis años ininterrumpidos, hasta 1992, se creó mucho empleo en España. Entre el segundo trimestre de 1985 y el tercer trimestre de 1991, después de dos años y medio de ajuste, se crearon más de un millón ochocientos mil empleos. Ya era demasiado tarde. Antes de que nuestra estrategia económica rindiese sus frutos, había calado ante la opinión pública que nuestra política de empleo era un completo fracaso.

Ahora había que dedicar una atención prioritaria a la situación de la Seguridad Social. Además de acordar la subida anual de las pensiones, durante los dos primeros años habíamos extendido el derecho a la asistencia sanitaria a siete millones de personas que aún no lo tenían reconocido, avanzando también en la equiparación de los regímenes especiales con el régimen general. A su vez, desarrollamos el sistema de prestaciones a favor de las personas con minusvalías diseñado por la Ley de Integración Social de los Minusválidos, aprobada con el apoyo unánime del Parlamento en época de UCD. Pero lo más importante estaba aún pendiente.

Antes de modificar alguno de los aspectos esenciales del sistema de protección social, que era el auténtico desafío al que debía enfrentarme, había encargado que se realizasen unas proyecciones a medio y largo plazo de los ingresos y gastos del sistema de pensiones de la Seguridad Social, para poder evaluar con rigor su situación financiera.

Mientras los técnicos de la Seguridad Social trabajaban de manera discreta y rigurosa, la CEOE y los grupos de presión ligados a sectores financieros no se quedaban cruzados de brazos. Pronosticaban la quiebra inexorable del sistema público de pensiones, para proponer a continuación su privatización. Los Fondos de Pensiones eran, según estos agoreros interesados, la alternativa ante un sistema insostenible. Carlos Ferrer Salat me miró con una mezcla de incredulidad y compasión por mi ignorancia cuando, un día que hablábamos de estos temas en mi despacho, le argüí que una cosa eran las evidentes dificultades financieras de nuestro sistema de pensiones y otra muy diferente, y además falsa, su inviabilidad a corto plazo. Esos argumentos no tenía que dirigirlos sólo a la patronal. Entre algunos responsables del Ministerio de Economía circulaban opiniones tan peregrinas e infundadas como las de Ferrer Salat, y esos juicios poco meditados llegaban hasta mi mesa.

Por supuesto, el hecho de que yo defendiese el sistema público de pensiones basado en la solidaridad intergeneracional —dicho en términos técnicos, un sistema «de reparto»— no era óbice para que reconociese, al mismo tiempo, que ese sistema necesitaba reformas para asegurar su viabilidad. En 1982, la financiación de la Seguridad Social recaía casi exclusivamente en las cotizaciones sociales, que servían para cubrir el 90 por ciento del conjunto de los gastos del sistema, lo que producía una sobrecarga en los costes laborales muy contraproducente en un país tan necesitado de aumentar sus niveles de empleo.

Por otra parte, la acción protectora del sistema se había ido construyendo a base de parches, sin una visión global: junto a quienes se beneficiaban de una protección excesiva, estaban los excluidos de cualquier atención. En particular, era urgente modificar los criterios reguladores de las pensiones de invalidez, cuyo número aumentaba a un ritmo galopante por las facilidades existentes para obtener su reconocimiento y la exención fiscal de que gozaban. Además, había que poner freno al proceso de «compra de pensiones», que permitía obtener una pensión a cambio de unos pocos años de cotización. El ejemplo más claro de esa «compra» era el de las mujeres de algunos empresarios, que cotizaban como «empleadas de hogar» para conseguirse una pensión de jubilación.

Cuando los estudios estuvieron disponibles, preparamos una serie de propuestas acordes con las conclusiones que se deducían de ellos. Algunos borradores se filtraron a la prensa, provocando las críticas de quienes veían en cualquier modificación del sistema un recorte inaceptable de los niveles de protección. Iniciamos conversaciones con los interlocutores sociales, pero no avanzaban de forma satisfactoria. Las propuestas que le parecían tímidas a la CEOE, provocaban en UGT y CCOO reacciones de signo contrario. Como el diálogo no tenía visos de culminar en ningún acuerdo, el Ministerio de Economía empezaba a urgir la adopción de medidas que aliviasen la presión ejercida por los presupuestos de la Seguridad Social sobre el conjunto de las cuentas públicas.

Decidí encargar la elaboración de un texto que concretase la reforma del sistema de pensiones a Bernardo Fernández, que formaba parte de mi gabinete y era un buen experto en estos temas. Me reuní con él a solas, y le di indicaciones precisas acerca de lo que quería obtener con el texto que deseaba tener listo al cabo de unos pocos días. Había que aumentar el número de meses a tener en cuenta para calcular la base reguladora y, por lo tanto, la cuantía de la pensión inicial; elevar el mínimo de años cotizados para tener derecho a percibirla; y garantizar, como compensación a la posible reducción de esa cuantía, que las nuevas pensiones fuesen revalorizadas cada año automáticamente, y no en función del capricho del Gobierno en cada momento. Con ello, se encarecía la «compra» de prestaciones; se aminoraba el incremento que estaba experimentando la cuantía inicial de las nuevas pensiones —¡un 22,4 por ciento en términos reales para las jubilaciones acordadas en 1984!—; pero también se establecía por primera vez por ley una garantía del poder de compra de los nuevos pensionistas.

En definitiva, lo que pretendía era redistribuir mejor la protección dispensada por el sistema, a la vez que se conseguía moderar el crecimiento del gasto. Éste seguiría aumentando, pero a un ritmo menor, y por tanto financiable; las pensiones mejorarían su poder de compra, pero repartiendo de forma más equitativa ese esfuerzo entre los nuevos pensionistas y los antiguos, muchos de los cuales percibían unas cantidades irrisorias.

En el preámbulo del proyecto de ley se enmarcaban además estas medidas en un modelo de Seguridad Social que sería desarrollado en el futuro mediante nuevas reformas, que fueron adoptadas en los años siguientes. Se enumeraban las principales: la creación de las pensiones no contributivas, a favor de quienes no hubiesen cotizado antes; la introducción de fondos de pensiones como complemento voluntario de las pensiones públicas, gestionados por el sector privado y basados en un sistema de capitalización; la consideración de la asistencia sanitaria como un derecho de todos los ciudadanos; y por último, la reforma financiera del sistema de Seguridad Social, haciendo recaer sobre los impuestos la financiación de todas las prestaciones y servicios no contributivos.

Por lo tanto, la reforma de las pensiones era una pieza de una estrategia para modernizar el conjunto de la Seguridad Social, haciéndolo conforme al modelo diseñado en la Constitución, y acercando sus niveles de protección a los vigentes en la mayoría de los países europeos. Estábamos obligados a empezar por la píldora más amarga, para contener el crecimiento del gasto y repartir de forma más equitativa las prestaciones suministradas. En cuanto eso se consiguiese, vendrían los pasos siguientes. Expliqué muchas veces este planteamiento a los interlocutores sociales y a los demás miembros del Gobierno; en particular lo hablé con el presidente y con el ministro de Economía.

Los medios de comunicación empezaron a advertir de que se preparaba lo que enseguida denominaron como «un recorte de las pensiones». Al trascender esa visión negativa, las dudas sobre si debíamos seguir adelante con el proyecto se extendieron entre mis colegas, hasta el punto de que algunos ministros, empezando por el vicepresidente, se preguntaban si no era mejor que abandonase mis planes. Renuncié a convencer a los sindicatos de que apoyasen la reforma, y me empeñé en vencer las reticencias surgidas en el seno del Gobierno. Boyer quería que las medidas fuesen más drásticas, pues según él la moderación del gasto que se produciría, caso de prosperar mis propuestas, no arreglaría el problema, con lo que daba argumentos a los ministros más reticentes, que se apoyaban en este razonamiento para defender que lo mejor era no hacer nada.

Mi iniciativa aparecía, pues, como algo impopular a la vez que insuficiente. Apoyándome en los estudios del ministerio, yo repetía una y otra vez que, si bien a corto plazo los efectos de la reforma serían pequeños, lo cual los hacía asimilables en términos políticos, a medida que fuese pasando el tiempo, su impacto acumulado sería suficiente para equilibrar las cuentas del sistema y evitar males mayores.

Cuando se acercó el momento de tener que adoptar la decisión definitiva en el Consejo, *El País* incluyó en primera página un titular que daba cuenta de mi enfrentamiento con Boyer en torno a la reforma. Mientras que el primero quería, según esa información, un recorte del 16 por ciento en las pensiones iniciales, yo proponía «sólo» una rebaja de la mitad. El titular no contaba las cosas tal y como eran. Es verdad que la cuantía de las pensiones iniciales iba a moderar su crecimiento, pero en conjunto no sería menor que la del anterior sistema, dado que se les garantizaba su revalorización automática año tras año. No obstante, la filtración me facilitaba el camino. El Consejo se dio cuenta de que estaba obligado a optar entre no hacer nada, con el riesgo de que acabasen teniendo razón los agoreros que seguían hablando de la quiebra del sistema, o acometer por el contrario la reforma. Decidió hacer esto último, respaldando mi posición frente a la del ministro de Economía. Por fin, enviamos el proyecto de ley al Parlamento.

Como era de temer, la oposición no quiso sumarse a nuestras tesis. Los nacionalistas catalanes dudaron, pidiendo a cambio que se les concediesen mejores condiciones para la financiación de los traspasos del Insalud, realizados de forma un tanto chapucera por el último Gobierno centrista. No acepté ese trato, pues se hubiese leído como un agravio para las demás comunidades. Además, la mayoría absoluta de que disponíamos lo hacía innecesario en términos aritméticos. Desde el grupo comunista, sus críticas a la ley reproducían las de los sindicatos. En nombre de Alianza Popular, su portavoz Fernando Suárez rizó el rizo, objetando nuestra propuesta con argumentos contradictorios, aunque como siempre expuestos con brillantez. Intentó criticarnos a la vez desde la izquierda y desde la derecha, por pasarnos y por quedarnos cortos, sin plantear alternativa alguna. Alejandro Cercas, desde el grupo socialista, le respondió con solvencia y de manera contundente.

INDISCIPLINA PARLAMENTARIA

Pero los problemas más graves los tuvimos dentro de nuestras filas. Nicolás Redondo rompió la disciplina del grupo, y se negó a votar en contra de las enmiendas a la totalidad que planteó la oposición. Lo mismo hizo Antón Saracíbar, secretario de Organización de la UGT. García Damborenea, muy próximo siempre a las posiciones de Nicolás, abandonó ostensiblemente el hemiciclo antes de comenzar la votación. En cambio, otros diputados que también tenían cargos de responsabilidad en el sindicato, entre ellos su actual secretario general, Cándido Méndez, votaron a favor del Gobierno. Era la primera vez que los socialistas afrontábamos un problema de disciplina parlamentaria, y quien lo planteaba era nada más y nada menos que el secretario general de la UGT. La crisis que se venía preparando desde tiempo atrás entre el sindicato y el partido estalló a la vista de todo el mundo.

Tras el debate, invité a Corcuera y a Cercas a tomar una copa en las inmediaciones del Congreso. En la barra de La Ancha antigua, en la calle de Los Madrazo, y con un *gintonic* en la mano, José Luis me preguntó: «Bueno, Joaquín, esto ya lo hemos hecho. Ahora lo que hace falta es que tenga los efectos que hemos estado explicando a la gente». Yo le respondí: «Tranquilo, José Luis. Con esta ley hemos arreglado las cosas hasta dentro de diez años. Entonces, habrá que hacer de nuevo algo parecido».

El día 20 de junio, una vez aprobada la ley de pensiones, y ocho días después de firmarse el ingreso en la Comunidad Europea, CCOO convocó una huelga general contra la reforma. UGT no la secundó, aunque compartía en lo sustancial los motivos alegados por el sindicato de Marcelino Camacho. El impacto del paro fue desigual. Manuel Campo Vidal, encargado del *Telediario* del mediodía en la primera cadena de TVE, me pidió que asistiese en directo al estudio para explicar la posición en favor de la ley y comentar el transcurso de la huelga. Cuando llegué, me advirtió de que CCOO tenía mayoría entre los trabajadores, y corríamos el riesgo de que la imagen se cortase. No pasó nada, pero Manolo suele recordar que aquel momento fue uno de los más difíciles a lo largo de toda su etapa en Televisión Española. Para mí, ese día fue uno de los más duros de mi paso por Trabajo.

Desde aquel conflicto, mis relaciones con los sindicatos quedaron maltrechas. Con UGT me reunía regularmente en la comisión de seguimiento del AES, pero ya no había posibilidad de dialogar en el clima de confianza, casi de complicidad, que habíamos mantenido anteriormente. José Luis Corcuera dimitió de la Ejecutiva del sindicato, creando un gran vacío. Primero como miembro del comité de Altos Hornos de Vizcaya, después como máximo responsable de la Federación del Metal de UGT, y sobre todo durante su mandato como responsable de acción sindical en la Ejecutiva confederal del sindicato, José Luis era el mejor sindicalista de todos los que conocí en aquellos años.

Los resultados obtenidos con la aplicación de la ley se acercaron mucho a nuestras previsiones. Disminuyó considerablemente el ritmo de aumento de las pensiones de invalidez y de los regímenes especiales que se prestaban más a la «compra» de prestaciones: el de autónomos, el agrario por cuenta propia y el de los empleados de hogar. La cuantía de las nuevas jubilaciones se redujo —un 3 por ciento en 1985 y un 7,4 por ciento en 1986, frente al aumento del 22,4 por ciento del año anterior, todo ello en términos reales— y como consecuencia, el gasto total en pensiones, que había incrementado un punto y medio su participación en el PIB entre 1980 y 1985 —desde el 5,8 por ciento hasta el 7,3 por ciento, en sólo cinco años— lo hizo en sólo dos décimas entre 1985 y 1990.

Pese a ello, el poder adquisitivo de las pensiones de jubilación aumentó durante todos y cada uno de los años de Gobierno socialista, en un promedio de tres puntos por año. Y frente a las previsiones pesimistas de quienes auguraban que los pensionistas nos castigarían en las urnas, en los años posteriores se convirtieron en uno de nuestros apoyos electorales más firmes. Sólo la recesión de la primera mitad de los años noventa planteó de nuevo la necesidad de tomar medidas de ajuste, que fueron diseñadas en el Pacto de Toledo.

EL PRIMER CAMBIO DE GOBIERNO

Al finalizar la negociación con Bruselas, Felipe consideró llegado el momento de abordar el cambio de Gobierno abortado el verano anterior. Durante la cena en el Palacio Real que siguió al acto solemne de la firma del Tratado de Adhesión, Boyer me dijo que sus discrepancias con algunos miembros del equipo económico eran mucho más profundas y serias de las que hubiesen existido entre nosotros dos con ocasión del debate de pensiones. Me confesó que siempre había apreciado que las posiciones de Trabajo estuvieran respaldadas por estudios y cuantificaciones elaboradas con seriedad. Por otra parte, era fácil coincidir con él en que en las áreas no económicas del Ejecutivo también se necesitaba algún reajuste. La inminencia de la crisis de Gobierno trascendió a los medios de comunicación, que empezaron a elaborar las consabidas quinielas. A los pocos días, esas noticias se confirmaron: habría cambio de Gobierno.

Yo no aparecía como candidato al cese, y en mi fuero interno pensaba que el presidente preferiría mantenerme en el puesto hasta el final de la legislatura. Efectivamente, cuando fui llamado a Moncloa, Felipe me dijo que quería que siguiese en el ministerio. Pero añadió, con tono apesadumbrado, que Boyer le acababa de informar de su decisión irrevocable de abandonar el Gobierno. Fuese por razones personales de todos conocidas, o por haberse frustrado su aspiración a la vicepresidencia económica, Miguel estaba dispuesto a ser el protagonista principal de la primera crisis del Gobierno de Felipe González. Éste me dijo que la noticia sólo la conocíamos nosotros dos —quizás también Guerra— y Carlos Solchaga, a quien había pedido que intentase convencer a Boyer para que retirase su dimisión. Carlos procuró hacerlo durante toda la tarde de forma infructuosa, mientras que yo hice un tímido intento telefónico, con resultado igualmente negativo.

Felipe nos había invitado a los miembros del Gobierno a cenar juntos esa misma noche por última vez en la famosa «bodeguilla», dando por supuesto que para entonces todos los cambios estarían resueltos. Al día siguiente estaba citado con el Rey para comunicarle la composición del nuevo Gabinete, y a continuación había convocado ya a los medios de comunicación. El ambiente de la cena fue muy extraño. Algunos habíamos recibido la confirmación de nuestra permanencia en el Gobierno, otros sabían que debían cesar, pero muy pocos estábamos al corriente de que Boyer, con su dimisión, impedía que se cerrase la crisis definitivamente. Fernando Morán estaba muy inquieto, pues no sabía si su cese era definitivo, o si también esta vez, como había sucedido el verano anterior, los cambios quedarían abortados a última hora. Felipe estaba serio y reconcentrado en sí mismo, y ante la extrañeza de que no nos dirigiese a los postres unas palabras de despedida, Javier Solana habló de manera elegante y oportuna. En cuanto acabó, todos nos levantamos con rapidez, para poner fin cuanto antes a aquella situación tan surrealista.

Mientras nos dirigíamos hacia las escalerillas de la entrada principal del palacio para esperar la llegada de los coches, varios ministros quedamos en vernos. Nos dimos cita en una terraza del Paseo de Rosales, a cinco minutos del lugar en que nos encontrábamos. Miguel Boyer se iba despidiendo uno a uno de todos nosotros. Javier Moscoso, nada más estrechar la mano de Miguel, se volvió hacia quienes estábamos detrás de él y dijo: «¿Por qué me despide, si yo no ceso?». Tuve que explicarle en pocas palabras la situación, y quedó aliviado.

Los pocos paseantes que todavía circulaban por Rosales cerca de la medianoche comprobaron con asombro que cerca de media docena de coches oficiales se apelotonaban en las inmediaciones de la esquina del Paseo con la calle Marqués de Urquijo. Sentados en las sillas de una terraza, Javier Solana, José María Maravall, Ernest Lluch, Narcís Serra, Carlos Romero y yo intentamos poner en común nuestra información, analizar la situación creada y explorar las salidas más adecuadas. Lo que más nos preocupaba era, lógicamente, saber quién iba a ser el próximo ministro de Economía. Lo probable es que fuese Carlos Solchaga, pero había quien quería intentar que fuese una persona con otra visión menos «ortodoxa» de la política a seguir. Alguno de los presentes me miró, pero yo expresé mi convicción de que Solchaga era la persona adecuada para sustituir a Boyer.

A la mañana siguiente, fui uno de los convocados por Felipe para colaborar en el cierre definitivo del nuevo equipo de Gobierno. Le trasladé un resumen de nuestra conversación en Rosales, pero para entonces Solchaga ya estaba confirmado en Economía y Hacienda. Los últimos nombres incorporados al Gobierno fueron Joan Majó, sustituyendo a Solchaga en Industria, y Javier Saénz Coscolluela para Obras Públicas. Esa misma mañana fueron localizados, y tras dar su aceptación quedó ultimado antes del mediodía el segundo Gabinete del PSOE. Además de Boyer, salieron del Gobierno Fernando Morán, Julián Campo, Tomás Quadra y Enrique Barón. Entraban al Gobierno, además de los ya citados, Paco Fernández Ordóñez, Félix Pons y Abel Caballero. Javier Solana añadió a su cargo de ministro de Cultura el de portavoz del Gobierno, sustituyendo a Eduardo Sotillos. Con esos cambios, nos dispusimos a afrontar el último año de la legislatura.

El horizonte estaba ya mucho más despejado que en 1982. La fragilidad de las instituciones democráticas, con la que habíamos tenido que convivir durante toda la transición, estaba desapareciendo para siempre de nuestras preocupaciones. La magnífica gestión de Narcís Serra al frente del Ministerio de Defensa había permitido superar sin traumas los coletazos por la sentencia final del 23-F, y asegurar la supremacía del poder civil sobre el militar. Con todo, durante la celebración del Día de las Fuerzas Armadas en La Coruña, en mayo de 1985, los involucionistas pretendieron volar con explosivos la tribuna del desfile militar. Ése fue su canto del cisne definitivo; la pertenencia a la CEE a partir del 1 de enero de 1986 suponía un factor adicional de estabilidad democrática, además de una oportunidad para homologarnos a todos los niveles con los países más avanzados.

Por su parte, la economía empezaba a recuperarse merced a los ajustes realizados en los dos años anteriores, pero también al tirón procedente de las principales economías occidentales y a las expectativas abiertas por el ingreso en la CEE. El desarrollo del modelo autonómico había recibido un buen impulso con la aprobación de todos los Estatutos y la realización de un número muy elevado de traspasos de competencias. Solamente el terrorismo y el paro ensombrecían el panorama, y creaban una gran desazón.

EMPIEZA A CREARSE EMPLEO

Desde el ministerio seguíamos intentando hacer todo lo posible para mejorar la situación de los parados. En febrero de 1985 había coincidido en el teatro de la Zarzuela, durante el entreacto de *I due Foscari* de Verdi, con José María Pérez *Peridis*, buen amigo y persona admirable por muchas razones, entre otras por su portentosa imaginación. Hablamos de lo que nos estaba costando invertir la tendencia del paro, cuando Peridis me espetó: «Pues a ver qué hacéis con los jóvenes, que los tenéis abandonados. Hay muchas cosas que se podrían hacer por ellos, y que les servirían para encontrar trabajo». Le pedí que me contase sus ideas al respecto en el despacho del ministerio, donde se presentó a los pocos días acompañado por Tomás Rodríguez Bolaños, entonces alcalde de Valladolid.

Peridis me explicó cómo estaba rehabilitando el monasterio románico de Santa María la Real, en su pueblo de Aguilar de Campoo, utilizando para ello a jóvenes parados que, al mismo tiempo que aprendían un oficio, recibían allí clases teóricas para completar su formación. Una experiencia similar se estaba empezando a organizar, con la colaboración del ayuntamiento que dirigía Bolaños, en el monasterio de San Benito, en el centro de Valladolid. Esa fórmula no sólo servía para crear empleo a corto plazo, sino que enseñaba a los jóvenes los oficios que se iban perdiendo tras la desaparición de la figura del aprendiz, aumentando sus posibilidades de obtener más adelante un trabajo bien remunerado y estable. Además, así se ayudaba a la conservación del patrimonio artístico.

La idea me subyugó inmediatamente. Encargué a mis colaboradores que buscasen, con la mayor urgencia posible, la manera de poner a su servicio las nuevas modalidades de contratos que acabábamos de poner en marcha y los recursos disponibles para fomentar el empleo en el fondo creado a raíz del AES. Así nacieron las escuelas-taller, que han sido un ejemplo de cómo actuar desde el sector público, contando con la colaboración de las diferentes administraciones y la dedicación entusiasta de mucha gente. Desde entonces, cientos de escuelas y de Casas de Oficios se han distribuido por nuestra geografía, e incluso han servido de referente para iniciativas similares en otros países.

También impulsamos en 1985 el programa de turismo social para las personas mayores. Vinieron a verme al despacho el delegado de Trabajo en Baleares junto con el secretario general de la UGT en las islas, Paco Obrador. La idea que me contaron era bien sencilla: muchos hoteles cerraban durante varios meses al año, por falta de turistas. Sus trabajadores engrosaban las listas del paro y percibían la correspondiente protección por desempleo. Si conseguíamos organizar desde el Inserso un sistema de viajes, para que los pensionistas acudiesen a esas zonas en las épocas de temporada baja, se lograrían varios objetivos simultáneos: los mayores viajarían a unos precios razonables, y el INEM se ahorraría una cantidad estimable en prestaciones, pudiendo destinar esos fondos a subsidiar los viajes y la estancia de los pensionistas. Pusimos manos a la obra, y en pocos meses salieron hacia Mallorca las primeras expediciones.

La experiencia fue todo un éxito, como lo demostraron los estudios de evaluación que encargamos y las encuestas realizadas entre los beneficiarios. En una visita a Palma meses después de iniciarse aquellos viajes, me vi rodeado de pronto por unas personas mayores, que empezaron a aplaudirme y a vitorear mi nombre. Se trataba de un grupo de participantes en los que se denominaron coloquialmente «viajes del Inserso». También recibí muchísimas cartas agradeciéndome la iniciativa. Algunas de ellas eran verdaderamente emotivas, escritas por gentes que a sus más de setenta años nunca habían salido de su pueblo; o de personas que gracias a esos viajes habían podido hacer realidad su ilusión de no morirse sin ver el mar.

Como había sucedido también con el PER, Alianza Popular y la prensa conservadora denunciaron que lo que se intentaba realmente con ese programa era atraer el voto de los mayores hacia nuestras siglas. ¡Qué concepto tenían de la inteligencia de las personas, y qué poca consideración hacia quienes sólo recibían, a través de esos viajes, una pequeña parte de la deuda de gratitud que la sociedad española tenía contraída con ellas! Por supuesto, una vez que el PP llegó al Gobierno, siguió impulsando actuaciones de esas características, olvidando sus críticas demagógicas de años anteriores.

Hicimos otras muchas cosas. Aprobamos la devolución del patrimonio sindical a las centrales, tanto del incautado por el franquismo después de la guerra civil como del acumulado por el sindicalismo vertical, así como la Ley Orgánica de Libertad Sindical, que fue recurrida sin éxito por AP ante el Tribunal Constitucional. También se puso en marcha una nueva regulación de las Cooperativas y de las Sociedades Anónimas Laborales. Y un nuevo sistema de Formación Profesional Ocupacional, financiado primero con los recursos habilitados en el AES, y a continuación por los procedentes del Fondo Social Europeo, cuyo funcionamiento estudiamos en detalle Álvaro Espina y yo mismo en un viaje a Irlanda, invitados por mi colega y amigo Ruairi Quinn.

Las reformas se extendieron a algunos aspectos más instrumentales del ministerio, pero algunos de ellos muy apreciados. Modernizamos el sistema de estadísticas sociales y laborales, bajo la dirección experta y entusiasta de Carmen de

Miguel. Y dimos un gran impulso a la política de publicaciones, hoy por desgracia abandonada, con la colaboración de muchos artistas que, aportando en condiciones muy ventajosas su obra gráfica, alegraron las portadas de los libros de la colección Arte y Trabajo y el aspecto de muchos despachos y dependencias oficiales.

Referéndum de la OTAN y nuevas elecciones

En marzo de 1986, después de una campaña en la que tuvimos que desplegar un enorme esfuerzo para conseguir el «sí» de una parte de nuestros votantes, ganamos el referéndum sobre la OTAN. Las encuestas anticipaban un resultado negativo, y vivimos hasta el último minuto con la angustia de cuáles serían las consecuencias del «no». Si España hubiese tenido que abandonar la Alianza Atlántica, habría corrido un serio riesgo de caer de nuevo en la introspección y el repliegue sobre sí misma, alentando las expectativas de los involucionistas. Nuestro papel en Europa no hubiera pasado de ser secundario, como un socio en el que sus colegas no pudiesen confiar.

A corto plazo, las repercusiones más estridentes de nuestra derrota se hubiesen notado, sin embargo, en nuestro país. Felipe dejó la pregunta en el aire durante su última intervención de campaña, en el campo del Rayo Vallecano: ¿quién gestionaría el «no»? Creo sinceramente que, de haber sido derrotado en una consulta que se celebraba en virtud de un compromiso adquirido exclusivamente por nuestra propia voluntad, Felipe no se hubiese presentado a las siguientes elecciones.

La victoria del «sí» nos proporcionaba un amplio margen para revalidar el triunfo electoral de 1982, aunque muchos votantes se habían sentido incómodos, cuando no engañados, por nuestro cambio de posición en torno a la OTAN. También habría que tener en cuenta a los sectores de la población que no habían podido recibir suficientes satisfacciones, durante una legislatura en la que primaron las políticas de ajuste; peor aún, muchos de ellos habían sufrido en sus carnes la reconversión y la crisis económica. Por eso, lo prudente era matizar algo nuestro optimismo: el triunfo en las próximas elecciones no se nos podía escapar, pues la oposición no levantaba cabeza y seguía sometida al famoso techo electoral de Fraga; pero era casi imposible mantener los diez millones de votos.

La fecha de las elecciones quedó fijada para junio. Durante el puente del 1 de mayo, que aproveché para irme con Mila y los niños a una playa de Alicante, recibí una llamada de Alfonso Guerra. Imaginé de qué se trataba, pues acababa de leer en la prensa que en Jaén me proponían como cabeza de lista al Congreso. Efectivamente, Alfonso me quería comunicar lo que yo había conocido esa misma mañana por los periódicos. Sin dudarlo, le dije que iba a llamar inmediatamente a Leocadio Marín, responsable del partido en esa provincia, para agradecerle la propuesta, pero que no la podía aceptar. Protesté a Alfonso por el hecho de que mi nombre se hubiese manejado sin consultarme antes. Yo no quería pasar más tiempo lejos de mi familia, y sólo estaba dispuesto a ser diputado en la lista de Madrid, por la que me había presentado ya en dos ocasiones. Alfonso tomó nota, y dimos por concluida la conversación en un tono algo tenso.

Al volver a Madrid, los responsables de la FSM me dijeron que estaban dispuestos a incluirme en la lista como número tres, detrás de Felipe y de Javier Solana, a lo que les di inmediatamente mi conformidad. Barrionuevo, que ya había aceptado presentarse por su provincia natal de Almería, al ver que yo me mantenía en la lista de Madrid cambió de opinión, y ocupó el lugar inmediatamente siguiente al mío en la candidatura.

La campaña se desarrolló sin grandes sorpresas. Ofrecimos una imagen de continuidad, tratando de convencer al electorado que la mejor alternativa, desde todos los puntos de vista, consistía en seguir por el trayecto que habíamos iniciado en 1982. Nuestro eslogan lo dejaba bien claro: «Por buen camino». ¡Qué diferencia con el mensaje de cambio que les habíamos lanzado cuatro años antes!

Esa campaña tuvo para mí un final amargo. El domingo anterior a las elecciones, acababa de intervenir en un mitin junto a Joaquín Leguina, en Orcasitas, cuando me avisaron que llamase urgentemente a la clínica de la Concepción. Mi madre llevaba seis meses recibiendo allí tratamiento para combatir las consecuencias de un linfoma que le habían descubierto a finales del año anterior. Desde entonces, mis padres se habían instalado en un pequeño piso alquilado en el centro de Madrid, y vivían entre su casa y la clínica. Casi todos los días me reservaba un poco de tiempo para visitarles, y comprobar cómo avanzaba tenazmente la enfermedad.

Las últimas semanas, coincidiendo con el ajetreo propio del momento preelectoral, mi madre ya no había podido abandonar la clínica. En cuanto me veía, hacía un esfuerzo para interesarse por cómo me iban las cosas y decirme, con la poca voz que le iba quedando, que rezaba mucho por mí aunque yo no apreciase el valor de sus oraciones. Llegué a tiempo de verla aún con vida. Al cabo de un par de horas, rodeada de sus tres hijos, de varias de sus hermanas y de mi padre, que con sus ochenta y cinco años estaba recibiendo el mazazo con una gran entereza, murió con suavidad.

Ganamos las elecciones y revalidamos la mayoría absoluta, aunque con algunos escaños menos que en 1982. Los jóvenes inexpertos, a los que los portavoces de la derecha de siempre habían vaticinado que no íbamos a durar ni seis meses al frente del Gobierno, nos disponíamos a iniciar nuestra segunda legislatura con una mayoría muy holgada, mientras que la derecha, ahora con otras siglas, no había podido incrementar sus votos.

Adiós al Ministerio de Trabajo

Me sentía satisfecho de mi labor al frente del ministerio, pero estaba totalmente abierto a cualquier escenario. Por una parte, deseaba seguir algún tiempo más en Trabajo. Empezaban a cosecharse los frutos de la política que habíamos seguido, y el empleo aumentaba a buen ritmo. Las reformas más peliagudas ya estaban hechas. Conocía bien los asuntos de los que se ocupaban las diferentes áreas del departamento, y también a los representantes de los sectores sociales interlocutores habituales de cada una de ellas. Con muchos de ellos llegué a entablar una amistad que dura hasta hoy, lo mismo que con algunos de los altos cargos que trabajaron conmigo a lo largo de la legislatura.

Pero también veía algunos inconvenientes para seguir en el mismo cargo. El principal era el deterioro de mis relaciones con los interlocutores sociales. Ni las CCOO de Camacho, ni la CEOE de Ferrer Salat y de José María Cuevas, fueron nunca mis aliados. Hubo momentos mejores y peores, pero nuestros contactos mantuvieron siempre las distancias, en lo político y en lo personal. En esos años CCOO estaba alineada con las posiciones del PCE, y sus opiniones estaban siempre mediatizadas por ello. Faltaban todavía unos años para el giro hacia la autonomía sindical y la racionalidad que imprimió Antonio Gutiérrez.

CEOE, a su vez, jugaba simultáneamente a dos paños. Por un lado, estaba interesada en conseguir acuerdos a través del diálogo social para justificarse como organización empresarial, lo que no le impedía sin embargo ponernos algunas piedras en el camino. Pero lo más relevante era la insistencia de Cuevas, que había sucedido a Ferrer Salat a mitad de la legislatura, para tratar de organizar a la derecha política; eso sí, ahora ya no lo hacía mediante campañas de publicidad agresivas y dirigidas contra los socialistas. En definitiva, la CEOE era, al mismo tiempo, nuestro interlocutor y nuestro adversario político.

No obstante, lo que me resultaba más doloroso era la quiebra que se había producido en la relación con la UGT. Había tenido muy claro, desde el principio, que mi deber no consistía en ayudar de forma sectaria al sindicato socialista, pero pensé que el hecho de gobernar para el conjunto de la población podría ser compatible con el mantenimiento de unas buenas relaciones con mis antiguos compañeros. No fue así: las culpas había que repartirlas entre todos.

Nicolás pensaba que habíamos desaprovechado casi cuatro años de Gobierno, sin que se hubiesen producido los cambios irreversibles que pretendía en relación con el modelo sindical y laboral y el fortalecimiento de la UGT, pero sobre todo en lo relativo a la política económica. El final era, desde este punto de vista, bastante desalentador. Yo pensaba que nuestra gestión había sido merecedora de una buena calificación desde el punto de vista de los intereses que defendían los sindicatos, al menos de los que no se habían situado *a priori* en contra nuestra por motivos partidistas; pero la UGT se mostraba cada vez más decepcionada y frustrada.

Allí se fraguó el germen de lo que, pocos años más tarde, desembocó en el enfrentamiento abierto de Nicolás con su propio partido.

A comienzos de julio, me llamó el presidente para hablarme del cambio de cartera ministerial: por teléfono, ya me avanzó que quería proponerme un trabajo diferente. Una vez en su despacho, me explicó que quería fundir el Ministerio de Administración Territorial con la parte del de Presidencia que se ocupaba de la Administración Pública y de los funcionarios. La siguiente fase del desarrollo autonómico que se avecinaba, al culminarse los primeros traspasos de competencias, unida a la repercusión que tendría sobre el conjunto de las administraciones, incluidas las autonómicas, el ingreso en la Comunidad Europea, aconsejaban reagrupar todo ello bajo un único Ministerio para las Administraciones Públicas. Y había pensado que yo podía ocuparme de él.

Acepté de inmediato. Después de tanto tiempo de colaboración con Felipe, no me parecía lógico pedir un plazo de reflexión ni ponerle condiciones. Me entregó un pequeño estudio realizado por el gabinete de Presidencia, que indicaba las competencias y unidades administrativas asignadas al nuevo departamento, y me puso al corriente del resto de los cambios que se proponía realizar en la composición del Consejo. Como habíamos hablado pocos días antes, en una cena a la que asistieron también Maravall y Solana, Guerra pasaba a presidir la Comisión de Subsecretarios, con lo cual sus funciones se concretaban algo más. Abandonaban el Gobierno Félix Pons, para pasar a presidir el Congreso de los Diputados, Javier Moscoso, Ernest Lluch y Joan Majó. Se incorporaban Manuel Chaves, que me sustituía en Trabajo, Virgilio Zapatero, Julián García Vargas y Luis Carlos Croissier.

El cambio suponía abandonar el área económica del Gobierno para desempeñar una responsabilidad alejada de los temas en los que había venido trabajando desde siempre. Cambiaba la tensión diaria del Ministerio de Trabajo por un entorno bastante diferente, sin asuntos urgentes encima de la mesa pero necesitado en cambio de un gran esfuerzo de reflexión, para reorientar algunas de las políticas que habíamos llevado a cabo hasta entonces.

Tomé posesión en julio, cuando Mila, los niños y mi padre, que se había venido a vivir con nosotros, estaban ya en Cambridge. A través de la embajada británica, nos habían ofrecido a Mila y a mí la posibilidad de seguir unos cursos de inglés intensivos, y habíamos decidido pasar allí nuestras vacaciones. El cambio de ministerio me obligó, sin embargo, a permanecer la mayor parte del verano en Madrid, y solamente pude disfrutar unos días de los paseos en bicicleta y de las visitas a los *colleges*.

Tenía que ponerme al día cuanto antes en los temas de los que iba a ocuparme. Alguien me regaló *Yes, Minister*, un libro basado en la conocida serie televisiva inglesa, que narra con ironía la relación entre un ministro británico y sus colaboradores. En sus páginas aprendí más sobre el carácter de algunos altos funcionarios que en todas mis lecturas sobre la función pública que me habían apilado encima de mi nueva mesa de trabajo, en el palacete de Castellana 3. Pero, frente a lo que pensaba en un principio, las cuestiones de personal no fueron las que más tiempo me iban a ocupar en los más de cuatro años que pasé al frente del MAP. El desarrollo autonómico y la relación con los nacionalismos fueron el verdadero meollo de la tarea que iniciaba. Y para abordarlos con acierto, no bastaba con estudiar los expedientes que tenía frente a mí.

CAPÍTULO X

¿Cómo reformar la Administración?

Al aterrizar en el nuevo ministerio, la experiencia adquirida en los años precedentes me permitía tener mucha más confianza en mi capacidad para hacer frente a las nuevas responsabilidades que acababa de asumir. Además, si en 1982 mi nombramiento se había producido casi a última hora, ahora no me había sorprendido. Esperaba seguir en el Gobierno. Me había acostumbrado, incluso, al ajetreo de la vida ministerial, y casi no extrañaba el hecho de vivir permanentemente escoltado.

La formación de mi equipo de colaboradores en Administraciones Públicas también se iba a realizar en un contexto muy distinto al de la llegada a Trabajo. El cambio de Gobierno de julio de 1986 tenía características diferentes al de la primera vez que llegamos al Ejecutivo. Ya no se trataba de empezar una nueva etapa, partiendo de cero y sustituyendo a un partido derrotado de manera contundente en las urnas, sino de un reajuste que se realizaba dentro de los mismos esquemas políticos.

Los dos ministros que se venían ocupando hasta las elecciones de las competencias asignadas al MAP eran Félix Pons y Javier Moscoso. Félix había permanecido al frente de Administración Territorial durante un año, después de sustituir a Tomás Quadra en 1985. En ese breve periodo, no había podido introducir grandes transformaciones, aunque su rigor intelectual se había dejado notar en el trabajo del ministerio. Entre otras cosas, había comenzado a estudiar las consecuencias del ingreso de España en la CEE sobre el Estado de las autonomías. Ya había sido elegido presidente del Congreso de los Diputados antes de mi nombramiento, y aunque se puso a mi entera disposición para trasladarme su experiencia y apoyarme en todo lo que fuese necesitando, estaba totalmente absorbido por sus nuevas responsabilidades.

A Javier Moscoso, que había estado al frente del Ministerio de la Presidencia durante la primera legislatura, lo había conocido cuando coincidimos como diputados, él de la UCD y yo del PSOE, entre 1979 y 1982. Más tarde, pude apreciar sus grandes cualidades humanas y profesionales en el seno del Gobierno, y acabamos cultivando una verdadera amistad. Javier se había ocupado directamente de las responsabilidades que ahora correspondían al ministro de Relaciones con las Cortes, Virgilio Zapatero. En cambio, había delegado en su secretario de Estado, Francisco Ramos, buena parte de las decisiones sobre el área que ahora dependía de mí.

La llegada a la sede del nuevo ministerio, una vez realizada la ceremonia de toma de posesión en La Zarzuela, se pareció poco a la que recordaba en Trabajo. Al descender del coche, casi todos los altos cargos que esperaban en las escalerillas del palacete de Castellana 3 para saludarme y ponerme al corriente de los asuntos del nuevo ministerio me resultaban conocidos. Con muchos de ellos había trabajado en el partido durante los años anteriores. Además, ahora sabía bastante bien cómo tenía que actuar, qué pasos debía dar y qué decisiones habría que adoptar cuanto antes para poner en marcha el nuevo departamento.

Mi nuevo despacho era bellísimo y acogedor. Lo había visitado cuando lo ocupaba Fernando Abril, sin imaginar que, años más tarde, podría sentarme en el mismo lugar desde el que habían intentado gobernar España personajes tan opuestos como el conde de Romanones, Manuel Azaña o Carrero Blanco. Saludé a las secretarias y a los ordenanzas, y una vez instalado en mi mesa, dije a Concha que me citase a los altos cargos.

Me entrevisté consecutivamente con María Izquierdo, Francisco Ramos y Luciano Parejo, titulares de los servicios que quedaban bajo mi nueva responsabilidad. A María, que era la secretaria de Estado de Administración Territorial, la conocía desde hacía años; entre 1979 y 1984 coincidimos en la Ejecutiva del partido, donde ella llevaba los temas autonómicos bajo la supervisión directa de Alfonso Guerra. Me puso al corriente de la actividad desarrollada por las distintas direcciones generales de su área y de los asuntos más urgentes. Le pedí que siguiese en su puesto por un tiempo, hasta que reflexionase acerca de qué cambios quería hacer.

De hecho, la auténtica dirección de la política autonómica se había llevado hasta entonces desde la Vicepresidencia. Guerra presidía la Comisión Delegada para Asuntos Autonómicos, que se había reunido con regularidad durante la legislatura anterior. Sólo Hacienda mantenía su propia esfera de decisión en todo lo relativo a los asuntos de financiación, defendiendo con el celo de siempre su poder y su autonomía. Administración Territorial había sido hasta entonces, por lo tanto, un departamento más instrumental que político, y la sentencia del Tribunal Constitucional sobre la LOAPA le había amputado, además, cualquier pretensión de adentrarse en el terreno legislativo en cuestiones autonómicas. La negociación sobre los traspasos de competencias y su aprobación por las comisiones mixtas habían ocupado buena parte de su actividad hasta entonces. Pero esa labor sólo esporádicamente requería criterios políticos; el resto del tiempo se perdía en discusiones farragosas, aunque necesarias.

Quería que el MAP tuviese un peso real en el diseño y en el desarrollo de la política autonómica. El ministerio debía ser, además, un lugar de encuentro entre los responsables de las diferentes administraciones territoriales, incluidas las locales, estableciendo mecanismos de cooperación capaces de ocupar el vacío que se estaba creando a medida que las autonomías ejercían sus facultades y que la tutela sobre los ayuntamientos había desaparecido, gracias a la Ley de Bases de Régimen Local. Para ello, necesitaba establecer unas relaciones fluidas y positivas con los nacionalistas vascos y catalanes.

Durante meses, fui madurando el perfil del nuevo responsable de los asuntos territoriales. En febrero de 1987, sustituí a María Izquierdo por Francisco Peña, persona extraordinariamente buena, leal y competente, que se mantuvo en ese puesto nueve años, hasta la llegada del PP. Todo el desarrollo autonómico de ese periodo fue diseñado, de una u otra forma, por él y por el equipo de colaboradores del que supo rodearse.

Francisco Ramos era el secretario de Estado de Administración Pública en el Ministerio que dirigía Moscoso. Impulsó la controvertida Ley de Medidas Urgentes para la Función Pública, lo que ahora suponía, sin embargo, un *handicap* para su continuidad en el cargo. La ley había querido mejorar el funcionamiento de la Administración, pero generó recelos en muchos sectores de funcionarios. De hecho, había una coincidencia muy generalizada sobre la necesidad de tomar otro rumbo. Sólo era unánime la opinión favorable a la introducción de los «moscosos», nombre con el que han pasado a la historia los días de permiso para los funcionarios introducidos durante el mandato de mi predecesor. Se necesitaban cambios políticos, pero también de personas. Cuanto antes se introdujesen, sería mejor para todos. Así se lo dije a Paco, sin andarme con rodeos. Creo que se lo esperaba, y lo aceptó de buen grado.

Pedí a Teófilo Serrano que se hiciese cargo de la Secretaría de Estado. Quería contar con alguien que conociese la Administración por dentro y con capacidad para diseñar una estrategia de cambio dotada de objetivos claros. Estaba convencido de que, si volvíamos a confundir los términos e identificábamos las reformas a emprender con la mera elaboración de una ley, nos volveríamos a equivocar.

A Luciano Parejo, prestigioso catedrático de Derecho Administrativo, gran trabajador y persona de una extraordinaria inteligencia, le propuse seguir en la Subsecretaría.

También conté durante un tiempo con Francisco Sosa Wagner, que había sido nombrado secretario general técnico por Tomás Quadra.

Tras Luciano y Paco, llegaron a sustituirles Juan Ignacio Moltó y Adolfo Sánchez Morón. Juan Ignacio realizó un esfuerzo enorme para establecer cauces de diálogo con los representantes de los empleados públicos, aprovechando su larga experiencia en el campo de las relaciones laborales. Adolfo Sánchez Morón había colaborado estrechamente con Tomás Quadra y con Luciano en la elaboración de la Ley de Régimen Local, y me ayudaba en la preparación de las reuniones semanales del Consejo de Ministros.

En busca de una estrategia

Pusimos manos a la obra. Existía bastante consenso sobre los principales errores que habíamos cometido durante la anterior legislatura: fuimos tímidos en algunas políticas sociales; no contábamos con una estrategia seria de comunicación; el estilo prepotente que había caracterizado a los responsables económicos nos había granjeado más enemigos de los necesarios. Pero también, casi todas las valoraciones coincidían en que la política seguida respecto de la Administración pública era manifiestamente mejorable. La aplicación de las incompatibilidades, la política de retribuciones u otros aspectos, habían generado conflictos con muchos sectores de funcionarios, mientras que no se habían adoptado medidas para mejorar la eficacia en el funcionamiento de los principales servicios públicos. En los medios de comunicación, y también en el interior del partido, se decía que ésa era una de nuestras asignaturas pendientes.

De mi conversación con Felipe, yo había deducido que la prioridad principal de mi trabajo consistía en la definición de una estrategia para eso que se denomina comúnmente «la reforma de la Administración». El presidente me había hablado de la necesidad de una reforma en sentido amplio, que procurase el engarce de las nuevas administraciones autonómicas con la Administración central y tuviese presente, a la vez, el impacto que sobre ambas tendría el ingreso en la CEE.

Pero no disponíamos de ningún guión escrito merced al cual orientar la acción del Gobierno. Se hablaba de «la reforma» sin haber pensado en qué debía consistir. Para unos, lo primordial era acabar con los privilegios, reales o supuestos, de los cuerpos de élite de la Administración. Para otros, el quid de la cuestión era corregir la política de nombramientos, la de selección del personal o la de retribuciones. Entre tanto, en casi todas las áreas brillaba por su ausencia el establecimiento de indicadores de calidad en la prestación de servicios, o la comparación entre los objetivos marcados y los resultados obtenidos.

No había un plan que sirviese de guía para la gestión que había que realizar. La confianza en el triunfo electoral había aconsejado evitar la inclusión de compromisos concretos en el programa electoral; pero además, nadie sabía lo que había que hacer para enderezar el rumbo y recuperar el tiempo perdido en el terreno que ahora estaba bajo mi responsabilidad. No habíamos elaborado una doctrina que pudiese orientar nuestra política.

Ante esa situación, lo primero que tuvimos que hacer en el ministerio fue elaborar un diagnóstico de urgencia sobre los ejes que debían orientar nuestro trabajo. Al finalizar el mes de agosto, ya tenía encima de mi mesa las primeras conclusiones. En primer lugar, la Administración central necesitaba reorganizar sus estructuras y modificar su funcionamiento, preparándose para el momento en que todas las competencias estatutarias estuviesen ya asumidas por las comunidades autónomas; en segundo lugar, debía modernizarse y ser capaz de gestionar con eficacia los servicios y prestaciones del Estado del bienestar que habíamos empezado a construir, y que en los próximos años iba a recibir un fuerte impulso; además, había que incorporar a nuestro análisis el factor europeo, pese a que las consecuencias últimas sobre el funcionamiento de las Administraciones nacionales de nuestra pertenencia a la CEE aún eran muy difíciles de evaluar.

La Administración pública de comienzos de los años noventa adolecía de una larga lista de defectos: una carrera profesional de sus empleados mal diseñada, cuando no inexistente; unos procedimientos de selección —las oposiciones— necesitados de una profunda renovación; una escasa adaptación de sus organigramas y sus procedimientos de actuación a las nuevas funciones generadas por el Estado de bienestar; una utilización escasa, y desigualmente repartida, de las nuevas tecnologías de comunicación; una reflexión demasiado ligera sobre las repercusiones del doble proceso de descentralización y de «europeización» que se había iniciado a lo largo de la década anterior.

Pero junto a todo ello, esa misma Administración contaba ya con algunos servicios públicos de calidad homologable a las de otros países más avanzados —las administraciones de Hacienda y de la Seguridad Social, por ejemplo—, tenía la ventaja de poder aprovechar la profunda descentralización producida para situar la gestión en niveles mucho más próximos al ciudadano y, sobre todo, disponía de unos recursos humanos muy estimables: casi la mitad de todos los universitarios españoles eran empleados públicos.

Partiendo de esa base, se trataba de implantar una nueva cultura organizativa en los grandes servicios públicos. Una cultura para la cual lo más importante fuesen ante todo los objetivos para satisfacer las necesidades de los ciudadanos, y no los procedimientos; una cultura que considerase que los ciudadanos eran demandantes de servicios, y no simples «administrados» que recibirían de forma pasiva lo que los burócratas buenamente quisieran darles.

El desafío, planteado en toda su dimensión, era de una envergadura considerable. Para hacerle frente, sería necesario contar con la comprensión y el apoyo de los propios empleados públicos, incorporar a la cultura administrativa elementos procedentes de las técnicas y procedimientos propios de la gestión empresarial y aprovechar al máximo las posibilidades que, ya entonces, empezaban a ofrecer las nuevas tecnologías de la información.

Pronto vi que la secretaría de Estado no tenía medios suficientes para asegurar el éxito de esa estrategia. Asociar a los funcionarios a los objetivos de la misma exigía disponer de un cuadro de incentivos poderosos, pero los más importantes, que eran los retributivos, no dependían del MAP sino del Ministerio de Hacienda. Algo similar sucedía a la hora de intentar implicar en nuestros objetivos al resto de los departamentos. Para que éstos hiciesen suyos los criterios que emanaban de Administraciones Públicas, y los tuviesen en cuenta en sus decisiones organizativas y en la forma de gestionar los servicios que les estaban encomendados, el MAP necesitaba establecer un sistema de premios y castigos, que se reflejase en los respectivos créditos presupuestarios. Pero no contaba ni con lo uno ni con lo otro.

Así se lo dije al presidente nada más reanudarse la actividad normal, tras las vacaciones. Si en los Presupuestos para 1987, que debían aprobarse a finales de septiembre, no se modificaba la distribución de competencias entre Hacienda y el MAP, reconociendo a éste algún poder en materia de retribuciones y de plantillas, casi todo lo que yo pudiera proponer para mejorar el funcionamiento de la Administración estaría supeditado a los criterios de Hacienda. Junto con Teófilo y algunos otros colaboradores, elaboré un documento detallando punto por punto los cambios que sería necesario introducir en la Ley de Presupuestos para dotar al MAP de las herramientas mínimas que le permitiesen pasar de las simples palabras a los hechos concretos.

Carlos Solchaga se resistió a ceder parte de sus competencias. Ambos nos reunimos varias veces junto con nuestros colaboradores, sin éxito. Borrell defendía las tesis de Hacienda con el mismo énfasis con el que Teófilo Serrano exponía nuestros argumentos a favor del cambio de estatus. Al final, Felipe nos invitó a comer a los dos ministros, pero las espadas siguieron en alto. En vista de lo cual, las cosas se quedaron como estaban. Lo que había sido considerado como una prioridad política no recibía, sin embargo, los medios necesarios para arrancar con probabilidades de éxito.

Me sentí momentáneamente derrotado, pero no arrojé la toalla. Analicé el escenario en el que tendríamos que trabajar. Si no podíamos utilizar los instrumentos idóneos para cumplir con los objetivos marcados, habría que apelar más a la imaginación, inventando otras aproximaciones.

Tomé contacto con algunos consultores acostumbrados a trabajar exclusivamente en el mundo de la empresa privada para plantearles la situación, y les pedí que sugiriesen ideas para superar los obstáculos que se interponían en el camino. Teófilo rastreó la literatura existente en materia de gestión empresarial, para ver hasta qué punto sus criterios podrían ser trasladados, con las oportunas correcciones, al ámbito público. Estudiamos con interés la experiencia británica. Los conservadores de la señora Thatcher se habían tomado en serio la necesidad de hacer más eficiente la administración de los servicios públicos, y publicaban estudios, informes y análisis de gran interés, aunque siempre teníamos cuidado de separar lo que en ellos hubiese de contrabando ideológico. También en el Instituto Europeo de la Administración Pública, con sede en Maastricht, detectamos algunos trabajos de bastante utilidad. Contamos pronto con la colaboración del profesor Joan Subirats, que en la universidad española fue pionero en interesarse por estos temas. Él nos puso en contacto con su colega Michael Barzelay, de Harvard, que viajó en varias ocasiones a España para aportarnos sus conocimientos.

Esa tormenta de ideas se canalizaba a través de múltiples reuniones, debates y seminarios, en los que participaron la práctica totalidad de los altos cargos de la Administración. Como resultado de todo ello, publicamos un Libro Azul —color que habíamos elegido para la imagen corporativa del MAP— denominado *Reflexiones para la modernización de la Administración del Estado*. Sin plantear actuaciones concretas, se exponían en el libro las líneas maestras de la estrategia que creíamos más adecuada.

El Libro Azul proponía la descentralización de una serie de decisiones relativas a los medios materiales y humanos puestos a disposición de los gestores públicos, a cambio de lo cual éstos debían rendir cuentas del grado de cumplimiento de los objetivos que se les hubiesen fijado. Hablaba de la necesidad de multiplicar las auditorías externas sobre la gestión pública, así como los procedimientos de evaluación de las diferentes políticas. Daba importancia al intercambio de experiencias, técnica que luego se ha puesto de moda con su denominación inglesa (*best practices*). Y, por último, apostaba por una mayor profesionalización de los directivos de la Administración, acotando los espacios reservados para los nombramientos de tipo político, y ofreciendo a los altos funcionarios la posibilidad de formarse en técnicas avanzadas de gestión.

DE LA TEORÍA A LA PRÁCTICA

No nos mantuvimos sólo en el plano de la reflexión. Simultáneamente, pusimos en marcha las Inspecciones Operativas de Servicios, especie de auditorías de gestión dirigidas a los organismos públicos. Las IOS, como las denominábamos, después de analizar sobre el terreno la gestión de los servicios, recomendaban estrategias para mejorar el funcionamiento de las unidades administrativas, a la vez que nos proporcionaban una fuente de información para detectar fallos que requerían soluciones más generales.

A través de la Comisión Interministerial de Informática, supervisamos los planes de informatización de los departamentos y organismos, intercambiamos experiencias y sugerencias para el aprovechamiento de las nuevas tecnologías de la comunicación y eliminamos barreras para avanzar en la interconexión de las diferentes redes que se iban implantando en la Administración, cuando todavía vivíamos en los albores de la era de Internet.

También procuramos, aunque no siempre con éxito, introducir mayor racionalidad en las reformas organizativas que planteaban continuamente los ministerios, tratando de buscar fórmulas que les permitiesen funcionar al margen de los rígidos corsés que impone la legislación administrativa.

En la política de personal, extendimos el procedimiento del concurso de méritos como la vía habitual para asignar los destinos de los funcionarios, y modificamos la forma de realizarlos. Gracias a ello, conseguimos restringir los grados de discrecionalidad en los nombramientos de funcionarios. La oposición había hecho de los nombramientos por el sistema de «libre designación» uno de los motivos favoritos de crítica a nuestra política de función pública; la verdad es que, en ocasiones, sus argumentos tenían justificación. Lo que nunca decía AP, sin embargo, era que ese procedimiento ya existía bajo otra denominación desde mucho antes de nuestra llegada al Gobierno. También mejoramos la publicidad sobre las nuevas plazas a cubrir cada año a través de la Oferta Pública de Empleo, e intentamos corregir defectos en los sistemas de selección, así como aumentar las posibilidades de formación continua de los empleados públicos.

Pero, pese a todo, no pude conseguir que el conjunto de la Administración asumiese la estrategia modernizadora que habíamos diseñado como algo propio. La falta de instrumentos para condicionar o incentivar las decisiones que debían adoptar los diferentes ministerios se dejó sentir. Algunos altos responsables de los distintos departamentos se interesaron por nuestras sugerencias, pero otros se opusieron radicalmente a seguirlas, y la mayoría de ellos, bastantes más de los que yo hubiese deseado, consideraban que bastante tenían ya con ocuparse de resolver sus problemas.

Nuestro planteamiento tampoco encontraba eco en el máximo nivel político. El Gobierno tenía la vista puesta en otras prioridades, y no se mostraba muy interesado en analizar estas cuestiones desde una perspectiva global. Michel Rocard, siendo primer ministro con Mitterrand, había reunido a todos sus colegas de Gobierno en un seminario para debatir una estrategia parecida a la que habíamos elaborado en el Libro Azul. Dudé de si proponer una reunión similar que ocupase una de las mañanas de los viernes dedicadas a un Consejo de carácter deliberante, pero rechacé la idea. Los ministros preferían tomar sus decisiones organizativas sin sentirse condicionados por criterios generales que les eran ajenos, y sólo acudían al MAP, y sobre todo a Hacienda, cuando no tenían otro remedio para resolver sus insuficiencias presupuestarias o sus problemas de personal.

La ley más importante que envié al Parlamento durante ese periodo fue la que regulaba la representación y negociación de las condiciones de trabajo de los empleados públicos, que se ha puesto recientemente de actualidad, tras la sentencia de la Audiencia Nacional sobre las retribuciones de los funcionarios. Éstos se habían quedado al margen de los mecanismos representativos vigentes desde la aprobación del Estatuto de los Trabajadores, en 1980; solamente el personal laboral de los diferentes ministerios tenía sus propios comités y negociaban sus convenios colectivos. Pero todos los empleados públicos, con convenio o sin él, funcionarios y laborales, debían poder elegir a sus representantes y tenían derecho a negociar sus condiciones de trabajo, de manera equivalente a la que estaba reconocida en el sector privado, aunque adaptándola a las peculiaridades de la Administración. La principal de esas adaptaciones venía exigida por el hecho de que los Presupuestos de cada año fijaban el porcentaje de aumento salarial que les era aplicable.

La aprobación de la ley no consiguió, sin embargo, mejorar las relaciones entre el Gobierno y los sindicatos representativos de los empleados públicos. Las tensiones existentes antes de la aprobación de la ley, en parte derivadas del clima general de conflicto entre sindicatos y gobierno, se trasladaron a las nuevas mesas de negociación. En los años que estuve al frente del MAP, sólo pudimos firmar un acuerdo con la CSIF, mientras que las federaciones de UGT y CCOO criticaban con acidez nuestra política.

Esas desavenencias se centraban en la moderación salarial prevista en los Presupuestos de cada ejercicio, pero también se extendieron a la petición sindical para que el MAP elaborase, previa negociación con ellos, un nuevo Estatuto de la Función Pública. En eso, coincidían con la oposición parlamentaria. Mi escasa pasión por la producción legislativa, después de haberla usado intensamente en la etapa de Trabajo, chocaba con esa reivindicación. La codificación en un único texto de todas las normas que constituyen, desde un punto de vista material, el estatuto básico de los derechos y deberes de los funcionarios era algo que rechazaba instintivamente. No veía la necesidad de legislar sobre ese asunto por un simple motivo formal. Otra cosa distinta es que se pretendiese la modificación de los principios en los que se fundamentaba la regulación vigente. Pero ése no era el caso. Ni nosotros, ni los sindicatos, ni la oposición, teníamos ideas muy claras sobre los cambios que convenía introducir en los aspectos centrales de la regulación de la función pública.

Pese a todo, a trancas y barrancas, la Administración española se fue modernizando. De manera irregular y sin planes preconcebidos, muchos servicios fueron gestionándose de manera más eficaz gracias, entre otros factores, a la introducción de las nuevas tecnologías. Hacienda era, desde luego, el que más recursos dedicaba a la inversión en la informatización de sus servicios; como encargado de elaborar los presupuestos, cumplía al pie de la letra con el refrán de que «quien parte y reparte...». También se estaban produciendo mejoras de gestión muy sensibles en la Seguridad Social, gracias entre otras razones al plan de informatización iniciado durante mi mandato. También empezaba a notarse en algunos casos la influencia positiva del proceso de descentralización hacia las autonomías. La mayor cercanía a los ciudadanos, el conocimiento de sus auténticas demandas y necesidades, y el control parlamentario ejercido en un ámbito más próximo, presionaban a favor de una mayor eficiencia.

En definitiva, si tuviese que hacer un balance de la política que desarrollé desde el MAP en relación con la Administración pública, diría que estuvo integrada por un amplio catálogo de buenas intenciones, la elaboración y discusión de un diagnóstico muy trabajado sobre los males de nuestro aparato burocrático y, a la hora de la verdad, muchos claroscuros y pocas realizaciones brillantes. Desde muy pronto comprobé que no tenía en mi mano los instrumentos necesarios para hacer las cosas que creía que debían hacerse. Puse por escrito lo que me hubiese gustado realizar, lo cual no es poco tratándose de un sector que no contaba, hasta entonces, con muchos diagnósticos serios; pero muchos de los objetivos marcados se quedaron en el tintero, o en el mejor de los casos fueron llevados a la práctica de forma incipiente y parcial.

¿Sigue vigente la necesidad de una reforma en profundidad de nuestra Administración pública? Si se pretende transformar de una sola vez las bases esenciales de la organización y el funcionamiento de nuestra burocracia, la respuesta es negativa. Ahora bien, es imprescindible mejorar continuamente la calidad de los servicios, contar con personal cualificado, gestionar con eficacia, coordinar actuaciones y aprovechar las nuevas tecnologías. Para todo ello es necesario que alguien diseñe estrategias, provoque el intercambio de experiencias y haga oír su voz en el momento en que los Presupuestos distribuyen unos recursos escasos entre los distintos centros gestores de los servicios públicos.

Meses después de dejar el MAP, el profesor Michael Barzelay me dirigió una invitación para participar, durante tres semanas, en el curso «Senior Managers in Government» que organiza todos los veranos la Kennedy School of Government, de la Universidad de Harvard. Los asistentes éramos un centenar de antiguos responsables públicos; la mayoría de ellos norteamericanos, y media docena procedíamos de otros países. Tras muchas horas de discusión entre nosotros, llegamos a una conclusión válida para todos. Los problemas con los que nos habíamos encontrado tenían bastantes puntos en común, y las soluciones nunca estaban escritas de antemano, ni en inglés ni en español.

Capítulo XI

La relación con los nacionalistas

El mundo de los nacionalistas, con el que ahora tenía que relacionarme diariamente, nunca había sido el mío, aunque tampoco me resultaba ajeno. Como vasco de nacimiento, me he considerado siempre un español de la periferia, tan vasco como español. Mis sentimientos de pertenencia a una nación, sea ésta cual sea, son livianos y no me han producido ningún agobio; como tampoco he sentido nunca especial emoción ante los símbolos que definen convencionalmente nuestra identidad colectiva.

Escuché a mi abuela materna hablar en casa el bellísimo euskera de Oñate, a la vez que salían de su boca las críticas más acerbas contra los nacionalistas. Supe así, desde niño, que no todos los que usaban la lengua vasca eran seguidores de Sabino Arana, al mismo tiempo que era testigo de la absurda persecución que practicó contra ella el franquismo. Aunque mi madre hablaba euskera con bastante soltura, lo que le permitía discutir en el mercado sobre el precio de los pescados o la calidad de las lechugas de caserío, no se decidió a enseñárnoslo a sus hijos. A decir verdad, no le requerí nunca que lo hiciese, ni presté especial atención a la *senyera* valenciana que mi padre tenía colgada en su biblioteca.

Desde mi modesta atalaya, percibía que España no podía reducirse a una idea monolítica; pero eso no me acercaba al imaginario colectivo de los nacionalistas. No compartía sus mitos y sus ensoñaciones. Más bien me mantuve alejado de todo ello, quizás por la abigarrada mezcla de mis orígenes familiares. Soy, en cambio, defensor del autonomismo y de la descentralización política; por mi condición de vasco, pero sobre todo gracias a una cultura política forjada en la época en que el antifranquismo y el autonomismo se fundían de forma inseparable. Mis convicciones a ese respecto tienen que ver más con una aproximación racional a la pluralidad de España y a la lógica del principio de subsidiariedad que al mundo de los sentimientos identitarios.

Ahora, en el MAP, debía aprovechar mi experiencia vital para entablar una buena relación con los nacionalistas vascos y catalanes, interlocutores imprescindibles en la política autonómica. No eran los únicos; pero sí los principales. Sin el entendimiento con los representantes de CiU y PNV y con sus respectivos gobiernos en Cataluña y Euskadi, todo el desarrollo autonómico se resentiría. Leí cuanto pude sobre sus orígenes ideológicos y culturales, sus referencias intelectuales y sus aspiraciones, y dediqué tiempo a reflexionar acerca de las causas de los conflictos y los factores de incomprensión que entorpecían sus relaciones con el Gobierno y, en general, con lo que algunos de ellos denominan «Madrid» o «el Estado».

En Trabajo ya había dedicado muchas horas a debatir con vascos y catalanes las transferencias de competencias, sin llegar muchas veces a acuerdos, pero siempre con buena sintonía personal. En Administraciones Públicas debía moverme, sin duda, en unos parámetros más amplios. Mi aspiración era el establecimiento de un clima de confianza mutuo, que ayudase a lubricar las relaciones de los nacionalistas con el conjunto de los ministerios; pero también aspiraba a definir una estrategia global para orientar nuestra política hacia Cataluña y Euskadi. Lo cual no era nada fácil, ante los malentendidos y desencuentros surgidos entre los partidos nacionalistas y los de ámbito nacional. En algunos casos aquéllos venían de atrás, pero en otros eran fruto de decisiones que se habían adoptado en los últimos años.

Nacionalismo vasco y catalán

Una vez tomada la decisión de que todas las autonomías pudiesen alcanzar un nivel similar de autogobierno —aunque con ritmos distintos— se planteaba el reto de integrar los planteamientos de los nacionalistas en una idea global de España, de la España de las diecisiete autonomías. ¿Tienen cabida sus aspiraciones y pueden encajar sus demandas en el actual modelo de Estado? ¿Cuál debe ser el trato que reciban Cataluña y el País Vasco? ¿Debe ser diferente al de las demás nacionalidades y regiones españolas? ¿Y en el caso de que lo sea, cómo evitar que esa diferencia choque con el principio de no discriminación? Esas y otras preguntas análogas sobrevolaban en las conversaciones que inicié con los representantes nacionalistas en 1986. Pero, en general, no obtenía la misma respuesta si mi interlocutor era nacionalista vasco o catalán.

Los dos nacionalismos —me refiero, por supuesto, a su versión democrática— comparten una serie de rasgos característicos. Uno y otro comenzaron a expresarse políticamente a finales del siglo XIX, al calor de las ideas del romanticismo y como reacción a los esfuerzos centralizadores de los gobiernos de la Restauración. Pretenden ser herederos de tradiciones más antiguas, anteriores al surgimiento del Estado moderno que con tantas dificultades se intentó implantar en España durante ese siglo. Aunque el PNV sea un partido centenario, y CiU una coalición cuyo principal componente es una fuerza surgida al principio de la transición, su ideario se nutre en ambos casos de una historiografía que reinventa el pasado, alimentando mitos y confundiendo lo legendario con lo real.

En el terreno político, los nacionalistas catalanes y vascos apoyaron a los gobiernos legítimos de la Segunda República, por lo que pertenecieron al bando de los vencidos en la guerra civil. Durante las luchas contra la dictadura se establecieron lazos de amistad y de sintonía entre sus representantes, y entre ellos y el resto de las fuerzas antifranquistas.

Pero no todo son coincidencias entre ellos. El nacionalismo catalán tiene unas referencias ideológicas más modernas que las que Sabino Arana proporcionó al PNV. No hay en aquél, a diferencia de lo que sucede con éste, ninguna tentación de fundar su identidad nacional en consideraciones de tipo étnico, sino que sostiene un concepto de nación vinculado a la defensa de la lengua, la cultura y las tradiciones históricas de Cataluña. La mayoría de los nacionalistas catalanes buscan con ahínco la manera de encajar su idea de Cataluña en la de una España plural, aportándole a ésta su visión periférica.

El nacionalismo vasco, en cambio, es más independentista que autonomista, y no siente la necesidad de articular su proyecto en un marco más amplio. Si se pregunta a sus partidarios qué relación desearían mantener con España en el supuesto de que triunfasen sus aspiraciones soberanistas, la respuesta suele ser ambigua, o en el peor de los casos se basa en ideas tan peregrinas como las que muchas veces hemos escuchado a HB y, últimamente, también a Xabier Arzallus.

Como explicación de la dificultad para que los nacionalistas vascos clarifiquen sus ideas sobre la relación que desearían mantener con el resto de España, quizás podría alegarse el que, mientras que la lengua, la cultura y la historia catalanas pertenecen al tronco común latino y mediterráneo, las raíces de lo vasco se pierden en una historia ancestral, sin vínculos conocidos con otras culturas del mismo entorno geográfico. Sus historiadores de cabecera han mitificado la originalidad de sus características y la singularidad de sus orígenes; sus líderes políticos han obviado una reflexión sobre cómo debiera relacionarse con su entorno el país en el que sueñan, e incluso suelen ignorar a veces la composición plural de la población que hoy vive, trabaja y muchas veces sufre en el territorio sobre el que proyectan su particular utopía.

Durante el debate constitucional, las diferencias entre los dos nacionalismos se tradujeron en distintas estrategias políticas. El apoyo electoral que recibió CiU en Cataluña en junio de 1977 fue menor, en porcentaje, que el que obtuvo el PNV en el País Vasco; pero su número de diputados le dio derecho a participar en la ponencia constitucional, cosa que no lograron los nacionalistas vascos. Siempre he pensado que, por razones de conveniencia política, se les hubiera debido integrar en esos trabajos; hay quien opina no obstante que el PNV hubiese acabado adoptando, en todo caso, la misma posición de rechazo a la Constitución.

Pero, con la perspectiva que ahora tenemos, ¿no hubiese merecido la pena intentarlo? Creo que sí. Frente al protagonismo de Miquel Roca como ponente constitucional, se echó en falta en ese debate la voz de Juan Ajuriaguerra, y a su muerte las de Arzallus o Garaicoechea. Cuando empezaron a dejarse escuchar, ya en el debate parlamentario, se había perdido un tiempo precioso. A esa exclusión se respondió desde el nacionalismo vasco con una equivocación histórica: no respaldaron la Constitución, pese a que ésta concede un margen amplísimo de autogobierno y reconoce las peculiaridades forales de los territorios históricos de Euskadi. Todavía hoy estamos pagando las consecuencias de la inflexibilidad y la falta de perspectiva histórica de los responsables del PNV en aquel momento.

El desarrollo estatutario

Un año después, los Estatutos vasco y catalán fueron aprobados y refrendados, esta vez con la única oposición de los radicales del entorno de ETA. En materia de financiación, el reconocimiento de sus derechos forales proporcionó al País Vasco un margen de autonomía fiscal y unos recursos muy superiores a los previstos para Cataluña; por lo demás, los techos competenciales de ambos fueron muy similares. Pero, tal como había sucedido durante la elaboración de la Constitución, CiU y PNV siguieron trayectorias bastante diferenciadas una vez que ambos partidos comenzaron a liderar los gobiernos de sus respectivas Comunidades.

Desde el principio, el diálogo con los catalanes fue pese a todo constante y fluido; mientras que con el Gobierno vasco y con los representantes del PNV en el Parlamento, los altibajos eran continuos. CiU no tuvo empacho en ayudar a la gobernabilidad durante algunos de los momentos más difíciles de los gobiernos de la UCD, manteniendo posiciones firmes en el fondo de sus reivindicaciones, pero con formas moderadas. El PNV, en cambio, llegó a ausentarse del Congreso a raíz de sus discrepancias con Suárez. Sólo cuando la crisis provocada por la dimisión de Garaicoechea como *lehendakari* les obligó a contar con apoyos externos en el Parlamento de Vitoria, los nacionalistas vascos adoptaron una estrategia de mayor moderación.

Como consecuencia de todo ello, durante nuestra primera legislatura no se registraron avances en el encaje definitivo de los nacionalismos en la España autonómica. Es más, tanto CiU como el PNV tuvieron algunos motivos adicionales de preocupación. A finales de 1982 había estallado la crisis de Banca Catalana, y Pujol creyó ver la larga mano del PSOE en algunas de las informaciones en torno a ese caso, que le atribuían responsabilidades penales. La tensión subió de nivel varios grados. Unas frases de Julio Feo, secretario general de la Presidencia del Gobierno, sobre los despliegues protocolarios de Pujol en sus visitas a Madrid, había vuelto a encender la mecha. El fuego se avivó aún más con las desafortunadas declaraciones del delegado del Gobierno en Andalucía Tomás Azorín, que afirmó que el Ejecutivo estaba detrás de las actuaciones del Ministerio Fiscal, que investigaban el comportamiento de Pujol en torno a Banca Catalana. En 1986, coincidiendo con el cambio de Gobierno, los mismos fiscales pidieron el procesamiento del presidente de la Generalitat. El clima entre Madrid y la Generalitat se había crispado extraordinariamente.

Justo cuando más necesario era su concurso para rebajar la tensión creciente entre la Generalitat y el Gobierno central, Roca estaba ausente. Miquel Roca había sido, desde su puesto de portavoz parlamentario de CiU en el Congreso, el mejor interlocutor de la Generalitat en sus relaciones con el Gobierno central. Pero en el momento en que empecé a dirigir el Ministerio para las Administraciones Públicas, no estaba disponible para ejercer esa tarea tan importante. En una operación política muy arriesgada, Roca se había presentado a las pasadas elecciones como candidato a la Presidencia del Gobierno al frente de un partido, el PRD, al que no pertenecía. El resultado es conocido: el PRD no obtuvo un solo diputado, pese a que CiU había mejorado su representación. El varapalo afectó a la figura política de Roca, que durante un cierto tiempo se mantuvo en un prudente segundo plano. Mientras, Pujol interpretó el fracaso del PRD como un rechazo hacia su voluntad de participar en el diseño global de la política española, lo que añadió aún más elementos de tensión entre Barcelona y Madrid.

Pese a ese cúmulo de dificultades, nada más iniciarse la legislatura de 1986 negociamos con éxito el primer modelo de financiación para el conjunto de las comunidades autónomas sujetas al régimen común; es decir, todas menos País Vasco y Navarra. Hubiese sido políticamente imposible acordar ese modelo excluyendo a Cataluña. Junto con Andalucía, era la comunidad que gestionaba un volumen mayor de recursos y de competencias, por lo que era impensable que una cualquiera de las dos no participase en el acuerdo sobre el nuevo sistema. Gracias a la actitud flexible que ambas partes mostramos en los meses de verano, Solchaga pudo presentarse en septiembre ante el Consejo de Política Fiscal y Financiera con una propuesta de modelo de financiación ya pactada con los representantes de la Generalitat. Al cabo de unas semanas, el acuerdo fue suscrito finalmente por la gran mayoría de las comunidades. Sólo votaron en contra dos de las autonomías gobernadas por AP —Cantabria y Baleares— pero acabaron asumiendo los resultados del nuevo sistema en sus respectivas Comisiones Mixtas.

El papel de Cataluña

Como en otros muchos casos, Cataluña había actuado de punta de lanza. La forma en la que se produjeron las negociaciones es ilustrativa de la dinámica del desarrollo autonómico a lo largo de esos años. Normalmente, era la Generalitat quien ponía encima de la mesa una reivindicación —ya se tratase de un nuevo traspaso, de enmiendas parlamentarias de contenido autonómico o de asuntos relativos a la financiación— e intentaba negociar a continuación con el Gobierno central. Si se lograba un acuerdo, las demás comunidades expresaban en un primer momento su temor ante el agravio que supondría que Cataluña obtuviese algo que los demás no tenían; lo cual llevaba a que, con el tiempo, los demás acababan alcanzando para ellos lo conseguido por la Generalitat. Ésta iniciaba de nuevo el proceso planteando nuevas reivindicaciones, intentando preservar su margen diferencial de autogobierno sobre el resto de las autonomías.

El protagonismo de Cataluña, junto a la delegación de responsabilidades que de hecho efectuaban en su favor las demás comunidades, estaba cerrando el camino a la implantación efectiva de plataformas sectoriales de cooperación entre las autonomías y el Gobierno. Pese a que ya todas ellas habían arraigado en sus respectivos territorios, y sus instituciones representativas merecían la adhesión creciente de la opinión pública, todavía entendían que la iniciativa correspondía a la Generalitat.

Como respuesta, tanto los nacionalistas catalanes, como los vascos, apostaban por reforzar los mecanismos de relación bilateral con el Gobierno, rehuyendo en lo posible aparecer en pie de igualdad con el resto de sus colegas. La escasa efectividad de la mayoría de las conferencias sectoriales, pensadas para servir de marco a la cooperación entre las diecisiete autonomías y el Gobierno, no ha sido todavía superada.

En contrapartida, gracias a esa relación bilateral cada vez más estrecha, pudimos ir resolviendo algunos de los conflictos abiertos entre la Generalitat y el Gobierno, que se habían ido acumulando con los años. Mis reuniones con Roca eran cada vez más numerosas, como también lo eran los viajes de Pujol a La Moncloa, mis desplazamientos a Barcelona, al Palau de la plaza de Sant Jaume, y los contactos entre miembros de ambos Ejecutivos. Creamos una comisión bilateral de cooperación entre el Estado y la Generalitat, que sirvió para recubrir de una cierta formalidad las reuniones que celebrábamos en el MAP sobre los asuntos más diversos.

Un día se trataba de evitar que un determinado proyecto de ley invadiese competencias estatutarias; otras veces nos teníamos que ocupar de resolver conflictos de competencias tratando de que no llegasen hasta el Tribunal Constitucional; o de aliviar tensiones entre los ministerios y las consejerías correspondientes de la Generalitat. Analizamos la manera de colaborar desde los presupuestos al esfuerzo de normalización lingüística. También manejamos diversas fórmulas para que los gobiernos autonómicos pudiesen estar asociados a las decisiones de los Consejos de Ministros comunitarios, cuando sus deliberaciones versasen sobre competencias de las autonomías.

Este proceso fue creando entre nosotros un clima de relación personal y de comprensión mutua muy positivo. El papel jugado por Miquel Roca, en cuanto volvió a asumir su papel de interlocutor privilegiado ante los diferentes ministros, fue muy eficaz. Con la inestimable ayuda de Francisco Tomás y Valiente, que me había mostrado su preocupación por el retraso que se iba acumulando en el Tribunal Constitucional en la resolución de los asuntos autonómicos, establecimos un sistema de desistimiento pactado de recursos de inconstitucionalidad y de conflictos de competencias. La jurisprudencia del Tribunal empezaba ya a ser abundante, y con base en ella nos dedicamos a revisar uno por uno los conflictos pendientes, además de prevenir que surgiesen otros nuevos.

A partir de aquel momento, la carga de trabajo del Tribunal en materia autonómica empezó a decaer de manera ininterrumpida. Paco Peña y su equipo de colaboradores en la Secretaría de Estado realizaron un magnífico trabajo para aportar el esfuerzo correspondiente en la flexibilización de posiciones. Estudiaron en detalle toda la jurisprudencia del Tribunal, idearon fórmulas de compromiso y se emplearon a fondo para convencer a los ministerios de la necesidad de transigir hasta el límite de lo razonable. Todo ello a la vez que defendían con firmeza y enorme competencia profesional los intereses del Estado.

Sin embargo, no todo fueron facilidades en el empeño de amortiguar conflictos y mantener con Pujol y con CiU unas relaciones fructíferas. La caída del Muro de Berlín en 1989 permitió el renacimiento de las ideas nacionalistas en todo el centro y el este de Europa. Al desaparecer el sistema totalitario, los sentimientos nacionales que habían quedado sometidos bajo el régimen de partido único y la vigilancia de Moscú afloraron a la superficie. Las fronteras europeas se movieron por primera vez desde la Segunda Guerra Mundial.

Los nacionalistas vascos y catalanes seguían atentos la evolución de los acontecimientos. El presidente de la Generalitat recorrió muchos de los países del antiguo bloque comunista, identificando la realidad catalana con la de quienes accedían ahora al libre ejercicio de sus derechos nacionales. En medio de esa efervescencia, yo temí en algún momento que de las palabras de Pujol se derivase la aspiración de superar el marco estatutario. Sus discursos de entonces dejaban mucho margen de ambigüedad, abriendo resquicios que él mismo, cuando lo creía oportuno, se encargaba sin embargo de cerrar.

En una de mis últimas visitas a su despacho oficial antes de abandonar el ministerio, Pujol me confesó que si tuviese que tomar de nuevo las decisiones que había adoptado en el comienzo de la transición, actuaría de otra manera. Pensaba que en 1977 había pecado de un exceso de responsabilidad, renunciando a una parte de sus reivindicaciones en aras del consenso. En especial, se arrepentía de haber aceptado que Cataluña estuviese acogida a un sistema de financiación similar al de las demás comunidades, frente a la posición ventajosa de los vascos, que no sólo habían logrado el reconocimiento de su foralidad, sino que, según él, recibían otros privilegios —por ejemplo, la financiación de la policía autónoma— pese a su voto negativo a la Constitución. Pujol añadió, con amargura: «No quisiera tener que reconocer que todo ello se haya debido a la presión de las pistolas». Años más tarde, en la delegación de la Generalitat en Madrid, Pujol me volvió a expresar una reflexión análoga, aunque esta vez le vi menos convencido de que su razonamiento pudiese tener consecuencias prácticas.

Pujol es, para mí, uno de los políticos más importantes de este periodo democrático de nuestra historia. Defiende sus ideas con gran coherencia interna y haciendo un esfuerzo intelectual considerable para dotarlas de rigor. Lo hace con firmeza, pero a la vez con responsabilidad y lealtad hacia el marco constitucional, que ha apoyado en todo momento aunque le hubiese gustado ampliarlo en lo referente al autogobierno de Cataluña. Junto con Miquel Roca, ha marcado al nacionalismo catalán contemporáneo con una impronta de moderación, de responsabilidad y de modernidad. Discrepo de sus planteamientos nacionalistas, pero son dos personas a las que respeto y valoro mucho. Sin su concurso, la consolidación del Estado de las autonomías hubiese sido aún mucho más difícil.

Mis contactos con el PNV

La relación con los nacionalistas vascos durante el verano de 1986 también se enfrentaba a numerosos obstáculos. Ni con UCD, ni a lo largo de nuestra primera legislatura, se había podido pactar entre el Gobierno vasco y el central un cupo definitivo, que permitiese un desarrollo pacífico del concierto económico. Sin acuerdo financiero, era muy difícil, por no decir imposible, que el desarrollo del Estatuto de Guernica se efectuase a la velocidad adecuada. Y esas trabas contribuían a frustrar la esperanza de que el Estatuto ganase legitimidad a los ojos del nacionalismo más radical, pese a que los ciudadanos vascos apreciaban el elevado nivel de autogobierno logrado gracias a él.

Fallaba así un elemento primordial para la existencia de un buen clima de entendimiento entre los dos gobiernos; aunque ambos tuvieron la inteligencia de poner a salvo casi siempre, al margen de sus discrepancias, la coordinación de sus actuaciones en la lucha contra el terrorismo.

Durante la legislatura anterior, mis contactos con el PNV habían sido intensos y fáciles desde el punto de vista personal, pero poco fructíferos. Conocía personalmente a Garaicoechea y a muchos de sus principales colaboradores en el Gobierno vasco. A él lo había visto en Bruselas, cuando viajó allí como presidente de la Cámara de Comercio de Navarra. Nunca imaginé entonces que aquel elegante empresario, que iba acompañado de un primo suyo procurador de las Cortes franquistas, se convirtiese en *lehendakari* a partir de las elecciones de 1980, sucediendo a Ramón Rubial, que había estado al frente del Consejo General Vasco durante el periodo preautonómico.

El estilo adusto de Garaicoechea en su relación con el Gobierno central le convertía en un interlocutor difícil. En cambio, el diálogo con la mayoría de sus consejeros era más fácil. Mario Fernández y Pedro Luis Uriarte habían sido profesores míos en Deusto; a Javier García Egocheaga lo había tratado en las épocas de UGT; Javier Caño y Jesús Larrañaga eran compañeros de curso. En todos los casos, la amistad personal servía para suavizar los desacuerdos. Algunos de sus colaboradores, como José Luis Zubizarreta o Xabier Albistur, hacían lo posible por intentar aproximaciones, aunque ni ellos ni nosotros fuimos muchas veces capaces de encontrarlas.

Los principales escollos que ya habíamos encontrado en Trabajo volvían a estar encima de mi mesa. Pero la situación del PNV no era la misma. Garaicoechea se había enfrentado desde Ajuria Enea a la dirección de su partido, encabezada por Xabier Arzallus. El pretexto había sido la distribución de las competencias entre el Gobierno autónomo y las diputaciones forales, aunque realmente de lo que se trataba era de un pugilato por el poder. Su conflicto interno tuvo resultados funestos para los nacionalistas. El partido retiró su confianza en el *lehendakari*, que se vio obligado a dimitir. Posteriormente, Garaicoechea fundó otro partido, Eusko Alkartasuna, para disputar el espacio electoral de sus antiguos compañeros. Arzallus también dimitió como presidente del Euskadi Buru Batzar, aunque volvió a ser elegido para ese cargo en febrero de 1986.

El *lehendakari* Ardanza empezó, nada más tomar posesión en 1985, a ofrecer una imagen de mayor moderación y sensatez que la que había caracterizado a su antecesor. Ante el árbol de Guernica, prometió el acatamiento de la Constitución. Sus planteamientos abrieron una puerta de esperanza para la recuperación del diálogo y la superación de los conflictos enquistados durante los años precedentes. A ello contribuía la personalidad del *lehendakari*, pero también la influencia de sus nuevos socios parlamentarios del PSE-PSOE. El apoyo de éstos era ahora necesario para garantizar su estabilidad parlamentaria.

En esas condiciones, y con unas elecciones autonómicas convocadas para noviembre de 1986, la relación con los nacionalistas iba a depender en el futuro de los resultados que se registrasen en esa fecha. Los socialistas vascos superaron en escaños, aunque no en votos, al PNV. Éste se vio perjudicado por los votos conseguidos por Eusko Alkartasuna. Por otro lado, AP cosechó una estrepitosa derrota, que condujo a la dimisión de Fraga como líder nacional. Ante la composición del nuevo Parlamento, Txiki Benegas llegó finalmente a un acuerdo de coalición con el PNV, cediendo la presidencia a Ardanza.

Fue una decisión muy controvertida, que aún hoy sigue siendo debatida. ¿Supuso reconocer que los nacionalistas disponían de una legitimidad especial para gobernar en Euskadi? ¿Cuándo sería posible encontrar de nuevo una situación así, que facilitase la alternancia? En aquel momento, sin embargo, la cesión de la *Lehendakaritza* a favor de Ardanza parecía más natural de lo que podría pensarse a la vista de una situación como la actual.

Tras el intento fallido de alcanzar un acuerdo tripartito PSE-EA-EE, el hecho de que el PNV hubiese obtenido mayor número de votos permitió encontrar argumentos a favor de una decisión que los socialistas vascos asumieron haciendo gala de un alto sentido de la responsabilidad.

El balance de la gestión del primer Gobierno de coalición PNV-PSE fue en todo caso muy positivo. Nada más constituirse, celebramos en el MAP una serie de reuniones con los principales interlocutores del nuevo Gobierno: el *vicelehendakari* Ramón Jáuregui y el consejero de la Presidencia, y dirigente del PNV, Juan Ramón Guevara. A alguna de ellas se incorporaron Xabier Arzallus y Txiki Benegas. Al cabo de pocos días, habíamos logrado desbloquear dos de las cuestiones más intrincadas de las muchas que se habían ido enquistando durante los años anteriores: los traspasos del Insalud y del Inserso. Los nacionalistas querían que la financiación de esos servicios se hiciese mediante el sistema de concierto, basándose para ello en una interpretación del Estatuto que no compartíamos. Nosotros defendíamos la unidad de caja del sistema de Seguridad Social, y no estábamos en condiciones de ceder competencias recaudatorias sobre las cotizaciones sociales, ni tampoco por supuesto la aplicación a las mismas del mecanismo del cupo.

Después de darle muchas vueltas, pactamos una fórmula que satisfizo a ambas partes. La parte del Insalud y del Inserso que se financiaba a través de cotizaciones sociales seguiría recibiendo transferencias de crédito de la Tesorería de la Seguridad Social —no había por tanto ruptura de la caja única— fijándose el porcentaje de las cuotas recaudadas que correspondía al País Vasco en el 6,24 por ciento del total de los presupuestos de cada entidad, la misma cifra utilizada para calcular el cupo, en vez de la que hubiese correspondido en función del porcentaje de población protegida. A su vez, la parte de la financiación procedente de impuestos sí se incorporaría a los mecanismos del concierto económico, deduciéndose del cupo.

Poco después, Carlos Solchaga pudo también lograr un acuerdo sobre la integración del nuevo Impuesto sobre el Valor Añadido en el concierto económico, y sobre la cuantía del cupo definitivo para el siguiente quinquenio. Con Juan Ramón Guevara, que se convirtió pronto en un interlocutor tan asiduo y razonable como Miquel Roca, establecí pronto una relación bilateral franca e intensa, siguiendo las mismas pautas establecidas con los representantes de la Generalitat. Asimismo funcionaron de manera bastante satisfactoria los mecanismos para reducir el número de conflictos, logrando desistir de muchos de ellos, y se normalizaron las relaciones entre los ministerios y las consejerías respectivas, sobre todo en los casos en que ambos interlocutores eran socialistas.

La presencia de los socialistas vascos en el Gobierno, junto a su participación en los gobiernos de las diputaciones forales y de muchos ayuntamientos hasta entonces dirigidos por equipos nacionalistas, permitió al PSE estar en contacto con muchos sectores de la sociedad vasca a los que hasta entonces llegaba con dificultades. El partido pasó de ser una organización de resistencia —extraordinariamente valiente y preparada para hacer frente a los ataques terroristas, pero muy encerrada en sus feudos tradicionales y en las Casas del Pueblo—, a estar presente en la calle, en las escuelas y en las universidades, en los círculos culturales e intelectuales. Los socialistas vascos se reencontraron con sus propias raíces, acabando con la identificación entre vasquismo y nacionalismo. Como colofón de esa transformación, por la que habían luchado una parte de sus dirigentes, especialmente los guipuzcoanos, Ramón Jáuregui consiguió derrotar en el congreso del PSE a la candidatura encabezada por García Damborenea, quien algún tiempo después abandonaría el partido.

La coalición entre el PNV y los socialistas vascos tuvo también efectos muy positivos sobre la acción antiterrorista. Coincidiendo con el comienzo de una fase de contactos entre el Gobierno y ETA, que culminaron en las famosas conversaciones de Argel, los partidos políticos democráticos consiguieron poner a un lado sus diferencias y suscribieron, en noviembre de 1987 en Madrid y dos meses más tarde en Vitoria, sendos acuerdos para compartir la misma estrategia en la lucha contra ETA y aunar esfuerzos en pos de la pacificación y normalización de Euskadi. Poco tiempo después, los partidos navarros hicieron lo propio en Pamplona.

Los acuerdos de Ajuria Enea fortalecieron la unidad de todos los demócratas, nacionalistas o no. Con ellos, se negaba cualquier atisbo de esperanza a quienes, apoyándose en la violencia, querían ganar un pulso a las instituciones y a la inmensa mayoría de los ciudadanos. Allí se fijaron con claridad las condiciones de una política de reinserción, mientras sus firmantes cerraban la posibilidad de cambiar el marco estatutario por procedimientos distintos a los previstos en sus propias normas. Los terroristas comprobaron que nunca conseguirían doblegar a la democracia. El diálogo con ellos quedaba circunscrito, a partir de los acuerdos, a la solución de los problemas personales de quienes decidiesen poner fin a su actividad criminal y renunciasen a vías violentas para perseguir sus metas.

La mesa de Ajuria Enea, organismo creado para el seguimiento de los acuerdos, fue durante una década el mejor instrumento para que los partidos democráticos, con el *lehendakari* a la cabeza, liderasen a la sociedad vasca en su lucha por la paz, aislando a los terroristas y a sus aliados políticos. Eso se consiguió gracias al previo entendimiento entre los socialistas y los nacionalistas vascos democráticos, y a las relaciones de confianza que se establecieron entre Ardanza y Arzallus por un lado, y Jáuregui y Benegas por otro. Con su inteligencia habitual, Kepa Aulestia, líder de la fracción de Euskadiko Eskerra que no se integró en el PSE, participó también en el origen de esa iniciativa.

En marzo de 1991, al finalizar mi estancia en el MAP, quedaban bastantes cuestiones autonómicas pendientes de solución entre Madrid y Vitoria. Los traspasos del Insalud y del Inserso no pudieron ir seguidos de los del INEM, el INSS o la Formación Profesional Ocupacional. La diferente interpretación de la Constitución y del Estatuto impidió acordar la culminación del desarrollo competencial iniciado diez años antes. La dificultad mayor seguía residiendo en la manera de entender cómo podrían articularse los principios del concierto económico con la defensa del principio de caja única de la Seguridad Social.

Todavía no ha sido posible encontrar una solución satisfactoria para ambas partes. Bien que lo siento. Siempre he defendido el sistema de solidaridad implícito en la caja única, pero valoro al mismo tiempo la enorme importancia política que tiene la legitimación del marco estatutario como espacio para la convivencia de todos los vascos. Nada me hubiese agradado más que haber podido encontrar, a través del diálogo, una fórmula que diese satisfacción a las demandas que me planteaban Ardanza y Juan Ramón Guevara. Ambos son un magnífico ejemplo de nacionalistas leales con las instituciones, firmes en sus objetivos pero moderados en la forma de defenderlos, comprometidos con su país pero sin necesitar para ello convertir al resto de España en una caricatura. Ojalá que el PNV cuente en el futuro inmediato con muchos dirigentes como ellos, y que puedan encontrar en Madrid gobernantes con una altura de miras similar a la de quienes alcanzaron, en condiciones muy difíciles, el pacto estatutario. En la actualidad faltan esos políticos, tanto en el Gobierno de Madrid como en el de Vitoria.

El PP y los nacionalistas

La victoria del PP en 1996, y su pacto parlamentario con el PNV, ofrecieron una oportunidad magnífica para corregir las posturas cada vez más encontradas que ambos partidos venían manteniendo respecto de los problemas del País Vasco y, en particular, de la política antiterrorista. Desde que asumió el liderazgo de la oposición, Aznar se fue desmarcando de forma progresiva de la estrategia común que todos habíamos pactado en 1988. Su postura contraria a la reinserción contradecía uno de los puntos más importantes de los acuerdos de Ajuria Enea, e iba acompañada de críticas al Gobierno en esta materia, dentro del clima general de enfrentamiento y de crispación de aquellos años. El PP sostenía posiciones que estaban en los antípodas de las tesis nacionalistas, pensando sin duda en que no necesitaría de sus votos para formar una mayoría parlamentaria.

A su vez, el PNV también exploraba ya desde comienzos de los noventa la viabilidad de una política alternativa, buscando la convergencia con los planteamientos soberanistas de ETA y de HB. Considerando que la vía estatutaria estaba agotada, Arzallus y Eguibar apostaron progresivamente por «una estrategia de construcción nacional», que superase sus divergencias con el nacionalismo radical y sirviese además de argumento a los que, dentro de ETA, deseaban poner fin a las acciones terroristas. El mensaje que enviaban al mundo radical era muy claro: ¿qué sentido tiene la violencia, si la unidad de todos los *abertzales* nos va a permitir alcanzar las mismas metas por vías políticas?

Sin embargo, cuando Aznar requirió del apoyo de sus cinco diputados en el Congreso, en la primavera de 1996, el PNV no había roto aún definitivamente con los principios de Ajuria Enea. ¿Por qué los compromisos en política antiterrorista no formaron parte del pacto de legislatura entre PP y PNV? ¿Cómo fue posible que las coincidencias en el resto de las políticas seguidas por el primer Gobierno Aznar conviviesen con un desencuentro tan profundo en un asunto de tanta trascendencia? Los socialistas formulamos muchas veces esas preguntas en voz alta, pero no encontramos respuesta en ninguno de los dos partidos. Arzallus negociaba con HB al tiempo que sus diputados apoyaban a Aznar en Madrid, y a cambio éste daba vía libre a una modificación del concierto económico extraordinariamente generosa. Las concesiones que realizó el Gobierno del PP a favor de los nacionalistas no exigieron sin embargo que éstos manifestasen su lealtad al Estatuto y a los compromisos suscritos con el resto de las fuerzas democráticas.

En esas condiciones, el pacto de Ajuria Enea tenía cada vez más dificultades para sobrevivir. Ninguno de los dos partidos mayoritarios —el PP en toda España y el PNV en Euskadi— se preocupaban excesivamente por ello. El asesinato de Miguel Ángel Blanco en julio de 1997, y la fortísima reacción ciudadana que se generó en las calles de Ermua y de todo el País Vasco, aceleró los acontecimientos. La especial brutalidad de ese asesinato dio argumentos al sector de ETA favorable al abandono de la violencia, y la hipótesis de una tregua era cada vez más verosímil; el temor del PNV a verse desbordado por el «espíritu de Ermua» puso viento en las alas a quienes, en su seno, defendían la estrategia de construcción nacional, que según decían iba a constituir «la pista de aterrizaje» para que HB optase definitivamente por las vías políticas; el PP vio que ése era el momento adecuado para reforzar su discurso en contra del nacionalismo vasco y ganar espacio electoral, aun arriesgando que éste rompiese sus pactos parlamentarios en Madrid.

El *lehendakari* Ardanza hizo un último intento para salvar el pacto de Ajuria Enea, presentando a comienzos de 1998 un plan de pacificación y normalización que pretendía rehacer el consenso entre las fuerzas políticas. Pero no tuvo éxito. El «plan Ardanza» tenía elementos aceptables: afirmaba que el diálogo político no podría avanzar si la violencia continuaba existiendo, y fijaba como punto de partida imprescindible de ese diálogo el marco institucional vigente. Pero en cambio, apostaba por el «ámbito vasco de decisión», al pedir a los partidos e instituciones estatales que aceptasen de antemano los acuerdos que se alcanzasen por las fuerzas políticas vascas. Siendo esto último imposible de aceptar por el PP y por el PSOE, aquel plan hubiese debido servir, no obstante, para entablar a partir de él un debate serio sobre el futuro de la estrategia que los demócratas habíamos acordado diez años antes.

Solicité al presidente que el Gobierno y el PSOE elaborásemos una respuesta común y constructiva ante la propuesta de Ardanza. Que no ocultase nuestros elementos de discrepancia, pero que aceptase entrar en un diálogo con él, que salvase a la mesa de Ajuria Enea de una crisis definitiva. Pero Aznar, haciendo gala de una enorme inflexibilidad, se negó a esa posibilidad. A partir de ese momento, el pacto de Ajuria Enea era papel mojado: entre el PNV y el PP, habían acabado con él.

Los socialistas estuvimos situados, durante todo ese proceso, entre dos fuegos. Desde que dejamos el Gobierno central, tras la derrota de 1996, nuestra capacidad para presionar al PNV había disminuuido considerablemente. Tampoco quisimos convertir las discrepancias con la política antiterrorista del Gobierno en motivo de discrepancia pública; no le íbamos a pagar con la misma moneda, pese a la actitud irresponsable que él había mantenido desde mucho antes de su llegada a La Moncloa. De acuerdo con los socialistas vascos, decidí que el Gobierno de España no debía quedarse solo, y nos sumamos a regañadientes a su posición de no negociar el «plan Ardanza». Antes del verano de 1998, cuando se acercaban las elecciones vascas y los rumores sobre una próxima tregua de ETA eran cada vez más intensos, el PSE decidió abandonar el Gobierno de coalición con el PNV, ante la evidencia de que éste había optado definitivamente por ir de la mano de HB.

Lo sucedido a raíz de la declaración de tregua, en septiembre de 1998, es conocido. El PNV firmó el pacto de Lizarra; Ibarreche llegó a la presidencia gracias a los votos de HB, rechazando antes nuestra oferta para tratar de recomponer la coalición; y el PP cayó definitivamente en un furibundo antinacionalismo. Aznar, por su parte, tenía que responder ante la tregua. Su actitud no era del todo coherente: estaba obligado a actuar para intentar prolongar al máximo la duración del cese de los atentados, pero al mismo tiempo declaraba a quien le quisiese oír que la tregua era una trampa.

Pese a contar con la unanimidad del Parlamento tras de sí, el Gobierno condujo con torpeza la política penitenciaria. Al cabo de varios meses, en mayo de 1999, tres representantes del presidente del Gobierno, entre ellos su asesor electoral, mantuvieron una reunión con ETA. Las condiciones de la banda armada para su abandono definitivo de la violencia seguían siendo inasumibles para cualquier demócrata. En la conversación que mantuve con Xabier Arzallus en Madrid, en noviembre de 1999, confirmé lo que ya me temía: la tregua de ETA estaba rota de hecho desde el verano anterior. Pocos días después, ETA lo hizo público.

En esa reunión con Arzallus, celebrada por cierto en un clima agradable y rodeado de gran expectación, me sorprendió la manera tan rotunda con la que el líder del PNV formulaba sus convicciones soberanistas: su tono era distinto al de ocasiones anteriores. Salí con la sensación de que, en los dos últimos años, algo muy profundo se había roto entre ellos y nosotros. El diálogo entre socialistas y nacionalistas, tan necesario para construir un País Vasco plural y en paz, requería sin embargo que sus planteamientos volviesen a ser los que el PNV había mantenido hasta épocas recientes.

La recomposición de un consenso que agrupe a todos los demócratas en una misma mesa y borre la línea divisoria entre nacionalistas y no nacionalistas sigue siendo la condición necesaria para abordar, a partir de ahí, una solución duradera al problema vasco.

El reciente acuerdo firmado por el PP y el PSOE representa un primer paso en esa dirección, que necesita nuevos impulsos, tanto para acoger a otras fuerzas democráticas como para desarrollar sus propósitos. Sin duda, la derrota de ETA pasa por una acción policial eficaz y duradera. Pero eso sólo no basta. Es la sociedad en su conjunto, con las instituciones y las fuerzas políticas liderándola, quien debe movilizarse para vencer al terror y a la sinrazón, consiguiendo así que los valores de la libertad, la paz, la tolerancia, el respeto a los derechos humanos y la pluralidad impregnen hasta el último rincón de Euskadi y de toda España.

Los nacionalistas, sean autonomistas o soberanistas, tienen todo el derecho a expresar y defender libremente sus ideas, aunque no encajen en el actual marco constitucional. Éste es susceptible de cambios; ningún ordenamiento jurídico, por mucho respaldo que tenga en un momento determinado, es inmutable. Los nacionalistas más radicales pueden estar seguros de que su voz va a ser escuchada, y sus ideas debatidas y sometidas a votación, en el Parlamento vasco y en las Cortes generales. En contrapartida, ninguna idea puede imponerse en contra de la voluntad de los ciudadanos expresada libremente; no es admisible que nadie intente someter a los demás mediante el chantaje de la violencia, la ayuda del terror o la búsqueda de la resignación o el desistimiento de quienes se sienten amenazados por una banda de asesinos.

El futuro del País Vasco lo tendrán que decidir sus ciudadanos. Todos los ciudadanos vascos: hayan nacido allí o no, se sientan más vascos o más españoles, hablen en euskera o en castellano. Y en la medida en que esa decisión afecte a la integridad de España, las instituciones comunes de todos los españoles tienen que expresar su opinión, según las reglas establecidas democráticamente en nuestra Constitución.

Porque el auténtico conflicto vasco no deriva, a estas alturas, de unas hipotéticas libertades nacionales cercenadas en el siglo XIX. El auténtico conflicto vasco consiste en que, a las puertas del siglo XXI, una parte minoritaria de sus habitantes no asume las reglas más elementales de la convivencia democrática.

Capítulo XII

Mi salida del Gobierno

El resto de mis interlocutores en las autonomías eran casi todos socialistas. Con mis compañeros, el diálogo era fácil y fluido. En 1986, la política autonómica no era una cuestión problemática en el interior del PSOE, aunque había generado algún conflicto serio años atrás. Quizás el mayor de todos ellos fue la dimisión de Rafael Escuredo al frente de la Junta de Andalucía a comienzos de 1984, por sus discrepancias con los sectores del partido más reacios a una auténtica descentralización política, y a los recelos que despertaban sus iniciativas y su fuerte personalidad.

AP solamente gobernaba, cuando me hice cargo del MAP, en tres comunidades autónomas. Sus presidentes no tenían excesivo peso e influencia en la dirección de su partido. El único de los tres que era escuchado con cierto respeto en la calle Génova era Gabriel Cañellas. Cañellas quería mantener en Baleares el mayor margen de independencia posible respecto de sus dirigentes nacionales, de los que me hablaba con gran distancia y escasa consideración. Gerardo Fernández Albor, el presidente de la Xunta de Galicia, no pasaba de ser el delegado de Fraga en su feudo, en espera de que éste decidiese retirarse de la política nacional y hacerse fuerte en Santiago de Compostela. Por último, Cantabria era un lugar muy conflictivo para la derecha. Con independencia de quién ocupase la Presidencia de la comunidad, que atravesaba una crisis permanente, quien de verdad llevaba la voz cantante era el entonces alcalde de Santander, Juan Hormaechea. Este personaje atrabiliario, imprevisible y bastante despótico, que en 1987 pasó a presidente de la comunidad, movía los hilos de las fuerzas conservadoras de la región basándose en técnicas caciquiles de la peor especie.

En esas primeras negociaciones comprobé que, en el caso de AP, la opinión de cada una de sus tres autonomías se acababa imponiendo sobre los criterios que emanaban de la dirección nacional de su partido. Un joven diputado llamado José María Aznar, que se encargaba de esos asuntos en Alianza Popular, intentaba sin éxito hacer valer sus opiniones frente a las que manifestaban, cada uno por su lado, sus compañeros de los gobiernos regionales. La debilidad de la dirección de Alianza Popular reflejaba la delicada situación por la que estaba atravesando el principal partido de la oposición. Tras el fracaso cosechado en las elecciones vascas de noviembre de 1986, Fraga presentó su dimisión como líder del partido. Desde ese momento hasta que, tres años más tarde, Aznar consolidó su liderazgo interno, la crisis de AP dificultó su interlocución, en materia autonómica y en otros terrenos, con el Gobierno.

En febrero de 1987, Antonio Hernández Mancha accedió a la Presidencia de AP, tras derrotar a Miguel Herrero de Miñón en el congreso extraordinario convocado para cubrir la vacante de Fraga. A finales de marzo, presentó una moción de censura contra Felipe González, intentando consagrarse como alternativa de Gobierno; pero hizo el ridículo, y quemó en poco más de un mes su crédito político.

Sin embargo, debido al desgaste que empezábamos a sufrir los socialistas, y no a los méritos de la derecha y de su nuevo líder, Alianza Popular y los partidos regionalistas nos arrebataron el gobierno de algunas comunidades y ayuntamientos, a raíz de las elecciones municipales y autonómicas que se celebraron en junio. José María Aznar en Castilla y León, Joaquín Espert en La Rioja, Hipólito Gómez de las Roces en Aragón y Fernando Fernández en Canarias se unieron a Hormaechea, Cañellas y Fernández Albor como presidentes autonómicos. Los presidentes no socialistas ya superaban en número a los pertenecientes al PSOE, aunque ni a Pujol ni a Ardanza les agradaba ser incluidos en el mismo bloque que sus colegas de la derecha no nacionalista.

Recorrí España en unos pocos días para asistir a las tomas de posesión de los nuevos mandatarios. En cada una de ellas, mis discursos hicieron una llamada a la cooperación, ofreciéndoles a los nuevos responsables autonómicos mi mejor disposición para entablar unas relaciones estrechas, fluidas y fructíferas. No obstante, desde el comienzo empezaron a plantearse dificultades desconocidas hasta entonces. La coincidencia de las tomas de posesión me impidieron acudir personalmente a las de los presidentes de Canarias y de Aragón; en este último caso, Francisco Peña, que viajó en mi nombre al palacio de la Aljafería, recibió un intolerable desplante por parte de las nuevas autoridades. Decididamente, las cosas habían cambiado.

Aznar, presidente autonómico

En el castillo de Fuensaldaña, sede de las Cortes de Castilla y León, di posesión de la Presidencia de la Junta a José María Aznar, y aproveché para intercambiar con él algunas palabras. Desde 1982 habíamos coincidido en el Congreso, donde le había escuchado hablar sobre temas autonómicos. Pero salvo algún encuentro ocasional, nunca le había tenido frente a mí hasta ese momento. Algo sabía, sin embargo, acerca de su estilo político. Mientras buscaba su nominación como candidato a la Presidencia de la Junta, Aznar se había distinguido por sus ataques despiadados hacia Demetrio Madrid, quien tuvo que dimitir de la Presidencia autonómica por unos problemas judiciales derivados de la crisis de su pequeña empresa familiar. Cuando años más tarde Demetrio fue absuelto por los tribunales con todos los pronunciamientos favorables, echó en falta una llamada de quien tanto le había atacado sin fundamento.

A partir de su acceso a la presidencia, vi a Aznar con cierta asiduidad. Pese a su aspecto frío e impenetrable, pude conocer algo más su carácter y su talante. En Castilla y León se dedicó básicamente a cultivar sus dos grandes obsesiones: el poder y la imagen. Desde la Presidencia autonómica, agrupó fuerzas y buscó apoyos para iniciar su aterrizaje al frente de la dirección nacional de AP. En el congreso extraordinario había apoyado al perdedor, y Hernández Mancha mantenía con él una gran distancia. Aznar se disponía a iniciar desde Valladolid la travesía que debía conducirle al liderazgo de su partido.

Su presencia al frente de una institución dotada de un poder efectivo muy escaso le permitía disponer, sin embargo, de medios suficientes para construirse la imagen de un gobernante austero y eficaz, a base de la utilización demagógica de algunas medidas triviales, como la supresión de las tarjetas de crédito de sus consejeros para pagar los gastos de representación. En sus primeros escarceos en Madrid como aspirante al liderazgo nacional, se presentaba con una etiqueta neoliberal, abrazando con entusiasmo el dogma que por aquellos años patrocinaban Ronald Reagan y Margaret Thatcher. Más adelante, cuando lo que le interesó fue aproximarse al Partido Popular europeo, hizo gala sin embargo de sus ideas democristianas. Ya desde esa época, superados sus planteamientos juveniles, José María Aznar se distinguía por no prestar excesiva atención a los asuntos ideológicos.

Como responsable autonómico, no se preocupó demasiado de fijar con rigor sus posiciones sobre el Estado de las autonomías. Desde su toma de posesión tras las elecciones de junio de 1987, los líderes autonómicos conservadores, y Aznar entre ellos, empezaron a plantear la necesidad de abrir cuanto antes la espita de la ampliación de competencias, prevista para cuando se cumpliesen cinco años desde la aprobación de los Estatutos de las autonomías de la llamada «vía lenta» del artículo 143 de la Constitución. Ese plazo vencía, según los casos, entre el segundo semestre de 1987 y los primeros meses del año siguiente. Cada uno de los presidentes regionales de AP planteó sus reivindicaciones sin encajarlas en ninguna visión global, lo cual me parecía preocupante.

La segunda fase del desarrollo estatutario

En otoño de 1987 celebramos en el Senado el segundo debate sobre el Estado de las autonomías, y aproveché mi discurso para aludir al proceso que podía abrirse a partir del cumplimiento de esos plazos en los meses venideros. Tomando nota de las primeras peticiones que había recibido, lancé la oferta de un pacto, dirigido tanto a los partidos como a las comunidades afectadas, para utilizar el artículo 150-2 de la Constitución como vía para realizar la ampliación competencial de manera racional y ordenada. Este artículo permite que, a través de una ley orgánica, el Estado pueda delegar o transferir sus propias competencias, bajo determinadas condiciones y con ciertos límites. Para evitar las críticas que pudiesen surgir desde el purismo autonómico, propuse que, una vez asumidas las nuevas competencias, cada Parlamento autonómico llevase a cabo los trámites necesarios para reformar su correspondiente Estatuto, e integrar en él lo que se hubiese previsto antes en la ley de aplicación general.

Mi planteamiento requería, ante todo, que se entablase una negociación entre los dos grandes partidos nacionales, y necesitaba además, a mi juicio, un nivel de consenso como el que había presidido la fase precedente del desarrollo autonómico, definida en los acuerdos de 1981. Quería evitar con ello que las iniciativas para desencadenar la ampliación surgiesen de manera descoordinada, pues eso hubiese generado diez reformas estatutarias diferentes, quebrando el camino de racionalidad recorrido hasta entonces.

Las críticas a mi propuesta, procedentes de todos los ángulos, no se hicieron esperar. El rechazo de AP no era extraño; vino desde la dirección de Hernández Mancha, que para entonces ya se tambaleaba, y también desde las comunidades presididas por la derecha, con Castilla y León al frente de todas ellas. Desde el comienzo de ese debate, Aznar abanderó a quienes reclamaban que se hiciesen las reformas estatutarias comunidad por comunidad. Es fácil imaginar que, si desde el corazón de Castilla se sostenían posiciones tan descentralizadas y carentes de una visión global, las demás regiones no quisieran quedarse atrás. En el año posterior al cumplimiento del plazo para solicitar el aumento del techo competencial, las ofertas de negociación que tanto Felipe como yo hicimos, tratando de conducir el proceso con una visión global, cayeron en saco roto.

Tampoco fue bien recibida la oferta en algunos sectores de mi propio partido. Al preparar la intervención para el debate autonómico en el Senado, consulté su contenido con Felipe González, que dio su visto bueno al planteamiento, incluida la posible utilización del artículo 150-2. Pero Guerra, que no había estado presente durante el debate del Senado, manifestó *a posteriori* su rotundo desacuerdo. El vicepresidente no creía necesario iniciar el proceso en esos momentos, y además se sintió marginado de una decisión que, estimaba, debía haberle sido consultada de antemano. Varios ministros también manifestaron sus recelos. Para sus departamentos, la generalización de los traspasos de competencias —sobre todo los de Educación y Sanidad— implicaba renunciar a la gestión directa de la mayor parte de los servicios que prestaban, y no les era fácil asumir ese escenario.

Las dudas se extendieron, incluso, entre algunos de los socialistas que presidían comunidades beneficiarias del aumento competencial. Por una parte, estaban recibiendo presiones, en su territorio, para iniciar el procedimiento de reforma estatutaria sin esperar un posible acuerdo a escala nacional. Por otra, en la Vicepresidencia de nuestro Gobierno y en la dirección federal del partido, encontraban en el mejor de los casos con grandes dosis de escepticismo hacia la fórmula que yo había propuesto.

Para entonces, mi peso político en el PSOE había perdido muchos enteros. Si en el congreso de 1984 me había quedado fuera de la Comisión Ejecutiva, a raíz del 31 Congreso, celebrado en enero de 1988, ya no pertenecía ni siquiera al Comité Federal. En esas condiciones, sólo el compromiso firme y explícito del presidente podía garantizar que mi propuesta saliese adelante. Pero, igual que sucedía con la estrategia para la modernización de la Administración, el desarrollo competencial tampoco era en esos momentos una prioridad política. Tendrían que transcurrir tres años para que este asunto volviese a ocupar un lugar relevante en la agenda del Gobierno.

En julio de 1988 se produjeron importantes cambios en la composición del Gobierno. Por primera vez, entraron a formar parte del mismo dos mujeres: Rosa Conde como portavoz y Matilde Fernández como titular del nuevo Ministerio de Asuntos Sociales, que reunía competencias procedentes de varios departamentos. Javier Solana dejaba la portavocía y el Ministerio de Cultura, cuyo nuevo titular era Jorge Semprún, y asumía Educación; José María Maravall pagaba, con su salida del Gobierno, el precio de la crisis estudiantil. También se incorporaban Claudio Aranzadi, sustituyendo a Croissier en Industria; Enrique Múgica, que ocupó el lugar de Fernando Ledesma en Justicia, y José Luis Corcuera como ministro de Interior. Barrionuevo pasaba a Transportes, dirigido hasta entonces por Abel Caballero.

El PSOE empezaba a sufrir en aquellos años algunos conflictos internos, que contribuían al desgaste del gobierno, que se puso en evidencia el 14-D. La cohesión interna en materia autonómica, que nos había caracterizado hasta entonces, empezó a dar paso a una situación diferente. El presidente andaluz Rodríguez de la Borbolla y el de la Comunidad de Madrid Joaquín Leguina atravesaban situaciones delicadas, enfrentados en sus federaciones a quienes gozaban de los favores de la Ejecutiva de Ferraz. La Secretaría de Política Autonómica de la Ejecutiva, dirigida desde su salida del Gobierno por Abel Caballero, se ocupaba más de tomar partido en los conflictos internos que de servir como elemento de coordinación de nuestros representantes en las diferentes instituciones. En esas condiciones, mi margen de maniobra era muy estrecho.

Razones y consecuencias del 14-D

La huelga general del 14 de diciembre de 1988 había supuesto un toque de atención demasiado ruidoso como para obviar de nuevo una reflexión seria sobre lo que estaba sucediendo. En ausencia de una oposición parlamentaria coherente, los sindicatos tomaron la iniciativa para discutir la actuación de los gobiernos socialistas, y para nuestra sorpresa fueron acompañados por la inmensa mayoría de la población, aunque ello no suponía en absoluto que todos los que participaron en la huelga se identificasen con las reivindicaciones y los argumentos de las centrales sindicales.

La visión irreal de aquellas calles vacías, con todos sus comercios cerrados, podía explicarse mejor analizando algunas causas políticas que intentando leer un plan de empleo juvenil que figuró en las proclamas de los sindicatos pero nunca llegó hasta la mesa del Consejo de Ministros.

¿Cuáles fueron esas razones? De una parte, la necesidad de protestar frente a un determinado estilo de gobernar, prepotente, poco dialogante, que consideraba que la razón estaba siempre de parte de quien ejercía el poder, sin tener en cuenta que, en democracia, éste se ejerce gracias a la voluntad de unos ciudadanos maduros, que desean ser escuchados y tenidos en cuenta para algo más que la simple introducción de un voto en la urna cada cuatro años. De otra, entre quienes respondieron a la llamada de los sindicatos querían conseguir un reparto equitativo del crecimiento. Había calado la idea de que se había acabado el tiempo de los sacrificios y el ajuste económico, que había presidido la acción del Gobierno hasta entonces, y que ahora había llegado la hora de recoger los frutos de la cosecha.

Frente a esas aspiraciones, en los ojos de la gente estaban presentes las imágenes de los que se estaban haciendo multimillonarios, aprovechando la recuperación económica para beneficiarse de lo que se denominaban vulgarmente «pelotazos». Algunos de los más significados exponentes de esa cultura, como Mario Conde y Javier de la Rosa, se dedicaron a exaltar esa imagen, al tiempo que aparentaban contar con el visto bueno del Gobierno. Más tarde, los mismos medios de comunicación que habían comprado para proyectar su modelo, fueron utilizados de manera despiadada contra ese mismo Gobierno, una vez que comprobaron que éste no se rendía ante sus pretensiones.

En fin, en la parálisis casi total del país tuvo también que ver el miedo. Cuando la noche anterior al 14-D, la señal de TVE fue bruscamente interrumpida desde el repetidor de Navacerrada, las dudas que todavía planeaban sobre la conciencia de muchos ciudadanos acerca de su participación en la jornada de paro se resolvieron por la línea de menor resistencia: si las cosas habían llegado tan lejos como para dejar a toda España sin televisión, había que ser un héroe para salir por la mañana siguiente a enfrentarse a los piquetes.

No supimos prever de antemano lo que se avecinaba, ni tampoco interpretamos correctamente todas las lecciones que se derivaron de aquella advertencia masiva. La salida de aquella explosión de protesta contra nosotros, liderada por la UGT de Nicolás Redondo, fueron unas conversaciones agrias que, pese a no culminar con acuerdos, llevaron al gobierno a trastocar los equilibrios macroeconómicos. Las dos victorias electorales consecutivas durante 1989, primero en las europeas y después en las generales, nos produjeron una falsa sensación de alivio.

Pero después del 14-D, ya nada sería igual; la relación con los sindicatos atravesó años aún más difíciles que los que yo viví desde el Ministerio de Trabajo. Sus críticas hacia nuestra política tuvieron un efecto deslegitimador incomparablemente más eficaz que todos los discursos procedentes de las filas de la oposición de derechas. Para cuando pudimos recomponer un diálogo sobre bases distintas, las cosas habían llegado demasiado lejos.

LA CRISIS DE AP

La derecha no estaba en condiciones de consensuar con el Gobierno la política autonómica hasta que no superase la inestabilidad en la que vivía desde la dimisión de Fraga. Y para ello faltaban aún dos años. En febrero de 1988, cuando sólo habían transcurrido doce meses desde la elección de Hernández Mancha, Aznar decidió plantear batalla abiertamente y propuso la convocatoria de un nuevo congreso. Poco después, pidió públicamente a Fraga que volviese a dirigir el partido. En octubre de ese año, Fraga, que seguía instalado en su despacho de la calle Génova, preparaba el congreso solicitado por Aznar. En enero de 1989, Mancha arrojó la toalla, renunciando a pelear para mantenerse en el puesto. Días después, el congreso acordó cambiar el nombre histórico de AP por el de Partido Popular, designó de nuevo a Fraga como líder del partido y lanzó a Marcelino Oreja como líder electoral, con una primera cita en las elecciones europeas de junio de ese mismo año.

El fracaso de Oreja abrió las puertas de la designación de Aznar como candidato del PP a las elecciones generales, convocadas para octubre de 1989. Fraga se recluyó en Galicia, y consiguió ganar por primera vez en su vida unas elecciones, las autonómicas gallegas de diciembre de ese mismo año. Asistí a su toma de posesión en la sede del Parlamento gallego. Durante su discurso, se le quebró la voz y se le saltaron las lágrimas, mientras las calles de Santiago estaban ocupadas por grupos de gaiteros que acudieron a acompañarle en su primer día como presidente. Domingo García Sabell, nuestro delegado del Gobierno, decidió que lo más conveniente era que, al acabar el acto, comiésemos extramuros de la ciudad, para no vernos rodeados por tanta gaita fraguista. A los pocos días de ocupar su nuevo cargo, y haciendo honor a la imagen acuñada desde los años sesenta, Fraga visitó en un solo día a más de media docena de ministros, a los que fue depositando encima de sus mesas unos voluminosos mamotretos, repletos de cifras y gráficos, que no había forma de leer.

La huelga general del 14 de diciembre de 1988 permitía a la derecha, después de seis años de derrotas, albergar de nuevo alguna esperanza en sus posibilidades de victoria; la situación electoral del PSOE ya no parecía inexpugnable. Bien es verdad que en los meses posteriores al 14-D nos habíamos recuperado, ganando con holgura las europeas de junio. Pero la tensión marcó la vida política española desde la noche electoral del 29 de octubre de 1989, fecha de las elecciones generales.

El PP impugnó y llevó ante los tribunales los resultados en varias circunscripciones electorales, por lo que el debate de investidura se celebró en un clima de provisionalidad; no teníamos ni siquiera la certeza de mantener los ciento setenta y cinco diputados que nos habían sido asignados en primera instancia, lo que nos proporcionaba la mayoría raspada de la cámara. Felipe obtuvo la investidura en la primera votación, gracias al apoyo del canario Luis Mardones, único diputado de la Agrupación Tinerfeña Independiente, pero anunció durante su discurso que se sometería a una cuestión de confianza en cuanto los contenciosos quedasen resueltos.

Aznar empezó a ejercer de líder de la oposición optando por la confrontación abierta con el Gobierno, sin dejar margen a la posibilidad de intentar mantener posiciones consensuadas sobre algunos temas de Estado. La política autonómica no fue una excepción. Desde la Presidencia de Castilla y León, el nuevo líder de la derecha había mantenido sus posiciones pensando únicamente en sus objetivos particulares, ahora seguía profundizando en ese mismo perfil, usando un tono crispado y logrando una creciente repercusión en los medios. La discusión de los propios resultados electorales, y la irrupción del escándalo de Juan Guerra nada más iniciarse la legislatura, proporcionaron argumentos adicionales a quienes ya habían decidido de antemano que la victoria del PP sobre el PSOE sólo podría alcanzarse después de una labor de oposición prolongada, dura y sin concesiones. Poco después, en abril de 1990, Aznar fue elegido presidente del PP, sustituyendo de una vez por todas a Fraga.

EL CLIMA SE ENRARECE

El día 6 de diciembre de 1989, los miembros del Gobierno en funciones fuimos convocados a acudir a La Moncloa nada más finalizar la recepción que todos los años organiza el presidente del Congreso para conmemorar el día de la Constitución. Pensé que Felipe nos quería comunicar sus ideas generales sobre la legislatura, antes de proceder a efectuar cambios en el Gobierno.

Según fuimos llegando al palacio, tomamos asiento en el patio de columnas, rodeando el sofá blanco en el que se solía situar el presidente. Una vez acomodados los más rezagados, y provistos de una copa de vino como aperitivo, Felipe nos comunicó que había decidido no modificar la composición del Gobierno formado en julio de 1988 hasta que se hubiese debatido y votado la cuestión de confianza. Paco Ordóñez pidió la palabra antes que nadie, para recordar que su deseo era abandonar en cuanto fuese posible sus responsabilidades como ministro de Asuntos Exteriores, pues tenía problemas de salud que no explicitó, pero que muchos ya conocíamos. Felipe le pidió, sin embargo, que se mantuviese en el cargo durante el tiempo imprescindible para superar la provisionalidad en la que nos encontrábamos; a raíz de ese momento, la conversación derivó hacia temas de menor trascendencia. Nos fuimos de allí confirmados en nuestro puesto, aunque por un plazo indeterminado y más bien precario.

Los quince meses que mediaron entre esa reunión y mi salida del Gobierno fueron, en general, un periodo de tiempo desaprovechado. A la inflexibilidad de la oposición y a las tensiones con el partido se unía ahora la provisionalidad del Gobierno. Alfonso Guerra, que en teoría debía supervisar las orientaciones de la política territorial del Ejecutivo, no sólo disentía de la estrategia que yo había avanzado, sino que además se vio afectado desde finales de ese año por el escándalo en torno a las actividades de su hermano. En esas condiciones, Felipe no tenía interés en provocar en el seno del Consejo ninguna discusión que pudiese envenenar aún más el clima enrarecido en el que nos movíamos. El año 1990 fue un año pródigo en escándalos, rifirrafes con la oposición y batallas internas de partido, pero muy escaso en realizaciones desde el Gobierno.

Tras la dimisión de Guerra, en enero de 1991, el cambio de Gobierno tuvo que esperar a que finalizase la guerra del Golfo, iniciada en ese mismo mes. Durante las semanas que duró el conflicto bélico, el Gobierno estaba reducido, de hecho, al gabinete de crisis constituido para el seguimiento diario de los acontecimientos. A los demás ministros, se nos suministraba información a través de un sofisticado sistema de sobres lacrados, que en ocasiones incluían datos de gran interés; pero a veces, se nos daban a conocer, como si fuesen auténticos secretos de Estado, noticias a las que podíamos tener acceso mediante la simple lectura de los teletipos de la Agencia EFE.

Vuelta a casa

Por fin, a comienzos de marzo se produjo el cambio. Yo lo llevaba esperando desde hacía tiempo, consciente de que mi gestión al frente del MAP ya no daba más de sí. Como suele suceder en estas ocasiones, cuando recibí en mi casa un sábado por la tarde la llamada de Felipe, ya sabía cuál era el motivo de la llamada. Me acerqué a su despacho al caer la tarde, y casi antes de tomar asiento le anticipé que me parecía lógico lo que me iba a plantear.

Mantuvimos por espacio de cerca de una hora una conversación relajada, propia de dos amigos que toman una copa vestidos de manera informal. Quise saber quién sería mi sucesor, y cómo estaba diseñando las características del nuevo Gabinete. Felipe me dijo que había sondeado a Txiki Benegas para ofrecerle mi puesto, pero que finalmente no lo había aceptado, pues prefería quedarse como «número tres» del partido. Juan Manuel Eguiagaray, que había sido delegado del Gobierno en el País Vasco y en Murcia, sería quien me sustituyese.

De los ministros de 1982, dejaban conmigo el Gabinete Barrionuevo y Carlos Romero. También salían del Gobierno Jorge Semprún y Enrique Múgica, nombrados en julio de 1988, así como Javier Sáenz de Coscolluela. Felipe me pidió que intentase convencer a José María Maravall para que aceptase por segunda vez formar parte del Gobierno. Javier Solana y yo cenamos con él al día siguiente, pero no conseguimos que abandonase de nuevo su actividad académica e investigadora, que había reanudado con gran intensidad a raíz de su salida del Ministerio de Educación, tres años antes.

Entraron a formar parte del nuevo equipo mi amigo Pedro Solbes, a quien conocía desde los tiempos de Bruselas y de quien desde entonces tenía un magnífico concepto de su valía profesional y humana; Tomás Quadra —que volvía al Gobierno como titular de Justicia—, Jordi Solé Tura, Josep Borrell y Julián García Valverde. Pero la principal novedad era el ascenso de Narcís Serra a la Vicepresidencia, cubriendo el hueco que había quedado vacante dos meses antes, con la dimisión de Guerra.

Con Narcís en La Moncloa, encargado de seguir de cerca las cuestiones autonómicas, los proyectos que yo había dejado encima de la mesa iban a retomar un nuevo impulso. Juan Manuel Eguiagaray se encargó, durante los dos años que duró su mandato, de completarlos, perfeccionarlos y conducirlos a buen puerto, lo que me produjo una gran satisfacción. Meses después del reajuste ministerial, Aznar hizo una excepción a su actitud de enfrentamiento sin cuartel con el Gobierno, enfundó sus armas por unas horas y firmó con Felipe González y Benegas unos acuerdos autonómicos de un tenor parecido al de las propuestas que yo había elaborado a partir de 1987, y que no pudieron prosperar entonces. Los acuerdos permitieron desbloquear el desarrollo estatutario en las autonomías de la «vía lenta», y también despejaron la negociación de un sistema de financiación que mejoraba el acordado en 1986.

Conocía a Juan Manuel Eguiagaray desde los años del colegio. Más tarde fuimos a la misma universidad, y los dos optamos por seguir una trayectoria diferente a la de la mayoría de nuestros compañeros, alejados del mundo de la empresa privada y asumiendo compromisos políticos para luchar por nuestras ideas. Traspasé los poderes en una preciosa sala del primer piso de Castellana 3 decorada con tapices goyescos. No me gusta utilizar tonos solemnes, y no los utilicé al dejar el MAP en manos de un bilbaíno inteligente, extraordinariamente responsable, muy trabajador y excelente persona. Nos dimos un gran abrazo ante los altos cargos del departamento, y ambos pronunciamos unas pocas palabras emocionadas.

Algunos de mis colaboradores estaban a punto de llorar, por lo que aceleré mi salida de la sala, con el compromiso de verles cuanto antes en un contexto más relajado y mantener los lazos de amistad trenzados durante esos años. Le dije a Concha, que estaba muy triste, que advirtiese al conductor y a los escoltas que no les iba a necesitar, y que se pusiesen a disposición del nuevo ministro. Acompañado por Miguel Herrero, salí a pie al Paseo de la Castellana, y nos dirigimos al Café Gijón, para tomar una cerveza y disfrutar de la libertad. Tenía cuarenta y dos años, y quería recuperar en la medida de lo posible el tiempo para dedicarme a las cosas de las que había tenido que prescindir durante mi estancia en el Gobierno.

No tenía ningún puesto de responsabilidad en el partido, aunque acababa de ser elegido otra vez como miembro del Comité Federal en representación de la Federación madrileña. Caminar por la calle como un ciudadano más, y vivir sin estar rodeado de colaboradores ni secretarias que me fuesen resolviendo las pequeñas gestiones de cada día, me producía una sensación de desnudez e incluso, a veces, de desvalimiento. Pero ante todo me sentía relajado y animado; tenía ante mí toda una serie de opciones para elegir entre ellas lo que quería hacer con mi vida a partir de ahora. Una semana después de mi salida del Gobierno, ya me había comprado un coche para circular por mi cuenta y un ordenador personal, con el que tenía que aprender a familiarizarme cuanto antes.

Dedicaría más tiempo a mis hijos. Cristina ya tenía once años y Miguel acababa de cumplir ocho, pero ninguno de los dos habían podido estar con su padre normalmente. Compartiría algo más las tareas familiares con Mila, que había asumido sobre sus espaldas todas las responsabilidades que yo no había podido desempeñar, compatibilizándolas con su trabajo en la universidad. Mi padre, que acababa de cumplir noventa años, se había tenido que ir a vivir a Barcelona con mi hermana Luisa, pues ella podía atenderle mejor que nosotros. Allí permaneció hasta que su enfermedad le acabó consumiendo. Regularmente, le visité y traté de pasar algunos ratos con él, aunque cada vez le costaba más comunicarse y permanecer atento a las conversaciones que le rodeaban.

Dejó de existir el 9 de diciembre de 1995, con la misma modestia y tranquilidad con la que había atravesado sus noventa y cuatro años de vida. A última hora de la tarde, recibí una llamada de Luisa, diciéndome que estaba ya muy grave. Mila y yo pudimos tomar el último puente aéreo hacia Barcelona, pero no conseguimos llegar a verle aún con vida. Durante el funeral que se celebró en el cementerio de Collserola, el silencio fue roto, en un momento determinado, por el *Cant dels ocells*, interpretado por el violonchelo de Pau Casals. No pude evitarlo, y rompí a llorar.

UNA NUEVA ETAPA

¿A qué iba a dedicarme a partir de ahora? No quería tomar ninguna decisión apresurada. Me llegaron proposiciones para abandonar el Parlamento e incorporarme al mundo de la empresa, que rechacé sin meditarlo mucho. Algunas buscaban, sin disimulo, aprovecharse de mis contactos y mi influencia; en esos casos, hice patente mi indignación ante el hecho de que alguien pudiese pensar que yo pondría precio a mi honradez. Otras pretendían realmente contar con mi experiencia y mis conocimientos: desde una oferta para entrar en el consejo de administración de una pequeña sociedad de asesoramiento hasta la posibilidad de presidir alguna empresa pública. Pero ese mundo, para el que se supone que me había preparado durante los años de la universidad, seguía sin atraerme. Prefería seguir vinculado de alguna manera con los mismos temas a los que me había dedicado hasta entonces. No tenía ninguna apetencia, pero tampoco me planteaba dejar la política.

Desde mi escaño de la penúltima fila del hemiciclo, analicé con calma las posibles alternativas. Además de asistir a las sesiones del Pleno del Congreso y a las de la Comisión Mixta para las Comunidades Europeas, en la que me había inscrito, intenté ponerme al día de algunas cuestiones a las que no había podido prestar suficiente atención durante los últimos tiempos. Eduardo Martín Toval, nuestro portavoz parlamentario entonces, me asignó un pequeño despacho, que compartía con Carlos Romero. También Teófilo Serrano, que poco antes de mi salida del Gobierno había sido elegido secretario general de la FSM, me acogió en los locales del grupo parlamentario autonómico de la Asamblea de Madrid. Durante esos primeros meses, seguí de cerca el proceso de discusión del nuevo Tratado de la Unión Europea, firmado en Maastricht a finales de 1991, y leí bastante sobre la crisis del Estado del bienestar. De esos y de otros temas hablé en muchas conferencias y charlas, algunas organizadas por el partido y otras muchas por diferentes foros sin significación partidaria, y escribí artículos en la prensa.

Al cabo de pocos meses, había asumido dos compromisos, compatibles con mi presencia en el parlamento. José Luis Leal me ofreció la posibilidad de incorporarme como profesor asociado a la Universidad de Alcalá de Henares, cuyo Consejo Social presidía. Me presté inmediatamente a ello. El rector de la universidad, Manuel Gala, apoyó de forma entusiasta la oferta de José Luis, y durante dos cursos expliqué a los alumnos de cuarto curso la parte del Derecho del Trabajo que guardaba más relación con mi gestión en el ministerio. Por fin pude llevar a cabo, aunque fuese a tiempo parcial, lo que habría querido hacer en Deusto a partir de 1971, a mi vuelta de París.

No sé cuál habrá sido la opinión de los responsables académicos y de mis alumnos sobre mis cualidades docentes, pero en lo que a mí respecta, confirmé que la enseñanza es una de mis vocaciones frustradas. Al ser elegido portavoz del grupo parlamentario, en mayo de 1994, comuniqué al rectorado que no podría prorrogar por más tiempo mi compromiso con ellos. Y lo sentí. Quedé muy agradecido a la Universidad por la posibilidad que me dieron, a la que respondí dedicando tiempo e ilusión.

El paso por Alcalá me permitió conocer de cerca a los universitarios de hoy, y no pude resistir la tentación de hacer comparaciones. En la universidad me encontré con dos tipos de estudiantes: por un lado, los que habían iniciado su carrera nada más finalizar el COU; por otro, los que acudían a clase después de su jornada laboral. Los primeros eran mucho más tímidos y respetuosos de lo que yo imaginaba, en función de mis recuerdos sobre la universidad de mi época. Algunos mostraban gran interés por saber más de lo que se podía explicar durante las clases, pero casi nadie manifestaba interés por la política. En cambio, los que compatibilizaban el estudio con su trabajo, solían convertir la clase en un debate permanente sobre asuntos de la vida real y de su propia experiencia como asalariados; en ocasiones me parecía haber vuelto a mis tiempos de asesor de la UGT.

Antes de finalizar 1991, Miguel Ángel Fernández Ordóñez me llamó, en nombre de la Fundación Argentaria, para ofrecerme la posibilidad de dirigir un programa de estudios sobre la igualdad. Se trataba de profundizar en el concepto de igualdad desde diferentes puntos de vista: filosófico, político, económico, sociológico…, analizando la abundante información empírica disponible, encargando investigaciones en colaboración con la universidad o los diferentes organismos públicos, organizando seminarios, preparando publicaciones y apelando a expertos internacionales. Acepté encantado. Miguel Ángel dejó pronto el grupo Argentaria y pasó a presidir el Tribunal de Defensa de la Competencia con la brillantez e ilusión que le han caracterizado siempre, conjugando sus convicciones liberales con su corazón socialdemócrata. A partir de ese momento, mis interlocutores en la Fundación fueron Francisco Luzón y Marcial Portela, que con lucidez y perspicacia siguieron comprometiendo recursos en el estudio de unos temas alejados del mundo de la política monetaria y de los mercados financieros, pero de un extraordinario interés.

Las jornadas que organicé para dar a conocer los resultados de la primera fase del programa se celebraron cuando acababa de iniciarse la campaña electoral de las generales de 1993. La fecha de las jornadas estaba decidida desde hacía meses, así que la coincidencia no estaba prevista de antemano, pero fue muy oportuna. Los trabajos académicos aportaron elementos de gran interés para el debate político. Con los datos en la mano, el impacto redistributivo de la acción de los gobiernos socialistas durante la década de los ochenta era innegable. Entre 1981 y 1991, el 10 por ciento más pobre de la población había aumentado su participación relativa en la renta nacional en un 14,5 por ciento, mientras que el 10 por ciento más rico había disminuido la suya en un 5,6 por ciento. Muy pocos países europeos podían mostrar en ese periodo un resultado similar.

Y ello no era fruto de la casualidad: el esfuerzo en políticas sociales y en la reducción de las desigualdades había sido considerable. Tanto por el lado de los impuestos, como desde el punto de vista del gasto público. El número de declarantes del Impuesto sobre la Renta de las Personas Físicas se duplicó durante los años de gobierno socialista; el tipo medio efectivo de ese impuesto disminuyó del 5 al 1 por ciento para el 25 por ciento de los declarantes con rentas más bajas, mientras que aumentó del 17,9 hasta el 27,5 por ciento para el 25 por ciento de los declarantes con rentas más altas. El análisis de las políticas de gasto era todavía más contundente. Por poner dos ejemplos: el número de becarios se quintuplicó entre el curso 82-83 y el curso 94-95, y el dinero destinado a becas se multiplicó por doce; mientras que el número de pensiones de jubilación aumentó en un 50 por cien entre 1982 y 1995, y la cuantía media de las pensiones mejoró su poder adquisitivo en un 35 por cien durante esos trece años.

España fue uno de los pocos islotes que emergían por encima de las aguas de la marea neoliberal de aquellos años, y ello se explica por las políticas que habíamos puesto en marcha. Las reformas educativas, la política de pensiones, las reformas tributarias y la universalización de la cobertura sanitaria, junto con la creación de empleo que se produjo en la segunda mitad de la década de los ochenta, habían logrado corregir el sesgo desigualitario que casi siempre introduce el mercado. Los argumentos que los sindicatos reiteraron machaconamente en torno al 14-D, y que eran repetidos tanto por IU como por la derecha hasta sembrar dudas en nuestros propios votantes, caían hechos añicos ante la contundencia de los datos.

Capítulo XIII

La última victoria

Desde el día en que cesé como ministro hasta que empecé a colaborar con José María Maravall en la campaña electoral de Felipe en abril de 1993, transcurrieron dos años. Durante ese periodo, mis relaciones con el Gobierno se habían reducido a unas pocas reuniones con su nuevo vicepresidente Narcís Serra, aunque seguía manteniendo relaciones de amistad personal con varios de sus miembros. Serra me había llamado en varias ocasiones, solicitándome algunos comentarios sobre diversos temas políticos, que redacté sin saber muy bien cuál sería su destino; ahí se acababan prácticamente mis contactos oficiales. Con la dirección del partido, mis contactos era aún más esporádicos.

Tampoco desplegaba gran actividad en el Congreso de los Diputados, aunque presté más atención a la circunscripción de Madrid, tradicionalmente olvidada por sus parlamentarios. En el grupo socialista mantenían entonces su hegemonía los partidarios de Alfonso Guerra, que nos miraban con recelo y desconfianza a los escasos diputados «renovadores», que habíamos quedado en minoría en el reciente congreso de noviembre de 1990. Curiosamente esa pequeña minoría era la que mantenía una mayor identificación con el Gobierno; mientras que entre éste y las direcciones del partido y del grupo, dominadas por Guerra, surgían cada vez más motivos de desencuentro.

Pero nuestros problemas internos, sobre los que volveré más tarde, no eran los únicos que teníamos, ni siquiera los más importantes: la relación del Gobierno con la sociedad empezaban a mostrar serios desajustes, cuando acababa de producirse el mayor reajuste ministerial desde 1982, y no se había alcanzado aún la mitad de la legislatura. Los síntomas de agotamiento de nuestro proyecto de cambio empezaban a acumularse, aunque no parecían verlo así la mayoría de los dirigentes, ni en Moncloa ni en Ferraz. Lo que para mucha gente, entre los que me incluía, era ya un proceso evidente de deterioro, no era percibido así por los encargados de enderezar el rumbo.

Diagnosticar lo que realmente estaba sucediendo no requería, sin embargo, ninguna agudeza especial: bastaba con hablar con la gente de la calle. La recuperación de mis contactos con personas no implicadas en el día a día de la política, entre otras razones gracias a mi nueva actividad universitaria y académica, me permitía tener interlocutores que se expresaban con sinceridad, sin el velo de respeto con el que los ciudadanos suelen dirigirse a quienes están en el poder. En cambio, esas voces cada vez tenían más dificultades para traspasar la barrera que aislaba a quienes tenían que tomar decisiones y frenar el deterioro que empezaba a socavar los cimientos de nuestra mayoría electoral. El Gobierno había perdido una parte de su impulso reformador y del crédito político con el que comenzó sus tareas. Todavía había margen para enderezar las cosas, pero el tiempo empezaba a escasear.

El debate sobre la sucesión de Felipe González al frente del Gobierno, suscitado por primera vez a raíz del 14-D, y la pretensión de Alfonso Guerra de construir desde la dirección de Ferraz un poder alternativo al de Serra y Solchaga, contribuyeron a enrarecer el ambiente entre el Gobierno y el partido, cercenando la capacidad de respuesta de uno y de otro. Dos meses después del cambio de Gobierno de marzo de 1991, los malos resultados de las elecciones municipales y autonómicas de mayo nos indicaron una vez más que no valían las soluciones cosméticas, y que el tiempo disponible se estaba agotando.

Una política económica equivocada

El nuevo Gobierno tenía que atender, de manera prioritaria, tres frentes: la economía, la política autonómica y los acontecimientos previstos para 1992.

En primer lugar, la economía: el ciclo expansivo mostraba síntomas de que se acercaba su final, justo cuando había que implantar una estrategia de convergencia para integrar a la peseta en la moneda única. En la discusión que mantuvo el Gabinete sobre la estrategia económica a seguir, antes de las vacaciones de 1991, Solchaga perdió una batalla crucial frente a la mayoría del Consejo de Ministros. Tras el 14-D, y de nuevo en los Presupuestos para 1990 y 1991, los mayores ingresos derivados del crecimiento económico habían sido destinados a dar satisfacción a las demandas sociales y atender las exigencias sindicales, además de incrementar las inversiones públicas. Carlos Solchaga no sólo no se resistió a ello, sino que al comenzar la nueva legislatura se había puesto a la cabeza de las negociaciones y de los acuerdos subsiguientes con los sindicatos, preparándose quizás para jugar un papel político mayor, en el momento en que la estrella de Alfonso Guerra palidecía. Ahora, en julio de 1991, cuando vio que se necesitaba imprimir un giro a la evolución galopante del gasto, no tenía suficiente capacidad de convicción para imponerse a las apetencias de sus colegas.

Su proyecto de Plan de Competitividad, que pretendía orientar el esfuerzo de convergencia nominal ligado al ingreso de la peseta en la moneda única, defendía con razón unos criterios rigurosos en cuanto a la reducción del déficit público, que fueron suavizados sin embargo por la presión de los principales departamentos de gasto. Con ello, la política económica avanzó aún más en la dirección errónea emprendida al comienzo de la legislatura. Con la peseta integrada en el sistema monetario europeo desde julio de 1989, era urgente controlar el déficit. Pero no ocurrió así. Como consecuencia, los tipos de interés aumentaron más de lo necesario y, tras las primeras turbulencias serias del sistema monetario europeo, se produjeron varias devaluaciones casi seguidas de la peseta.

El precio que tuvimos que pagar por la política económica que seguimos entre 1989 y 1993 fue el de sufrir una recesión más severa que la que afectó a otros países. Ésta se manifestó nada más acabar el tirón de la demanda interna provocado por los acontecimientos de 1992. Durante dos años, la economía registró tasas negativas de crecimiento, y el aumento del paro fue muy considerable. El hecho de que un porcentaje importante de los empleos creados desde la mitad de la década anterior hubiesen sido cubiertos por contratados temporales facilitó la dureza del ajuste. Las fórmulas que yo había impulsado en 1984 y 1985, vistas con perspectiva, tendrían que haber sido corregidas y moduladas en el momento en que se consolidó la recuperación económica, para reducir los abusos y la tendencia enfermiza a la precariedad que manifiesta nuestro mercado de trabajo.

La derecha había encontrado por fin, al comenzar la década de los noventa, un resquicio para basar sus críticas a la política económica del Gobierno en elementos reales. Incluso los nacionalistas catalanes afilaron sus argumentos contra la dirección que habían tomado las cosas. Tanto unos como otros gozaban de la ventaja inherente a la oposición, que consiste en exigir menos déficit público pero, simultáneamente, respaldar cualquier reivindicación que pueda ser atractiva para algún sector de su electorado. En todo caso, la naturaleza expansiva de la política presupuestaria no sirvió para calmar las discrepancias por el otro flanco. Los portavoces económicos del Gobierno mantenían un discurso bastante más ortodoxo que sus políticas; los sindicatos, Izquierda Unida y muchos sectores de nuestro propio partido se basaban en ese discurso para pedir aún más beligerancia desde el lado del gasto público, por más que los datos evidenciaban que la evolución de éste contradecía las proclamas restrictivas del Ministerio de Economía.

Los datos sobre distribución de la renta y reducción de las desigualdades, que se darían a conocer en los estudios de la Fundación Argentaria, todavía no eran públicos, y se había instalado la idea de que los máximos beneficiarios de las reformas puestas en marcha desde 1982 eran los sectores más poderosos de la sociedad, mientras que nuestras políticas no habían sido capaces de favorecer a los más necesitados y aumentar la cohesión social. Nicolás Redondo era uno de los portavoces más significados en defensa de esas tesis falsas, y su voz tuvo una eficacia letal para deslegitimar la acción de los gobiernos socialistas en el terreno socioeconómico. El recorte de las prestaciones por desempleo, que el Gobierno se vio obligado a impulsar a finales de 1992 para hacer frente al incremento del gasto consecuencia del inicio de la recesión, agravó el clima de sus relaciones con los sindicatos.

Desde el PSOE, se seguían haciendo intentos para apaciguar la tensión, pretendiendo ocupar un espacio intermedio entre las posiciones de unos y de otros. Los mismos dirigentes que, en vísperas del 14-D, habían intentado introducir en la UGT una cuña de dirigentes y cuadros favorables a la acción del Gobierno, ahora optaban por una estrategia distinta, pretendiendo influir sobre el Ejecutivo merced a la conclusión de acuerdos con los sindicatos. Había un dato que sin duda influía en ese cambio: Alfonso Guerra ya no era el «número dos» del Gobierno y se había refugiado en Ferraz para, desde ahí, organizar la respuesta a los ataques de que era objeto.

Uno de los frutos de esa nueva estrategia acabó de una manera muy diferente a la que habían imaginado sus impulsores: me refiero a las discusiones sobre la ley de huelga. La necesidad de esa ley era una demanda que se planteaba de manera recurrente desde que, en 1980, el Tribunal Constitucional dictó una importantísima sentencia sobre el decreto-ley de 1977 que regula esta materia. Cada vez que la paralización de los servicios públicos convertía a sus usuarios poco menos que en rehenes de quienes ejercían su derecho a la huelga, se suscitaba la discusión sobre la necesidad de una nueva ley que pusiese coto a los abusos que se estaban produciendo. Sobre todo, se echaban en falta unos criterios equilibrados para determinar cuáles eran los «servicios esenciales para la comunidad», en los que la autoridad correspondiente pudiese fijar unos servicios mínimos para evitar su parálisis total en caso de huelga, sin cercenar los derechos de los trabajadores que apoyasen el paro.

El Gobierno había aprobado un texto que fue objeto, a continuación, de modificaciones pactadas entre el PSOE y los sindicatos. Éstas se alejaban del proyecto inicial en la regulación de los piquetes y en el proceso de fijación de los servicios mínimos; en ambos casos los cambios se inclinaban en favor de las tesis sindicales y en contra de las empresariales. El grupo socialista estaba comprometido a incorporar esas correcciones durante el debate parlamentario, y el propio ministro de Trabajo, Martínez Noval, las había asumido. Pero la convocatoria de elecciones el lunes de Pascua de 1993 impidió que la ley fuese aprobada en segunda lectura por el Congreso, con lo que decayó al disolverse el Parlamento.

El enfado de los sindicatos fue probablemente menor que el de los dirigentes del partido que habían liderado aquella operación; éstos interpretaron la disolución de las Cortes en ese preciso momento como una desautorización a sus buenos oficios. El conflicto se sumó al que los mismos dirigentes protagonizaron esos días al enfrentarse a Felipe González, en torno a la asunción de responsabilidades por el «caso Filesa».

La legislatura, que se había iniciado con un proceso de negociaciones encaminado a cerrar las heridas del 14-D, acababa en medio de un clima de incomprensión recíproca entre los sindicatos y el Gobierno. Los sindicatos habían convocado a comienzos del año 1993 una huelga general contra las medidas adoptadas por el Ejecutivo para moderar el gasto de la protección por desempleo; estábamos sumidos en medio de una fuerte recesión a la que aún no se le atisbaba su final; y el PSOE y los sindicatos seguían estando tan enfrentados como lo estaban los mercados con las orientaciones de la política económica.

El segundo frente al que el Gobierno debía atender era el desarrollo autonómico: había que proceder al desarrollo competencial de las autonomías de la llamada «vía lenta», mejorando simultáneamente la relación con los nacionalismos. En este terreno, se produjo el único acuerdo entre el Gobierno y el principal partido de la oposición de toda la legislatura. En febrero de 1992, se firmaron los acuerdos que desbloqueaban la apertura de la segunda fase de traspasos de competencias a las autonomías del artículo 143 de la Constitución, como ya he comentado anteriormente. Casi simultáneamente, se pactó un nuevo sistema de financiación para todas las Comunidades sujetas al régimen común, que mejoraba al firmado en 1986 sin contradecir ninguno de sus principios básicos.

Además, el Ejecutivo debía poner un énfasis especial en mejorar su sintonía con los nacionalistas vascos, algo crucial para profundizar en el consenso antiterrorista, en un momento en el que los éxitos policiales empezaban a poner a ETA contra las cuerdas.

Y en tercer lugar, el nuevo Gobierno debía velar porque el desarrollo de los acontecimientos que se iban a celebrar en torno a 1992 —la Expo de Sevilla y la Olimpiada de Barcelona— fuesen todo un éxito. Las infraestructuras creadas en torno a cada una de esas ciudades supusieron un activo duradero para ambas y para su entorno. La capacidad gestora de los equipos que se habían encargado de organizar las celebraciones superó la prueba. Con más prisas e improvisaciones en Sevilla, debidas a los cambios que se habían producido entre los responsables de la organización, y con una gran imagen de profesionalidad y de eficacia en el caso de Barcelona. Todo salió más o menos según las previsiones del Gobierno, dejando en mal lugar a quienes le habían pronosticado un sonoro fracaso en este terreno.

CAMINO DE LAS ELECCIONES DE 1993

España acababa, pues, el mítico año 1992, y se acercaba hacia el final de la legislatura, con una imagen exterior y con una cohesión interna muy reforzadas. Incluso el problema terrorista parecía empezar a encarrilarse. ETA no había podido amargar la celebración del 92, tal y como amenazaba en sus comunicados posteriores al fracaso de las conversaciones de Argel, golpeada por la eficacia policial y aislada por el compromiso de los demócratas en torno a los acuerdos de Ajuria Enea, Pamplona y Madrid. Fallaba la economía, pero por graves que fuesen las consecuencias de la recesión en términos de paro, al menos no se trataba ya de una crisis autóctona, sino de una recesión compartida con los demás países europeos, de la que saldríamos.

Este balance, que pese a sus sombras podía catalogarse globalmente como positivo y optimista, no era compartido en absoluto por José María Aznar. Desde la sesión de investidura de diciembre de 1989, el estilo de oposición de Aznar consistió en no conceder ni un minuto de tregua al Gobierno. Ningún asunto debía quedar al margen de la batalla; ningún dato ni elemento positivo, por real que éste fuese, podía quebrar una línea de ataques continuos a la actuación del Gobierno. El instante destinado a los acuerdos autonómicos de comienzos del 92 fue la excepción que confirmaba la regla: todo valía, con tal de deteriorar a Felipe González y al PSOE.

Poco después de la detención de la cúpula de ETA en Bidart, a comienzos de 1992, Aznar se desmarcaba ostensiblemente del consenso reflejado en los acuerdos de Ajuria Enea. Una inversión tan rentable en términos sociales como el AVE Madrid-Sevilla, inaugurado a la vez que la Expo, recibió sus críticas despiadadas. En diciembre de 1992, cuando el presidente del Gobierno consiguió un gran incremento de los recursos de los fondos europeos destinados a cofinanciar nuestras obras de infraestructura, Aznar consideró que Felipe era un «pedigüeño».

El PP e Izquierda Unida se fueron aproximando en su objetivo común de practicar el «acoso y derribo» contra el Gobierno. Los sindicatos, alentados por Nicolás Redondo, se sumaban en muchas ocasiones a esa estrategia, hasta el punto de que el líder de la UGT declaró públicamente que no veía diferencias sustanciales entre las orientaciones económicas del PSOE y las del PP. Las críticas al Gobierno se mezclaban con las dirigidas al partido en torno a su financiación ilegal. El caso Filesa, que había saltado a la luz a mediados de 1991, se complicaba por momentos. A las acusaciones que se formulaban en los medios de comunicación, la dirección de Ferraz respondía con el silencio, o negando una y otra vez su conocimiento de los hechos. Al escándalo de Juan Guerra, que pese a su enorme impacto, estaba basado en un comportamiento irregular de carácter individual, se sumaba ahora el de Filesa, en el que las acusaciones apuntaban suficientes indicios como para pensar en la existencia de un sistema de financiación ilegal organizado desde la propia cúpula del partido.

Felipe González comprobó que la dirección efectiva del partido, con Guerra al frente, no sólo evitaba esclarecer cuáles de los hechos denunciados eran ciertos, y quiénes eran los responsables directos de estos últimos, sino que era incapaz de articular una estrategia seria para afrontar el cúmulo de escándalos que ocupaban de forma creciente la proyección exterior de la actividad de los socialistas, incluida la del propio Gobierno.

En la Semana Santa de 1993, la negativa de los responsables de Ferraz a asumir con claridad sus responsabilidades en el caso Filesa supuso la gota que colmó el vaso de los desencuentros. El presidente del Gobierno se dirigió a la opinión pública el lunes de Pascua, anunciando la disolución de las Cortes y la convocatoria de elecciones anticipadas. La legislatura duró algo menos de tres años y medio; su final se debía, por primera vez desde 1982, a nuestros problemas internos y no a las dificultades para asegurar la estabilidad del Gobierno, en un Parlamento en el que disponíamos exactamente de la mitad de los diputados.

Seguí los acontecimientos de aquella Semana Santa desde la playa de Vera (Almería). Me encontraba físicamente lejos del conflicto, y ninguna responsabilidad me obligaba a participar de los conciliábulos de aquellos días. Pero no era en absoluto indiferente. Desde la distancia procuraba hacer acopio de información, con la que refrendar mis criterios sobre las razones de un enfrentamiento cada vez más agrio entre los dirigentes de Ferraz y Felipe González. Éste intentaba que los ciudadanos recibiesen del PSOE una respuesta clara acerca de quién debía asumir las responsabilidades políticas por haber protagonizado o impulsado actuaciones contrarias a la legalidad y a la ética pública.

Cuando escuché por la radio del coche, volviendo hacia Madrid, las palabras de Felipe anunciando la convocatoria de elecciones, no se me ocurrió pensar que pronto llegarían a su fin mis dos años sabáticos, en los que había permanecido alejado de la primera línea política. Simplemente comenté con Mila, que escuchaba a mi lado atentamente el desarrollo de la conferencia de prensa posterior a la intervención del presidente, que aquellas elecciones, tal y como estaban las cosas, iban a ser muy difíciles para nosotros.

EL PODER DE LA TELEVISIÓN

Casi sin tiempo para deshacer las maletas, me llamó José María Maravall. Quería verme cuanto antes, y el motivo tenía que ver con las elecciones. Felipe siempre tuvo una gran confianza en Maravall, apreciando su enorme competencia intelectual y la sagacidad de sus opiniones políticas. En la Ejecutiva, a la que José María había vuelto en el congreso de 1990, su voz atraía más que ninguna otra la atención del secretario general. Quizás por eso mismo, sus intervenciones provocaban las críticas de quienes constituían el «núcleo duro» de la dirección del partido, seguidores de Guerra.

Ahora, Felipe le había pedido que trabajase directamente con él durante la campaña, para preparar los esquemas de sus intervenciones, elaborar notas sobre temas diversos, analizar las encuestas, acompañarle en sus desplazamientos y servirle de interlocutor privilegiado para valorar la marcha de las cosas. También se ocuparía Maravall de organizar plataformas de intelectuales, artistas y líderes de opinión en apoyo de González, al margen de las siglas partidarias. El encargo suponía, por primera vez, que nuestro candidato hiciese su campaña con un equipo propio no integrado en el Comité Electoral Federal, dependiente de Guerra. Ramón Jáuregui, que había sido llamado para actuar como portavoz del comité y de paso establecer puentes con el equipo de La Moncloa, dimitió a los pocos días a la vista de las dificultades insalvables con que se encontró para llevar a cabo su cometido.

En ese contexto, Maravall me pidió que le ayudase. Él estaba desbordado, con una secretaria para sacar adelante su trabajo, yendo por las mañanas a la universidad, viajando por las tardes y trabajando por las noches. Inmediatamente me puse a su lado. Ayudado por mi ordenador portátil, empecé a buscar datos, pensar argumentos, sugerir ideas o redactar algunos trozos de discurso. Alternaba esa actividad con la propia de un candidato por Madrid: todos los días debía dar algún mitin y visitar los barrios de la capital o de los grandes municipios de la zona sur. Nos habilitaron un par de despachos, que pronto empezaron a ser frecuentados por algunos colaboradores y a llenarse de papeles y documentos.

En esos mismos días, tuvieron lugar las jornadas de la Fundación Argentaria que yo había organizado. Algunas de sus conclusiones fueron utilizadas por Felipe en los famosos debates televisados que llegaron a celebrarse en aquella campaña, como excepción a una regla inexplicable e inaceptable. En cuanto quedaron acordadas las fechas de los dos debates, Maravall se puso a trabajar en su preparación; colaboré con él en la redacción de fichas o en la supervisión de las que se recibían del Comité Electoral y de los distintos miembros del Gobierno.

Por desgracia, Felipe no se preparó el primer debate como requería la ocasión. El día anterior había realizado campaña en Canarias, y después de un vuelo muy accidentado en el pequeño avión alquilado para sus desplazamientos, con emergencia incluida, llegó a Madrid de madrugada. Tampoco el mismo día de la emisión en directo prestó demasiada atención a la montaña de papeles que se le acumulaban en su mesa de trabajo. Incluso las indicaciones técnicas sobre el desarrollo del debate, negociadas por Roberto Dorado en representación del Comité Electoral, sirvieron para poco, pues a la hora de la verdad algunas de ellas no se cumplieron o fueron modificadas sin que nuestro candidato lo supiese de antemano.

Aznar, contra todo pronóstico, barrió de la pantalla a Felipe. La acreditada capacidad de comunicación de éste fue inútil en esta ocasión, frente a la profesionalidad con la que el aspirante había sabido manejar los recursos del medio y las técnicas dialécticas al servicio de sus argumentos. Entre nuestra gente había estupor, y en la opinión pública cundió la idea de que la derecha estaba en condiciones inmejorables, por primera vez desde 1982, para ganarnos unas elecciones generales.

Felipe trató de quitar importancia a su fracaso, pero no podía ocultar su preocupación, y en su interior estaba arrepentido de haber confiado esta vez en la improvisación. José María Maravall mantuvo la cabeza fría, e inmediatamente pidió a dos buenos amigos expertos en televisión y en comunicación política, Miguel Barroso y José Miguel Contreras, que nos echasen una mano. A su vez, José María convenció a Felipe para que, de cara al segundo debate, que tenía lugar a menos de una semana del final de la campaña, dedicase las horas necesarias para prepararlo a conciencia. Felipe aceptó, no sin antes dejar bien claro su escepticismo. Pero era consciente de las responsabilidad que recaía sobre sus hombros: si también perdía en la segunda oportunidad, las elecciones estarían decididas de antemano.

En colaboración con Maravall, seleccioné los datos y las notas que me parecieron más útiles, mientras Barroso y Contreras les dieron forma de acuerdo con el lenguaje que debe emplearse en televisión. Una vez que estuvieron redactados los guiones sobre los diferentes bloques temáticos que se habían pactado para estructurar el debate, Felipe los estudió y los ensayamos, una y otra vez, ante una cámara de vídeo, con Miguel Barroso haciendo de *sparring*. Trabajamos intensamente: corregimos respuestas, imaginamos los ataques posibles de Aznar, preparamos los nuestros con alguna sorpresa incluida para sorprender al adversario y, por supuesto, nos reímos mucho viendo cómo un desconocido en mangas de camisa contradecía a todo un presidente del Gobierno, imitando los gestos estereotipados de Aznar y diciendo: «Mire usted, señor González...». De allí surgió un inicio de debate espectacular, que Felipe bordó ante las cámaras de Tele 5, descolocando a Aznar desde el primer minuto. También aprovechamos las lagunas significativas de su programa electoral en materia de protección al desempleo y de pensiones, para poner en un brete al candidato del PP.

Al final del segundo debate, sentimos una enorme satisfacción. Felipe el que más, que al sentirse ganador desde el comienzo estuvo especialmente seguro y convincente. Notó mucho el trabajo de preparación que habíamos realizado con él. Maravall, Miguel, José Miguel y yo también estábamos exultantes. No podíamos contar a mucha gente en qué había consistido nuestro trabajo, ni mucho menos las condiciones en las que se había tenido que realizar, pero nos sentimos felices por el éxito.

Algunos años más tarde, hablando con Juan Luis Cebrián sobre la manera en la que tuvimos que desenvolvernos durante aquella campaña, me sorprendió que una persona siempre tan bien informada tuviese una versión totalmente tergiversada de la forma en que se habían desarrollado los preparativos de ambos debates. Alguien le había transmitido una historia falsa. Juan Luis estaba convencido de que Maravall y su equipo habían sido quienes habían preparado el primer debate y que, a la vista del fracaso, habrían tenido que ser sustituidos por los expertos del Comité Electoral. Le saqué de su error y tomé nota, una vez más, de cómo se las gasta alguna gente con tal de apuntarse medallas que no les corresponden.

Los debates televisados ayudaron bastante al resultado final. El segundo, por razones obvias; pero hay quien opina, sobre todo en los sectores próximos al PP, que también lo hizo el primero. Según estos análisis, cuando los electores tomaron conciencia de que, tras ganar su batalla dialéctica, el triunfo de Aznar era más probable, empezaron a imaginarse las consecuencias de la llegada de aquella derecha al poder y se lo pensaron dos veces antes de entregarles su voto.

Garzón, en campaña

Además de la campaña de los debates televisados, la de 1993 fue la campaña de Garzón. La operación que llevó a su inclusión en las listas, junto a Ventura Pérez Mariño, es muy conocida; como también lo es la enorme conmoción que se produjo, dentro y fuera del PSOE cuando se hizo pública la noticia. En el partido, Garzón fue recibido con expectación, aunque el rechazo que provocaba entre quienes habían sido objeto directo de sus investigaciones judiciales sobre el GAL era más que evidente. José Barrionuevo no acudió al acto de presentación de los candidatos por Madrid, para no fotografiarse junto a quien pronto sería su compañero de escaño, con quien jamás coincidió durante la campaña.

Sin embargo, la popularidad de Garzón se debía entonces, más que a las investigaciones sobre los GAL, a sus espectaculares actuaciones contra las redes de narcotraficantes de las costas gallegas, lo que le había proporcionado una imagen de persona valiente, muy activa y de moral inquebrantable, dispuesta a todo con tal de que la legalidad democrática prevaleciese frente a todo tipo de delitos. Para un partido que estaba demostrando su incapacidad de reaccionar frente a los escándalos de corrupción y a las violaciones de la legalidad perpetradas por algunos de sus miembros, la presencia de Garzón era una excelente demostración de que no habíamos arrojado la toalla en esa batalla.

Felipe había dicho en televisión, durante uno de los debates con Aznar, que contaba con el juez para seguir luchando contra todo eso. Su anuncio fue sin duda fruto de la improvisación, pero el sentido político de la presencia de Garzón junto al presidente respondía a objetivos claros y precisos. Su incorporación como número dos de la lista por Madrid, por delante de Javier Solana y de mí mismo, iba acompañada del compromiso electoral de alentar desde el próximo Gobierno un fuerte «impulso democrático», que insuflase energías renovadas y una inyección de vitalidad a las instituciones nacidas de la Constitución, acortando la distancia que se estaba empezando a crear entre éstas y los ciudadanos.

Aunque el programa no entraba en muchos detalles sobre las medidas que iba a desarrollar ese compromiso, con la idea del «impulso democrático» queríamos enviar una señal de complicidad a quienes nos estaban exigiendo más beligerancia ante los escándalos y la firme decisión de luchar con todas las consecuencias contra quienes se amparaban en las siglas socialistas para su beneficio particular. En las notas que había discutido con Narcís Serra, con Maravall y con Ignacio Varela a lo largo de la legislatura, habíamos estado de acuerdo en que la oferta socialista en este terreno debía ser mucho más nítida. Ahora lo recogía así el programa, y la presencia de Garzón ponía el foco sobre esa parte de nuestros compromisos.

UNA VICTORIA CONTRA PRONÓSTICO

Durante la tarde de la jornada electoral, nos mantuvimos reunidos en el despacho de Serra varios de los que habíamos colaborado en la campaña de Felipe, poniendo en común los avances sobre la participación, que parecía muy alta, y también los datos que nos proporcionaban quienes habían encargado sondeos a la salida de los colegios. Todo estaba en el aire, aunque parecía más probable la victoria de Aznar.

Como siempre, se habían preparado tres posibles borradores para la declaración que tendría que hacer Felipe durante la noche electoral, valorando los resultados, que fuimos analizando uno tras otro. El primero, serviría para el supuesto de una victoria electoral clara; el segundo, para la derrota sin paliativos; el último, sería utilizado en el caso de unos resultados muy ajustados.

En todos ellos, Ignacio Varela había incluido una frase, ideada por Miguel Barroso, que luego se haría famosa: «he entendido el mensaje». Todos los allí reunidos estábamos de acuerdo en que, fuese cual fuese el veredicto de los electores, la nueva legislatura tenía que marcar un punto y aparte en la actitud medrosa con la que se estaban afrontando desde la dirección del partido, y por extensión desde el Gobierno, la crisis política y en particular los casos de corrupción. Cuando apareció por allí Roberto Dorado, todavía director del Gabinete de la Presidencia aunque mano derecha de Guerra en el Comité Electoral, se echó las manos a la cabeza al leer esa frase, pidiéndonos que fuese suprimida. Dejamos la decisión, lógicamente, en manos de Felipe, que pocas horas más tarde la pronunció con convicción al valorar su triunfo.

Ganamos las elecciones contra todo pronóstico. Las encuestas mostraban en los últimos días que la distancia entre el PP y nosotros se acortaba de forma persistente, pero ni siquiera eso nos hacía concebir demasiadas esperanzas. Joaquín Arango, desde el CIS, auguraba que la victoria de Aznar era más que probable. Incluso los sondeos realizados a la salida de los colegios electorales avanzaron a las ocho de la tarde el triunfo del Partido Popular. Basados en ellos, Javier Arenas y Alberto Ruiz Gallardón no dudaron en cantar victoria antes de tiempo, en una conferencia de prensa. Cuando, hora y media más tarde, los datos del recuento oficial ya señalaban que superábamos en tres o cuatro puntos al PP, coincidí en un estudio de televisión con Ruiz Gallardón, que todavía se resistía a reconocer nuestro triunfo. Aquélla fue, después de la de 1982, la victoria más alegre que yo recuerdo. También la más inesperada.

Felipe estaba feliz. El vuelco que se había producido durante los últimos días de campaña a favor de nuestras candidaturas se debía, sobre todo, al enorme esfuerzo que él había protagonizado a lo largo de toda la campaña. Participó en muchos más actos públicos que en las campañas anteriores, se empleó a fondo para llegar al corazón de la gente, pero utilizando siempre un tono sereno y razones muy profundas, valorando en términos comprensibles para todos el salto que había dado España en los últimos diez años y las tareas que aún quedaban por realizar.

Todavía había una mayoría de votantes que veían en el PSOE suficientes energías como para enderezar el rumbo y superar los síntomas de agotamiento y las actitudes meramente defensivas ante los problemas que se iban a seguir planteando al reanudarse el curso político tras la interrupción electoral. Nos dieron otra oportunidad. Pero esta vez sería la última.

Capítulo XIV

Una legislatura complicada

Los resultados electorales nos obligaban a recabar apoyos que nos permitiesen gobernar con una mínima estabilidad. Enseguida supimos hacia dónde debíamos mirar para buscarlos. En las dos últimas legislaturas, sobre todo a partir de 1989, la mayoría absoluta no había sido óbice para el establecimiento de unas buenas relaciones políticas y parlamentarias con los grupos nacionalistas, y también en ocasiones con el CDS de Suárez. Todos ellos ocupaban el centro del espectro político, y se sentían bastante identificados con los aspectos básicos de nuestra acción de Gobierno.

Ese entendimiento no se había plasmado en ningún acuerdo explícito, en la medida en que los socialistas no habíamos necesitado sus votos, hasta ahora, para sacar adelante nuestras propuestas; pero las coincidencias llegaron a tal punto, que Txiki Benegas denominó al grupo de partidos de centro y de centro-izquierda, de manera no muy afortunada, como «el bloque constitucional».

Quería señalar con ello el consenso existente entre ellos sobre las grandes orientaciones que venían caracterizando a nuestro sistema político desde el inicio de la transición, tanto bajo los gobiernos de UCD como del PSOE. Por el contrario, los extremos del espectro político se sentían alejados de los hábitos de diálogo y de los valores comunes que compartíamos las fuerzas políticas que habíamos vivido la transición.

El PP de Aznar y la Izquierda Unida de Anguita se oponían con tanta radicalidad a su común adversario —el Gobierno socialista—, que no dejaban en su estrategia ningún espacio para el acuerdo, ni siquiera en las cuestiones de Estado. Sólo la lucha antiterrorista, y no siempre, se salvaba de esa dinámica. Pese a la enorme distancia ideológica existente entre ambos partidos, sus críticas al PSOE les llevaron pronto a converger en muchos aspectos de su política.

Con esos antecedentes, es fácil comprender por qué se inclinó Felipe González, tras las elecciones de 1993, por intentar llegar a acuerdos con los nacionalistas. El CDS no había obtenido esta vez representación; en cambio, a los grupos de CiU y del PNV se unía ahora el de Coalición Canaria, que con sus cuatro diputados podría formar esta vez grupo parlamentario, gracias a una lectura un tanto generosa del reglamento.

Los tres grupos nacionalistas mantenían posiciones moderadas en el terreno económico y compartían la opción europeísta y atlántica del PSOE; las dificultades para llegar a un acuerdo con ellos se centraban en la política autonómica. Además, habría que decidir una fórmula para asegurar la estabilidad: un acuerdo de investidura, un pacto de legislatura o un Gobierno de coalición. Esta última no había sido ensayada nunca a escala nacional, desde las primeras elecciones de 1977.

La otra posible opción, el acuerdo con Izquierda Unida, quedó inmediatamente descartada, dadas las divergencias insalvables que se interponían entre ambas formaciones, así como entre sus dos líderes. Julio Anguita se encontraba convaleciendo del infarto sufrido durante la campaña, y Francisco Frutos le sustituyó en los contactos poselectorales, pero ello no significó ningún cambio de orientación en la actitud de IU. La apuesta por la moneda única y por una política económica coherente con ese objetivo, así como la política de seguridad, eran los principales obstáculos programáticos que separaban a los dos partidos de la izquierda. Pero no eran los únicos: la teoría anguitiana de las dos orillas, que pretendía identificar a las políticas socialistas con las propuestas de la derecha, servía a los principales dirigentes de IU de coartada para camuflar su alianza con Aznar frente al PSOE.

El Comité Federal respaldó por amplia mayoría el acuerdo con los nacionalistas. La posición favorable al acuerdo con IU fue defendida, como era habitual, por las escasas huestes de Izquierda Socialista, pero también por algunos dirigentes de Ferraz. Enrique Múgica, entonces miembro de la Ejecutiva, propugnaba incluso una coalición con el PNV y la parte de IU favorable al ingreso de la peseta en el euro, posición que también defendía Nicolás Sartorius desde la minoría de Izquierda Unida.

Despejada esa incógnita, Felipe ofreció a CiU y PNV entrar en un Gobierno de coalición. Pronto recibió algunas reacciones favorables: Miquel Roca era partidario de entrar en el Gobierno. Estaba convencido de que ésa era la mejor fórmula para hacer frente a los retos de la nueva legislatura. Pujol, en cambio, recibió la oferta de coalición con mucha mayor precaución, y acabó descartándola. Todavía no había llegado el momento de que la preocupación del nacionalismo catalán por influir en la orientación de la política española se tradujese en su disposición a participar en el Gobierno.

Frente a lo que hubiese sido imaginable, el PNV manifestó menores reticencias que CiU ante la posibilidad de formar parte del Gobierno. Xabier Arzallus expresó incluso su disposición a ello, pese a la negativa de los catalanes; pero sus cinco votos no eran suficientes por sí solos para lograr la mayoría parlamentaria, por lo que finalmente el acuerdo con unos y otros se limitó al voto favorable en la investidura. Coalición Canaria, por su parte, pasó toda la legislatura deshojando la margarita, llena de dudas sobre si le convenía más apoyar al PSOE o pactar con el PP.

El fracaso de la oferta de coalición fue una lástima. Los acuerdos alcanzados con CiU y PNV no abarcaban todas las áreas de actividad gubernamental, ni estaban suficientemente explicitados, lo que introdujo elementos de inestabilidad en la posición del Gobierno ante el Parlamento. Pero sobre todo, se perdió una magnífica oportunidad para lograr un compromiso global de los nacionalismos periféricos con la política española, que sirviese para avanzar en el encaje definitivo de Cataluña y País Vasco dentro del modelo de Estado diseñado por la Constitución.

La imagen que se fue extendiendo a medida que avanzaba la legislatura no favorecía a nadie: los nacionalistas aparecían como demandantes insaciables de privilegios para sus territorios; el Gobierno, como un interlocutor débil, dispuesto a ceder ante la presión de sus socios con tal de obtener los votos que necesitaba en el Congreso. En el caso de Cataluña, esa visión se agudizó a raíz de la negociación sobre la atribución a las comunidades autónomas de un 15 por ciento de la recaudación del IRPF obtenida en su territorio. La fórmula recibió críticas tanto del PP como de algunos responsables autonómicos socialistas, que la tachaban de insolidaria.

La discusión sobre las alianzas, y las críticas por las posibles consecuencias negativas de una mayoría basada en el apoyo de los nacionalistas, mantenían abiertas las heridas que se habían manifestado antes de las elecciones en el seno del PSOE, y en la relación de Ferraz con el Gobierno. La elección de nuestro portavoz parlamentario avivó aún más nuestra polémica interna.

Solchaga, portavoz parlamentario

Felipe González propuso a la Comisión Ejecutiva que el puesto fuese ocupado por Carlos Solchaga. Aunque eso implicaba su salida del Gobierno, lo que era muy bien visto por Alfonso Guerra y sus partidarios, éstos no estaban dispuestos a pagar por ello el precio de desplazar de la dirección del grupo a Eduardo Martín Toval, notorio guerrista y parlamentario brillante y experimentado. El día en que la Ejecutiva debatía la propuesta, que debía luego someterse a la decisión del grupo, estaba convocado a continuación el Comité

IMP.SUB SER/IR PUT GIVE WAY PROPOSAL

Federal, para analizar los resultados y debatir sobre los posibles pactos.

Casi doscientos miembros del Comité Federal esperábamos impacientes a que descendiesen de la cuarta planta los miembros de la dirección, para comenzar nuestra reunión. Tras un lapso de tiempo que se nos hizo eterno, plagado de rumores sobre lo que podría estar sucediendo en la reunión de la Ejecutiva, vimos llegar a sus miembros, con unos rostros que reflejaban la tensión a la que habían estado sometidos. La propuesta de Felipe había triunfado por un solo voto de diferencia, gracias al cambio de opinión de última hora de un miembro de la Ejecutiva —Antonio García Miralles— considerado hasta entonces afín a las posiciones de Alfonso Guerra.

Durante el fin de semana que medió entre la reunión del Comité Federal y la celebración de la reunión del grupo parlamentario, el propio Guerra se volcó personalmente para intentar recabar apoyos a favor de la candidatura alternativa de Martín Toval. Muchos de nuestros diputados y senadores no salían de su asombro: por primera vez, una propuesta de Felipe, que además había recibido el respaldo de la Ejecutiva, contaba con la oposición explícita de quien todavía era, al menos en teoría, su principal colaborador.

Había que contrarrestar esa ofensiva, que tendría consecuencias imprevisibles caso de salir triunfadora. Los parlamentarios que apoyábamos la posición mayoritaria de la Ejecutiva, pese a nuestra total descoordinación, nos movilizamos cuanto pudimos. La composición del grupo estaba, en teoría, muy sesgada a favor de los partidarios del vicesecretario general, pero había que intentar hasta el último minuto no dar la batalla por perdida.

Al entrar en la sala donde se iban a efectuar las votaciones, vi que Felipe estaba de pie junto al estrado, discutiendo con Alfonso y Martín Toval con cierto grado de acaloramiento, a la vista de todos nosotros. Enseguida pude saber el motivo del rapapolvo. Toval acababa de negociar con los demás grupos parlamentarios la composición de la Mesa del

Congreso. Felipe acababa de enterarse de los términos del acuerdo, y no estaba conforme con que la inclusión de un representante de IU se hiciera en detrimento de los nacionalistas catalanes, que iban a ser nuestros socios durante la legislatura. Con cara de pocos amigos, Martín Toval tuvo que abandonar la sala y deshacer los acuerdos alcanzados.

Francisco Vázquez, alcalde de La Coruña y diputado, defendió la candidatura de Martín Toval. Por la forma en que lo hizo, intuí que se estaba ofreciendo como posible candidato alternativo a la Presidencia del Gobierno, para el supuesto de que la derrota de la propuesta de la Ejecutiva acarrease la renuncia de Felipe a someterse a la investidura. A continuación, me dieron la palabra para defender la candidatura de Solchaga. Insistí en la necesaria coherencia que debía existir entre el Gobierno, la dirección del partido y el grupo. Después intervinieron dos parlamentarios más, en sucesivos turnos a favor de uno u otro candidato.

Cuando acabó el debate y se dio paso a la votación, no podía dejar de pensar en cuáles serían las consecuencias de una derrota de la candidatura que yo acababa de defender. ¿Dimitiría Felipe, renunciando a protagonizar el debate de investidura? ¿Hasta dónde habrían llegado los guerristas en su presión sobre los parlamentarios? ¿Tendrían éstos suficientes elementos de juicio para sopesar las repercusiones de la decisión que íbamos a tomar? Yo estaba convencido de que la derrota de la candidatura de Solchaga llevaría aparejada la renuncia de Felipe y la consiguiente apertura de una crisis considerable, que se llevaría por delante todo lo que habíamos conseguido con el éxito electoral.

Ni siquiera una victoria de nuestras tesis conseguiría despejar las nubes que se iban concentrando en el horizonte. La posición de los guerristas era clara: su apoyo a Felipe no llegaba tan lejos como para admitir que éste adoptase orientaciones o decisiones que previamente no hubiesen sido consensuadas con Guerra. La incertidumbre a la vista de que las discrepancias entre uno y otro no hacían más que aumentar, auguraba la apertura de una brecha profunda entre el Gobierno y la dirección del partido, fuese cual fuese el resultado de la votación.

El recuento de los votos despejó los temores de que entrásemos en la peor de las hipótesis. Solchaga salió elegido portavoz con un margen razonable de apoyo; el guerrismo, que había empezado a constituirse de hecho como una corriente de opinión en el seno del partido, quedaba por primera vez en minoría frente a los renovadores.

Carlos Solchaga empezó rápidamente a reorganizar el grupo, y me ofreció ser el portavoz socialista en la Comisión de Presupuestos. Acepté encantado, aun sabiendo que ello me suponía de nuevo una dedicación algo más intensa a la política, y la pérdida de una parte del margen que había logrado tener para desarrollar otras actividades paralelas, con las que me sentía muy cómodo.

LA DESNATURALIZACIÓN DEL «IMPULSO DEMOCRÁTICO»

TREASURY

El nuevo ministro de Economía y Hacienda era Pedro Solbes, lo que me facilitaba mucho la interlocución con el Gobierno desde mis nuevas responsabilidades. De acuerdo con los socios parlamentarios, y en especial con CiU, Solbes estableció como ejes de su estrategia el apoyo a la economía productiva y la convergencia nominal en torno a los famosos «criterios de Maastricht». Ello significaba cambiar la mezcla de las políticas monetaria y fiscal, haciendo que aquélla fuese menos restrictiva, presionando a la baja los tipos de interés, a cambio de que esta última mantuviese una mayor exigencia en cuanto a la reducción del déficit público. Todavía no habíamos salido de la recesión, pero el tirón de las principales economías europeas y las nuevas orientaciones de la política económica nos permitirían pronto ver la luz al final del túnel.

Simultáneamente, se pretendía avanzar en los procesos de liberalización, tal y como venía proponiendo el Tribunal de Defensa de la Competencia presidido por Miguel Ángel Fernández Ordóñez, e impulsar algunas reformas estructurales, entre otras la laboral, así como seguir adelante con los procesos de privatización.

En sectores del PSOE, y por supuesto en los sindicatos, las nuevas orientaciones de la política económica no provocaban grandes aplausos; pero el mundo empresarial y nuestros socios parlamentarios apoyaron desde el principio con calor el giro que se estaba produciendo respecto de la estrategia seguida entre 1989 y 1993. Los hechos les dieron la razón.

En otro plano, la estrella de Baltasar Garzón empezó a declinar desde el momento en que se conoció la composición del nuevo Gobierno. Pese a que Garzón fue nombrado al frente de la Secretaría de Estado encargada de la lucha contra la droga, otro juez en excedencia —Juan Alberto Belloch— ocupó un puesto más relevante, como ministro de Justicia. Esa asimetría frustraba en cierto modo las aspiraciones de Garzón, y pronto tendría consecuencias.

Entre tanto, el «impulso democrático» comprometido en el discurso de la campaña y en el programa electoral, que aparecía en cierto modo asociado a las incorporaciones de personalidades independientes procedentes del mundo judicial, no acababa de arrancar. Había demasiados divos para interpretar un solo papel, cuya partitura además estaba aún por escribir en detalle.

Junto a ello, la posibilidad de dialogar con el PP y con IU sobre el funcionamiento de las instituciones constitucionales estaba bloqueada, y era muy difícil que se produjese un acuerdo sobre estos temas limitado exclusivamente al Gobierno, el PSOE y los nacionalistas. Además, nuestra pretensión de elevar la calidad del funcionamiento del sistema democrático estaba carente de propuestas concretas. Hablábamos de reformar la Ley Electoral, pero no precisábamos en qué aspectos; queríamos fomentar la participación ciudadana y el voluntariado, pero no decíamos cómo; denunciábamos el papel que jugaban algunos medios de comunicación, pero no disponíamos de un proyecto claro para empezar por la reforma del Estatuto de RTVE y de los medios estatales de comunicación.

Al final, el concepto mismo de «impulso democrático» acabó siendo desnaturalizado, al utilizarse para denominar al proceso de renovación de la composición del Consejo de RTVE, del Tribunal Constitucional, del Consejo General del Poder Judicial o del Defensor del Pueblo, que debía ser pactado necesariamente con el grupo popular. Ese proceso sufrió enormes dificultades y dilaciones, por lo que incluso dañó el funcionamiento de esos órganos. La opinión pública pronto acabó concluyendo que tampoco en esta ocasión los socialistas habíamos «entendido el mensaje» que nos habían enviado en las últimas elecciones.

Es imposible saber qué habría sucedido si las expectativas generadas se hubiesen visto correspondidas por nuestra parte con actitudes mucho más tajantes y claras para impulsar reformas políticas y afrontar sin titubeos los escándalos generados en torno a los casos de corrupción. Pero nuestras respuestas parlamentarias, cuando existían, eran débiles y chocaban las más de las veces con los reflejos puramente defensivos que se seguían advirtiendo en el comportamiento político de la dirección de Ferraz, y también en el Gobierno.

DIFICULTADES POLÍTICAS Y ECONÓMICAS

Dediqué buena parte del otoño a negociar con los nacionalistas la incorporación de sus enmiendas al proyecto de Presupuestos para 1994 presentado por el Gobierno. El límite estaba claro: no podía quebrar las directrices fijadas por Solbes, que habían sido previamente negociadas y asumidas por los mismos que ahora pedían nuevos aumentos de gasto. Mal que bien, pudimos finalmente aprobar unos Presupuestos bastante parecidos a los que habían salido de la mesa del Consejo de Ministros, sin perder en su debate ninguna votación significativa.

Pero el panorama no era muy alentador. Desde el comienzo de la legislatura, se había visto con claridad el tira y afloja al que estaba sometido el Gobierno. La imagen de las continuas transacciones que nos veíamos obligados a pactar con los portavoces nacionalistas delante de los medios de comunicación y de los diputados de la oposición no era muy edificante.

Lamenté de nuevo, ahora ya con conocimiento de causa, que nuestros socios no hubiesen querido integrarse en un Gobierno de coalición. Aprovechaban la debilidad parlamentaria del Gobierno para influir en sus decisiones, pero generalmente no se comprometían con ellas; querían conseguir contrapartidas a cambio de su apoyo, lo cual es legítimo, pero rara vez se corresponsabilizaban de sus consecuencias sobre el resto del territorio. Sobre unas bases tan poco sólidas, no es de extrañar que pronto se extendiese una sensación de inestabilidad.

En ese otoño se produjeron también otros hechos, que indicaban que el entusiasmo de junio se estaba esfumando con rapidez. El diálogo social con los sindicatos no pudo prosperar, pues la aprobación por el Gobierno de una reforma laboral que introducía más flexibilidad en el mercado de trabajo provocó la convocatoria de una huelga general. En noviembre, el Tribunal Constitucional falló en contra de algunos preceptos de la ley sobre seguridad ciudadana y, al sentirse desautorizado, José Luis Corcuera presentó su dimisión como ministro del Interior. En Galicia, Fraga volvió a recibir el apoyo mayoritario de los electores, mientras que los socialistas gallegos sufrían un considerable varapalo.

Pero lo más grave de todo fue que *Diario 16* empezó a publicar en esos meses informaciones cada vez más verosímiles sobre las tropelías cometidas por Luis Roldán durante su mandato como director de la Guardia Civil, e incluso en el ejercicio de su anterior responsabilidad al frente de la Delegación del Gobierno en Navarra. Roldán empezó negando los hechos, pero antes de acabar el año se vio obligado a dejar el cargo.

Parecía como si todos los escollos que habíamos sido capaces de sortear antes de las elecciones de junio se volviesen de nuevo contra nosotros, corregidos y aumentados. La oposición se recuperó enseguida de su frustración al ver cómo se le había escapado una victoria electoral que daba por hecha, y endureció todavía más su tono. Aznar empezó a pedir nuevas elecciones cuando aún no se había agotado el primer periodo de sesiones de la legislatura. Quienes marcaban, sin embargo, la agenda política del PP eran los medios de comunicación contrarios al Gobierno, tratando de sacar el máximo provecho a las informaciones, unas verdaderas y otras falsas, con las que intentaban deteriorar al máximo al Gobierno, y en especial a Felipe González.

La connivencia entre algunos de esos medios y los dirigentes de la oposición, tanto del PP como de IU, se realizaba con todo descaro. Un nuevo factor contribuyó, antes de que finalizase el año 1993, a echar aún más leña al fuego. La intervención de Banesto por el Banco de España, en diciembre, fue una decisión impecable desde el punto de vista de la salud del sistema financiero; pero por razones totalmente ajenas a la voluntad de quienes la llevaron a cabo, supuso indirectamente una ayuda para esos planes desestabilizadores. A partir de ese momento, Mario Conde decidió utilizar todos los medios a su alcance, legales e ilegales, para presionar al Gobierno y a los jueces e intentar quedar exonerado de sus gravísimas responsabilidades. Pronto se dejarían notar los efectos de esa estrategia.

La crispación dominaba la vida política. Empezaron a proliferar las acusaciones sobre posibles delitos e irregularidades cometidos por cargos públicos y personas relacionadas con el Gobierno y con el PSOE. Ante ellas, nuestra actitud a la defensiva alimentaba todavía más la estrategia de acoso y derribo montada por la alianza espuria del PP, Julio Anguita, los medios de comunicación que les eran adictos, algunos jueces y fiscales y tres delincuentes —como Conde, De la Rosa o Ruiz Mateos— que pretendían apoyarse en todos ellos para eludir sus responsabilidades penales.

En primavera, las cosas iban a alcanzar tintes más dramáticos todavía. Ante el cúmulo de evidencias sobre la veracidad de las acusaciones que se le habían hecho, Luis Roldán huyó de España para ponerse a buen recaudo. Antoni Asunción, que había sustituido a Corcuera en el Ministerio del Interior cinco meses antes, también se vio obligado a dimitir. Belloch asumió esa cartera, uniéndola a la de Justicia, y Baltasar Garzón aprovechó la ocasión para renunciar a la Secretaría de Estado. Poco después, haría lo propio con su escaño, y volvería a la Audiencia Nacional.

En esos mismos días, el ex gobernador del Banco de España Mariano Rubio fue acusado de fraude fiscal y de haber protegido las irregularidades de su amigo Manuel de la Concha durante el desempeño de su cargo. Rubio había negado esos mismos hechos dos años antes ante el mismísimo presidente del Gobierno, quien junto con Solchaga le concedió el beneficio de la duda. Pero ahora las evidencias eran apabullantes, y sus respuestas ante el Parlamento muy poco convincentes. Carlos Solchaga entendió que el aval que le había prestado por creer en su inocencia le obligaba a asumir su responsabilidad política, y dimitió como portavoz del grupo. También se vio obligado a dimitir, por un asunto de irregularidades fiscales, el ministro de Agricultura, Vicente Albero.

La renuncia de Solchaga se produjo cuando se acababa de celebrar el debate anual sobre el estado de la nación, en el que las críticas de Aznar y Anguita se habían cebado en Felipe González, haciéndole máximo responsable de la situación. El tono de los debates llegó a niveles de tensión desconocidos en nuestro parlamento. «¡Váyase, señor González!» fue la frase estrella de la intervención de Aznar, todo un símbolo de su manera de entender la política. Nuestros aliados nacionalistas, pese al chaparrón que estaba cayendo, todavía aguantaban bastante bien.

No fue ése el caso de los diputados Garzón y Pérez Mariño. En conversaciones de pasillos con los grupos de la oposición, durante la última jornada del debate, ambos urdieron la redacción de un proyecto de resolución instando a la creación de una comisión parlamentaria de investigación sobre Filesa. El grupo socialista enmendó el proyecto exigiendo también la investigación del «caso Naseiro». Éste se basaba en unos hechos referidos a la financiación irregular del PP conocidos en abril de 1990, coincidiendo con la elección de Aznar al frente de su partido, y que se habían salvado de una sentencia condenatoria por haberse considerado que las pruebas en las que se basaban las acusaciones —unas escuchas telefónicas— fueron obtenidas por el juez de forma ilegal.

En el último minuto, y con el máximo suspense, se aceptó una transacción, creándose una comisión de investigación de todos los supuestos de financiación ilegal de los partidos, y otra de estudio para preparar la redacción de una nueva ley sobre esa materia. Ni la una ni la otra llegaron nunca a elaborar sus conclusiones definitivas. Pero la indisciplina de los dos diputados independientes de nuestro grupo, actuando en connivencia con el PP sobre un asunto que afectaba directamente a la dirección del PSOE, encendió todas las señales de alarma y provocó un gran descontento entre nuestros parlamentarios.

Portavoz en el Congreso

El día en que se anunció la dimisión de Solchaga yo tenía una cita con Felipe, acordada de antemano. Quería trasladarle mi opinión sobre la situación parlamentaria que estábamos viviendo, un año después de iniciarse la legislatura, y expresarle mi desazón por la incapacidad que mostrábamos ante la avalancha de ataques de que estábamos siendo objeto. A mi juicio, no cabía otra salida que reconocer los errores y asumir las responsabilidades que fuesen necesarias. Sólo así podríamos salir al paso de las críticas injustificadas con credibilidad suficiente, y restablecer la autoridad de la dirección ante los militantes y la del Gobierno ante la sociedad.

La Ejecutiva del PSOE, atrincherada en Ferraz, se había colocado en una posición muy difícil ante la opinión pública, y el grupo parlamentario se veía obligado a asumir un mayor protagonismo en la defensa del Gobierno y en la relación con nuestras propias bases. Por otra parte, en otoño iba a celebrarse el congreso federal, y yo pensaba que habría que ir preparando ya un cambio profundo en la Ejecutiva del partido, para que ésta sirviese de apoyo y de altavoz a la acción del Gobierno, en vez de ponerle cada vez más zancadillas.

La conversación con el presidente se centró sin embargo en el vacío que se acababa de crear en el grupo parlamentario. Le expuse diversas posibilidades para sustituir a Solchaga, pero Felipe me dijo que creía que yo era quien mejor podía hacerlo. Su propuesta no fue esta vez objeto de controversia, aunque mi nombre no agradaba en absoluto a Guerra y a sus seguidores. Éstos se habían encargado de recordar sus prevenciones ante el nombramiento de Solchaga meses atrás, pero no estaban ahora en condiciones de presentar su propia candidatura. Tampoco lo hicieron en la reunión del grupo.

Fui elegido portavoz con un porcentaje relativamente elevado de abstenciones —en torno a un tercio de los presentes— correspondientes a los votos guerristas. Habían transcurrido tres años desde mi salida del Gobierno, y volvía a tener sobre los hombros una responsabilidad de gran calado. Tal como estaban las cosas, este cargo me iba a resultar probablemente más difícil que los dos ministerios que había dirigido. Por supuesto, ahora sí que tenía que dedicarme a tiempo completo a mi nueva actividad política, abandonando definitivamente las clases en la universidad y la dirección del programa de investigación sobre la igualdad.

Pero ya no estábamos en 1982, y esta vez asumía el cargo después de quince años como diputado, lo que me hacía confiar en hacerme con las riendas de la situación, aun siendo consciente de las dificultades que me rodeaban. Mantenía excelentes relaciones con los miembros del Gobierno, mejores incluso que las que tenía Solchaga; recuperaba el trato diario con los nacionalistas, con los que había establecido una buena sintonía durante los años del MAP; y me iba a ser muy fácil colaborar con el presidente del Congreso, Félix Pons. En la dirección del grupo contaba con Jesús Caldera, que había sido elegido secretario general del grupo tras el paso efímero de Jose Mari Mohedano y de quien ya había podido comprobar sus magníficas cualidades cuando coincidimos en 1986 en la Comisión de Administraciones Públicas, él como portavoz y yo como ministro.

Mi primer debate como portavoz se celebró muy pocos días después de la elección; tenía que ver con la creación de una comisión de investigación sobre las fechorías de Luis Roldán. Semanas antes, yo me había pronunciado en el Comité Permanente del Grupo a favor de esa iniciativa, pero por nada del mundo hubiese querido que ése fuera el primer asunto del que tuviera que hablar en mis nuevas funciones.

A partir de ese momento, por desgracia, buen número de mis intervenciones desde la tribuna se concentraron necesariamente en el análisis de los escándalos y de la corrupción, sobre los que la oposición solicitaba continuos debates ante el Pleno. El GAL, las escuchas ilegales del CESID, los contactos entre el Gobierno y Mario Conde, la utilización de documentos procedentes de los servicios secretos, la financiación ilegal de los partidos: ésos eran los temas que ocupaban la mayor parte de nuestro tiempo, de la actividad parlamentaria y de los titulares de los periódicos.

Sobre todos ellos fijé la posición socialista. Consumí muchas horas estudiando lo que había detrás de cada uno de esos escándalos: averiguando sus causas, investigando los hechos, tratando de depurar las responsabilidades consiguientes y reprobando políticamente a quienes hubiesen actuado en contra de la ética o al margen de la ley. Traté de hacerlo sin caer en actitudes defensivas; saliendo al paso con firmeza a las críticas injustas y las denuncias y acusaciones infundadas; defendiendo la honorabilidad de muchas personas, socialistas o no, a las que se les quería privar de un derecho fundamental como es la presunción de su inocencia. La asunción de responsabilidades políticas, que se traducía en las correspondientes dimisiones, no podía confundirse con el reconocimiento de responsabilidades penales. El mismo error que habíamos cometido nosotros, negando la responsabilidad política de quien aún no había sido juzgado por un tribunal, era el que cometían ahora la oposición política y mediática, identificando las dimisiones con el reconocimiento de culpabilidad penal.

LA JUDICIALIZACIÓN DE LA POLÍTICA

La mezcla entre la esfera política y la judicial se iba haciendo cada vez más enrevesada, y no afectaba sólo a las dos principales fuerzas políticas. La politización de la justicia se manifestaba a través de múltiples signos. El Consejo General del Poder Judicial sufría continuos enfrentamientos que dividían a sus miembros conforme a su adscripción política, lo que teñía sus decisiones, y en particular los nombramientos de magistrados, con un color partidista. A su vez, las asociaciones de jueces y magistrados reflejaban un grado de politización evidente. Las decisiones de los jueces y de los tribunales se leían en clave política. Por si fuera poco, el «número dos» del PP Álvarez Cascos dijo que para hacer justicia, las sentencias debían recoger el estado de ánimo de la opinión pública. Con todo ello, la independencia del poder judicial sufría cada vez más, y la confianza de los ciudadanos en los mecanismos de la justicia cayó estrepitosamente.

Como en un juego de espejos, a la politización de los jueces y de los tribunales se respondía desde la esfera política con una judicialización creciente de los argumentos empleados en el debate parlamentario y, en general, en la dialéctica entre Gobierno y oposición. La crítica política se confundía con las acusaciones de tipo penal. Los errores parecían delitos. Los portavoces de la oposición, fiscales o abogados de la acusación particular. Algunos medios de comunicación emulaban a los tribunales, impartiendo sentencias y determinando penas. La personación de algunos de los principales portavoces del PP o de IU en las causas abiertas contra los protagonistas de los casos de corrupción o de los diversos escándalos que afectaban a los socialistas, haciendo uso de la figura de la acción popular, contribuía a judicializar el debate político.

Empezaba a ser difícil hablar en público a favor del Gobierno, y los afiliados socialistas sentían a su alrededor un clima agobiante de reproches. En las elecciones europeas de junio de 1994, un año después de nuestra victoria en las generales, el PP nos aventajó en diez puntos. Aznar declaraba agotada la legislatura, e insistía en reclamar la disolución de las Cortes. El famoso «¡váyase, señor González!» impregnaba ya todo el panorama político con un ambiente irrespirable.

Estaban rotos los consensos sobre política europea, sobre política autonómica y sobre la estrategia antiterrorista. La «pinza» entre PP e IU era patente. Mario Conde y Javier de la Rosa ponían todas sus energías para derribar al Gobierno, utilizando los medios y los procedimientos más abyectos. Luis María Anson relató años más tarde, con sinceridad sorprendente, cuáles fueron los objetivos y quiénes eran los componentes de lo que él mismo tildó de «conspiración». En su versión más radical, las cotas a alcanzar superaban incluso en importancia a la figura del presidente del Gobierno.

Con tanto ruido de fondo, la evolución de la economía pasaba desapercibida. Pero la política puesta en marcha por Pedro Solbes, y el impacto beneficioso de las mejoras que también se empezaban a producir en las principales economías occidentales, dieron sus frutos. Desde la segunda mitad de 1994, el crecimiento se recuperó, y con él cesó la destrucción de puestos de trabajo y se volvió a generar empleo. Las variables macroeconómicas iniciaron una evolución convergente con los criterios de Maastricht, cuyo cumplimiento nos abriría las puertas de la moneda única, pero sobre todo nos garantizaban que la reactivación se hiciese sobre bases sólidas y sostenidas en el tiempo. La liberalización y las privatizaciones avanzaban, con prudencia pero sin titubeos. HESITATATION

Las reformas estructurales anunciadas se llevaban a cabo con rigor, incluida la reforma laboral contestada por los sindicatos. La tensa situación parlamentaria y la sensación de crisis generada por el tono crispado de la vida política, no llevaron al Gobierno a renunciar a sus compromisos en este terreno. El ministro de Trabajo, José Antonio Griñán, planteó la modificación de los supuestos legales que justifican la realización de expedientes de regulación de empleo, buscando que las adaptaciones de las plantillas a las nuevas circunstancias tecnológicas o económicas del mercado se pudiese realizar sin excesivas rigideces. También se restringió el ámbito de la legislación laboral, cediendo protagonismo a la negociación colectiva, y se intentó reducir el recurso a la contratación temporal, del que se estaba abusando hasta límites intolerables. El impacto de estas reformas ayudó a la recuperación rápida del empleo, aprovechando al máximo la reactivación económica, y se redujo algo la temporalidad de los contratos.

Otra reforma de calado era la relativa al sistema público de pensiones. Al comienzo de su mandato, Pedro Solbes ya había advertido, aunque con tintes excesivamente dramáticos, de la delicada situación de las cuentas de la Seguridad Social, afectadas por la destrucción de empleo provocada por la recesión de años anteriores. Simultáneamente, el impacto de la reforma que yo había impulsado empezaba a agotarse, y se requerían más pasos en la misma dirección que entonces, tal como habíamos hablado Corcuera y yo en 1985, el día de la aprobación de la ley. Antes de que finalizase la anterior legislatura, CiU y nosotros intentamos ya alguna iniciativa para evitar que los debates sobre las pensiones se celebrasen en el clima de enfrentamiento con el que se tuvo que tramitar la reforma anterior. Cuanto menos electoralismo se emplease en el debate, más garantías habría de que las reformas fuesen duraderas.

El diálogo se retomó a partir de la constitución del nuevo Congreso, y a comienzos de 1995 se llegó a un acuerdo unánime. Es curioso observar que quienes ahora se quieren erigir como los más ardientes defensores del Pacto de Toledo, que yo impulsé en 1993 junto con el diputado de CiU Françesc Homs, apoyaron en su preámbulo una valoración muy positiva de la reforma de 1985, a la que entonces se habían opuesto. Con ese pacto quisimos impulsar una estrategia de reformas que no estuviese sometida a los avatares de unos cambios políticos que ya se intuían como probables. La interpretación de que el objetivo del pacto era silenciar el debate en torno al futuro de las pensiones públicas es interesada y errónea. Había que hablar y debatir sobre pensiones; ¡cómo no lo íbamos a hacer! Pero queríamos hacerlo buscando el consenso y huyendo de la demagogia. Para ello, las quince conclusiones finales en las que se plasmó el pacto nos debían servir de guía. Su desarrollo correspondería hacerlo al Gobierno que surgiese de las siguientes elecciones.

Solbes también apoyó con decisión los procesos de privatización de las grandes empresas públicas, ya iniciados por los gobiernos anteriores. Su estrategia consistía en lanzar al mercado paquetes de acciones hasta entonces propiedad del Estado, pero sin llegar inmediatamente, y de una sola vez, a su desaparición total en el capital de las empresas prestadoras de servicios públicos o situadas en sectores sensibles.

Se ha discutido mucho acerca del sentido de esa estrategia. ¿Por qué no se privatizaron totalmente Telefónica, Repsol, Endesa o Argentaria? ¿No era consciente el Gobierno de la oportunidad que se le estaba brindando a Aznar para formar una nueva casta de poder empresarial? Solbes actuó pensando en los intereses generales: no quiso sacar al mercado más acciones de las que éste era capaz de absorber en un momento económico poco boyante, mientras empezaba a poner en marcha los organismos reguladores que debían encargarse de velar por la libre competencia, una vez que desapareciesen completamente los viejos monopolios estatales. Fue en ese periodo cuando se aprobó la legislación sobre la *golden share*, instrumento que permite al Estado vetar durante un tiempo limitado la adopción de algunas decisiones estratégicas de las empresas privatizadas.

Simultáneamente, el Gobierno impulsó medidas de liberalización para eliminar corporativismos o situaciones de oligopolio en algunos mercados de bienes y servicios, como el eléctrico. La corta duración de la legislatura, así como las tensiones internas que se produjeron entre nuestros socios de CiU, en alguna área del Gobierno y en los propios sectores afectados, impidieron que esa estrategia fuese desarrollada hasta sus últimas consecuencias.

La convergencia de nuestras principales variables macroeconómicas hacia los criterios fijados para el ingreso en el euro avanzó de forma considerable, pese a que los efectos de la recesión todavía se dejaban sentir en las cuentas públicas. Pero ni los éxitos económicos ni la seriedad y el rigor de muchas de las medidas impulsadas desde el Gobierno servían para frenar el proceso de deterioro de la imagen de los socialistas, que empezaba a alcanzar de forma desconocida hasta entonces al propio Felipe González. Es más, la inestabilidad política introdujo una prima de riesgo en nuestros tipos de interés.

Aumentan las dificultades

En mayo de 1995, las elecciones autonómicas y municipales supusieron un nuevo fracaso para el partido. Un mes después, como consecuencia del escándalo sobre las escuchas ilegales que habían realizado en años anteriores algunos elementos del CESID, y tras unos debates parlamentarios especialmente agrios, Narcís Serra y el ministro de Defensa García Vargas presentaron su dimisión. La poderosa coalición formada por el PP, IU y algunos medios de comunicación utilizó los materiales robados de los servicios de inteligencia, puestos a su disposición por Conde y Perote, para desgastar al máximo al Gobierno, sin importarles el deterioro que se pudiese producir en las instituciones del Estado, ni coadyuvar con su estrategia a la defensa de los intereses espurios de quienes buscaban chantajear al Gobierno para no tener que rendir cuentas ante la justicia.

El apoyo de CiU era cada vez más evanescente. Las elecciones autonómicas catalanas debían celebrarse antes de finalizar 1995, y Pujol temía que su colaboración con el Gobierno socialista le causase algún desgaste adicional al que ya acumulaba después de quince años ininterrumpidos al frente de la Generalitat. En la entrevista que mantuvieron a comienzos de julio, Felipe González y Pujol acordaron coordinar los respectivos calendarios electorales: las elecciones catalanas tendrían lugar en noviembre, y las generales en marzo de 1996.

De esa forma, la presidencia española de la Unión Europea podía desarrollarse sin el temor de coincidir con la campaña electoral. De hecho, la presidencia fue un éxito rotundo del Gobierno español, y especialmente de Felipe González y de Javier Solana, quien poco antes de acabar el año sería nombrado secretario general de la OTAN.

El acuerdo con nuestros principales socios parlamentarios no alcanzó, sin embargo, a los Presupuestos que debían debatirse antes de la disolución de las Cámaras. El Gobierno elaboró el proyecto correspondiente y lo entregó en el Congreso en las fechas previstas, pero todos los grupos de la oposición, incluidos quienes hasta entonces habían sido nuestros aliados, encontraron argumentos para votar a favor de las enmiendas de totalidad. Los Presupuestos fueron rechazados, y el Gobierno tuvo que prorrogar los del año 1995, mediante un decreto-ley.

La sombra de los GAL

Las últimas semanas de la legislatura sirvieron para aprobar los últimos proyectos de ley y ultimar los preparativos de la campaña. Nunca se había conocido la fecha de los comicios con tanta antelación, ni se había llegado a una confrontación electoral en un clima de enfrentamiento y de crispación como el que estaba viviendo la política española en los últimos años. El colofón de ese estilo de hacer política desde la oposición lo puso el PP al apoyar en el Senado la creación de una comisión de investigación sobre los GAL, iniciativa que había sido rechazada previamente en el Congreso.

Las últimas actuaciones de los GAL habían tenido lugar en 1986, casi diez años antes. Cuando se produjeron, prácticamente nadie en la derecha había levantado la voz para condenar la utilización de métodos terroristas por parte de quienes combatían a ETA, fuesen quienes fuesen los que formasen parte de esos grupos. ¿Cuál había sido en los años ochenta la actitud de AP? ¿No fue Fraga quien dijo que el mejor terrorista era el terrorista muerto? ¿No eran miembros distinguidos del PP quienes en otras épocas habían ocupado cargos muy relevantes en el Ministerio del Interior, o en la delegación del Gobierno en el País Vasco? ¿No habían aplaudido desde los escaños de AP a Barrionuevo? ¿Por qué quería ahora el PP investigar a los GAL? El partido que se disponía a gobernar España se dejaba una vez más llevar por la demagogia, haciendo el juego que convenía a quienes no buscaban precisamente la fortaleza de nuestras instituciones democráticas.

La actualidad del GAL a mediados de los noventa, nueve años después de su desaparición, también nos obligaba a los socialistas a formularnos algunas preguntas que no nos habíamos hecho públicamente hasta entonces. ¿Cuál había sido nuestra posición cuando el GAL asesinaba? ¿Aprobábamos entonces aquellos métodos? Mucha gente se nos acercaba entonces, y nos decía al oído: «Así, así es como hay que acabar con ellos». Incluso hoy todavía sucede eso, cada vez que hay un atentado. ¿Qué responder ante esas frases?

Yo nunca he estado de acuerdo con ningún tipo de «guerra sucia». Ni entonces ni ahora. Por razones éticas, y también por consideraciones utilitarias. Creo que la superioridad moral de la democracia es un valor incomparablemente más eficaz que la pretendida eficacia que buscaban los partidarios de responder a los terroristas con el «ojo por ojo y diente por diente». Y además, estoy convencido —lo he estado siempre— de que el efecto de deslegitimación de nuestras instituciones democráticas ante la sociedad vasca, y ante buena parte de la sociedad española, producido por la utilización de procedimientos criminales en la lucha contra ETA, nos ha causado un daño ingente, que todavía estamos pagando.

Pero dicho esto, no estaba dispuesto a admitir ninguna lección sobre comportamientos éticos por parte de los representantes políticos de la derecha española. Y menos, en estos temas. Así que, ante la iniciativa del PP, pedí a nuestros senadores que recordasen a los dirigentes conservadores que las actuaciones ilegales en la lucha contra ETA habían surgido durante los últimos años del franquismo, se habían extendido, aunque con altibajos, a lo largo del periodo de Gobierno de UCD, y desaparecieron antes de finalizar la primera legislatura socialista, nueve años antes del momento en el que planteaban investigar esos hechos.

También les recordamos, con la ayuda de algunos de sus colaboradores, quienes habían sido los responsables de los ministerios de la Gobernación y de Interior durante todo ese tiempo, algunos de los cuales todavía ocupaban importantes responsabilidades en el PP. Al poco tiempo de escuchar estas consideraciones, el grupo popular del Senado decidió dar marcha atrás y pidió apresuradamente que se aprobase el final de las actividades de la comisión. Quedaron así patentes la profundidad de sus convicciones y el auténtico sentido de sus propósitos.

CAPÍTULO XV

El control del partido

Desde la llegada al Gobierno, Felipe González se ocupaba cada vez menos de los problemas del partido. A partir del congreso de 1984, la dirección efectiva del PSOE estaba realmente en manos de Alfonso Guerra y de Txiki Benegas. La ausencia de ministros en la Ejecutiva, decidida entonces, tuvo como consecuencia abrir una cierta brecha de incomunicación entre partido y Gobierno.

La Ejecutiva daba respaldo al Gobierno, pero desconfiaba de su área económica, a la que achacaba la principal responsabilidad de los síntomas de desafección que se percibían en parte de nuestro electorado. Aunque realmente éste empezaba a flaquear por el espacio de centro, los dirigentes del partido pensaban que lo que se necesitaba a partir de 1986 era orientar la política del Gobierno más hacia la izquierda. Como solía decir en privado Alfonso Guerra, «había que acabar ya con el Gobierno de coalición entre el PSOE y quienes dirigen la política económica».

La frustración de Guerra y de su sector fue evidente cuando comprobaron que el nuevo Gobierno mantenía la misma orientación que el anterior, con las modulaciones requeridas por una coyuntura expansiva. Lo que el vicepresidente intentaba pactar con los sindicatos, Solchaga lo echaba atrás, con el respaldo de Felipe González. Aunque éste hacía de vértice de conexión entre la Ejecutiva y los sectores del Gobierno más discutidos, la incomprensión inicial iba dando paso, de manera casi imperceptible, a concepciones divergentes entre nuestros dos máximos dirigentes.

Poco a poco, se fue estableciendo un sistema de dobles lealtades en el interior de la amplísima mayoría que se manifestaba en los congresos y en los comités federales. Desde la Vicesecretaría General y desde la propia Vicepresidencia, Guerra organizaba redes de fieles adictos — altos cargos nacionales o territoriales, gobernadores civiles o dirigentes del partido— que en última instancia actuaban en función de los criterios que recibían de él. El elemento aglutinante entre ellos tenía más que ver con una determinada idea de cómo había que dirigir el partido y asegurar su cohesión interna, que con los motivos concretos en los que basaban sus recelos hacia algunos responsables ministeriales.

Una anécdota lo refleja mejor que muchas explicaciones. Durante la primera legislatura, una delegación de socialistas andaluces, con su secretario general Rodríguez de la Borbolla al frente, acudieron al despacho de Guerra en La Moncloa. Su intención era despejar los posibles recelos que éste mantenía hacia ellos, según informaciones que les habían llegado a Sevilla. Cuentan que Borbolla le preguntó a Guerra: «¿Qué hay que hacer para merecer tu confianza?». Guerra le respondió: «Situarse de este lado de la raya». «¿Dónde está la raya?», inquirió el secretario andaluz. «La raya se mueve», replicó el vicepresidente. «¿Y cómo sabemos hacia dónde?» , preguntó con cierta inquietud Borbolla. «Eso lo voy decidiendo yo en cada momento», concluyó Guerra. El diálogo refleja a la perfección el tipo de lealtades sobre las que se cimentaba el guerrismo.

Felipe se plantea la dimisión

A raíz del 14-D ese sistema tuvo ocasión de probar su eficacia. Tras conocer la excepcional amplitud con la que fue seguido el llamamiento al paro, Felipe González se planteó dimitir como presidente del Gobierno. La forma exacta en que se produjo ese intento de dimisión la conocen solamente sus protagonistas directos. Recuerdo, por mi parte, que al finalizar la reunión del Consejo en la que habíamos analizado la incidencia de la huelga general, y mientras tomábamos el consabido aperitivo en el salón de columnas del Palacio de la Moncloa, Felipe llamó a Narcís Serra y le pidió que se quedase a almorzar con él. Serra alegó que tenía una cita importante, pero el presidente insistió para que la cancelase.

Quienes estábamos presenciando la conversación tuvimos dudas sobre cuáles serían las razones de aquella urgencia. Los problemas militares estaban ya superados desde hacía tiempo, y no había en aquel momento ningún asunto relevante que afectase a Cataluña y que necesitase de una conversación inaplazable. Atando cabos, creo que fue durante aquella comida cuando Felipe le expresó a Serra su voluntad de dejar la Presidencia y proponerle como candidato a la investidura.

A raíz de entonces, las campanas de Ferraz tocaron a rebato, bajo la dirección de Alfonso Guerra. Felipe no debía dimitir. Para impedirlo, habría que utilizar todos los medios de presión imaginables, convenciéndole de que siguiese al frente del Gobierno en unos momentos tan delicados. En todo caso, si esos intentos fracasaban, el nombre del sucesor tendría que ser propuesto, lógicamente, por los órganos del partido. La confianza depositada en Felipe, y el amplísimo margen de maniobra de que gozaba para fijar las orientaciones del Gobierno y su composición, no llegaban hasta el punto de reconocerle total autonomía para designar a su sucesor. Éste tendría que surgir del partido, y responder ante una Ejecutiva en la que Guerra disponía de una cómoda mayoría.

Los seguidores de Guerra intensificaron su actuación coordinada dentro del partido, como una corriente organizada aunque no formalizada como tal. Hasta entonces, las actividades de la red de leales que había ido tejiéndose a su alrededor había desempeñado otro tipo de misiones: hostigar a algunos miembros del Gobierno, dirigir el trabajo parlamentario, velar por la disciplina interna, resolver los conflictos territoriales que surgían esporádicamente, organizar las campañas electorales o decidir sobre las candidaturas. Las distancias marcadas respecto de algunas políticas gubernamentales no habían llegado a traducirse, sin embargo, en una fractura interna. Entre otras razones, porque ni Boyer ni Solchaga, que fueron los mayores destinatarios de las críticas guerristas, tenían detrás ningún respaldo significativo en el interior del PSOE.

Pero a partir del momento en que se abría el debate sobre la sucesión, las piezas se reordenaban para dar una batalla de mayor enjundia: el núcleo dirigente de la Ejecutiva debía evitar que quienes no formaban parte de su grupo de incondicionales pudiesen liderar ese Gobierno. El nuevo adversario interior eran quienes «no eran gente de confianza», pese a acreditar más antigüedad y méritos que muchos de los que se erigían en guardianes de las esencias socialistas. Se fabricaron clichés que caricaturizaban la realidad: mientras que los adictos a la dirección de Ferraz eran auténticos socialistas, los demás éramos liberales sospechosos. Una simple pelea de poder se encubría, como en tantas ocasiones, de un ropaje ideológico. En cambio, no se prestaba atención a los comportamientos de unos pocos socialistas, que empezaban a ensuciar la imagen del conjunto del partido.

Entre tanto, la coincidencia de la recuperación económica con un entorno de altos tipos de interés favorecía una serie de actividades muy lucrativas. La ingeniería financiera se puso de moda. Las ventas de empresas «llave en mano» al mejor postor empezaron a ser habituales: era más rentable especular que producir. Los que más dinero ganaban no se correspondían con quienes más riqueza creaban, y empezó a hablarse de la «economía del pelotazo».

Carlos Solchaga hizo unas declaraciones desafortunadas, que avivaron la polémica, afirmando que «España es el país donde más dinero se puede ganar en menos tiempo». La oposición las sacó de contexto, queriendo ver en ellas la señal de que era el Gobierno quien alentaba ese tipo de operaciones y protegía a sus protagonistas. Las acusaciones eran obviamente infundadas; igual que sucedía en otros muchos países europeos, ese tipo de comportamientos se propagaron con rapidez sin necesidad de ninguna ayuda especial por parte de los poderes públicos.

Por desgracia, algunos socialistas participaron alegremente de ese mundo, dando la impresión de que Solchaga no hablaba totalmente a humo de pajas. Los signos externos indicaban la alegre utilización del dinero público por parte de ciertos cargos públicos socialistas. También hubo responsables de la Administración central, o de las territoriales, que decidieron, de la noche a la mañana, emprender una actividad privada, haciendo valer para ello los contactos e influencias que habían adquirido por razón de su cargo. Los más, buscaban exclusivamente su lucro personal; pero algunos lo hacían para allegar fondos a las arcas del partido, incumpliendo la legislación que se había aprobado en 1987: todos los partidos la votaron, y todos sin excepción la incumplieron conscientemente. Al recibir dinero por esa vía, no sólo se estaba conculcando la ley de manera flagrante, sino que las direcciones de los partidos quedaban inermes para atajar las conductas individuales que, bajo el pretexto de financiar a las organizaciones, incurrían en irregularidades. Como consecuencia, una red variopinta de oportunistas hacían valer su colaboración, real o ficticia, en la financiación del partido para obtener concesiones, conseguir licencias o recalificaciones, cobrar comisiones o beneficiarse de cualquier otra ventaja susceptible de traducirse en dinero contante y sonante.

Un escándalo tras otro

Vinieron las elecciones de 1989: primero las europeas, y poco después las generales. El sobresalto producido por el intento de dimisión de Felipe dio paso a un escenario más tranquilo, puesto que fue de nuevo nuestro candidato. Pero cuando la nueva legislatura no había hecho más que empezar estalló, en diciembre de ese año, el escándalo de Juan Guerra. Al ponerse al descubierto las actividades que éste había venido realizando desde el despacho que tenía asignado en la Delegación del Gobierno de Andalucía, su hermano quedó en una posición sumamente delicada. Era muy difícil imaginar que el vicepresidente, persona siempre muy bien informada, no conociese unos hechos que, además de ser indefendibles políticamente, podían incluso rozar la ilegalidad; en todo caso, recaía sobre sus hombros una parte de responsabilidad por lo ocurrido.

La gravedad del escándalo fue en aumento. La única respuesta oficial, durante todo el mes de enero, fue el mutismo. El 1 de febrero, Alfonso Guerra compareció ante el Pleno del Congreso. Las palabras de Felipe al acabar el debate —en especial la famosa frase de «dos por el precio de uno»— mostraban su respaldo al vicepresidente. La opinión pública asistía con una mezcla de estupor e indignación al desarrollo de los acontecimientos. Los medios de comunicación seguían publicando las andanzas del hermano, mientras que la posición oficial, tanto del PSOE como de La Moncloa, negaba que Alfonso Guerra debiese asumir cualquier responsabilidad.

Sin embargo, cada vez eran más los afiliados del partido que no estaban cómodos con la manera de comportarse de su dirección. Primero en círculos restringidos, pero de manera creciente en voz alta, se empezaron a escuchar voces discrepantes. La figura de Alfonso Guerra, que siempre había tenido detractores en el PSOE, empezaba a cuestionarse seriamente. En contrapartida, sus leales se fueron enrocando y empezaron a establecerse fracturas internas cada vez más profundas. Por un lado, estaban los que apoyaban los criterios que emanaban de la dirección, sin entrar a cuestionar su idoneidad; por otro, los que exigían la asunción de las responsabilidades correspondientes; en medio, una amplia mayoría de afiliados, que esperaba recibir cuanto antes algunos argumentos con los que hacer frente a las preguntas cada vez más insistentes que se les formulaban en la calle o en los centros de trabajo.

A medida que avanzaban los meses, mientras la parálisis se iba apoderando del partido y de un Gobierno en situación de interinidad desde octubre de 1989, se extendió en el PSOE una incómoda sensación de «caza de brujas». Los dirigentes que no manifestaban su apoyo a los dirigentes de Ferraz eran objeto de hostigamiento. Guerra, a pesar de su delicada situación, no quiso renunciar a la batalla por el control del partido; más bien, redobló sus esfuerzos para conseguirlo. Los movimientos internos que acabaron con el liderazgo en Andalucía de Rodríguez de la Borbolla, y los que intentaron hacer lo propio en Madrid con Joaquín Leguina, no parecían tener otra motivación que el de su sustitución por gentes de la absoluta confianza de la Ejecutiva.

Los «renovadores»

En este último caso, esos propósitos se frustraron tras la reacción suscitada por la famosa reunión del hotel Chamartín, en septiembre de 1990. En la Federación Socialista Madrileña, era difícil derribar desde fuera a su líder regional. Madrid no era Andalucía; la organización del partido era mucho menos monolítica, y la repercusión mediática de todo lo que sucediese en su seno, mucho mayor. Al comprobar que un sector de la FSM, en connivencia con Ferraz, pretendía desbancarle de la secretaría general, Joaquín Leguina decidió dar la batalla. Durante el mes de agosto, preparó su estrategia. Al volver de vacaciones, Leguina me llamó, para exponerme cómo veía las cosas y recabar mi apoyo. Sentados en una terraza de la Dehesa de la Villa, donde nos citamos para tomar una cerveza, me pidió que asistiese al acto que se preparaba. Inmediatamente, le dije que estaría presente en él. Sabía que la participación de un ministro en una convocatoria de esas características no tenía precedentes, pero me parecía obligado dejar clara mi posición como simple afiliado del partido sin ningún cargo orgánico.

El acto del hotel Chamartín tuvo una enorme repercusión. La fotografía de tres ministros, Solana, Barrionuevo y yo, junto a Joaquín Leguina y José María Maravall, causó conmoción. Era la primera vez que un grupo de afiliados conocidos, y pertenecientes a la mayoría del partido, desafiaba de esa manera a la dirección. Los motivos no ofrecían muchas dudas: queríamos menos sectarismo interno y más respuestas ante los problemas que nos acosaban desde fuera. La aparición de miembros del Gobierno en un acto cuyo último destinatario era el todavía vicepresidente, auguraba además problemas crecientes si el reajuste ministerial pendiente se seguía posponiendo.

A partir de ese momento, se empezó a hablar de «los renovadores». Su imagen quedaba ligada, en un primer momento, a la exigencia de una mayor democracia interna en el funcionamiento del partido y de una respuesta clara ante los casos de corrupción: el escándalo de Juan Guerra era el más conocido, pero no el único de los que empezaban a deteriorar la imagen de los socialistas. Para consumo interno, la dirección trataba de fijar otra imagen muy distinta: quienes formábamos parte de lo que denominaban despectivamente «clan de Chamartín», queríamos según ellos configurar una alternativa al poder de Alfonso Guerra, en un momento en el que la credibilidad de éste empezaba a hundirse.

EL 32 CONGRESO: UNA SALIDA EN FALSO

Dos meses después de la reunión del Chamartín, se celebró el 32 Congreso. Los delegados se desayunaron, el día de su inauguración, con unas declaraciones mías en *El País*, cuyo titular sorprendió a todos e indignó a muchos de ellos. El periódico había resaltado una de mis frases más críticas: «El guerrismo no tiene patrón, ni rumbo, ni futuro». Mi tesis era que Guerra no sólo estaba invalidado para sustituir a Felipe, sino también para seguir desempeñando el papel que había jugado hasta entonces en el partido. Su retórica izquierdista no podía ocultar que su principal propósito no era otro que el control del partido, al que pretendía embarcar ahora en una estrategia numantina. Obviamente, si los delegados optaban por seguir su línea, el futuro que nos aguardaba era más bien sombrío.

Al entrar en el *hall* del Palacio de Exposiciones, todas las cámaras y los micrófonos me asaltaron, queriendo que ampliase o matizase lo que había querido decir, mientras que las miradas de muchos afiliados me mostraban su reproche. La verdad es que nunca pensé que esa entrevista, realizada días antes, fuese a publicarse justo el día en el que se inauguraba el congreso; pero una vez impresa no sentía la menor intención de corregir ni una sola coma de lo que había expresado al periodista Carlos Yárnoz. Sabía que mi posición no sería de momento comprendida por casi nadie, pero me parecía peor aún estar callado a la vista de la deriva que estaba tomando el partido.

El resultado del congreso dejó al descubierto que quienes nos habíamos atrevido a discrepar sólo teníamos el respaldo de una exigua minoría. Además, el voto por delegaciones, y no por delegados individuales, nos perjudicaba. Felipe no se inmiscuyó en aquel debate, salvo para pedir la inclusión de Maravall en la nueva Ejecutiva. ¿Por qué no lo hizo? ¿Había decidido ya prescindir de Guerra en el Gobierno, y ése fue el precio a pagar? No lo sé a ciencia cierta. El hecho es que en aquellas semanas estaba enfrascado con algunos asuntos que tenía encima de la mesa de su despacho en La Moncloa, entre otros la crisis del Golfo; pero también hay que tener en cuenta que, dos meses después, se produjo la salida de Alfonso Guerra del Gobierno. En todo caso, dejó aquel congreso en manos de Guerra, a cambio de que el nuevo Gobierno no se viese condicionado desde Ferraz. Como dijo en su intervención de apertura: «¡No se gobierna desde Ferraz, sino desde La Moncloa!».

Guerra diseñó una Comisión Ejecutiva que, con la excepción de Maravall y de algunos otros vocales, era lo más afín posible a su persona y a sus tesis. Una vez alejado de sus responsabilidades gubernamentales, decidió utilizar su poder en el partido para responder a los ataques de que estaba siendo objeto. Las consecuencias no se hicieron esperar. Creció el sectarismo interno; siguió dándose la callada por respuesta ante los escándalos; y como coartada, una pátina de izquierdismo marcaba el discurso del PSOE. Éste se replegaba en una estrategia defensiva, cada vez menos comprensible por la opinión pública.

A raíz del cese de Guerra, en enero de 1991, y del reajuste ministerial de marzo, aumentó la brecha entre Ferraz y Moncloa. La actitud de Guerra hacia el Gobierno del que había sido vicepresidente durante más de ocho años, era ahora muy crítica. El nuevo vicepresidente Narcís Serra era visto con recelo, dada su condición de posible sucesor de Felipe González, y pronto sustituyó a Solchaga como blanco de los reproches que, de forma cada vez más explícita, se formulaban desde el partido. La Ejecutiva y el grupo parlamentario dirigido por Martín Toval no se recataban a la hora de marcar distancias con los ministros. Salvaban la figura de Felipe, pero cada vez era más habitual que fuese también objeto de reproches cuando, ante la disyuntiva, se veía obligado a apoyar a su gabinete en la pugna con «el aparato».

LOS PROBLEMAS ENTRE FELIPE Y ALFONSO

Meses después, un nuevo escándalo iba a avivar la confrontación interna, envenenando las relaciones entre el partido y el Gobierno, y afectando a la sintonía personal entre Felipe González y Alfonso Guerra con una intensidad desconocida hasta esa fecha. Me refiero al caso Filesa.

A mediados de 1991, la prensa empezó a publicar informaciones sobre la manera ilegal en la que el PSOE se había venido financiando durante los años anteriores. Una sociedad llamada Filesa, dirigida por supuestos testaferros, había facturado sumas importantes de dinero a una serie de grandes empresas, a cambio de la elaboración ficticia de estudios.

Mediante ese procedimiento, habían llegado a una contabilidad paralela a la del partido una serie de aportaciones dirigidas a financiar campañas electorales y a sanear el enorme endeudamiento arrastrado desde la campaña del referéndum de la OTAN, cuyos gastos no habían contado en su día con ningún tipo de reembolso desde el Estado.

El escándalo crecía día tras día gracias a las nuevas informaciones que se iban publicando, ante la falta de argumentos convincentes por parte de Ferraz. Las consecuencias del escándalo no afectaban sólo a quienes fuesen los responsables directos de unos hechos ignorados por el resto de los miembros de los órganos de dirección. La evidencia de que en nombre del mayor partido de España, al frente del Gobierno durante nueve años, alguien hubiese organizado un *holding* para obtener recursos violando una ley votada en 1987 por todos los grupos parlamentarios era un hecho muy grave. La credibilidad de todo el partido estaba seriamente cuestionada.

El Gobierno estaba doblemente afectado por el caso. De una parte, habría que investigar si, a cambio de las sumas aportadas al PSOE, las empresas donantes habían obtenido alguna ventaja o favor gubernamental, lo cual hubiese sido objeto de una sanción penal. De otra parte, Felipe González era el secretario general del partido, por lo que la oposición intentó rápidamente pedirle cuentas de lo sucedido: o bien conocía los hechos, en cuyo caso era el responsable principal de los mismos; o los ignoraba, y debía ser acusado por ello de negligencia. La tumultuosa instrucción por parte del juez Marino Barbero ayudó a que el caso Filesa no abandonase la primera página de todos los periódicos durante dos años.

La Ejecutiva pedía solidaridad al conjunto del partido, pero no dio a cambio ninguna explicación verosímil sobre el origen de Filesa ni sobre los auténticos culpables de aquellas actuaciones. Dimitieron el secretario de Administración Guillermo Galeote y el responsable de las finanzas del grupo parlamentario, pero era muy difícil pensar que ahí se acabasen las responsabilidades. Cada vez eran más los que, dentro y fuera del partido, exigían que alguien aclarase hasta el final unos hechos cada vez más difíciles de justificar. Las posiciones críticas respecto de Filesa se mezclaban con las que ya se habían manifestado el año anterior respecto del caso Juan Guerra. Y unas y otras empezaban, a su vez, a ponerse en conexión con el debate sobre la sucesión de Felipe. Éste había vuelto a plantear, de manera reservada, que no pensaba presentarse de nuevo a las elecciones, por lo que quizás sería conveniente que su sustituto estuviese ya al frente del Gobierno durante los actos organizados en torno a la fecha de 1992.

Guerra y sus fieles pusieron de nuevo manos a la obra, como habían hecho en 1988, a raíz de la frustrada dimisión de Felipe, y otra vez consiguieron abortar la operación. Pero los años transcurridos no habían pasado en balde, y su capacidad para controlar a la mayoría del partido ya no era tan férrea; ante todo, por el desgaste a que estaban sometidos el propio Alfonso Guerra y los principales dirigentes de Ferraz, pero también por la separación creada entre la Ejecutiva y el Gobierno. El guerrismo se esforzó por mantener el control de la situación orgánica, pero a cambio de granjearse enemistades crecientes entre muchos afiliados que, obligados a optar entre su lealtad a Felipe González o a Alfonso Guerra, se pronunciaban sin titubeos a favor del primero.

En el mitin organizado para conmemorar el décimo aniversario de la victoria electoral de 1982, que tuvo lugar en la plaza de toros de Las Ventas, en Madrid, Felipe dijo que seguiría al frente del Gobierno mientras el partido se lo pidiese. De nuevo, daba marcha atrás en sus intentos por buscarse un sucesor, para satisfacción de Guerra y de su grupo. La propaganda elaborada para la convocatoria de ese mitin mostraba, con escaso talento pictórico pero evidente intención política, a Felipe y a Alfonso con sus puños unidos, saludando a quienes se habían reunido bajo el hotel Palace para celebrar nuestra primera victoria electoral. El mensaje era transparente: pese a todos los escándalos, pese a las discrepancias, el tándem seguía funcionando. Felipe no se planteaba dejar el Gobierno, y Guerra seguía ejerciendo todo su poder desde Ferraz.

Sin embargo, los interrogantes iban en aumento. Se intentaba reforzar la imagen de sintonía entre ambos líderes, a la vez que arreciaban las críticas de la Ejecutiva hacia el Gobierno. Éstas ya no se dirigían sólo hacia una política económica que estaba necesitando ajustes para afrontar la recesión. Continuamente saltaban chispas que reflejaban la tensión existente entre Felipe y Alfonso.

¿En qué momento dejó de existir ese tándem? Ni es fácil situar en una fecha concreta el origen de su progresivo distanciamiento, ni determinar el día exacto en que definitivamente dejó de existir la colaboración que ambos habían mantenido desde finales de los años sesenta. De hecho, las relaciones que mantuvieron entre sí los dos grandes protagonistas de la reconstrucción del PSOE a lo largo de todo ese periodo estuvieron caracterizadas por una gran complejidad. Sus talantes personales y políticos son muy diferentes; el perfil de su entorno de colaboradores, bastante opuesto; su concepción del partido y su manera de entender la socialdemocracia, coinciden poco. Pero durante muchos años, sin embargo, esas dos personalidades tan marcadas, y tan distintas, mantuvieron una colaboración estrecha y fructífera. Lograron una compenetración muy notable en la tarea común de modernizar el PSOE y convertirlo en una alternativa de Gobierno.

La conjunción de esfuerzos entre ambos empezó a mostrar zonas de fricción a partir del triunfo electoral de 1982. Sus diferencias se notaban, ante todo, en la manera de concebir el funcionamiento del partido y su relación con el Gobierno; en cambio eran de carácter más superficial y accesorio cuando se trataba de discutir sobre las políticas a seguir por este último. Guerra apuntaba sus diferencias, pero no hacía de ellas una cuestión de honor. El debate sobre la sucesión de Felipe al frente del Gobierno hizo, sin embargo, que los roces y las desconfianzas que se habían ido acumulando con el paso del tiempo empezaran a enquistarse. La red que

Guerra había ido tejiendo a lo largo de los años ochenta, pasó desde ese momento a convertirse en «el guerrismo».

Los guerristas pretendieron ser ante todo un grupo de presión, y no tanto una corriente organizada para expresar sus diferencias respecto de la política del Gobierno. Prueba de ello es que los mismos que criticaban las orientaciones de la política económica de Boyer o de Solchaga, eran los primeros que se movilizaban para defender al Gobierno en el 14-D. Fueron los más escépticos con el cambio de posición en relación con la OTAN, pero trabajaron como nadie para ganar el referéndum. Animaban las reflexiones del Programa 2000 y algunos debates de filosofía política, y al mismo tiempo salían al paso de cualquier posición que no se plegase a la «ortodoxia» previamente definida por «el aparato» de Ferraz. No parece por lo tanto posible simplificar el análisis, diciendo que Guerra y sus seguidores eran quienes formaban la izquierda del partido.

En marzo de 1993, una conferencia de Felipe González a la Universidad Autónoma de Madrid degeneró en un gran alboroto, retransmitido por televisión, en el que unos estudiantes airados consiguieron obtener del presidente del Gobierno el compromiso de exigir responsabilidades a quienes hubiesen protagonizado casos de corrupción, incluidos los que hubiesen organizado Filesa. Poco después, Felipe pidió a los miembros de la dirección que se asumiesen las responsabilidades inherentes al caso. No sólo no se atendió su requerimiento, sino que la tensión subió de tono de manera espectacular. El máximo exponente del clima en el que se vivieron aquellos días fue la famosa carta de Benegas a Felipe, imputando la responsabilidad de la crisis a los «renovadores de la nada». Felipe acabó convocando elecciones el lunes de Pascua.

Ya he relatado el desarrollo de aquella campaña electoral de 1993. El triunfo del PSOE fue, ante todo, un éxito personal de Felipe. En cambio, para Guerra los resultados tenían una lectura agridulce, pues todo indicaba que a partir de entonces se aceleraba su declive. Los mecanismos de toma de decisiones basados en la compenetración política y en la división de funciones establecida entre Felipe González y Alfonso Guerra habían dejado de ser operativos.

El triunfo electoral de 1993, leído en clave interna de partido, ponía en manos de los renovadores la oportunidad de llevar a la práctica las ideas que habían ido aglutinándolos como alternativa al poder que todavía ostentaba Alfonso Guerra. Si éste debía pechar con la responsabilidad de no haber podido encontrar las soluciones adecuadas hasta entonces, a partir de ahora nos correspondía a otros intentarlo.

Capítulo XVI

Los «barones» territoriales

La inesperada victoria en las elecciones de junio de 1993 supuso, ante todo, un fuerte respaldo personal para Felipe González, que había protagonizado la campaña con un distanciamiento evidente respecto del aparato del PSOE. Como contrapunto, Aznar comprobó la desconfianza que todavía generaba la hipótesis de un Gobierno de la derecha. Pero los resultados ofrecían también algunos datos útiles para leerlos en clave interna: muchos de los votos que se habían volcado a última hora en las candidaturas socialistas quisieron dar una nueva oportunidad al PSOE para llevar a cabo el «impulso democrático» que habíamos ofrecido en el programa electoral. Y los renovadores estábamos en mejores condiciones que nadie para atender esos compromisos.

La iniciativa nos correspondía ahora a nosotros. Probablemente, estábamos ante la última oportunidad de enderezar el rumbo y evitar que, tras más de una década de mayoría parlamentaria, el testigo volviese a pasar a manos de la derecha. Así lo entendieron los afiliados socialistas. Nuestro margen de maniobra en el interior del partido había aumentado. La elección de Solchaga como portavoz en el Congreso demostró que la relación de fuerzas del último congreso del partido ya no era la misma. Si en 1990 las posiciones de Guerra eran abrumadoramente mayoritarias, a partir de las elecciones de 1993 sus huestes estaban quedándose en minoría.

Para el grueso de los afiliados socialistas, y para los electores más identificados con el partido, el hecho de optar entre el respaldo a Felipe, por un lado, y su simpatía por la figura de Alfonso Guerra no era un plato de buen gusto. Durante mucho tiempo, éste había representado para ellos el complemento ideal del liderazgo del secretario general. Mientras que Felipe se dirigía al conjunto del electorado, más como gobernante y estadista que como responsable directo de un partido, Guerra utilizaba el lenguaje que más podía satisfacer a los militantes. Pero si las bases podían evitar, al menos durante un tiempo, pronunciarse públicamente, los cuadros dirigentes sí se veían obligados a hacerlo. Y, cada vez, el espacio político de Guerra se reducía más.

A lo largo del periodo comprendido entre el 32 y el 33 Congreso, los efectivos renovadores pasaron de ser una pequeña minoría a disfrutar de una posición mayoritaria en el PSOE. ¿Cómo se produjo esa transformación? ¿En qué medida el crecimiento de los renovadores supuso la difuminación de sus señas de identidad?

No existía una única razón que explicase las sucesivas incorporaciones de muchos cuadros y organizaciones del partido al bando renovador. En unos casos, los motivos eran su mayor afinidad respecto de las políticas que estaba llevando a cabo el Gobierno; en otros, los argumentos se basaban en la visión sobre la manera de organizar el PSOE y profundizar en su democracia interna. En última instancia, los que se agrupaban bajo la etiqueta renovadora eran quienes, a la vista de la fractura del tándem González-Guerra, se sentían más identificados con lo que representaba la figura política de Felipe González que con el discurso y los comportamientos del vicesecretario general. Guerra había iniciado años antes un juego de lealtades que ahora se volvía en su contra.

Felipe nunca había querido liderar dentro del partido ninguna corriente de opinión especialmente identificada con sus posturas y criterios; siempre procuró representar a una mayoría lo más amplia posible, asumiendo con naturalidad el hecho de que conviviesen en su seno sectores muy diversos. A diferencia de Guerra, no se preocupó nunca hasta entonces de organizar a su alrededor grupo de fieles alguno, ni seleccionaba a sus colaboradores en función de sus lealtades partidarias. Siempre intentó ser el secretario general de todos, alejándose de las querellas internas y situándose, en lo posible, por encima de ellas. Cuando se vio obligado a respaldar a los ministros o dirigentes que recibían críticas desde la dirección del partido, lo hizo poniendo especial cuidado para que nadie se sirviese de ese apoyo para constituir una corriente «felipista».

Lo que sí hacía Felipe era marcar la orientación política del partido, a través de sus intervenciones públicas y de su participación en las reuniones de la Ejecutiva, de los Comités Federales o de los congresos. En ellas no se limitaba a repetir las posiciones tradicionales de la socialdemocracia. Al contrario, introducía elementos nuevos, a veces incluso heterodoxos, y ajenos a cualquier retórica izquierdista. Sus mensajes buscaban conectar ante todo con el sentir de los ciudadanos, aun a riesgo de alejarse del lenguaje un tanto tribal empleado en el interior del partido. Respecto de las cuestiones relacionadas con la vida interna de la organización, el secretario general advertía a menudo del riesgo de que el PSOE se encerrase en sí mismo, lo que algunos interpretábamos como una crítica velada a los comportamientos sectarios que empezaron a manifestarse en el entorno de Alfonso Guerra.

Pero cuando sus discrepancias con Guerra rebasaron determinados límites, ya no pudo impedir que, aunque por personas interpuestas, se agrupasen a su alrededor los sectores del partido deseosos de introducir un cambio de orientación en los derroteros que se marcaban desde Ferraz. Bajo el deseo de respaldar a Felipe González, o simplemente de desmarcarse del llamado «guerrismo», se fueron reuniendo personas y planteamientos muy plurales.

Los candidatos renovadores

Antes de las elecciones de 1993, el núcleo renovador más conocido era el que se había formado en Madrid con ocasión de la reunión del hotel Chamartín, en septiembre de 1990: Javier Solana, Joaquín Leguina, José María Maravall, José Barrionuevo, Josep Borrell, Alfredo Pérez Rubalcaba o yo mismo formábamos, entre otros, parte de él.

Sin embargo, el grado de cohesión interna de los participantes en aquel acto dejaba mucho que desear; no había demasiadas cosas que nos uniesen, más allá de la defensa de Leguina frente a quienes en aquel momento querían desbancarlo. Aunque se nos calificó de «clan», en tono intencionadamente peyorativo, la realidad era muy diferente: nunca nos planteamos organizar mínimamente aquel grupo, ni hubiese sido fácil hacerlo.

Algunos de nosotros —Solana, Maravall y yo mismo— sí nos conocíamos desde antiguo, habíamos coincidido en la Ejecutiva a partir de 1979 y en el Gobierno desde 1982, y vivimos juntos algunos momentos decisivos. Con el paso del tiempo, fraguamos entre nosotros una buena amistad personal y también numerosas coincidencias políticas. Nos unía una determinada idea de la socialdemocracia, capaz de evolucionar al ritmo de los cambios que se produjesen en su entorno, y la concepción del partido como una organización respetuosa de su democracia interna y abierta hacia la sociedad. También compartíamos un cuidado especial por mantener unos comportamientos personales y un estilo de vida coherente con nuestras ideas.

En las demás federaciones, existían también grupos de afiliados que veían la situación del partido con preocupaciones parecidas a las nuestras, y poco a poco habíamos ido estableciendo lazos de comunicación entre nosotros. No compartíamos el sectarismo que se iba extendiendo en el interior de la organización, ni la forma en la que la dirección del PSOE se desmarcaba del Gobierno en una serie de terrenos. A medida que la distancia entre González y Guerra se iba haciendo más patente, empezaron a proliferar reuniones y jornadas de discusión en las que el simple hecho de participar suponía una toma de posición. Si se trataba de un foro organizado desde la Ejecutiva o desde la Fundación Sistema, se presumía que tanto los ponentes como los participantes se situaban en las filas guerristas. Si, por el contrario, los convocantes eran José Bono, la FSM o el PSC, lo más probable era encontrarse en medio de gentes renovadoras.

La presencia de Narcís Serra en la Vicepresidencia a partir de marzo de 1991 sirvió de catalizador de esos contactos, que hasta entonces tenían más bien un carácter espontáneo. Serra empezó a desplazarse por el territorio, intentando organizar a quienes se distanciaban de la actitud de Ferraz. La tarea no le iba a ser, sin embargo, nada fácil. No tenía el suficiente peso político en el partido como para organizar de forma coherente a todas las manifestaciones dispersas de descontento. Otra cosa distinta hubiese sido si Felipe hubiese decidido intervenir explícita y directamente, pero esto no se produjo hasta 1994.

Los distintos grupos renovadores respetaban el papel de Serra como vicepresidente, cosa que Ferraz no hacía, pero muchos se mostraban reticentes a la hora de reconocer su liderazgo para formar una mayoría alternativa en el partido. Al pasar a ser el «número dos» del Gobierno, Serra se confirmó como un firme candidato a la sucesión de Felipe, en el caso de que éste decidiese abandonar La Moncloa. Los guerristas no estaban entonces en condiciones de imponer su propio candidato, dada la delicada situación en la que se encontraba su líder y su pérdida progresiva de apoyos. Pero en el lado renovador, Serra no concitaba la unanimidad, y aparecían al menos otros dos candidatos posibles. Se trataba de Carlos Solchaga y Javier Solana.

Militante socialista desde los últimos años del franquismo, Carlos Solchaga había intentado en varias ocasiones hacer valer en el seno del partido sus tesis, basadas en la defensa de unos planteamientos económicos más moderados que los de la mayoría, y también en un modelo de funcionamiento del partido más abierto. Pero siempre quedaba en minoría. Solchaga se caracterizaba por su gran inteligencia y por su valentía para exponer con claridad sus ideas. Contaba con el respaldo de algunos de sus colaboradores en el

Ministerio de Economía y con las relaciones establecidas durante sus años de ministro con parlamentarios especializados en temas económicos. Además, sus grandes dotes dialécticas le habían granjeado el respeto, e incluso la admiración, de muchos miembros del grupo socialista. Como había tenido el coraje de proclamarse públicamente perdedor del 32 Congreso, en el momento en que los ganadores del mismo perdían su espacio, Solchaga empezaba por primera vez a disponer del suyo.

Su elección como portavoz parlamentario al comienzo de la legislatura de 1993 sólo fue posible, no obstante, gracias al empeño de Felipe González. Sin su respaldo, Solchaga nunca hubiese logrado la mayoría ni en la Ejecutiva ni en el grupo parlamentario. Pese a que en su función como portavoz durante diez meses, Carlos Solchaga ganó muchos adeptos, nunca pudo desprenderse de su imagen previa, tecnocrática y sesgada hacia la derecha. De haber dispuesto de más tiempo, su innegable capacidad le hubiese permitido probablemente superar ese *handicap;* pero sus expectativas quedaron truncadas al estallar el escándalo en torno a Mariano Rubio. Solchaga asumió su responsabilidad política y dimitió como diputado. Su actitud de entonces le honra personal y moralmente, pero le apartó para siempre de la carrera por el liderazgo del sector renovador.

Javier Solana quedaba, entonces, como la única alternativa frente a Serra. Afiliado al PSOE desde los años sesenta, Solana ejerció durante doce años con gran eficacia sus responsabilidades ministeriales, y antes había demostrado su valía como dirigente político. A sus excelentes relaciones en el mundo intelectual, académico, cultural o mediático, se unía el aprecio que le dispensaban las bases del partido, que en las campañas electorales se habían emocionado con sus discursos, dirigidos al corazón de nuestros afiliados y simpatizantes.

Desde el inicio de la transición, Javier Solana fue uno de los colaboradores más próximos de Felipe González, con el que además mantenía una estrecha amistad. En cambio, su relación con Alfonso Guerra había pasado por momentos de distanciamiento, desde su llegada a la Ejecutiva en 1976. Ahora que la figura de éste declinaba y se distanciaba de Felipe González, Solana aparecía como uno de los dirigentes socialistas más experimentados y capaces. Muchas miradas se fijaban en él al plantearse la posible sucesión de González, especialmente tras los problemas que dieron al traste con las posibilidades de Solchaga, y más tarde con las de Serra.

¿Cómo se tomaría en su momento la decisión de proponer un nuevo candidato a la Presidencia? A medida que se agrandaban las distancias entre Felipe González y Ferraz, era más improbable que esa decisión, en el caso de ser necesaria, quedase en manos de Guerra y de los dirigentes de su entorno. Éstos aún tenían capacidad de presión sobre González; si no para fijarle quién debía ser su sucesor, sí para intentar al menos disuadirle de sus intenciones de dejar paso a un nuevo presidente. Era lógico pensar que después de lo sucedido en los últimos tiempos, el sucesor de Felipe tendría que surgir de las filas renovadoras. Más difícil era saber con precisión quiénes lideraban realmente ese sector, y averiguar cuál era su capacidad para fijar una posición común ante un asunto de esa relevancia.

A esas alturas, sin embargo, los renovadores no habíamos clarificado nuestros postulados; ni había quien organizase con un mínimo de transparencia las relaciones entre los diferentes núcleos renovadores. Felipe González se limitaba a seguir de cerca la evolución de los acontecimientos sin intervenir directamente en ellos; Serra no gozaba de suficiente autoridad política; Solchaga estaba en clara minoría, y tras su dimisión quedaba apartado de la carrera por la sucesión; en cuanto a los renovadores madrileños no quisimos, o no supimos, liderar a los demás núcleos surgidos a lo largo y a lo ancho del partido con planteamientos similares a los nuestros. Dábamos la sensación de un pelotón de ciclistas del que nadie se decidía a tirar, en espera de que Felipe tomase las riendas de la situación.

CROWD OF CYCLISTS

LOS «BARONES»

En estas condiciones, el auténtico elemento aglutinante de los renovadores lo acabaron constituyendo los «barones territoriales». Su denominación se inspiraba en la que habían recibido años antes el grupo de dirigentes que influía de manera especial, al margen de los órganos establecidos, en las decisiones de la UCD de Suárez. A medida que se asentaron las comunidades autónomas gobernadas por el PSOE, el peso político y la influencia de sus presidentes fue en aumento, superando pronto al adquirido por los alcaldes socialistas de las grandes ciudades. La estructura federal del partido aprobada a finales de los setenta se llenaba ahora de contenido, y el poder de la Comisión Ejecutiva empezó a ser contrapesado por el de los secretarios generales regionales.

Durante la década de los ochenta, la mayoría de ellos habían mantenido excelentes relaciones con Guerra y con Ferraz. Cuando los presidentes autonómicos entraban en conflicto con el Gobierno, solían encontrar comprensión en la dirección del partido, que intentaba mediar e incluso, en ocasiones, ejercer de contrapunto al poder de los ministros menos ligados al «aparato». Además, el hecho de que muchos de ellos fuesen también los líderes del partido en su territorio les situaba en una posición idónea para compartir con la Ejecutiva sus criterios sobre el funcionamiento interno del PSOE.

Pero cuando el desgaste del Gobierno de la nación fue en aumento, la buena sintonía que había existido entre la dirección federal y las federaciones regionales empezó a resquebrajarse. El debilitamiento de Alfonso Guerra y la sucesión de escándalos aceleró ese proceso. Los desacuerdos empezaron a manifestarse abiertamente. A partir de 1993, el apoyo que los nacionalistas dieron al Gobierno produjo recelos en las regiones menos desarrolladas, que temieron que la contrapartida del apoyo de CiU al Gobierno significase ventajas no justificables a favor de Cataluña. El acuerdo sobre la atribución del 15 por ciento de la recaudación del

IRPF en cada comunidad a las respectivas haciendas autonómicas fue criticado desde Extremadura por considerar que introducía elementos de insolidaridad. También generaron debates conflictivos la política de carreteras —en el caso de la autovía Madrid-Valencia— y la política hidráulica.

Las reuniones de coordinación entre Felipe González y los secretarios generales territoriales, acompañados por los demás presidentes autonómicos, se hicieron más necesarias y frecuentes, llegando a superar en importancia política y en repercusión pública a las de una Comisión Ejecutiva desprestigiada y encerrada en sí misma. Poco a poco, la mayoría de ese grupo de dirigentes —«los barones»— fueron engrosando las filas renovadoras y marcando distancias con Ferraz. Mientras que las expresiones de discrepancia surgidas hasta entonces, incluida la del hotel Chamartín, no amenazaban seriamente la relación de fuerzas internas, cada vez que un «barón» decidía dar ese paso, la mayoría de los votos de su respectiva federación territorial le seguían, lo que producía automáticamente cambios en la composición de la mayoría.

Según se iba aproximando el 33 Congreso, aumentaba el número de líderes territoriales que se desmarcaban de Alfonso Guerra. Pero su cohesión interna estaba basada ante todo en el rechazo de determinadas actitudes políticas; visto desde otro ángulo, sus coincidencias no llegaban hasta la definición común de las reformas que el partido necesitaba. De hecho, en su interior permanecían latentes numerosas contradicciones. Algunas de índole territorial habían trascendido públicamente. Otras estaban relacionadas con lo que cada uno entendía por la renovación. Junto a los planteamientos más liberales procedentes del pequeño sector encabezado por Solchaga, convivían las posiciones socialdemócratas más tradicionales, representadas por Borrell; frente a las reformas radicales en el funcionamiento del partido que impulsaban algunos grupos de «turborrenovadores», la mayoría de los «barones» querían mantener los esquemas de siempre.

¿EN QUÉ CONSISTE LA RENOVACIÓN?

En enero de 1994, en vísperas de la celebración del 33 Congreso, publiqué un artículo en la revista *Leviatán*, editada por la Fundación Pablo Iglesias, intentando exponer las ideas en las que, a mi modo de ver, podría sustentarse la nueva estrategia que estábamos necesitando. Lo titulé «Sobre la renovación». Mi análisis, fruto de una reflexión estrictamente personal, afirmaba la necesidad de una actualización de nuestros planteamientos políticos fundada en ideas, y no en querellas de corte personalista, contra las cuales lanzaba una llamada de atención. En una veintena de páginas, expuse los ejes sobre los que, a mi juicio, debíamos poner en pie un proyecto político capaz de impulsar de nuevo una larga etapa de reformas y de obtener el apoyo mayoritario del electorado.

Pero la realidad se encargaría pronto de demostrar que no eran este tipo de reflexiones las que mejor podían explicar la razón decisiva de la adscripción renovadora de la mayoría de sus miembros. La nueva mayoría se forjó, ante todo, gracias a la fuerte atracción que seguía produciendo el liderazgo de González, junto con la valoración crítica que muchos dirigentes y cuadros del partido formularon en relación con las posiciones y actitudes de Guerra y de sus principales colaboradores.

El congreso no iba a aportar grandes soluciones ante el proceso de agotamiento en el que se encontraba sumido el PSOE durante los últimos años. La falta de debate que había caracterizado al partido desde su acceso al poder en 1982 contaminó la manera de actuar de los renovadores. Estos intuían que si no se producía un punto de inflexión claro y urgente, el deterioro que habíamos venido sufriendo en los últimos años acabaría pronto abriendo el paso de La Moncloa a la derecha representada por el PP. Pero no realizaron el esfuerzo necesario para provocar ese giro con la intensidad suficiente.

Contra lo que venía siendo habitual desde los años setenta, Guerra no controlaba ahora más que una minoría de delegados elegidos, mientras que Felipe González se implicó personalmente en los debates como no lo había hecho desde el Congreso Extraordinario de 1979. En las reuniones mantenidas durante las semanas previas al congreso, para coordinar las posturas de las delegaciones con mayoría renovadora, la atención primordial se centró en una serie de aspectos organizativos.

El debate entre renovadores y guerristas pronto se polarizó en algunos puntos relativos al funcionamiento del partido y, sobre todo, en la composición de la futura Ejecutiva y de los demás órganos de dirección. Los dos temas más controvertidos consistían en definir el papel que, a partir del congreso, debía jugar Alfonso Guerra, y la creación o no de un órgano intermedio entre la Ejecutiva y el Comité Federal, en el que se reflejase de manera formal la creciente influencia de los responsables territoriales del partido.

Yo pensaba que lo deseable era aprovechar nuestra mayoría para formar un equipo de dirección homogéneo, representativo de los cambios habidos en el interior del partido pero, sobre todo, de los deseos expresados por muchos sectores de nuestro electorado, que aspiraban a que la actitud del PSOE ante los escándalos, los casos de corrupción y los ataques que se recibían desde la oposición política y mediática cambiase radicalmente. Pero entre algunos «barones territoriales» y José Luis Corcuera, que adquirió de pronto un gran protagonismo como mediador, evitaron que se consumase la ruptura entre González y Guerra. Al final, consiguieron que un buen número de cabezas de delegación se comprometiesen a formar una Ejecutiva de integración.

No está claro que ése fuese el criterio inicial de Felipe González. De algunas de sus manifestaciones previas, cabía deducir que hubiese visto con buenos ojos la traducción de la mayoría renovadora en un equipo de dirección homogéneo. Pero una vez puesta en marcha la operación de integración, no era él el más indicado para abortarla.

El 33 Congreso

Para cuando el congreso inició formalmente sus trabajos, no se discutía la continuidad de Guerra en la Ejecutiva, sino qué responsabilidades quedarían reservadas a algunos de sus principales colaboradores. El vicesecretario general ya no necesitaba pelear para mantenerse como «número dos»; gracias a los buenos oficios de los mediadores, había pasado a imponer sus condiciones para seguir en la dirección, aunque su representatividad entre los delegados hubiese quedado muy menguada.

La discusión del congreso se centró casi exclusivamente en el papel reservado en la nueva dirección a Txiki Benegas y en el nombre de la persona que le sucedería al frente de la poderosa Secretaría de Organización. Sólo Solchaga trató de buscar apoyos en un grupo de delegados para impulsar un cambio más profundo, pero con escasa fortuna. Tras un tira y afloja que se prolongó muchas horas, obligando a un considerable retraso de la sesión de clausura del congreso, Benegas pasó a dirigir una nueva Secretaría de Política Institucional, encargada de los asuntos autonómicos y municipales, a cambio de lo cual el entonces desconocido Ciprià Císcar fue elegido al frente de la Secretaría de Organización.

Guerra perdía el control de ésta última, pero lo hizo después de permitirse el lujo de vetar la candidatura de Carmeli Hermosín, propuesta por la mayoría renovadora de Andalucía. Además, las finanzas seguían en manos de Fernández Marugán, un estrecho colaborador suyo que había sucedido en ese puesto a Guillermo Galeote, tras su dimisión a raíz del caso Filesa. Por lo que a mí respecta, recibí el encargo de dirigir la Secretaría de Estudios y Programas: volvía a formar parte de la Ejecutiva y a asumir la misma responsabilidad que había tenido diez años antes.

Cuando aún no había finalizado el congreso, Guerra hizo una aparición triunfal por los pasillos del Palacio de Exposiciones, con aires de haber ganado una importante batalla. Era evidente que quienes habíamos apostado por un cambio más radical en la dirección del PSOE no conseguimos muchos de nuestros objetivos. La idea de introducir cambios en profundidad no había madurado lo suficiente, pese a que la mayoría de los delegados se reclamaban renovadores. La falta de una estrategia clara, y los recelos vigentes entre algunos de los principales dirigentes de ese sector, invalidó una parte al menos de los avances logrados desde el congreso anterior.

Pero tampoco se podía hablar de una victoria guerrista: la situación había cambiado mucho en relación con la situación de 1990. Algunos medios interpretaron que las cosas seguían estando como antes, guiados por la imagen ofrecida por Guerra y por la creencia de que Císcar sufriría el mismo proceso de asimilación a la órbita guerrista que antes había seguido Benegas. A la vista de lo sucedido después, y pese a las limitaciones de los cambios acordados, es obvio que se trataba de una interpretación apresurada.

Sin embargo, la buena voluntad mostrada por la mayoría renovadora para integrar en un único equipo de dirección a los dos sectores del partido sirvió para poco. Como se ha dicho muchas veces, el congreso se cerró en falso. En los meses que siguieron, se formaron en la Ejecutiva dos sectores diferenciados, con dificultades crecientes para trabajar unidos. De una parte, los representantes del sector renovador, con Císcar al frente del área más importante, acompañado básicamente de Alejandro Cercas, Ludolfo Paramio y de mí mismo; por otro, Guerra, Benegas, Fernández Marugán y Matilde Fernández. Las desconfianzas, e incluso a veces la incomunicación, entorpecían la posibilidad de realizar una tarea política eficaz.

Entre el 33 Congreso y la derrota electoral de 1996, perdimos dos años sin acometer las reformas que el partido estaba necesitando, antes de que el electorado emitiese su veredicto sobre cómo habíamos administrado la confianza que nos reiteraron *in extremis* en 1993.

El PSOE se encontraba en una difícil encrucijada: o los actuales dirigentes eran capaces de ofrecer una explicación convincente y satisfactoria de lo sucedido en torno a los escándalos surgidos en los últimos años, asumiendo las responsabilidades que correspondiesen en cada caso; o, por el contrario, se haría inexorable un cambio en profundidad del actual equipo de dirigentes, pese a ser ellos los protagonistas de una etapa extraordinariamente brillante de la historia del PSOE.

El año transcurrido entre el congreso y el anuncio de la disolución de las Cortes quedó absorbido prácticamente por la sucesión ininterrumpida de escándalos y tensiones, a los que ya he hecho referencia. Entre tanto, los resultados electorales se iban encargando progresivamente de recordarnos la mengua de nuestros apoyos en la sociedad. Las elecciones europeas, celebradas un año después de nuestra victoria en las legislativas y poco después de la elección de la nueva Ejecutiva, situaron por primera vez al PP como primer partido en unos comicios de ámbito nacional, con un holgado margen de diez puntos sobre nuestra candidatura, encabezada por Fernando Morán. En la primavera de 1995, las elecciones autonómicas y municipales nos colocaron de nuevo muy por detrás del Partido Popular, que reforzó aún más su presencia en las alcaldías de las capitales de provincia y en muchas Comunidades Autónomas. A partir de ese momento, los socialistas solamente presidíamos tres gobiernos autonómicos: Andalucía, Extremadura y Castilla-La Mancha.

¿QUIÉN SERÁ EL CANDIDATO?

Al anunciar en julio de 1995, con una antelación poco habitual, que las elecciones generales tendrían lugar en marzo del año siguiente, Felipe González nos comunicó a un pequeño grupo de dirigentes del partido su intención de no encabezar las listas del PSOE. Unos pocos miembros del Gobierno —Solana, Saavedra, Lerma—, algunos líderes territoriales —Chaves, Bono, Serra, Jáuregui, Quijano— y cuatro miembros de la Comisión permanente de la Ejecutiva

—Císcar, Eguiagaray, Obiols y yo mismo— comenzamos a reunirnos con cierta asiduidad, para valorar los distintos escenarios y pilotar una situación complicada, conscientes como éramos de la imposibilidad de debatir abiertamente de ello en la Ejecutiva. Esta vez, la hipótesis de la renuncia de Felipe como candidato no era un rumor, ni siquiera el fruto de una confidencia transmitida de boca en boca: todos nosotros la habíamos escuchado de sus propios labios, sin matices ni posibles interpretaciones.

La primera reacción que tuvimos al recibir ese mensaje fue la de procurar evitar por todos los medios que llevase a cabo sus propósitos. El liderazgo de Felipe González era todavía muy intenso, dentro y fuera del partido, y prescindir de él en unos momentos tan difíciles nos parecía un error. Ningún otro candidato cosecharía mejores resultados, por muy conscientes que fuésemos del deterioro que había sufrido su credibilidad política. La acción del Gobierno a lo largo de la legislatura ofrecía buenos resultados en muchos terrenos, y su integridad personal no se había visto salpicada, pese a los denodados intentos de buscarle algún borrón en su trayectoria. Pero también era cierto que su imagen estaba condicionada de forma muy negativa por los escándalos y el clima de crispación.

Sin embargo, en nuestra voluntad de retener a Felipe como candidato no pesaban solamente los cálculos electoralistas. Queríamos también impedir que con su renuncia se crease la impresión de que el presidente arrojaba la toalla. Temíamos que su gesto fuese interpretado como una victoria de la poderosa coalición de intereses que, con tanta inquina como desprecio por las formas democráticas, habían emprendido una ofensiva brutal contra su figura política. Era mejor que su salida de La Moncloa se produjese por voluntad del electorado, hipótesis muy previsible a esas alturas, que como consecuencia de la «conspiración» denunciada años mas tarde por Luis María Anson.

Pero las semanas transcurrían sin que nuestros ruegos surtiesen el resultado deseado, y la decisión de Felipe parecía firme. Tanto es así que, atendiendo sus insistentes deseos, debatimos el perfil del posible sucesor. Javier Solana fue quien concitó más consenso entre nosotros. El Ministerio de Exteriores, en el que estaba cubriendo con habilidad y acierto el vacío dejado por Paco Fernández Ordóñez, le proporcionaba una experiencia que completaba la que había adquirido en sus anteriores cargos de responsabilidad. Solana mantenía una buena imagen pública y excelentes relaciones en muchos medios de comunicación, así como una impecable trayectoria de integridad moral y austeridad en sus comportamientos. Además, gozaba de la confianza de Felipe, que le había mantenido en su Gobierno desde 1982.

Cuando acordamos proponer su nombre como futuro candidato, creo que ninguno de los componentes de nuestro grupo se sintió frustrado por no haberse mencionado otras posibles alternativas. Los otros dos candidatos a la sucesión de González, que habían aparecido durante los años anteriores en las quinielas barajadas por los medios de comunicación y en los conciliábulos de los dirigentes del partido, Serra y Solchaga, ya estaban para entonces descartados. Sus respectivas dimisiones, asumiendo responsabilidades políticas por hechos que no les eran directamente imputables, les invalidaban para competir frente a Solana. Otros nombres imaginables, como los de Chaves, Bono o Borrell, no llegaron ni siquiera a estar sobre la mesa.

Inmediatamente, solicitamos ser recibidos por Felipe González, para exponerle nuestra propuesta. A la caída de la tarde del día en que se concretó la cita, nos sentamos alrededor del secretario general en el patio de columnas del palacio de La Moncloa casi todos los que habíamos participado en la discusión. Creo recordar que estábamos allí Císcar, Chaves, Bono, Lerma, Serra, Obiols, Eguiagaray, Quijano y yo.

Después de algunos comentarios previos, entramos en materia y le hicimos partícipe de nuestras conclusiones: ya que él insistía en renunciar a su candidatura, nos parecía que Javier Solana era el más indicado para tomar el relevo. Felipe esbozó una media sonrisa, dijo que ésa era la propuesta que más le podía satisfacer, pero nos comunicó que, en las últimas horas, acababan de surgir dificultades para hacerla viable. Solana había recibido una llamada telefónica de Anthony Lake, consejero en materia de Seguridad del presidente Clinton, ofreciéndole ser el próximo secretario general de la OTAN, en sustitución del dimisionario Willy Claes.

Algo de eso había trascendido, como simple rumor, en los medios de comunicación en los días precedentes. Pero la confirmación de la noticia, de labios de Felipe González, cambiaba por completo la situación. Solana, según nos trasladaba el presidente, se lo tenía que pensar, pero en principio parecía predispuesto a aceptar el ofrecimiento de los Aliados, por lo que nuestros esfuerzos por buscar quién cubriese el vacío de González habían sido inútiles.

Dimos por finalizada la conversación, con la sensación de que el suelo se movía bajo nuestros pies; a pocas semanas del inicio de una campaña electoral que se auguraba especialmente complicada para el PSOE, aún no sabíamos quién sería nuestro candidato. Cuando nos disponíamos a abandonar el palacio presidencial, me dirigí a Felipe y le dije: «Si después de esto que nos acabas de contar, tú no te presentas, quien se quede el último que apague la luz». Me miró con una sonrisa de resignación, y deduje que él sería de nuevo nuestro candidato.

Efectivamente. Una vez confirmado el nombramiento de Solana al frente de la OTAN, Felipe González dio marcha atrás y encabezó de nuevo la candidatura a la Presidencia. La inmensa mayoría de los afiliados del PSOE, y buena parte de nuestros electores, recibieron con satisfacción la noticia. Pero él supo resumir con precisión, y gran sinceridad, la realidad de la situación a la que nos enfrentábamos, cuando dijo de sí mismo que era «a la vez, el problema y la solución».

Para una parte de los votantes, y muy especialmente entre los jóvenes, la imagen del PP era en 1996 más atractiva y moderna que la del PSOE. En los tres años transcurridos desde las anteriores elecciones, el miedo a una victoria de la derecha se había desvanecido considerablemente. Ahora éramos los socialistas los que aparecíamos ante la opinión pública como sinónimo de conflictividad y de crispación. La derecha había conseguido, incluso, situarnos a la defensiva en el terreno de la eficacia económica, pese a los magníficos resultados de la política de Solbes.

El PP no dudó en atizar demagógicamente los acuerdos con los grupos nacionalistas para sembrar en el electorado dudas sobre nuestra capacidad para integrar en un proyecto común al conjunto del país. Además, nos había arrebatado la bandera en el terreno de la ética, consiguiendo que los votantes confiasen en su compromiso para erradicar la corrupción de la vida pública. Todo ello, por desgracia, afectaba a la imagen y a la credibilidad de Felipe González, como máximo protagonista de una etapa de Gobierno revestida de logros históricos, pero también de un pasivo que ensombrecía el balance global de nuestra gestión.

Nos preocupaban, como es natural, los intentos denodados de la derecha para tergiversar los principales resultados de los años de Gobierno socialista. El hecho de que estuviésemos dispuestos a exigir responsabilidades a los culpables de los casos de corrupción, asumir nuestros errores y tratar de corregirlos no podía significar, de ninguna manera, que aceptásemos la condena global a la que Aznar y el PP querían someter a uno de los periodos más fructíferos de nuestra historia moderna.

El precio de la depuración de responsabilidades no podía ser la descalificación de los avances que, en términos históricos, se habían producido en España gracias a nuestra acción desde el Ejecutivo. Ni tampoco la asunción de una responsabilidad colectiva por parte de una generación política que, en su inmensa mayoría, habíamos dedicado muchos años de nuestra vida a trabajar por la consolidación de la democracia y la construcción de un país más justo, sin caer en ningún momento en la tentación de buscar el lucro personal prevaliéndonos de las responsabilidades públicas que habíamos desempeñado. Al contrario, junto con la autoexigencia de responsabilidades, nos sentíamos obligados a denunciar el entramado de intereses espurios —políticos, mediáticos y económicos— que se habían coaligado para quebrar la mayoría socialista, utilizando para ello todo tipo de métodos y de instrumentos, muchos de ellos inaceptables.

Antes de iniciarse la campaña electoral, tuvimos oportunidad de debatir sobre estos asuntos, aprovechando la celebración de la Conferencia Política que la Ejecutiva había convocado siguiendo el mandato del último congreso. En su origen, lo que se pretendía con ella era articular nuestras reflexiones para modernizar nuestra estrategia y afianzar la presencia del partido en la sociedad. Sin embargo, el deterioro del clima político aconsejó incorporar a la discusión el análisis de la ofensiva que estaba llevando a cabo la derecha, sus posibles consecuencias sobre la calidad de nuestra democracia y el balance de los años de Gobierno socialista, con sus luces y sus sombras.

Pero la atención de los cuadros del partido y de los medios de comunicación estaba ya, para entonces, centrada en otras prioridades. Al fijar con antelación la fecha de la conferencia no podíamos prever que se iba a solapar con el comienzo de la actividad preelectoral. Fue una pena, pues el texto que servía de base a los debates, preparado principalmente por Raimon Obiols, rayaba a gran altura intelectual y política, y su intervención ante el plenario para explicar las líneas esenciales del mismo fue modélica. Dos o tres años antes, y sin una campaña en ciernes, quizás ese debate nos hubiese permitido construir unos cimientos ideológicos y estratégicos más sólidos que los basados en el simple rechazo de la política que había venido desarrollándose desde Ferraz en los últimos años.

La legislatura 1993-1996 concluyó con más pena que gloria, después de haber agotado a mucha gente, dentro y fuera del Parlamento. La crispación de la vida política desgastó al PSOE, pero también sirvió para alejar de la vida pública a muchos ciudadanos que prefirieron poner tierra por medio cuanto antes con el clima de querellas y acusaciones continuas en que degeneró el debate público. Los jóvenes, especialmente, recibieron una imagen detestable de la política. Unos tomaron la decisión de volcar sus ansias de participación a través de Organizaciones no Gubernamentales o de movimientos sociales. Otros simplemente se dedicaron a vivir su vida. Con escasísimas excepciones, toda una generación rehuyó vincularse a los partidos políticos, y la abstención aumentó considerablemente entre quienes accedían por primera vez a la mayoría de edad.

En la campaña de 1996 no hubo debates entre los dos candidatos principales, pues Aznar se negó a medirse de nuevo ante las cámaras con Felipe González. El tono de nuestra propaganda electoral, sobre todo el de los *spots* para televisión, fue más duro que en ocasiones anteriores. El «doberman» con el que el PSOE trató de simbolizar el estilo bronco de la oposición que había practicado el PP se hizo famoso.

Pero el recuerdo de esa campaña está marcado, ante todo, por los asesinatos de dos personas muy queridas: Fernando Múgica y Francisco Tomás y Valiente.

Fernando, «el Poto», era además de un compañero del partido, un amigo de muchos años; vital, caluroso, emotivo, apasionado. Las primeras noticias del atentado contra él las recibí mientras trabajaba en mi despacho de Ferraz; inmediatamente traté de hablar con los socialistas vascos. Rosa Díez me dijo que todavía quedaba alguna esperanza, pero minutos después me confirmó su muerte. Su entierro en San Sebastián, bajo una galerna que nos metía el viento húmedo hasta los huesos y destrozaba los paraguas, me pareció un símbolo de las condiciones en las que los demócratas deben defender en Euskadi la libertad y la vida, frente al odio de los asesinos y la cobardía de quienes no se atreven a llevarles la contraria.

Una semana después, mientras manteníamos una reunión electoral en la sede de la calle Gobelas nos llegó la noticia del asesinato de Tomás y Valiente. Otro mazazo. Había tratado bastante a Paco Tomás durante su presidencia del Tribunal Constitucional, y también nos habíamos encontrado alguna vez cuando empezaba ya a gozar de una nueva etapa de su vida. Días antes de su muerte, escribió en *El País* un artículo sobre Fernando Múgica que ponía la carne de gallina. Su trágica desaparición nos encogió el corazón y multiplicó la rabia que sentíamos ante tanto odio y tanta sinrazón.

Los sondeos coincidían en augurar la victoria holgada del PP. En esta ocasión no parecía quedar margen para la sorpresa; la única discusión se producía a la hora de pronosticar cuál sería la diferencia que obtendría el ganador. El PP aspiraba a gobernar sin necesidad de recabar apoyos entre los nacionalistas. Durante el recuento, hubo sin embargo un momento en el que nuestros votos superaban a los que obtenía la derecha, y en la calle Ferraz se iluminaron algunos rostros. Pero finalmente, a la tercera oportunidad, Aznar ganaba las elecciones generales a Felipe González.

Cuando salió al balcón de la sede de Génova su rostro estaba mucho menos sonriente que el de muchos de nosotros, pues la diferencia en votos había sido mínima: le faltaban veinte escaños para alcanzar la mayoría absoluta en el Congreso. Los insultos a Pujol de los cachorros conservadores que llenaban la calle provistos de banderas españolas tuvieron que ser acallados. En cambio, en Ferraz vivimos nuestra derrota en un clima de satisfacción evidente. Alfonso Guerra habló de la «amarga victoria» del Partido Popular, contraponiéndola a nuestra «dulce derrota».

El primer y el último día de la legislatura que acababa de finalizar fueron lo más felices de esos tres años. El resto del tiempo vivimos sumergidos en una sucesión constante de sorpresas y decepciones muy profundas. De poco sirvió que, en términos objetivos, los resultados de la acción del Gobierno durante ese periodo fuese mejor, en muchos aspectos, que la llevada a cabo entre 1989 y 1993. La crispación ocultó esos logros. El apoyo de los nacionalistas no fue todo lo estable que hubiésemos querido, y las contrapartidas que hubo que negociar con ellos a cambio de sus votos se interpretaron como un síntoma de que se les reconocían privilegios, creándose una sensación de agravio en otros territorios. El compromiso de alentar un nuevo «impulso democrático» fracasó.

Capítulo XVII

El 34 Congreso

Pocas veces se habrá recibido con tantas sonrisas una derrota electoral. Quienes estábamos la noche de las elecciones de 1996 en Ferraz, no podíamos creer lo que nos mostraban las pantallas del ordenador. Faltó poco para que, de nuevo, ganásemos en el último minuto y contra pronóstico, pero esta vez no lo conseguimos. La ventaja del PP fue, sin embargo, mínima: quedó reducida al final a trescientos mil votos, el uno por ciento de los electores. La debacle socialista que habían venido anticipando todos los sondeos, incluidos los del CIS, quedaba desmentida. Justo es decir que hubo una excepción: los datos que nos proporcionó Julián Santamaría desde el Comité Electoral reflejaban el acortamiento paulatino de las diferencias en los últimos días.

Trece años y medio después del 28 de octubre de 1982, volvíamos a pasar a la oposición. Pero lo hacíamos con la alegría de saber que gran parte del electorado del PSOE había aguantado estoicamente las turbulencias por las que acabábamos de atravesar. Aznar, en contra de sus previsiones, no podría gobernar basándose exclusivamente en sus propias fuerzas, y necesitaba completar sus apoyos parlamentarios mediante acuerdos con otros grupos.

Sin embargo, no debíamos confundir nuestra sensación de alivio con la satisfacción y la autocomplacencia. Habíamos mejorado mucho en relación con las expectativas, pero era obvio que habíamos perdido con todas las consecuencias.

La victoria del PP indicaba que se estaba evaporando el miedo a la derecha. En 1993, la balanza se inclinó hacia quienes preferían seguir con el Gobierno socialista, aun no compartiendo muchas de sus actitudes; ahora lo había hecho del lado de los que apostaban por el cambio político, a sabiendas de que entregaban el poder a unas manos que no contaban con su confianza.

La buena gestión realizada por los gobiernos del PSOE, incluida la recuperación de la economía y de la creación de empleo que se estaba produciendo en esos momentos, no podía ya contrarrestar el rechazo producido por la crispación y los continuos escándalos de la última legislatura. Aznar, que había azuzado ese ambiente, era también el principal beneficiario del rechazo que producía. Siete años después de su primera experiencia como candidato, se le abrieron por fin las puertas de La Moncloa. Pese a los recelos que todavía suscitaban la figura de Aznar, sus orígenes y su estilo político, la mayoría de los electores había considerado necesaria la alternancia.

El PP ofrecía a los españoles un Gobierno «fuerte, honrado y eficaz», frente al «paro, corrupción y despilfarro» característicos, según ellos, de los gobiernos socialistas. Iba a gozar del respaldo de los poderes económicos y de la confianza de los mercados; decía tener un proyecto nacional frente a las continuas cesiones ante los nacionalismos que venían efectuando, a su juicio, los gobiernos de Felipe González; anunciaba mano dura contra los terroristas, al propugnar el cumplimiento íntegro de las penas que les hubiesen sido impuestas por los tribunales; ofrecía impulsar una política limpia y transparente, intransigente con cualquier atisbo de irregularidades o de prácticas corruptas.

Aznar hablaba incluso de la necesidad de inaugurar una «segunda transición» que regenerase nuestra democracia. Contaba, además, con la ayuda inestimable de Julio Anguita, que al descalificar la política de los socialistas e identificarla con la que pudiese aplicar la derecha, construía puentes para que antiguos electores del PSOE pudiesen transferir sus votos al PP sin problemas de conciencia.

Aznar y los nacionalistas

Nunca sabremos qué habría sucedido en el supuesto de que Aznar hubiese podido prescindir de los votos de los nacionalistas para lograr su investidura. Es previsible que el PP se hubiese regido por parámetros diferentes a los que caracterizaron su primera etapa de gobierno, llevando a la práctica los compromisos más radicales de su programa. De hecho, a partir de su mayoría absoluta de marzo de 2000, el talante y las políticas de la derecha parecen estar recuperando en gran medida el tono bronco de sus peores momentos en la oposición. Pero los socios parlamentarios con los que necesariamente tuvo que contar Aznar para llegar a La Moncloa en 1996 hicieron de amortiguador de algunas de sus aristas más afiladas.

Dos días después de las elecciones, Aznar ya estaba en contacto con Jordi Pujol para tratar de conseguir su apoyo, lo que le obligó a enterrar su discurso antinacionalista. Dos meses más tarde era investido presidente gracias a los votos de los diputados de CiU, PNV y Coalición Canaria. El precio que tuvo que pagar para disfrutar de una sólida estabilidad parlamentaria fue el vuelco radical de sus concepciones sobre el modelo de Estado. A cambio de ello, y con las fricciones propias de cualquier acuerdo de esta naturaleza, el respaldo de los votos de los nacionalistas fue total.

El único sobresalto lo provocó el PNV, cuando la legislatura ya tocaba a su fin. Los nacionalistas vascos dejaron de apoyar a Aznar en junio de 1999, después de más de tres años de una relación estrecha y muy fructífera para sus intereses.

Una legislatura que en principio parecía dificultar la formación de mayorías amplias, acabó resultando muy cómoda para Aznar. La posición del Gobierno y la imagen de Aznar se fueron asentando, después de unos primeros meses en los que se notaba la inexperiencia de muchos ministros y, sobre todo, la falta de una orientación política clara. Ya fuese debido a la situación económica envidiable que se habían encontrado, a los frutos del diálogo social con los sindicatos o al efecto moderador que producía el apoyo de los nacionalistas, el hecho es que no abordaron ninguna reforma en profundidad en los terrenos en los que, *a priori*, se esperaban cambios en sentido regresivo: educación, sanidad, pensiones.

Lo que les importaba, ante todo, era tomar el control del poder; las carencias que pudiesen existir en sus políticas se ocultaban tras el crecimiento económico, o las trataban de edulcorar mediante el recurso a una intensa política de imagen. De ahí su obsesión por el control de los medios de comunicación.

Pronto empezaron a ejercer el poder de forma descarnada, acallando a cualquiera que osase llevar la contraria a sus designios, sin reparar en los medios empleados. En enero de 1997, estalló la guerra digital: una ofensiva de gran calado contra los medios de comunicación privados que no se sometían a las consignas emanadas de La Moncloa, especialmente contra el Grupo PRISA. Simultáneamente, desde el Ministerio de Hacienda se organizó una trama acusatoria contra los anteriores gestores económicos socialistas, que meses después se reveló como un simple montaje lleno de falsedades.

Las privatizaciones de las grandes empresas gestoras de servicios públicos fueron utilizadas para situar al frente de ellas a personas unidas estrechamente, por lazos de amistad y fidelidad personal, a Aznar o a Rodrigo Rato, creándose una casta de poder empresarial al margen del control parlamentario. En contrapartida, los beneficiados por el favor gubernamental correspondieron a esas dádivas poniendo al servicio del PP su enorme capacidad económica, particularmente en el sector de los medios de comunicación. El efecto de estas actuaciones, junto al de la manipulación de la información proporcionada por la radio y la televisión estatales, produjo serias limitaciones al pluralismo informativo. La mano del Gobierno también aparecía a veces moviendo los hilos de la actuación del Ministerio Fiscal y de algunos jueces. La prevaricación de Gómez de Liaño con motivo del caso Sogecable no encuentra ningún precedente en nuestra democracia.

Como consecuencia de todo ello, el poder acumulado por Aznar y su entorno a lo largo de la legislatura fue muy superior al que los ciudadanos le habían querido confiar a través de las urnas. Y la manera de ejercerlo limitaba el espacio necesario para que el desarrollo de las opciones políticas no gubernamentales pudiese realizarse en condiciones mínimamente satisfactorias.

En la oposición

Nuestros problemas a partir de marzo de 1996, como primer partido de la oposición, no eran sin embargo imputables en exclusiva, ni siquiera principalmente, a las dificultades que tuvimos que afrontar en la confrontación con el Gobierno. Había otros factores más importantes que dependían de nosotros mismos; en función de cómo los abordásemos, nuestras expectativas de recuperar la mayoría electoral serían más o menos elevadas.

En primer lugar, la actitud responsable del PSOE y su sentido del Estado no iban a cambiar por el hecho de pasar a la oposición. Después de haber gobernado durante más de trece años, el partido no quería imitar el estilo crispado ni adoptar las posiciones demagógicas que habían caracterizado a la derecha en las dos legislaturas anteriores. A diferencia de lo que sucedía con los dirigentes del PP y de IU, la mayoría de nosotros éramos partícipes de la cultura política de la transición, y manteníamos un especial apego por el valor del consenso.

Por eso, estuvimos siempre dispuestos a acudir a las invitaciones del nuevo Gobierno para acercar posiciones sobre los asuntos de Estado, renunciando de antemano a la obtención de ventajas electoralistas en este terreno. Pero esas invitaciones no se produjeron, e incluso el Ejecutivo respondió con el silencio a las propuestas que le formulamos, mediada la legislatura, en materia de desarrollo autonómico y en relación con la reforma de la justicia.

También teníamos pendiente definir una estrategia para la renovación del proyecto socialista. ¿En qué debía consistir? ¿Cuáles serían sus rasgos distintivos, sus prioridades? ¿Cómo, cuándo y quiénes debían impulsarla? Ya no había excusa para abordar lo que habíamos aplazado una y otra vez antes de las elecciones. Si hasta marzo de 1996 todavía se podía argumentar que las dificultades del Gobierno y el acoso de la derecha desaconsejaban abrir un debate público sobre las reformas que el partido necesitaba, los mayores riesgos vendrían provocados ahora por la parálisis y la incapacidad para tomar decisiones.

Una de las cuestiones más difíciles de resolver, bajo esta perspectiva, era decidir el papel a jugar por Felipe González, una vez desembarazado de responsabilidades de Gobierno. ¿Podía encabezar él la renovación? El paso del tiempo y el peso del poder no le habían limitado su instinto político, y su pensamiento seguía siendo reacio a adocenarse. Pocos meses después de su salida de La Moncloa, la Internacional Socialista le encomendó la presidencia de la Comisión Progreso Global, a través de la cual se pretendían actualizar las propuestas políticas de la socialdemocracia a escala mundial. Si los dirigentes de los demás partidos de la Internacional seguían confiando en su capacidad para intuir por dónde se orientaban los cambios sociales, ¿debía cumplir también esa tarea en su propio partido?

El quid de la cuestión no estribaba en su capacidad política, fuera de toda duda, sino en algunos factores de otra índole. Uno de ellos tenía que ver directamente con él: consistía en saber cuál era su predisposición a asumir esa tarea. Desde la huelga del 14-D, en diciembre de 1988, hasta finales de 1995, habían sido muy numerosas las ocasiones en las que Felipe había expresado su deseo de poner fin a sus responsabilidades al frente del Gobierno; entonces se entendía que no estaba con ello cuestionando su posición al frente del partido. ¿Lo haría ahora?

Casi nadie se atrevía a analizar hasta las últimas consecuencias los pros y los contras de esa posibilidad: los guerristas, porque preferían a Felipe antes que a cualquier renovador; los renovadores, porque Felipe era su mejor aglutinante. Para unos y para otros, no cabía imaginar mejor liderazgo de la oposición para enfrentarse con Aznar. La comparación entre las cualidades de ambos para ejercer la máxima responsabilidad de Gobierno nos seguía siendo claramente favorable. No se prestó atención a cuál podría ser la voluntad del propio interesado, que quizás ya estaba entonces barajando la posibilidad de abandonar sus funciones al frente del partido.

El otro factor a tener en cuenta se refería a su imagen pública, indisociable de la del partido. El PSOE aparecía como un partido gastado y envejecido, frente a un PP joven y cada vez más dinámico. Y esa comparación se acababa personificando, de manera inevitable, en sus respectivos líderes. La figura política de González, al frente del partido socialista desde hacía más de veinte años, llegaba con dificultad a los sectores más jóvenes de la sociedad y estaba afectada por el desgaste de trece años de Gobierno, tan intenso en la última etapa.

El peso del pasado

No se trataba tan sólo del desgaste político producido por el transcurso del tiempo. Lo más relevante era el deseo de mucha gente de tomar distancias respecto de un pasado inmediato que proyectaba sobre nosotros la sombra de la corrupción. Un pasado con el que se nos identificaba genéricamente a los socialistas, con independencia de nuestro comportamiento ético. Quienes habíamos logrado invertir la relación de fuerzas en el interior del partido, intentando entre otras cosas recuperar la credibilidad del PSOE, teníamos que pechar ahora sobre nuestras espaldas con las culpas ajenas, aunque los hechos reprochables hubiesen tenido lugar antes de nuestra llegada a la dirección. El Gobierno Aznar, plenamente consciente de ello, hacía todo lo posible, y a veces lo impensable, para que los escándalos, la corrupción, la crispación y las tensiones políticas siguiesen caracterizando nuestra imagen pública. El «peso del pasado», que ya nos había pasado factura con la derrota electoral, seguía condicionando nuestra actuación en la oposición.

Los tribunales empezaban ahora a juzgar los hechos que habían estado en el origen de los diferentes escándalos, que en algunos casos habían tenido lugar hacía más de diez años. El análisis de la secuencia temporal de las diligencias procesales mostraba la existencia de coincidencias sospechosas entre éstas y las fechas más sensibles del calendario político. Unas veces se trataba de diligencias realizadas a iniciativa de los jueces instructores o de los fiscales; otras, de la filtración a la prensa de sus intenciones; en la mayoría de las ocasiones, las acusaciones particulares o la acción popular que servían de vehículo al PP o a Ruiz Mateos para plantear sus batallas políticas a través de los juzgados, no dejaban pasar su oportunidad. Además, los medios de comunicación próximos al PP daban su versión particular de las distintas peripecias procesales.

En noviembre de 1996, el Tribunal Supremo rechazó las peticiones para imputar responsabilidades a Felipe González en el juicio por el secuestro de Segundo Marey en diciembre de 1983, la primera actuación de los GAL. Pero su citación como testigo, e incluso una fotografía suya del día en el que, como presidente del Gobierno, había visitado oficialmente el Tribunal Supremo, servían para que la televisión pública y otros medios gubernamentales intentasen fijar la imagen de que, tarde o temprano, acabaría respondiendo ante la justicia. El juicio sobre el asunto Filesa tuvo lugar en el otoño de 1997; el del «caso Marey», antes del verano de 1998; se celebró también por entonces el juicio a Luis Roldán; proseguía la instrucción del sumario sobre los gastos reservados, de las escuchas del CESID, de los papeles de Perote, del caso Lasa-Zabala y de otros asuntos escabrosos. Las actuaciones judiciales relacionadas con la etapa de Gobierno socialista parecían no acabar nunca.

¿Cómo abordar estos asuntos desde la oposición? En el partido reinaba una considerable confusión sobre la manera de responder a ese peliagudo interrogante. Los principios no estaban sometidos a discusión, pero siempre pensé que, hasta entonces, no habíamos hecho un esfuerzo suficiente para dejar claramente establecidos nuestros criterios sobre el fondo de los asuntos planteados.

Era imprescindible que el PSOE explicase con claridad meridiana su condena hacia la utilización de cualquier procedimiento contrario a los valores constitucionales y a las leyes vigentes, con independencia de que se tratase de la «guerra sucia» contra el terrorismo, de la mala utilización de los recursos públicos en beneficio propio o de la financiación del partido por procedimientos contrarios a los establecidos en las normas. Una vez fijados esos criterios, y sin esperar a que los tribunales resolviesen, los socialistas debíamos exigir, cuando procediese, las responsabilidades políticas correspondientes. En todo caso, desde el partido habría que encontrar la forma de expresar con nitidez nuestro reproche ante quienes hubiesen actuado en contra de los principios proclamados.

Pero, en general, la reacción del partido no había seguido esas pautas. Dábamos la impresión de poner en un segundo plano los planteamientos éticos cada vez que algún socialista aparecía implicado en actuaciones irregulares. Si el acusado de un comportamiento irregular era del partido, o un cargo público nombrado por el Gobierno, el acto reflejo de una solidaridad interna mal entendida parecía a veces destinado a exonerarle de responsabilidad. Hubo motivos, en ocasiones, para pensar que el partido pretendía aplicar un doble rasero: manga ancha para los amigos, firmeza para los demás ciudadanos obligados por la ley. Cada vez que las denuncias formuladas eran ciertas, y no dábamos la oportuna respuesta, nuestra propia torpeza ayudó a los que querían dañar la imagen de los socialistas al precio que fuese.

Dado que el Gobierno del PP, con todo el instrumental del poder en sus manos, alentaba una ofensiva contra la época socialista y, en particular contra la figura de Felipe González, había quien alegaba que no debíamos caer en actitudes ingenuas. La coalición negativa formada para desalojar del poder al PSOE seguía estando vigente después de marzo de 1996. Conseguido su primer objetivo, ahora pretendían reescribir la historia reciente, borrando de la memoria colectiva lo conseguido durante los gobiernos del PSOE y dejando reducidos esos trece años a un simple repertorio de escándalos y de crisis económicas.

Nuestro margen era estrecho: si pasábamos rápidamente la página de los errores del pasado, no recuperaríamos credibilidad ante sectores importantes del electorado, que nos pedían que realizásemos un ejercicio de autocrítica para volver a otorgarnos su respaldo; pero si nos excedíamos en la dosis, hacíamos el juego a nuestros adversarios políticos.

Las dificultades se acumulaban. Debíamos defender nuestra gestión y evitar que la derecha tergiversase sus resultados; pero procurando al mismo tiempo que el recuerdo de lo peor de nuestro pasado no nos enajenase el respaldo de los ciudadanos. Simultáneamente, nos correspondía también renovar las propuestas a la sociedad, en sintonía con las nuevas demandas planteadas y con los cambios registrados en el entorno. Y, por fin, había que proceder a un cambio generacional, mejorando la conexión con los jóvenes y restableciendo el diálogo con muchos sectores que, habiendo estado cercanos a nosotros, ahora empezaban a recibir guiños y a establecer complicidades con el PP.

A todo ello debíamos enfrentarnos al comenzar la legislatura. Lo hacíamos sin aliados políticos: los nacionalistas habían apoyado a Aznar, y Julio Anguita pretendía restablecer, sobre bases nuevas, la coalición negativa que mantuvo con el PP para lograr el objetivo común de provocar nuestra derrota. Las centrales sindicales, a su vez, pronto encontraron abiertos los cauces de comunicación con el nuevo Gobierno, que desplegó todos sus esfuerzos para atraer a UGT y CCOO hacia la mesa del diálogo social. Los pocos medios de comunicación que se atrevían a defender su independencia vieron, con la guerra digital, cuál era el coste de mantenerse al margen de las orientaciones emanadas de La Moncloa, o simplemente fueron comprados por alguna de las empresas privatizadas.

El PSOE no estaba preparado para superar todos estos obstáculos. Hubiese necesitado disponer, entre otras cosas, de una amplia red de terminales con capacidad suficiente como para pulsar directamente, y sin intermediarios, el auténtico estado de opinión de los electores y de los diferentes sectores sociales, y para hacerse oír. Pero el llamado «aparato» se había ocupado más, durante años, de controlar las relaciones de poder internas, o de marcar un espacio diferenciado respecto del Gobierno, en lugar de asegurar la presencia socialista fuera de las paredes de las agrupaciones locales. En los aspectos organizativos, el PP había avanzado y se había modernizado en los últimos años, mientras que el PSOE seguía viviendo todavía de las rentas del esfuerzo realizado a finales de los setenta para poner en pie un partido moderno y eficaz. La derecha había pasado en poco tiempo de mantener un atraso considerable respecto de nuestro partido —en política de comunicación, en técnicas electorales, etcétera— a ganarnos en profesionalidad en casi todos los aspectos.

Es cierto que disponían de unos recursos muy superiores a los nuestros, difícilmente justificables con la ley en la mano. Pero nadie les pedía cuentas por ello. En cambio, nosotros padecíamos una gran escasez de medios.

O se ponía remedio a esas carencias, o corríamos el riesgo de repetir la experiencia que ya conocíamos en las autonomías y municipios en los que habíamos pasado a la oposición. De hecho, no eran muchos los casos en los que, una vez instalada la derecha en el poder, le hubiésemos conseguido arrebatar de nuevo su mayoría.

En estas condiciones, y una vez tomada la decisión de no anticipar la celebración del congreso ordinario previsto para mediados de 1997, fui reelegido portavoz del grupo parlamentario. La primera decisión a tomar era la composición del Comité Permanente del grupo, lo que implicaba nombrar a los portavoces sectoriales en las diferentes comisiones parlamentarias. Había que definir el papel que debían jugar, ahora en la oposición, los miembros del último Gobierno socialista, que salvo alguna excepción, eran diputados. Si contaba con ellos, se aprovecharía su experiencia y su capacidad política, a riesgo de facilitar que el Gobierno se escudase en las referencias al pasado para salir al paso de nuestras críticas. Si por el contrario prescindía de ellos, se produciría un despilfarro humano notable, y alguien podría pensar que nos avergonzábamos de nuestra reciente labor al frente del Ejecutivo.

Me incliné por la primera opción y lo consulté con Felipe, que se mostró de acuerdo. La Comisión Ejecutiva también respaldó mi propuesta, aunque Alfonso Guerra criticó la decisión, pues pensaba que debíamos dar una imagen más alejada de nuestras pasadas responsabilidades gubernamentales. Finalmente, algunos ex ministros presidieron comisiones parlamentarias y siete de ellos fueron elegidos portavoces de área, sobre un total de veinticinco portavocías. En aquella dirección del grupo figuraban varios miembros de la actual dirección del PSOE como José Luis Rodríguez Zapatero, Jesús Caldera, Álvaro Cuesta o Emilio Pérez Touriño, pero se extendió la idea de que era una mera reproducción del último Gobierno socialista. Pese a ser consciente de ello, me pareció que era la opción más correcta en ese momento. Si se tenía que producir un cambio más drástico, debería ser el próximo congreso quien lo decidiese.

Hacia el 34 Congreso

Aunque todavía quedaba un año hasta su celebración, éste ya estaba en la mente de todos. Como responsable de Estudios y Programas, me ocupé de coordinar la redacción del texto que debía servir de base a las discusiones de los delegados. No se trataba de repetir el programa electoral que acabábamos de someter a la consideración del electorado. Por eso, pedí la colaboración de algunos afiliados, y de varios simpatizantes, con un perfil más volcado hacia tareas de reflexión. Desde la tecnología hasta las desigualdades sociales; desde la política económica hasta el funcionamiento de las principales instituciones de nuestro sistema democrático: todo debía ser analizado a la luz de las transformaciones que estaban sucediéndose a un ritmo vertiginoso, para actualizar nuestro proyecto político y ponerlo, como decía el título del primer capítulo de la ponencia, «mirando al siglo XXI».

A lo largo de varias semanas de trabajo, discutí los textos con sus redactores, encajamos las diferentes aportaciones y despejamos algunas de las interrogantes que nos surgieron, tras de lo cual sometí un borrador a la consideración de la Comisión Permanente de la Ejecutiva. Por vez primera desde hacía tiempo, tuvimos oportunidad de contrastar lo que pensábamos sobre temas normalmente relegados de nuestras discusiones, ante la urgencia de los asuntos de la actualidad. Los intercambios de opinión más vivos se produjeron en torno a las valoraciones sobre la crisis política por la que habíamos atravesado en los últimos años. ¿Hasta qué punto debíamos reconocer nuestros errores? ¿Cómo explicar los casos de corrupción? ¿Qué cambios había que introducir para democratizar el partido? ¿Qué hacer para que los ciudadanos volviesen a confiar en la política? El texto que finalmente enviamos al Comité Federal suavizaba algo el tono fuertemente autocrítico que yo había incluido conscientemente en mi propuesta.

El debate en el Comité Federal se centró en los aspectos económicos del anteproyecto aprobado por la Ejecutiva. Sobre la base de las ideas preparadas por Jordi Sevilla, yo había incluido unas propuestas muy rigurosas para asegurar los equilibrios macroeconómicos. Frente a ellas, Josep Borrell presentó una batería de enmiendas que pretendían resaltar la necesidad del recurso al déficit público en determinadas circunstancias y bajo determinadas condiciones, en la más pura tradición keynesiana. Intercambiamos con viveza y profusión de argumentos nuestras tesis respectivas, sin imaginarnos entonces la confrontación que íbamos a protagonizar, un año después, en las elecciones primarias. Al final, ofrecí un texto transaccional y la ponencia se aprobó por una amplia mayoría.

Con la sesión del Comité Federal se agotó el debate de ideas. La atención del partido se centró enseguida en la elección de los delegados, que ofrecía un vuelco espectacular en la relación de fuerzas internas. Si en el 32 Congreso arrasaron los partidarios de Guerra, y en el 33 Congreso habían mantenido todavía un porcentaje estimable de apoyos, esta vez sus efectivos se situaban en torno al veinte por ciento del total de los delegados elegidos. Los renovadores disponían de una mayoría amplísima, y debían decidir la manera en la que iban a administrar el respaldo de las bases.

Volvieron a repetirse las reuniones del grupo que había intentado resolver, en la segunda mitad de 1995, la frustrada sucesión de Felipe González al frente del Gobierno. Pero ahora no estaba sobre la mesa la sustitución del secretario general. Ninguno de nosotros habíamos contemplado esa hipótesis en las semanas anteriores al congreso. Nos fijamos como meta la configuración de un nuevo equipo dirigente homogéneo y cohesionado en torno al liderazgo de Felipe. No estábamos dispuestos a repetir la salida en falso del congreso anterior; ya habíamos comprobado suficientemente la dificultad de trabajar de forma integrada con Guerra y su grupo.

Esta vez no habría lugar para ningún pasteleo de última hora: la buena voluntad de quienes propugnaban esa solución chocaba con nuestra experiencia como miembros de una Ejecutiva fracturada desde el comienzo. Una vez comprobada la amplia mayoría renovadora, la conclusión lógica era que Alfonso Guerra abandonase la Vicesecretaría general. El modelo de colaboración entre él y Felipe, en el que se había basado ese cargo durante años, hacía tiempo que había dejado de existir, y el congreso debía tomar acta de ello.

Veinte días antes de comenzar el Congreso, celebró el suyo en Malmoe (Suecia) el partido de los socialistas europeos, que agrupa a todos los socialdemócratas de la Unión Europea. Jospin y Blair fueron las grandes estrellas, recién elegidos jefes de Gobierno de sus respectivos países. Otros líderes socialistas allí presentes, empezando por el anfitrión Goran Persson, también presidían sus gobiernos nacionales. La socialdemocracia europea, después de una larga travesía del desierto, coincidente curiosamente con el periodo en el que nosotros gobernamos en España, volvía a ganar elecciones y a formar mayorías parlamentarias. Felipe estaba a la cabeza de nuestra delegación; le acompañábamos entre otros Obiols, Solbes, Griñán y yo mismo. Pero a diferencia de lo que había sucedido en congresos anteriores, no era el centro de todas las miradas. Se notaba que los nuevos líderes socialdemócratas ya pertenecían a otra generación.

El tiempo no se detenía. Si frente a Brandt, Mitterrand o Palme, Felipe González era un dirigente que había llegado de forma precoz hasta las más altas responsabilidades, ahora se empezaba a producir la situación inversa. Muchos de los que ocupaban los puestos más importantes en los partidos hermanos pertenecían a una generación política posterior a la nuestra, aunque las diferencias de edad fuesen mínimas. Felipe tuvo esa sensación, mientras observaba la brillante intervención de Blair o sonreía con la sinceridad de Jospin, que nos confesó que su victoria le había sorprendido a él casi tanto como a nosotros.

Pocos días después, a una semana del comienzo del 34 Congreso, tuvo lugar el debate sobre el estado de la nación, el primero que se celebraba con Aznar en la presidencia del Gobierno. Felipe tenía que intervenir en su calidad de jefe de la oposición. Antes de comenzar la sesión, tomamos un café mano a mano, en su despacho del palacio de la Carrera de San Jerónimo. Le encontré cansado e incómodo en el papel que debía representar desde la tribuna, teniendo que oponerse a su adversario en asuntos, como el autonómico, en los que hubiese deseado poder certificar la existencia de un consenso. Estaba también dolido al ver que su sucesor, una vez instalado en La Moncloa, basaba la relación entre ambos en el recelo y la desconfianza, sin valorar el sentido de Estado que él había demostrado en su relación con Suárez o Calvo Sotelo.

Durante aquella conversación, no quise formular a Felipe la pregunta que me vino a la mente al comprobar su estado de ánimo. Quizás no lo hice para no distraer su atención en ese momento, a punto de afrontar un trámite parlamentario importante. Pero ese día vi en mi interlocutor un deseo casi irresistible de abandonar su puesto de secretario general del PSOE.

En vísperas de la apertura del congreso, publiqué un artículo en *El País* titulado «Salir a ganar». En él expresaba cuáles me gustaría que fuesen sus resultados. La socialdemocracia vivía en ese momento la alegría de los recientes triunfos en Francia y Gran Bretaña, y ya se intuía el del SPD en Alemania; ya no se justificaban, por lo tanto, las actitudes defensivas que había mantenido hasta entonces frente a la avalancha neoliberal de comienzos de la década. El PSOE tenía que aprovechar el congreso para sumarse a esa ola y pelear por la victoria en el 2000, aunque antes debíamos clarificar algunas posiciones. ¿Qué rasgos definirían nuestra alternativa al PP? ¿Cómo íbamos a restablecer la conexión con las capas urbanas que se habían acercado hacia el proyecto de Aznar? ¿Cómo incorporar a los jóvenes? ¿Era posible unir a la izquierda, sin abandonar para ello un espacio político moderado, razonable y moderno?

Los socialistas debíamos diseñar nuevas políticas y también mejorar nuestra imagen, golpeada tras los acontecimientos de los años anteriores. Escribí entonces. «... estamos ante la última oportunidad para acometer cambios bajo el liderazgo de Felipe. Más tarde será ya demasiado tarde. (...) Lo que el PSOE necesita en este congreso (...) es configurar un nuevo equipo capaz de diseñar el camino de un próximo triunfo electoral. (...) Un equipo que piense en el triunfo en vez de obsesionarse con la sucesión del triunfador...».

Mi tesis era que Felipe todavía debía liderar ese proceso. Entre los renovadores no habían fraguado suficientes coincidencias, y en consecuencia el peso de los intereses territoriales —el peso de los «barones» — nos restaba capacidad para formular una estrategia global. Paradójicamente, quienes más efectivos aportaban al sector renovador suponían, al mismo tiempo, un obstáculo objetivo para su consolidación.

Este razonamiento no era compartido por la mayoría de mis compañeros, que apostaban por un esquema de poder interno basado precisamente en los pactos entre los principales responsables de las federaciones territoriales, bajo el paraguas ofrecido por el liderazgo, interno y externo, de Felipe González. Ni unos ni otros contábamos con la hipótesis de que éste renunciase a presentarse de nuevo a la secretaría general. Esta vez, su decisión no nos fue anticipada, ni pudimos intuirla a tiempo.

La renuncia de Felipe

Hasta el día anterior al congreso, no había indicios de que Felipe pudiese dimitir. Císcar había quedado citado con él al mediodía, para informarle de los preparativos de la jornada de apertura. Cuando volvió a Ferraz, me llamó y subí a su despacho, interrumpiendo la reunión que mantenía con los ponentes que defenderían los proyectos de resolución. Ciprià me dijo que a lo mejor tendríamos que buscar un nuevo secretario general, si Felipe anunciaba que no se presentaba a la reelección. Éste se lo había sugerido durante la comida. Le pregunté si, a su modo de ver, se trataba de una mera posibilidad o de una decisión firme, y se inclinó por esta última hipótesis. Incluso me confesó que Felipe le había avanzado que tanto Ramón Jáuregui como yo mismo podríamos ocupar su puesto.

Los rumores sobre la posible renuncia de González estaban circulando ya por la redacción de *El País*, que esa misma mañana publicaba que el todavía secretario general quería que el congreso abriese el proceso de su sucesión. Durante la cena, recibí la llamada de un periodista de ese medio, para ver si le podía confirmar el anuncio de la dimisión de Felipe, cosa que por supuesto no hice.

Con esa incertidumbre, a la mañana siguiente tomé asiento en el espacio reservado a los miembros de la Ejecutiva saliente, esperando que se iniciase el Congreso. Cuando González subió a la tribuna para pronunciar el discurso de apertura, concentré mi atención en sus palabras y en sus gestos. Hasta que llegó el momento en que anunció su renuncia. Quien había desempeñado durante veintitrés años el máximo liderazgo del partido, afirmó con cierta solemnidad, pero sin alzar la voz, que no deseaba presentarse a la reelección. Al principio, muchos delegados parecían no creer lo que acaban de escuchar. Cuando los presentes en la sala cayeron en la cuenta de que la dimisión era irreversible, cundió el desconcierto. Las lágrimas corrieron por muchos rostros, igual que había ocurrido en 1979.

Felipe hizo aquel día un magnífico discurso. A diferencia de otras ocasiones, en las que todo lo más se solía ayudar de un esquema, esta vez leyó un texto que, según me confesó más tarde, había acabado de preparar la tarde anterior en su casa. Entre quienes nos sentábamos en los bancos de la Ejecutiva, la pregunta era: ¿y ahora, quién se hace cargo del partido? Me volví hacia Ramón Jáuregui y le dije que le podía tocar a él; su respuesta fue muy expresiva, negando con gestos ostensibles esa posibilidad.

Me eligen Secretario General

En las horas siguientes, las miradas empezaron a fijarse en mí. Al margen de las razones objetivas que pudiesen existir a mi favor, los principales dirigentes renovadores coincidieron en que yo debía ser el candidato por la sencilla razón de que ésa era la opinión de Felipe González. Algunos de ellos pidieron verme, para hacerme formalmente esa propuesta, tras haberse reunido con el secretario general dimitido y con todos los cabezas de delegación. Les escuché, y a continuación, antes de contestar a su oferta, les expliqué mis ideas sobre las características que, a mi juicio, debía reunir la nueva dirección del partido. Pensaba que había que formar un equipo reducido y coherente, que no quedase preso de los equilibrios territoriales impuestos por los «barones». Para tener en cuenta a éstos, podía crearse un consejo territorial, que formalizase el papel que habían cumplido últimamente las reuniones de los secretarios de las federaciones regionales con la Ejecutiva.

Durante algunas horas, las espadas se mantuvieron en alto: mantuve mi posición, sin aceptar todavía la propuesta que me habían hecho, aun sabiendo que sería difícil prolongar la situación indefinidamente. Hablé con Felipe, y le expliqué cómo veía las cosas. Me expresó su apoyo y solidaridad, pero me pidió flexibilidad, pues mi negativa cerraría la posibilidad de encontrar una salida a la situación que él mismo había provocado. Estaba prevista la clausura del congreso para el domingo al mediodía, así que disponíamos de un día y medio para configurar la nueva Ejecutiva.

Entre tanto, los pasillos del congreso empezaban a convertirse en un hervidero, cuyos ecos llegaban hasta el despacho en el que me había instalado para hablar con la gente de mi confianza. Pasaron por allí, entre otros, José María Maravall, Javier Solana y Chaves, además de Mila. Al mismo tiempo, Borrell se movía y tanteaba sus posibles apoyos para convertirse en un candidato alternativo, las delegaciones regionales se reunían para recibir información e intentar fijar sus criterios colectivamente, aunque el voto de los delegados era individual y secreto gracias a la batalla que habíamos ganado los renovadores en el anterior congreso. Como ya es habitual, todos nos disponíamos a pasar cuarenta y ocho horas casi sin dormir.

Recuerdo, por encima de otras muchas, mi conversación con Ramón Rubial. Alguien me pasó el recado de que quería verme, y me acerqué al pequeño despacho que le habían asignado durante el congreso. Me animó a asumir la Secretaría General, dándome su punto de vista sobre los momentos que estaba atravesando el partido, y sentí mucha tranquilidad ante la posibilidad de trabajar al lado de una persona tan admirable como Ramón. Sus opiniones y consejos solían ser tan parcos en palabras como sabios, y la firmeza de sus convicciones era tan profunda como su sencillez.

Durante mi mandato como secretario general le vi extinguirse paulatinamente, con la misma dignidad con la que había afrontado sus más de ochenta años de una vida en muchos aspectos heroica. Tras su muerte, al pasar cada día delante de su despacho vacío en la cuarta planta de Ferraz, me acordaba de la ilusión con la que Ramón me había pedido que aceptase la candidatura, y los ratos que había compartido con él sentado alrededor de su mesa de trabajo, hablando de las cosas del partido o de la situación del País Vasco, y recibiendo siempre su apoyo y su aliento.

Finalmente manifesté que estaba dispuesto a ser candidato a la Secretaría General. Sólo pedí a cambio un cierto margen para elegir mi equipo de colaboradores más directos, que ocuparían las principales áreas de responsabilidad en la nueva dirección. Me pareció fuera de lugar forzar mucho las condiciones de mi aceptación. Pero en menos de cuarenta y ocho horas, y tras recibir por sorpresa el encargo de suceder a Felipe, ni siquiera eso me fue fácil. Entre otras razones, porque el cambio de personas a la cabeza del partido tendría que haber venido acompañado, si no precedido, de un análisis en profundidad de los desafíos a los que el PSOE debía enfrentarse nada más acabar el congreso.

La falta de un proyecto asumido en común por la mayoría renovadora se había podido camuflar, hasta entonces, tras el apoyo a González y a las actuaciones del Gobierno. Pero ahora ya no había ninguna pantalla intermedia para difuminar la realidad. En ausencia de una visión compartida y de un liderazgo fuerte, los diferentes «barones» territoriales quisieron asegurar su presencia en la Ejecutiva, directamente o a través de algunas gentes de su estricta confianza. Se trataba de participar en ella, pero también de controlarla.

Al final, la voluntad de contentar a todos me obligó a formar una dirección más amplia y menos operativa de lo que hubiese deseado. Ofrecí formar parte de ella a todas las corrientes internas del partido: mientras que Guerra impidió a sus seguidores aceptar la oferta, Izquierda Socialista estaba representada por primera vez en la dirección del PSOE. La candidatura que yo encabecé obtuvo casi las tres cuartas partes de los votos de los delegados, un porcentaje muy estimable al tratarse de un sufragio individual y secreto.

Cuando cerré la negociación de la composición de la Comisión Ejecutiva, eran más de las seis de la mañana. Me acerqué a casa para ducharme y cambiarme de ropa. Sin dormir, volví al Palacio de Exposiciones. Una vez que se realizasen las votaciones y el recuento de votos, tenía que pronunciar mi primer discurso como secretario general. Me reuní un rato con José María Maravall, con quien esbocé algunas de las ideas que quería expresar en ese momento. Tanto Alfredo Pérez Rubalcaba como Miguel Barroso me sugirieron algunas frases para remachar los puntos más importantes del mensaje que quería enviar a los delegados y a la opinión pública. Cuando me quedé solo, rellené en tres o cuatro folios el esquema de mi intervención. Antes de bajar a la sesión plenaria de clausura, hablé unos minutos con Alfonso Guerra, a quien anticipé que le ofrecería desde la tribuna la presidencia de la Fundación Pablo Iglesias. Le pedí que la aceptase, y él quedó en meditarlo.

Al entrar en la sala, repleta de delegados y de simpatizantes que aplaudían a rabiar, me acerqué a Felipe y nos abrazamos emocionados. Ni él ni yo sabíamos a ciencia cierta lo que podría resultar de un cambio tan profundo como repentino e improvisado; pero ambos éramos conscientes de que su éxito o su fracaso dependería, más que de ningún otro factor, de lo que nosotros dos hiciésemos.

Yo sabía algo más: el modo en que Felipe me había señalado como su sucesor demostraba la confianza que tenía en mí; pero también implicaba que la imagen del nuevo secretario general aparecía vinculada a su figura. Esto último tenía ventajas e inconvenientes. Pero yo no quería seguir la tradición de esos sucesores que intentan buscarse su propio espacio a base de abjurar de su antecesor y de negar sus orígenes. No tenía complejo de Edipo.

Capítulo XVIII

Mil días al frente del partido

Mi elección como secretario general del PSOE fue recibida con sorpresa y expectación, dentro y fuera del partido, pues mi nombre no había figurado nunca como candidato a la sucesión de Felipe. Sin embargo, no era desconocido para la opinión pública, tras mi reciente labor como portavoz parlamentario y mi paso por el Gobierno, ni resultaba extraño para la mayoría de los afiliados socialistas. Aunque no me dediqué nunca a tareas organizativas ni a organizar a mi alrededor mi propio grupo de fieles, pertenecía a la dirección del partido y había recorrido muchas veces el territorio, dando charlas en las agrupaciones o participando en jornadas y seminarios. Con todo, el simple hecho de llegar al despacho que durante veintitrés años había sido de Felipe echaba sobre mis hombros una gran responsabilidad. Y mucha gente se preguntaba si podría con ella.

Los medios de comunicación dieron de mí la imagen de una persona poco dada a cultivar su imagen pública, reacio a descubrir sus facetas más íntimas; sin ninguna cualidad especialmente descollante, pero experimentado y solvente. La principal característica que resaltaban era la de haber colaborado con Felipe González, por lo que se esperaba que mantuviese una línea de continuidad; pero también se presumía que introduciría cambios, aunque sin saber muy bien en qué podrían consistir. Estaba clara mi pertenencia al sector renovador del partido desde sus orígenes, y los mejor informados conocían mis reparos ante el excesivo peso que habían adquirido últimamente los poderes territoriales internos.

Lo que más llamó la atención en mi primer discurso fue la apelación a la «causa común». ¿Por qué hablé de ella precisamente ese día? Aunque yo no quise hacer de ese tema el eje principal de mi intervención, mi reflexión no era fruto de la improvisación. En mis intervenciones públicas de los últimos meses había hecho alusión varias veces a la conveniencia de agrupar los votos progresistas, para compensar las ventajas que recibía la derecha gracias a la prima que otorga el sistema electoral a quienes no tienen necesidad de competir en su propio espacio político.

¿Qué hacer para corregir el plus de representación de que gozaba la derecha? Pese a la victoria del PP un año antes, el electorado seguía considerándose más próximo a los valores de una opción socialdemócrata moderna, como la representada por el PSOE, que a los de cualquier otra familia ideológica. No se había dejado seducir por la ideología neoliberal, aunque sí le resultaba atractiva la imagen moderna y democrática que había cultivado Aznar. ¿Podíamos conseguir que la ubicación ideológica del electorado se tradujese de nuevo en un respaldo político? Esa asimetría no se iba a corregir, en todo caso, de forma automática. Para ganar elecciones, no bastaba simplemente con saber que los ciudadanos se consideraban a sí mismos progresistas: los resultados de las últimas elecciones estaban ahí para recordárnoslo.

Habría que actuar simultáneamente en varias direcciones. De una parte, la nueva dirección que yo encabezaba debía mostrarse crítica ante cualquier comportamiento contrario a la ética, aun con el riesgo de chocar con quienes aspiraban a seguir recibiendo solidaridad y comprensión. Debíamos elegir entre quedar presos de los aspectos más negativos de nuestro pasado, o superarlo mediante un sutil equilibrio entre la asunción de nuestra historia y la no justificación de los errores cometidos.

EL DISEÑO DE UNA NUEVA ESTRATEGIA

Junto a ello, era urgente dibujar los trazos de nuestra estrategia política. Quienes habían dejado de votarnos, y los jóvenes que nunca lo habían hecho, querían ver al PSOE libre de las ataduras del pasado, pero también nos pedían más claridad en nuestros objetivos y prioridades. Ya no resultaba posible explicar en pocas palabras lo que queríamos hacer, ni precisar cómo pretendíamos llevar a cabo nuestros objetivos. Frente a la claridad de nuestro proyecto de 1982, no sabíamos precisar cuáles eran las nuevas metas que ofrecíamos a la ciudadanía. Y al pasar a la oposición, quedaban más al descubierto las carencias de un partido que había descuidado el debate político durante años. Los gobiernos socialistas habían ayudado, durante años, a suplir esas lagunas, mientras que la actividad interna del PSOE no se había ocupado mucho de la amplia zona intermedia existente entre la mera reflexión filosófica y las actividades organizativas.

¿Cómo podíamos llevar a cabo esa labor? El triunfo no estaría a nuestro alcance si reducíamos la labor de oposición a unas críticas más o menos acertadas de la acción del Gobierno. Tampoco podíamos confiar en nuestras solas fuerzas como partido. Era necesario, a mi juicio, recomponer los vínculos y el diálogo con todos los componentes de la mayoría social progresista: movimientos sociales, asociaciones, intelectuales, gentes de la cultura, sindicatos; y también con los demás partidos de la izquierda.

Desde la caída del sistema comunista, el PSOE se había ofrecido como «la casa común» de toda la izquierda, intentando reunir bajo nuestras siglas a los herederos de quienes se reconocían en ellas antes de la escisión que dio origen, en 1921, a los partidos de la Tercera Internacional. En Izquierda Unida, Julio Anguita había contraatacado formulando su estrambótica teoría de «las dos orillas», situando a los socialistas en el mismo espacio que la derecha. El PP intentaba a su vez ocupar el centro, completando una operación de «pinza» para atacarnos desde ambos flancos. Su estrategia se completaba gracias a los pactos parlamentarios que había alcanzado con las formaciones nacionalistas y al diálogo social entablado desde el Gobierno con los sindicatos.

Una forma de romper el cerco que se estaba construyendo a nuestro alrededor consistía en la recuperación de cauces de interlocución con todo el espacio progresista. Eso es lo que pensaba cuando fijé como objetivo del partido trabajar por «la causa común» de la izquierda y de todos los progresistas, diferenciándola de las estrategias mantenidas hasta entonces tanto por el PSOE como por IU. No se trataba, por lo tanto, de un mero juego de palabras, ni tampoco de dar un giro hacia la izquierda a la línea política que veníamos siguiendo. Lo que quería con esa estrategia era articular el espacio político, social y ciudadano de la izquierda, reconociendo su pluralidad pero intentando superar su fractura interna.

¿Hasta qué punto esa llamada rompía con nuestra estrategia tradicional, basada en la autonomía del PSOE para definir su estrategia? Nunca pensé que ambos planteamientos fuesen contradictorios. De hecho, el partido había establecido en numerosas ocasiones pactos municipales con el resto de la izquierda y había defendido siempre la necesidad de una concertación social lo más profunda posible con los sindicatos, sin que ello implicase renunciar a nuestro proyecto autónomo.

Antes del congreso, ya habíamos dado algún paso en esta dirección. Tras las elecciones de 1996, sendas delegaciones de las Ejecutivas del PSOE y de IU habíamos celebrado una serie de reuniones, intentando acercar posiciones programáticas. También a nivel autonómico había un ejemplo muy reciente: los compañeros de Galicia acababan de aprobar, para las elecciones que se celebrarían en otoño, formar una coalición con los ecologistas y la Izquierda Unida de Galicia.

Pero en los meses posteriores al congreso, no se habló mucho de la «causa común»: a la vista de los catastróficos resultados obtenidos por nuestros compañeros en esos comicios, la idea quedó relegada, al menos de momento. La atención del partido estaba fijada ante todo en los congresos regionales, que se celebraban inmediatamente después de finalizado el federal. El panorama de nuestra situación interna no siempre inducía al optimismo. En Madrid y en el País Valenciano salieron a la luz problemas orgánicos muy profundos, que venían a sumarse al que se planteaba en Galicia después de la derrota.

PROBLEMAS INTERNOS Y EXTERNOS

En esos lugares, el partido sufría unos enfrentamientos internos, heredados de los años anteriores, que no tenían visos de apaciguarse; incluso en algunos casos se estaban enquistando hasta hacerse endémicos. Los rescoldos de las peleas entre renovadores y guerristas se solapaban con las peleas por el poder de las distintas federaciones y con querellas personales. Frente a todo ello, la dirección federal no tenía poder suficiente para solventar los conflictos. El que había concentrado en sus manos Alfonso Guerra, desde Moncloa y más tarde desde Ferraz, había ido decayendo a medida que quiso emplearlo para apoyar a sus adictos y castigar a quienes no se sometían a sus consignas.

Entre 1994 y 1997, Císcar tuvo que ejercer sus funciones como secretario de Organización bajo el hostigamiento de los anteriores responsables de velar por el funcionamiento eficaz del partido. Entonces, sólo la autoridad de Felipe González había permitido superar, y no en todos los casos, las dificultades que se planteaban desde el interior del partido. Ahora que ya no pertenecían a la dirección, los guerristas —y en general cualquier grupo o corriente de opinión— tenían un margen de maniobra mayor, mientras que la Ejecutiva era menos respetada incluso que en el periodo inmediatamente precedente, cuando todavía se sentaban en ella los dirigentes históricos.

El respaldo que habíamos recibido del congreso era muy estimable; pero la autoridad de la dirección sobre el conjunto del partido había disminuido de forma notable. Los guerristas actuaban como oposición interna, y algunos «barones» territoriales empezaron a recabar para sí una mayor cuota de autonomía respecto del poder federal. Incluso buscaban a veces la opinión del anterior secretario general como aval de sus tesis, pretendiendo contraponerlas a las decisiones de los nuevos inquilinos de Ferraz. En cambio, a la hora de afrontar los problemas más espinosos que se iban planteando, los principales responsables de la nueva dirección del partido nos encontrábamos bastante solos.

Pocos meses después del congreso, el Tribunal Supremo dictó sentencia sobre el caso Filesa, dando por ciertas muchas de las acusaciones y condenando a los principales imputados. Quienes nada habíamos tenido que ver con aquel asunto, pues no ocupábamos cargos de responsabilidad orgánica durante los años en los que tuvieron lugar los hechos, tuvimos que dar la cara. Por supuesto, al llegar a la Secretaría General no recibí ninguna información sobre las prácticas de años anteriores, ni tuve conocimiento de que una sola peseta de origen irregular fuese ingresada en la caja de Ferraz.

Algunas voces cercanas a los inculpados nos acusaron de no defenderles a capa y espada. Esto último era cierto: en la declaración que puse a debate en la Ejecutiva, y que fue aprobada, rechazaba cualquier procedimiento ilegal de financiación de los partidos y pedía perdón a los ciudadanos por las prácticas irregulares que se hubiesen producido en el pasado. Lo que para algunos fue una muestra de insolidaridad, no era sin embargo suficiente para otros. Dentro y fuera del partido, muchos hubiesen querido quizás una actuación más contundente, para exigir responsabilidades a los que hubiesen realizado en años anteriores cualquier práctica reprobable.

Se percibía con claridad una intensa demanda de cambio, para cuya satisfacción se requería, probablemente, un corte con el pasado mayor que el que nosotros representábamos. Yo aparecía como el albacea de Felipe González, mientras que lo que se nos pedía, sobre todo por los jóvenes, era que se iniciase una nueva etapa, heredera de los logros del Gobierno socialista pero liberada del lastre que arrastrábamos como consecuencia de los errores cometidos. El desarrollo del 34 Congreso forjó la imagen de una dirección sujeta a demasiados condicionamientos como para afrontar, hasta las últimas consecuencias, las transformaciones que se necesitaban.

Mientras unos esperaban que se llegase cuanto antes al futuro, otros seguían teniendo querencia por el pasado. Cada vez que Felipe aparecía públicamente expresando opiniones o participando en actividades del tipo que fuesen, había quien se encargaba de introducir dudas sobre su voluntad real de quedar relegado a un segundo plano, afirmando que era él quien realmente seguía manejando las riendas del partido. Las especulaciones sobre su vuelta eran continuas.

Esos rumores eran alentados por la derecha, que seguía obsesionada con el anterior presidente del Gobierno, pero también encontraban eco en nuestras filas. Durante las conversaciones que mantuvimos desde el mismo congreso, González me había asegurado que su retirada era definitiva. Pero no todos le creían, y muchos deseaban que volviese, pues su ausencia les producía una irrefrenable sensación de orfandad. En el otoño posterior a su renuncia, ya empezó a especularse con su presunta intención de presentarse otra vez como candidato a la Presidencia, aunque siguiese alejado de la dirección del partido.

LAS PRIMARIAS

Ambos comentamos la necesidad de despejar pronto esa incógnita: se empezaba a hablar de la hipótesis de una disolución adelantada del Parlamento, ligada a la decisión sobre nuestra entrada en el euro, prevista para mayo de 1998, y había que evitar que, de producirse, nos sorprendiese sin haber decidido nuestro cartel electoral. Volví a preguntar a Felipe si él tenía alguna intención en ese sentido, y su negativa fue aún más contundente que la que ya me había trasladado con anterioridad.

Despejada esa hipótesis, hablé con Javier Solana. Él había sido nuestro candidato *in pectore* en 1995, y sus responsabilidades al frente de la Secretaría General de la OTAN no se prolongarían indefinidamente, por lo que le comenté la necesidad de aclarar pronto nuestro liderazgo electoral y le pregunté acerca de sus intenciones. Javier no descartaba volver algún día a jugar un papel relevante en la política española —lo habíamos hablado ya durante el congreso— pero me aseguró que por el momento estaba absorbido por sus responsabilidades internacionales.

Puestas así las cosas, yo aparecía como el candidato natural. En teoría, sólo quedaba por decidir el momento y la forma de mi proclamación. Pero no quería volver a ser un candidato impuesto desde arriba, sin abrir la posibilidad de otras alternativas. Me pareció lógico utilizar a nivel nacional el procedimiento que acababa de ser aprobado para la selección de los candidatos locales y autonómicos. En efecto, en el último congreso se había introducido como innovación la figura de las elecciones primarias internas para seleccionar a nuestros candidatos a las alcaldías de las grandes ciudades. Siguiendo esa misma pauta, la mayoría de los congresos regionales habían aprobado también ese procedimiento para elegir nuestros candidatos a la Presidencia de las comunidades autónomas.

Pedí a Ciprià Císcar que los expertos en cuestiones reglamentarias estudiasen si ese procedimiento podía aplicarse también a la elección del candidato a la Presidencia del Gobierno. Su respuesta fue positiva: aunque no estaba previsto expresamente, nada impedía utilizarlo, siempre que el Comité Federal estuviese de acuerdo. Sopesé los pros y los contras, y decidí que propondría ese sistema de elección en cuanto tuviese ocasión de reunir a nuestro órgano máximo entre congresos. En realidad, si el 34 Congreso no lo había aprobado era, simplemente, porque los delegados no imaginaban a otro candidato que no fuese Felipe. Ahora, la extensión de esas normas me parecía lógica, pues cuando los delegados del congreso me votaron, no estaban pensando en nominarme también como candidato.

Una vez tomada la decisión, analicé el calendario, y dije a Císcar que convocase al Comité Federal a la vuelta de las Navidades. Pensé que debía proponer la convocatoria de las primarias para la candidatura a la Presidencia, y poco después la correspondiente a las de los alcaldes y presidentes autonómicos de los lugares en los que no gobernábamos. En aquellos mismos días, los socialistas vascos habían decidido celebrar las suyas, para elegir a su candidato a las elecciones autonómicas de la primavera de 1998.

Cuando se hizo pública mi iniciativa, que recibió el respaldo inmediato de la Ejecutiva, las opiniones fueron en general muy positivas. La apertura de cauces de participación en los partidos siempre es bien recibida por los afiliados, y también por la opinión pública. Pero no todo fueron parabienes. Algunas reservas procedían del interior del partido. Los guerristas vieron en las primarias un mecanismo muy alejado de su modelo de organización; los tres presidentes autonómicos tampoco quedaron muy convencidos por la fórmula, pues ellos no la necesitaban para ser revalidados en su día como candidatos.

Pero sobre todo, quienes reaccionaban con incomodidad eran nuestros adversarios. Los portavoces del PP y del Gobierno, con el apoyo de sus medios, intentaban echar agua al vino sosteniendo dos tesis alternativas. De una parte, presumían que mi propuesta tendría truco: pensaban que se trataba de un «farol», y que finalmente nadie se atrevería a dar el paso de competir contra el máximo responsable del partido. Otros, en cambio, daban por seguro que el llamado «aparato» nunca llegaría a permitir una confrontación en igualdad de todos los aspirantes.

Yo quería garantizar la credibilidad de mis intenciones, y para eso me empleé a fondo en convencer a Josep Borrell para que se presentase como candidato alternativo. Ya había estado a punto de hacerlo en el 34 Congreso, y posteriormente hubiese deseado ser el portavoz del grupo parlamentario, pero yo había confiado ese puesto a Juan Manuel Eguiagaray. Para que no se sintiese desplazado en la Ejecutiva, de la que formaba parte, le había encargado que impulsase la reflexión sobre la renovación de nuestras propuestas en una serie de áreas, pero su trabajo no había cuajado.

Al convocarse las primarias, vino a verme y me hizo partícipe de sus dudas: no sabía si debía o no presentarse. Le insistí que lo hiciese, asegurándole juego limpio y haciéndole ver que su participación era el mejor aval que podía recibir un procedimiento como el que había decidido poner en marcha. A los pocos días, Borrell anunció públicamente su candidatura, de lo que me alegré muy sinceramente.

La existencia de dos candidatos supuso un espaldarazo adicional a la expectación creada con el mero anuncio de la convocatoria de las primarias. En esas semanas se despertó de nuevo en mucha gente el interés por la política, y renació la ilusión entre los socialistas. Los actos de las dos campañas contaron con mucha participación. La Ejecutiva tuvo que improvisar algunas respuestas en relación con el apoyo que debíamos recibir los candidatos por parte de los servicios del partido, pero en general las cosas se desarrollaron satisfactoriamente. Borrell se dejó llevar al principio por un cierto victimismo, pero sus quejas fueron inmediatamente atendidas.

Su estrategia de campaña estuvo mejor dirigida que la mía. Supo organizar un auténtico equipo electoral y movilizó a muchos más voluntarios que yo, especialmente a los jóvenes, en apoyo a su candidatura. En mi caso, cargaba con el sambenito de tener a mi servicio al aparato del partido, lo que realmente no respondía a la verdad salvo alguna excepción realizada a espaldas mías, totalmente contraproducente, y que yo nunca hubiese consentido. El respaldo que me expresaron públicamente la mayor parte de los dirigentes del PSOE inducía a pensar que todo estaba resuelto de antemano; pero pegando la oreja al terreno se palpaban las resistencias y las dificultades. Si pudiese hacer de nuevo aquella campaña, emplearía a la vez más profesionalidad y más colaboradores ajenos a las estructuras del partido.

En el triunfo inesperado de Borrell pesaron, por encima de cualquier otro factor, razones políticas de fondo. Además de su brillantez dialéctica, Josep Borrell encarnaba para una gran parte de los afiliados, y para muchos electores, la imagen del cambio que deseaban, frente a la continuidad que yo representaba. La mayoría pensaban que una alternativa real frente a Aznar no se podía construir con los mismos mimbres de siempre. En el 34 Congreso habíamos conseguido relegar a quienes nos estaban conduciendo hacia un callejón sin salida. Pero la falta de cohesión de los renovadores nos iba a pasar factura. Al figurar ahora al frente del PSOE sin ser capaces de superar los escollos heredados del pasado, nos habíamos convertido en los principales responsables de sus carencias.

En cambio, el desmarque de Borrell respecto de una dirección a la que él también pertenecía, le permitía ser el exponente de las transformaciones que se deseaban introducir en el partido. Por otra parte, tanto Izquierda Socialista como el guerrismo apostaron claramente por Borrell. Los primeros, porque las posiciones políticas de éste estaban más a la izquierda de las mías; los segundos, para castigar a quienes habíamos ganado el 34 Congreso. Tras su autoexclusión de la Ejecutiva, los guerristas eligieron este momento para pasar factura.

Los resultados del escrutinio, que otorgaban a Borrell una clara victoria, me sorprendieron. Sin descartar por completo esa hipótesis, pues era evidente el tirón de mi contrincante, había pensado pese a todo que al final yo sería el ganador. Subestimé el rechazo que producía la dirección del partido, incluso la nueva, entre las bases; tampoco había previsto que con un nivel de votación tan alto como el que se produjo —en relación con el número real de afiliados, pues comprobamos que nuestro censo era ficticio y estaba hinchado— acudirían a las urnas muchos miembros del partido alejados de la militancia efectiva, y que se mostraban muy críticos hacia la dirección.

Al comprobar la derrota, dimití tal y como había advertido durante la campaña. Me parecía muy difícil, por razones políticas y personales, dirigir un partido cuyos afiliados me acababan de rechazar como candidato para presidir el Gobierno. Se lo comuniqué así a la Ejecutiva, al día siguiente de las votaciones. Todos, incluido el propio Borrell, me pidieron con insistencia que reconsiderase mi decisión.

De entre los argumentos que se pusieron encima de la mesa para disuadirme, hubo uno que me hizo reflexionar de manera especial: si los resultados de las primarias producían automáticamente consecuencias internas, estaríamos socavando todas nuestras reglas de funcionamiento al situar la legitimidad de la democracia directa por encima de la derivada del sistema representativo previsto en los Estatutos. Al otorgar a las primarias más valor que a los congresos, el PSOE entraría en una fase de democracia asamblearia, de consecuencias imprevisibles.

Ante la Ejecutiva, me comprometí a suspender la efectividad de mi renuncia y a volver a pensar mi decisión hasta la celebración del Comité Federal, pocos días después. Entre tanto, trataría de esbozar con Borrell unas reglas que pudiesen encauzar las relaciones entre ambos, para el caso de que finalmente retirase la dimisión.

LA «BICEFALIA»

Así lo hice. En contra de mi intuición, que me seguía aconsejando retirarme y dejar paso a otro, daba comienzo lo que se denominó «bicefalia». Como dije dos años más tarde, me equivoqué al no irme entonces. Borrell asumió la dirección del grupo parlamentario y el liderazgo hacia el exterior. Por mi parte, yo seguía siendo el máximo responsable del partido, pero con una proyección social muy reducida. En teoría, no hay nada que impida establecer esa separación. Pero para que todas las piezas de un mecanismo tan complejo sepan a ciencia cierta cuál es el papel que les corresponde jugar, no conviene improvisar.

El tándem Borrell-Almunia nunca funcionó. Por buena voluntad que uno y otro pusiésemos para convivir ejerciendo nuestras respectivas responsabilidades, los roces y los solapamientos fueron continuos. Uno de los elementos más conflictivos era la relación con el Gobierno. ¿A quién le correspondía hablar con Aznar? Según los acuerdos que establecimos, seguía siendo responsabilidad mía. En la práctica, sin embargo, ello generaba problemas. Además, mi presencia pública era continua, en unos momentos en los que la declaración de la tregua de ETA hacían especialmente necesario que el partido expresase sus criterios sobre la política antiterrorista y, en general, sobre la situación en el País Vasco.

Otras dificultades nos vinieron dadas por asuntos relacionados con la vida del partido. Si el candidato a la presidencia reclamaba con razón más protagonismo político hacia fuera, algunos de quienes le acompañaban en su entorno inmediato parecían sin embargo mucho más interesados en aprovechar el tiempo para consolidar posiciones en el PSOE. Alrededor de Borrell surgió el «borrelismo», con ambiciones de poder interno; y muchos dirigentes territoriales vieron en ello una amenaza. El candidato de todos empezó a ser visto como el líder de una facción. A su vez, los órganos del partido eran contemplados con desconfianza por quien debía utilizarlos para su trabajo ante la sociedad. Nuestra imagen pública sufrió un gran descrédito como consecuencia de estas disensiones, que ocupaban gran parte de la información referida a los socialistas.

Hubo más factores que también contribuyeron en ese periodo a quebrar nuestras expectativas electorales. Borrell ocupaba un espacio político más a la izquierda que el que nos venía siendo atribuido tanto a Felipe González como a mí. Él mismo había repetido durante la campaña de las primarias que yo representaba la «izquierda del centro», mientras que él era «el centro de la izquierda». Se sentía identificado con una socialdemocracia propensa a reclamar un fuerte protagonismo del Estado y de las regulaciones públicas, frente al sesgo más liberal de los seguidores de la Tercera Vía. A partir de su proclamación como candidato socialista, la oportunidad de abrir un flanco en el electorado de centro no pasó desapercibida a los estrategas de Aznar.

En julio de 1998, el Gobierno del PP dio su enésimo giro hacia el centro, pero esta vez con más éxito que en otras ocasiones anteriores. El estilo bronco que caracterizaba a Álvarez Cascos y Miguel Ángel Rodríguez dio paso a una imagen más edulcorada y sutil, personificada en el nuevo portavoz del Gobierno, Josep Piqué. Si el proyecto de Borrell desplazaba al PSOE hacia la izquierda, esta vez podría por fin tener éxito el intento de la derecha por ocupar un espacio más moderado. Sobre todo, cuando a las continuas tensiones internas y a las proclividades izquierdistas de nuestro candidato, se unía el hecho de que los socialistas volvíamos a tener que mirar hacia atrás, para ocuparnos de algunos asuntos delicados de nuestro reciente pasado, derivados de la actividad de los tribunales.

Si en otoño de 1997 habíamos tenido que afrontar la sentencia sobre Filesa, en el verano de 1998 se dictó la sentencia del «caso Marey», condenando a José Barrionuevo y Rafael Vera. ¿Qué hacer en estas circunstancias? La Ejecutiva aprobó el proyecto de declaración que les presenté, en el cual nos manifestábamos tan convencidos de la inocencia de Barrionuevo y Vera como respetuosos con el veredicto del tribunal. Además, reiterábamos nuestro rechazo tajante a cualquier actuación policial contraria a derecho, expresando una condena sin paliativos de la «guerra sucia» contra los terroristas.

Entre la publicación de la sentencia y el ingreso en prisión de los condenados, mediaron varias semanas. Pero al llegar el momento de ejecutar la resolución del tribunal, se generó un fuerte movimiento de solidaridad con nuestros dos compañeros, que contaba con la activa participación de

Felipe González. Ese movimiento se tradujo en la organización de una concentración ante las puertas de la prisión de Guadalajara, para acompañarles en el momento, tan duro para ellos y sus familias, en que ingresasen allí. Comenté con Borrell y algunos miembros de la Ejecutiva cuál debería ser nuestra actitud. ¿Podíamos dejar que se produjese esa concentración sin estar presentes los principales dirigentes? ¿Qué supondría nuestra presencia? ¿Cómo se interpretaría, en caso contrario, nuestra ausencia?

Mi preocupación no procedía de ningún conflicto con mi conciencia. Sin embargo, veía los riesgos de que una parte importante del electorado no entendiese las razones por las que el partido se volcaba en apoyo de dos personas a las que la justicia había considerado culpables. Finalmente, opté por asistir a la concentración, siguiendo el parecer mayoritario de mis colaboradores, pero sin acallar mis dudas fundadas sobre lo que estábamos haciendo.

De hecho, creo que una parte de la caída bastante pronunciada del respaldo al PSOE que se observó en los sondeos durante esos meses se debió a la imagen que ofrecimos en torno a este asunto. En Navidades, Barrionuevo y Vera salieron de nuevo a la calle. Me alegré sincera y profundamente de ello. Pero la peregrinación continua de los socialistas ante la puerta de la prisión no ayudó en nada a acortar su estancia en la cárcel y supuso en cambio un borrón, tan involuntario como nocivo, en el proceso de recuperación de nuestro crédito ante sectores importantes de la sociedad.

El resultado de las primarias se dejaba notar cada vez más en el interior del partido. Mi debilidad como secretario general, y la desconfianza con la que se contemplaba la labor de Borrell, llevaron a los principales líderes territoriales a poner énfasis en su estrategia particular, tanto más cuanto que las expectativas de un triunfo sobre Aznar en las siguientes elecciones generales se había desvanecido casi por completo. Ese otoño, los tres presidentes autonómicos firmaron, al margen de la Ejecutiva, la llamada «declaración de Mérida», reafirmando sus propias tesis en relación con los nacionalismos, y saliendo al paso de la «declaración de Barcelona» suscrita por CiU, PNV y BNG. A su vez, Maragall y el PSC reforzaron su discurso federalista.

Meses antes, en marzo de ese mismo año, el Comité Federal había aprobado por unanimidad un documento completo y preciso, preparado bajo la dirección de Ramón Jáuregui, en el que se concretaba nuestra política autonómica, apostando por el desarrollo del Título VIII de la Constitución bajo una inspiración federal. Pero eran muchos los dirigentes del partido que, pese a haberlo votado, parecían ignorarlo. Aznar, pese a que todavía gozaba del leal respaldo parlamentario de CiU y del PNV, se disponía a enfocar el último tramo de la legislatura poniendo énfasis, de nuevo, en su discurso más nacionalista español. Así marcaba la diferencia con la imagen de un Partido Socialista incapaz de mantener un solo discurso sobre el modelo de Estado.

Junto a la imagen de las concentraciones de Guadalajara, y la de la pluralidad de voces sobre los temas autonómicos, la crisis de la «bicefalia» acababa de pintar un panorama más que preocupante. En noviembre, el Comité Federal tuvo que intervenir para volver a fijar las atribuciones que correspondían al candidato y al secretario general. La crisis la provocó Borrell, exigiendo públicamente ser el interlocutor único del PSOE ante Aznar. ¡La oposición se peleaba por ver quién hablaba con su adversario! Las nuevas reglas, acordadas después de una labor de mediación protagonizada por los tres presidentes autonómicos, consiguieron estabilizar por fin las difíciles relaciones entre nosotros dos, pero los continuos conflictos que se habían ido produciendo durante la segunda mitad de 1998 causaron un grave deterioro de la imagen de todos nosotros.

Cuando los problemas de la «bicefalia» casi habían desaparecido de los titulares, un nuevo incidente pasó a ocupar la atención de los medios. Las actividades irregulares de dos antiguos colaboradores de Borrell durante su etapa como Secretario de Estado de Hacienda causaron un gran escándalo. Pocas semanas después de que se empezasen a publicar las primeras informaciones sobre ese asunto, Josep Borrell presentó su dimisión como candidato de manera irrevocable. Durante los días previos, trató de explicar a la opinión pública que sus relaciones profesionales y de amistad con los implicados no suponían, bajo ningún aspecto, que en su comportamiento pudiesen encontrarse indicios de ninguna irregularidad. Sin embargo, la presión anímica a la que estaba sometido cada vez que salían a la luz nuevos datos sobre las actuaciones de sus antiguos colaboradores acabó por llevarle a arrojar la toalla. Intenté disuadirle, pidiéndole que aguantase el chaparrón, pero no fue posible.

El mismo día en que hizo pública su renuncia, se iniciaba la campaña electoral para las elecciones europeas, autonómicas y municipales, que se iban a celebrar a mediados de junio. Al conocerse la noticia, el desconcierto que cundió en nuestras filas fue notable. Hicimos la campaña como pudimos; no obstante lo cual, los resultados fueron más positivos de lo que algunos imaginaban. Aumentamos nuestra presencia en los gobiernos autonómicos y locales y empezamos a recuperar apoyos en las capas urbanas, quebrándose una tendencia a la baja iniciada diez años antes. Los pactos que alcanzamos en las semanas siguientes con IU y con varios grupos nacionalistas y regionalistas nos permitieron duplicar el número de autonomías en las que gobernábamos, y ampliar nuestra presencia al frente de muchos ayuntamientos.

SE BUSCA SUSTITUTO

Al día siguiente de las elecciones, tuvimos también que poner manos a la obra para buscar al sustituto de Borrell. En el mejor de los casos, las elecciones generales tendrían lugar en la primavera de 2000, por lo que disponíamos como máximo de unos pocos meses para lanzar al nuevo candidato. Como la decisión no podía retrasarse, antes de las vacaciones de agosto el PSOE debería saber quién disputaría la presidencia a José María Aznar.

La falta de tiempo, los pésimos antecedentes de la «bicefalia» y las malas expectativas con las que afrontábamos las próximas elecciones, reducían el elenco de posibles aspirantes. Pese a mi renuencia basada en razones muy fáciles de entender, de nuevo se empezaron a fijar en mí las miradas de muchos dirigentes del partido.

Me parecía evidente que el candidato debía ser otra persona. Después de las primarias y del periodo tan convulso que había coprotagonizado con Borrell, mi opción sería leída de antemano como perdedora. No despertaría ilusión ni siquiera entre los afiliados y simpatizantes, que se iban a encontrar con la opción que no habían querido elegir poco tiempo antes.

Tanteé otras posibilidades. Me entrevisté con los líderes territoriales, los portavoces parlamentarios y con algunas personalidades socialistas. Pero sucedió lo que me temía: nadie quiso dar un paso al frente. Lo intenté con José Bono, y fracasé. Pregunté a Rosa Díez, que acababa de protagonizar una buena campaña en las europeas, y no se decidió. A finales de julio, y sin alternativa, el Comité Federal me eligió candidato por una amplísima mayoría. Cuando acepté, sabía muy bien las dificultades de la labor a la que me estaba comprometiendo.

Nuestras posibilidades de triunfo eran mínimas. No obstante, puse toda la carne en el asador para obtener el mejor resultado posible. Hasta el último día de campaña, no admití el menor atisbo de resignación a mi alrededor. Retomé los trabajos que había empezado a coordinar Borrell para la elaboración de un programa electoral innovador, confirmando a los colaboradores que él había elegido en su momento. Encargué al Comité Electoral un diagnóstico de la situación, para conocer realmente el estado de la opinión pública, y al leerlo a comienzos de septiembre se confirmaron mis temores.

Más que los datos cuantitativos, que nos colocaban varios puntos por debajo del PP en intención de voto, lo más preocupante era la persistencia de la imagen de un PSOE dividido y aferrado al pasado, incapaz de conectar con los sectores más modernos y dinámicos de la sociedad. La ilusión que habían provocado las elecciones primarias y la fulgurante aparición en el escenario de Borrell, se habían ido apagando en los meses que siguieron. Es más, el recuerdo de aquellos momentos se nos volvía en contra: los electores pensaban que aquel rayo de esperanza había dejado de brillar por nuestra culpa.

Los magníficos resultados que se esperaban en Cataluña, y que realmente obtuvo Pascual Maragall en las elecciones de octubre de 1999, no se trasladaban a la actitud de esos mismos votantes en las legislativas. Tampoco conseguimos movilizar al electorado con el anuncio anticipado de algunos compromisos programáticos atractivos, que fuimos desgranando durante el otoño.

En cambio, en el momento mismo en que se conoció la fecha electoral, nada más empezar el año 2000, un porcentaje relevante de quienes hasta entonces no manifestaban sus intenciones en las encuestas se inclinaron a favor de la derecha.

Una parte del partido daba por descontada la derrota y se preparaba ya para lo que tendría que suceder al día siguiente de las elecciones. Las aspiraciones personales de algunos, y los intereses territoriales de otros, pesaban en sus actitudes más que la necesidad de aunar esfuerzos para obtener el mejor resultado posible, frente a un adversario que contaba con casi todos los elementos a su favor.

Cuando comprobé que las cosas eran así, me dije a mí mismo que si los electores nos daban la espalda claramente, con unos resultados sustancialmente peores que los del año 1996, presentaría inmediatamente mi dimisión. A partir de ella se podría abrir inmediatamente la puerta a un nuevo congreso, que abordase a fondo los problemas del partido e introdujese los cambios oportunos.

Pero el realismo no me condujo a la resignación. Pocos días después de convocadas las elecciones, quise provocar un revulsivo frente al convencimiento, cada vez más extendido, de que la suerte estaba echada: lancé una oferta de acuerdo a Izquierda Unida. Las relaciones que ya habíamos establecido con el PDNI no habían producido ningún efecto significativo de atracción del electorado de IU, que sin embargo estaba sumido en un gran desconcierto por la política antisocialista de sus máximos dirigentes. La presencia de un nuevo candidato de la coalición —Francisco Frutos había tenido que sustituir en noviembre a Anguita, de nuevo con problemas de salud— ofrecía una oportunidad para intentar suturar la división de la izquierda, que tanto beneficiaba al PP.

La iniciativa tenía riesgos indudables, pues podía leerse como un giro hacia la izquierda del PSOE, que dejase definitivamente el espacio de centro a disposición de nuestros adversarios. Para evitar en lo posible esa imagen, era necesario que nuestro programa mantuviese con toda claridad los compromisos en materia de política económica y en política exterior y de seguridad. A cambio, lo que se le pedía a Izquierda Unida era que renunciase a presentar candidaturas en las circunscripciones en las que nunca había obtenido representación parlamentaria, agrupando votos en nuestras listas y contrarrestando, gracias a ello, la ventaja que la derecha obtenía del sistema electoral. Si lo lográbamos, el acuerdo podía permitirnos traducir en más escaños el conjunto de votos que obtuviese la izquierda.

Preparé esa oferta con un grupo muy reducido de mis colaboradores: Císcar, Rubalcaba, Maravall, Ignacio Varela y Miguel Barroso. El día 23 de enero, la víspera de su presentación ante la Ejecutiva, se lo comenté a Felipe en el avión, volviendo de Lisboa de una reunión de la dirección de la Internacional Socialista. Me dijo: «Yo no lo haría, pero tal y como lo cuentas no suena mal». Esa misma noche, llamé por teléfono a Chaves y a Bono, para anticiparles lo que iba a proponer en la reunión de la dirección, unas pocas horas después. Chaves lo recibió con mucha prevención, pues los dirigentes de IU en Andalucía pertenecían a la línea de Anguita, y le iban a plantear problemas de cara a sus elecciones autonómicas, coincidentes en la fecha con las generales.

Pero me dijo que no se opondría. Bono, por su parte, me dijo que haría constar en acta sus reservas, pero que no votaría en contra.

La Ejecutiva aprobó mi iniciativa, y comenzaron unas negociaciones cortas, pero muy intensas. A comienzos de febrero llegamos a un acuerdo que decepcionó en parte las buenas expectativas que se habían creado, pues IU no aceptó retirar sus listas al congreso en ninguna circunscripción. En cambio, los puntos para un programa de Gobierno que pactamos con ellos no se apartaron en nada sustancial de nuestros propios compromisos. Izquierda Unida aceptaba apoyar a un Gobierno partidario de la presencia en la OTAN y de la entrada de nuestra moneda en el euro.

Vistos los resultados del 12 de marzo de 2000, es evidente que el acuerdo con IU no supuso ninguna ayuda en términos de voto; aunque no hay ninguna base para afirmar, con los datos disponibles, que ésa haya sido la causa de la derrota tan abultada que sufrimos. Los estudios que he podido manejar demuestran que la dimensión del triunfo del PP se anunciaba ya en el inicio del proceso electoral; las razones que explican mejor la mayoría absoluta de Aznar residen en otros factores: la bonanza económica, la paz social, el rechazo de las actitudes tibias o confusas ante la radicalización del discurso de algunos nacionalistas vascos y la imagen de división y de enfrentamientos que ofrecíamos los socialistas.

La campaña electoral

Guardo de la campaña un recuerdo muy agradable. Hasta entonces, había participado en muchas elecciones, pero nunca como protagonista principal; incluso en las primarias de 1998, no había estado presente en las vallas publicitarias ni en los carteles que anunciaban los actos. Esta vez era distinto. Mi cara aparecía por todas las esquinas; me decían cómo debía recortarme la barba; intentaban elegir en mi nombre el color de la corbata que convenía llevar a la televisión; las señoras y los niños querían que les firmase y les dedicase mis fotos. Tuve la sensación de que me obligaban a renunciar a parte de mi propia personalidad, en aras de la eficacia. Pero por encima de las servidumbres propias de la era mediática, nunca antes había sentido directamente el calor humano, el cariño, la ilusión de tanta gente que me daba ánimos y me impulsaba a seguir adelante por un camino que era tan suyo como mío.

Sumergirse durante dos meses en el ritmo de una campaña es, en todo caso, un ejercicio que implica ciertos riesgos. Es muy difícil encontrar tiempo para analizar con serenidad cuáles están siendo realmente los mensajes que recibe el electorado de los diferentes candidatos, qué información es la que atraviesa el cúmulo de noticias que se generan cada día, o qué inflexión es necesario introducir en un determinado momento. El candidato tiene la sensación de no pisar el suelo: todos quieren verle y tocarle, tenerle en su localidad, pedirle que haga una excepción en su agenda para recibir a una delegación, invitarle a una fiesta o pedirle que haga mención a un determinado tema. «Joaquín, no se te olvide hablar de esto, o aludir a este otro, o mencionar tal problema». Se suceden las entrevistas, los cuestionarios, las declaraciones, las sesiones fotográficas.

Al candidato le acompañan varias decenas de periodistas, que trabajan muchas horas en condiciones mediocres, y tienen que escuchar una y otra vez el mismo discurso, sin dejar de titular cada día de forma distinta. En la campaña del 12-M, alquilamos un avión de turbohélice que nos trasladaba a todos, periodistas, colaboradores y candidato, de un lado a otro. Mila me acompañaba siempre que podía. Nos reíamos con los chistes de Enrique Guerrero, que no se separó de mí durante toda la campaña, igual que Xavier Roig. Con ellos comentaba lo que publicaban los medios, los sondeos que éstos encargaban o las declaraciones de Aznar; hacíamos apuestas sobre los resultados y, cuando buenamente podíamos, echábamos una cabezada para recuperar fuerzas. El día de Carnaval, varios de los miembros de la caravana se disfrazaron de Aznar y de Almunia, bailaron delante de nosotros y nos hicimos unas fotos para inmortalizar aquel momento.

Los actos públicos fueron desiguales. Destacaron por encima de todos el mitin en la plaza de toros de Valencia, el del Palau Sant Jordi de Barcelona y el cierre en Madrid, muy emotivo. El momento peor fue, por supuesto, el asesinato de Fernando Buesa. Estaba comiendo con Jerónimo Saavedra y Juan Carlos Alemán en el Hotel Mencey de Santa Cruz de Tenerife, cuando llegó la llamada fatídica que anunciaba el atentado. Allí mismo hice unas declaraciones con el rostro desencajado por la rabia y el dolor, e inmediatamente organizamos el viaje hasta Vitoria, donde llegué de madrugada.

En la campaña faltaron debates. No los hubo ni entre los dos candidatos principales, ni entre ninguno de nuestros respectivos portavoces sectoriales. ¿Es admisible, en la época de la democracia mediática, que un candidato pueda impedir por su cuenta y riesgo la confrontación de sus posiciones? Me quedé con las ganas de intercambiar mis ideas y mi programa con Aznar, ante algunos millones de espectadores, a los que me imagino frustrados por no haber podido escuchar nuestros respectivos argumentos.

Es verdad que a lo largo de las campañas electorales se deciden, en general, pocos votos, y que en los actos que se organizan participan sobre todo los ya convencidos previamente. Pero no concibo que se pueda hacer política desde un laboratorio, sin tener cerca a sus destinatarios, sin el contacto directo con ellos, sin percibir su emoción y su sufrimiento, sin mirarles a los ojos. Nuestro eslogan, «Lo próximo», quería expresar eso, y también que estábamos en condiciones de tomar el relevo. Pero no fue un eslogan muy acertado. Había que dar demasiadas explicaciones para que se supiese lo que intentábamos transmitir con él.

Los estudios de opinión de los que dispuse a lo largo de la campaña anticipaban correctamente el resultado. Como es lógico, muy pocos los conocían. De hecho, la distancia de diez puntos que logró el PP supuso una sorpresa para bastante gente. Yo tenía, sin embargo, además de la información del Comité Electoral y la que publicaban los medios de comunicación, un sondeo gratuito que se repetía cada vez con más insistencia a medida que se acercaba la fecha electoral: me lo proporcionaba la gente que se me acercaba con cara de circunstancias, y en voz baja me soplaba al oído: «Joaquín, ánimo, que siempre te toca lo peor».

Capítulo XIX

¿España se ha vuelto de derechas?

¿Cómo reaccionar tras una derrota electoral? A primera vista, la respuesta es muy sencilla. Cuando se pierden unas elecciones, sobre todo si los resultados se sitúan por debajo de las expectativas creadas, lo que debe hacer el perdedor es felicitar al ganador, analizar con la mayor serenidad posible las razones que justifiquen la desafección del electorado y asumir sus propias responsabilidades. Al menos eso es lo que he creído siempre, aunque algún colega piense que esa actitud no es la más conveniente ni, como suele decirse, «la más política». Siempre me ha parecido ridículo el esfuerzo que despliegan algunos políticos, durante las noches electorales, para transformar sus derrotas en victorias.

No comparto esa concepción tacticista de la política. Todos hemos sentido muchas veces vergüenza ajena al ver cómo los derrotados intentan, ante las cámaras de televisión, proclamar su satisfacción por los resultados, aunque a duras penas puedan ocultar el rictus de amargura que delata lo que sienten por dentro. ¿Quién puede confiar en la sinceridad de los políticos después de una noche electoral en las que nadie se considera perdedor? ¿Por qué dar la razón a los que opinan que ningún político es capaz de decir la verdad? Es mejor aceptar con respeto y deportividad el veredicto de los ciudadanos, y asumir las consecuencias.

Eso es lo que me propuse tras conocer los resultados del 12 de marzo. Las urnas confirmaron el peor de los escenarios que manejábamos durante la campaña: la mayoría absoluta de Aznar. Por desgracia, nadie apostaba a favor de una victoria socialista, que aparecía como una quimera inalcanzable; sobre ese particular, cabían muy pocas dudas. Éstas se centraban únicamente en saber cuál sería la diferencia de votos a favor del PP. Si no era muy amplia, el partido podría encarar la situación sin tomar decisiones drásticas. En cambio, ante un varapalo electoral amplio y sin paliativos no era aconsejable responder con paños calientes. En ese supuesto sería una torpeza aplazar una vez más unas decisiones obligadas por las circunstancias que veníamos atravesando en los últimos tiempos.

El 34 Congreso había improvisado una solución de emergencia. Nunca me engañé al respecto. Fui elegido secretario general como fruto de una decisión tomada en un contexto muy singular, y acepté serlo ante la evidencia de que ninguna otra fórmula hubiese sido capaz de recibir los apoyos necesarios en un lapso de tiempo tan corto. Esa improvisación, además, no se refería solamente a la «invención» de un nuevo secretario general, sino de toda la dirección. Una Ejecutiva construida con prisas, recibió un encargo de proporciones ingentes. Los avatares que vinieron después —algunos internos, como las primarias, otros ajenos a nuestra voluntad— nos lastraron aún más. Entre los errores propios y los condicionantes ajenos, no pudimos realizar una labor de oposición eficaz, capaz de desgastar al Gobierno Aznar y de ofrecer ante la opinión pública un proyecto alternativo atractivo.

LA DIMISIÓN

Por eso, dimití durante la misma noche electoral. En esos momentos tan duros, tuve muy presentes a los ocho millones de personas que me habían apoyado. Imaginaba su decepción y su tristeza, y la sensación de estupor que estarían experimentando ante un resultado aún peor que el que imaginaban. Pero decidí decirles la verdad.

¿Entenderían las razones de mi dimisión? Confiaba en que sí lo harían. ¿Se sentirían desprotegidos al quedarse el partido, de momento, sin liderazgo? Sin duda corríamos ese riesgo, pero debíamos asumirlo. ¿Deducirían de mi gesto una falta de consideración hacia ellos, tras la confianza que me habían demostrado? Durante la conversación en la que le informé de mi decisión, momentos antes de hacerla pública, Felipe estaba especialmente preocupado por este último aspecto, y percibí que no compartía muchos de mis argumentos para obrar con rapidez, aunque una vez más mantuvo un escrupuloso respeto ante los criterios que le expuse.

Al elegir ese momento para anunciar mi dimisión inmediata e irrevocable no estaba reaccionando de manera impulsiva ante la adversidad. En las semanas anteriores, a medida que se acercaba la fecha electoral, había meditado mucho sobre los pros y los contras de esa decisión, que temía tener que adoptar. Con ella, esperaba ante todo ahorrar al partido una interminable discusión para detectar a los principales responsables del revés que acabábamos de recibir. La renuncia colectiva de la Ejecutiva, motivada por mi dimisión, hacía innecesaria una operación de cortar cabezas.

Los Estatutos del partido prevén que, en caso de que dimita el secretario general, el resto de la Comisión Ejecutiva tiene que seguir su misma suerte. Había leído con especial cuidado ese precepto de nuestras normas internas cuando, tras las elecciones primarias, anuncié que quería renunciar a mis responsabilidades. Uno de las razones por las que, entonces, había reconsiderado mi primera decisión fue, precisamente, para no descabezar al partido cuando aún no había transcurrido un año desde la elección de la nueva Ejecutiva.

Esta vez las conclusiones eran opuestas a las de hace dos años. Ahora ya podía convocarse un congreso ordinario; es más, era conveniente hacerlo para que todos los afiliados debatiesen sobre las causas de una pérdida de apoyos tan sensible. Había que recuperar la autoridad de la dirección federal, pues la que yo dirigía había perdido parte de su capital político el día en el que Borrell ganó las primarias. Con la espectacular victoria que acababa de obtener Aznar, nuestra posición al frente del partido quedaba aún más debilitada.

De haberse producido un resultado similar al obtenido cuatro años antes, mi Ejecutiva hubiese podido afrontar la preparación del 35 Congreso en unas condiciones razonables. En cambio, la mayoría absoluta del PP proporcionaba argumentos para exacerbar cualquier crítica interna. Y lo último que necesitaba el partido era iniciar otra vez una fase de enfrentamientos entre las distintas familias y corrientes, que perdiese de vista la tarea enorme que había que emprender cuanto antes.

Con la desaparición tras de mí de toda la dirección anterior, se podría abrir un proceso de cambio generacional al frente del partido, que a mi juicio era de todo punto necesario. El continuo recurso del PP a ampararse en la actuación de los gobiernos socialistas para esquivar sus propias responsabilidades quedaría privado de base. Mientras los principales dirigentes de la oposición hubiésemos participado personalmente en las decisiones adoptadas antes de 1996, ellos podrían insistir en sus críticas al pasado, aunque el simple paso del tiempo les fuese restando credibilidad. Pero caerían en el ridículo más espantoso —como de hecho está sucediendo ahora— cada vez que intentasen responsabilizar de los errores cometidos por el PSOE hace una o dos décadas a unos dirigentes bastante más jóvenes que Aznar y sus compañeros de generación.

El rejuvenecimiento de la dirección socialista permitía que se incorporasen a ella gentes llegadas a la política en los años ochenta y noventa, capaces de aportar una visión más en sintonía con las aspiraciones de los ciudadanos españoles en el año 2000, sin estar condicionados por los esquemas y las pautas en las que se sustentaba nuestra trayectoria desde 1982. La renovación del partido estaba aún pendiente de culminarse, y el cambio generacional haría posible lo que no pudo realizarse antes.

No ignoraba que la noticia de mi dimisión caería como una losa entre los miles de afiliados socialistas que habían desplegado enormes esfuerzos durante la campaña. Cuando conocieron mi decisión, muchos de ellos estaban todavía efectuando el recuento de los votos en los colegios electorales, como interventores y apoderados del partido. Algunos de ellos me lo echaron en cara, pues habían sido incluso objeto de las chanzas de los interventores del PP. Lo siento, y les pido excusas.

Pero no quise, a la vista de la contundencia de los resultados, que nadie tuviese la sensación de que hacía oídos sordos al mensaje tan nítido que habían expresado los electores. Lo mejor que podía hacer era adelantarme a cualquier petición de dimisión, que sin duda hubiesen surgido dentro y fuera de nuestras propias filas. No tenía interés en aferrarme al cargo ni un minuto más. Ni siquiera quería alimentar la más mínima duda sobre mis intenciones.

Yo sentía la necesidad de mostrar que, ni personalmente ni como equipo de dirección, se nos había pasado por la cabeza perpetuarnos al frente del partido. Precisamente, uno de los elementos aglutinantes de quienes constituíamos el núcleo central de la Ejecutiva elegida en el 34 Congreso era el de cambiar las formas de ejercer el poder desde Ferraz, acabando con el viejo estilo que había imperado allí durante años. Siempre pensé que la dirección no debía pretender apropiarse del partido, sino servir a éste.

Había que decidir cuanto antes la manera de cubrir ese vacío. Al día siguiente, expliqué en detalle a mis compañeros de la dirección las razones en las que se fundaba mi dimisión, y analizamos la manera de elegir una dirección interina hasta la celebración del congreso.

Según nuestras normas, entre la convocatoria y la celebración de un congreso ordinario han de transcurrir cuatro meses, mientras que ese plazo es de sólo cuarenta días si se trata de un congreso extraordinario. Había pues que resolver que era mejor: si elegir cuanto antes una nueva Ejecutiva, o darnos un plazo de reflexión mayor. Cualquiera de las dos posibilidades era factible desde el punto de vista estatutario: los argumentos para optar entre una y otra eran de índole estrictamente política.

La primera hipótesis facilitaba una solución más conservadora: en poco más de un mes tendríamos un nuevo secretario general. Sin embargo, esa opción no proporcionaba un plazo suficiente para reflexionar a fondo sobre las causas de la derrota, debatir alternativas y permitir que surgiese gente nueva con aspiraciones para dirigir el partido. Esto sería más fácil, o si se quiere menos dificultoso, con un periodo transitorio algo más extenso. Hacerlo suponía, eso sí, que durante esos meses el PSOE tendría que sobrevivir con una dirección provisional. Y ése era un riesgo a valorar.

Pero había otras razones de peso. Una de las más relevantes tenía que ver con la necesidad de establecer una pedagogía política sobre la necesidad de asumir responsabilidades por los malos resultados obtenidos, con independencia de cuáles fuesen los errores cometidos y quiénes los hubiesen protagonizado. También aquí era conveniente marcar la diferencia. Si ante nuestra segunda derrota electoral consecutiva, que para más inri había sido mucho mayor que la primera, nadie asumía ser responsable de lo sucedido, ¿qué debía suceder para darnos por aludidos? Lo correcto era cargar sobre mis hombros con esa responsabilidad. Y al hacerlo, no me quedaba ningún margen para seguir dirigiendo el partido, ni siquiera durante los pocos meses que nos separaban del congreso ordinario.

Quería conseguir, además, que el debate precongresual se refiriese al futuro y no al pasado. Un proceso que se había quedado encallado en medio de batallas nominalistas que, las más de las veces, encubrían intereses particulares o simples rencillas y agravios de tipo personal.

Necesitábamos un esfuerzo de renovación mucho más intenso del que habíamos impulsado hasta entonces. De renovación en las ideas, para recuperar la sintonía con una sociedad que se había modernizado mucho, gracias al impulso que nosotros mismos habíamos protagonizado durante nuestros años de gobierno. De renovación, también, en la manera de hacer política, en los procedimientos empleados para tomar contacto con los ciudadanos y con sus problemas, o a la hora de organizar la vida del partido y orientar sus actividades. Y de renovación, en fin, de las caras, de las personas que encarnan ante la opinión pública lo que los socialistas somos y ofrecemos.

LAS CAUSAS DE LA DERROTA

Pocos días después del 12-*M*, en una larga intervención, expuse ante el Comité Federal mi análisis sobre los resultados electorales. Empleé de forma deliberada un tono crudo, pues no quería edulcorar la descripción de las causas de la derrota. Fue mi último discurso como secretario general. Me hubiese gustado poder repetir y ampliar esa intervención ante el 35 Congreso aunque fuese a título personal, pues la inexistencia de Ejecutiva hacía imposible que ésta presentase formalmente su informe de gestión ante el congreso. Avancé al Comité Federal que pediría en su día a los organizadores del congreso una autorización, a título excepcional, para dirigirme a los delegados, aunque ya no ocupase para entonces ningún puesto de responsabilidad.

Pensando en el congreso, en abril entregué a Chaves un informe de una veintena de folios, que redacté de mi puño y letra durante las vacaciones de Semana Santa, con el propósito de que fuese difundido y repartido a los delegados al congreso y de que en su día me sirviese como guión de mi intervención. Pero ese texto nunca salió de sus manos. Chaves desatendió mi reiterada petición de que se diese a conocer y yo no creí conveniente hacerlo entonces en contra de su criterio. Me imagino que quien presidía la comisión política temió que el debate que se pudiese provocar alterase el clima necesario para resolver en las mejores condiciones el objetivo principal del congreso: la elección de un nuevo secretario general. El informe quedó inédito, aunque algunas de las reflexiones que quería trasladar a mis compañeros de partido acabaron formando parte del debate.

¿Qué quería transmitirles? Ante todo, el análisis de lo que nos había ocurrido en los años anteriores, para detectar las causas, algunas más remotas y otras más actuales, que explicaban a mi juicio los malísimos resultados del 12-M. Esos resultados marcaron el final de un largo y fructífero ciclo político, que los socialistas habíamos iniciado en Suresnes veinticinco años antes. El PSOE pasó durante ese periodo por momentos muy brillantes, pero había llegado a las últimas elecciones debilitado y dividido.

La sucesión de Felipe González había encontrado serias dificultades, y la crisis de liderazgo era patente; los errores del pasado oscurecían parte de los logros alcanzados durante nuestros gobiernos; la derecha política y mediática seguía procurando por todos los medios la descalificación global de nuestra tarea y la tergiversación de la historia de la transición; los intereses territoriales parecían prevalecer sobre nuestro proyecto colectivo, sembrando dudas sobre la coherencia de éste.

En cambio, el PP había reforzado, durante su paso por el Gobierno, la imagen de modernidad acuñada en los últimos tiempos; sus principales dirigentes eran en su mayoría jóvenes que habían tenido poco protagonismo en los momentos, no tan lejanos, en los que la derecha parecía incapaz de desprenderse de su herencia franquista; la presencia electoral del Partido Popular se había ido extendiendo en sectores sociales y territorios tradicionalmente reservados a las formaciones progresistas. Aznar, en definitiva, había conseguido capitalizar los éxitos de su gestión al frente del Ejecutivo, al tiempo que procuraba menospreciar los de sus antecesores inmediatos.

LA GESTACIÓN DE LA CRISIS

Algunos de nuestros males venían de lejos. Se habían ido fraguando casi desde los comienzos de nuestra etapa de Gobierno, aunque se agravaron notablemente con la aparición de los principales escándalos de corrupción, en la primera mitad de los noventa. Pero, a la hora de explicar la pérdida de apoyo electoral que sufrimos durante la última década, tan erróneo sería pretender exculpar de su gran responsabilidad a los corruptos que surgieron en nuestras filas como atribuirles a ellos en exclusiva la culpa de lo que nos sucedió en ese periodo.

A lo largo de los años transcurridos desde nuestra llegada al Gobierno, se había ido resquebrajando el pacto mediante el cual el PSOE había representado en 1982 a una amplia mayoría social. Por descontado, los electores apreciaban en todo su valor el significado de la consolidación de la democracia, la expansión de los derechos y libertades, la modernización que se estaba produciendo en nuestro país o el ingreso de España en Europa. Pero esos mismos ciudadanos consideraban que, siendo todos ellos logros cuyo mérito era atribuible antes que a nadie a los gobiernos socialistas, se trataba ya de metas conquistadas con carácter irreversible, para cuyo cuidado el concurso del PSOE sería, por lo tanto, cada vez menos imprescindible.

Los votantes socialistas empezaron a menguar desde mitad de los años ochenta. Es verdad que los resultados que habíamos alcanzado en 1982 fueron excepcionales, y en parte se explicaban por el desmoronamiento estrepitoso de la UCD. Pero son muy pocas las excepciones a una regla general, acuñada desde entonces, que indica que allí donde el PSOE perdía el poder en beneficio del PP, no había sido capaz de recuperarlo; en cambio, eran numerosos los ejemplos en los que, a una primera victoria electoral de la derecha por una diferencia escasa, se había unido después su triunfo por mayoría absoluta. ¿A qué se debía esta tendencia tan persistente?

La opción a favor de la OTAN nos alejó de una parte de nuestros votantes de 1982; la reconversión industrial, las reformas laborales o el saneamiento financiero de la Seguridad Social provocaron desencuentros profundos con el movimiento sindical; el aumento de la fiscalidad, necesario para financiar un incipiente Estado de bienestar, nos enajenó a una parte de las clases medias. Esas políticas contribuyeron muy positivamente a la modernización de España y a la cohesión social, pero también ayudan a explicar algunas de las desafecciones que fuimos sufriendo con el paso del tiempo. Ya en junio de 1986 nos quedamos lejos de los diez millones de votos obtenidos cuatro años antes. Había algo de verdad en la definición de los «votos prestados» que Carrillo empleó para justificar la avalancha de votos hacia los socialistas que se produjo en 1982.

Aunque la derecha se mantuvo en los mismos niveles de representación parlamentaria y, por lo tanto, seguía sin constituir una auténtica alternativa, la comodidad de nuestra posición no podía ocultar que, en el lapso de una sola legislatura, nuestros apoyos habían menguado de modo sensible. En porcentaje sobre el censo total de electores, el descenso fue de casi ocho puntos. Un año más tarde, en las elecciones municipales y autonómicas de 1987, el electorado siguió lanzando señales de alerta, especialmente en las grandes ciudades. Además, volvía a surgir el espacio de centro, a través del CDS de Suárez.

El voto urbano fue el primero en mostrar cansancio hacia los socialistas, y se volatilizaba con tanta mayor facilidad cuanto mayor fuese su componente centrista. Pero sobre todo, el destino mayoritario de los votos que no pudimos retener era la abstención. Los escasos análisis que ponían lúcidamente el acento en las causas que empezaban a socavar nuestra mayoría electoral, elaborados por Julián Santamaría o Joaquín Leguina, no merecieron la atención debida. Según la versión oficial, no había que autoflagelarse; seguíamos teniendo votos más que suficientes, y el remedio consistía en hacer un esfuerzo mayor para explicar lo que hacíamos o, todo lo más, en corregir los sesgos derechistas de la política económica.

Sin duda, los socialistas sufrimos un desgaste en amplios sectores del electorado como consecuencia de los efectos inevitables de algunas de las políticas que emprendimos desde el Gobierno. Una de las características de la manera de gobernar de Felipe González era su capacidad para tomar decisiones cuando estimaba que convenían a los intereses generales, incluso sabiendo que al hacerlo ponía en riesgo el apoyo de algunos sectores de su propio electorado. Esa visión de estadista, que le honra, no siempre se veía recompensada en términos de votos.

Nicolás Redondo comparó injustamente aquella situación con la del «abrazo aristocrático» con el que, según Harold Laski, los conservadores británicos habían atraído hacia sus posiciones a Ramsay MacDonald, primer ministro laborista en la Gran Bretaña de los años veinte. MacDonald acabó pasándose al partido liberal. ¡Menos mal que Felipe no acabó dándole la razón a Nicolás!

Pero en política no basta acertar en lo sustancial de una estrategia de reformas. Los ciudadanos tienen luego que refrendar con sus votos a quienes las impulsan. Y para ello deben reunirse toda una serie de requisitos adicionales. Además de gobernar, hay que convencer; además de resolver problemas y superar obstáculos, hay que ser capaz de renovar la confianza de los electores. Y no siempre lo pudimos lograr. Muchos sectores de la sociedad se sintieron relegados a una posición secundaria, frente a unos gobernantes seguros de sí mismos y de su proyecto modernizador y reformista. Los propios empleados públicos, que debían ser los principales agentes ejecutores de algunas de nuestras principales reformas, se sintieron marginados en su diseño y poco motivados para llevarlas después a la práctica.

CARENCIAS EN LA REFLEXIÓN POLÍTICA

Por la experiencia de los años de Gobierno, sabíamos encarar, con más o menos acierto, los problemas del presente; pero no reflexionamos suficientemente sobre la manera de seguir haciendo realidad nuestros valores y mantener la identificación con quienes nos habían otorgado la confianza. Las críticas que se nos dirigían desde los sindicatos o desde IU, acusándonos de neoliberales, provocaban en nuestro electorado dudas que no éramos capaces de despejar con argumentos contundentes. En el interior del partido, también se instalaron esas dudas, aunque tardarían más en salir a la superficie. Muchos de nuestros dirigentes defendían al Gobierno con más firmeza que convicción.

Pese a que las muestras de que el sistema necesitaba ajustes se fueron acumulando, no hubo coraje para abordarlos en el momento oportuno. Las reformas se habían hecho inexcusables por la profundidad de los cambios habidos en la sociedad española, fruto en buena medida del proceso de modernización que nosotros mismos habíamos impulsado. Pero, como advirtió Felipe González, corríamos el riesgo de «morir de éxito».

Desde 1982, el partido no volvió a elaborar colectivamente un diagnóstico certero de lo que estaba sucediendo a nuestro alrededor. El proyecto con el que llegamos al Gobierno se iba desarrollando con eficacia, y en algunos casos incluso con brillantez; pero sin ser capaz de actualizarse mediante la formulación de nuevas metas ni la generación de ideas y propuestas a la altura de las demandas y aspiraciones de una sociedad cada vez más dinámica y madura.

El mismo grupo de dirigentes y de cuadros capaz de liderar el impulso transformador de toda la sociedad española no se paraba a interpretar correctamente las consecuencias políticas de sus propias actuaciones, ni prestaba suficiente atención a la tarea de explicar la razón de las decisiones que adoptaba. Muchas veces me he preguntado por qué. ¿Por qué el Partido Socialista no se atrevía a analizar el sentido último de los cambios que él mismo provocaba? ¿Cuáles eran las razones por las que nuestra reflexión colectiva era tan limitada? El debate político interno era casi inexistente. Las fundaciones del partido no jugaban el papel que sí habían desempeñado antes de 1982, en condiciones más difíciles. Las revistas teóricas languidecían, sin que nadie les prestase una atención real.

Los intentos de poner coto a esa situación buscaron la inspiración en ámbitos demasiado teóricos e intelectualizados, alejados de la política que realmente estábamos desarrollando y de las dificultades que debíamos superar. Las reuniones sobre el futuro del socialismo que impulsaba Alfonso Guerra, e incluso el Programa 2000, se movían en un plano paralelo a la realidad, sin encontrarse casi nunca con ella. Los documentos y resoluciones que elaboraba la Ejecutiva se inspiraban básicamente en los trabajos del gabinete de la Presidencia del Gobierno, sin traducir a un lenguaje accesible la acción del Ejecutivo ni enmarcarla en una explicación política convincente. Parecían existir dos lógicas distintas: el partido apoyaba lo que hacía el Gobierno, porque éste era socialista; pero, simultáneamente, desde la dirección se dejaba entrever que las auténticas políticas socialistas deberían ser otras, diferentes a las que emanaban del Ejecutivo.

La única voz que solía analizar el presente y anticipar el futuro con imaginación era la de Felipe, hacia quien se dirigían todas las miradas tratando de encontrar en sus intervenciones la piedra filosofal. Cada una de sus frases era analizada, interpretada y, sobre todo, repetida hasta la saciedad por casi todos los demás dirigentes del partido. Quien no se limitaba a repetir las palabras del líder era visto con recelo, o simplemente ignorado. Desde la dirección de Ferraz, se reclamaba el apoyo de los afiliados al Gobierno y la defensa de sus políticas; pero al mismo tiempo se filtraba entre los cuadros de confianza que el presidente del Gobierno debería escorarse algo más hacia posiciones ortodoxas, y escuchar menos algunas voces desvinculadas del «aparato» partidario.

QUIEN SE MUEVA NO SALE EN LA FOTO

Alfonso Guerra se distinguía por su habilidad para equilibrar con sutileza su condición de «número dos» del Gobierno y la toma de distancias respecto de algunas de sus políticas. Esta aparente contradicción se superaba gracias a la enorme disciplina que caracterizaba a los órganos del partido en los diferentes niveles. La máxima importada del PRI mexicano, de que «quien se mueva, no sale en la foto», se aplicaba a nuestro funcionamiento interno. En los debates congresuales y en las reuniones del Comité Federal se aceptaban las posiciones de la dirección por práctica unanimidad, sólo rota por unas pocas voces críticas, procedentes de Izquierda Socialista. Durante años, delegamos demasiadas responsabilidades en los máximos líderes del partido: las principales orientaciones políticas las fijaba Felipe y eran asumidas casi sin discusión; Alfonso Guerra se encargaba del funcionamiento del partido, organizaba las campañas electorales e imponía una férrea disciplina interna.

La falta de una reflexión colectiva suficiente para nuestras propias políticas iba acompañada de un estilo inadecuado al llevarlas a la práctica. En vez de intentar convencer, preferíamos recurrir a nuestra mayoría como argumento inapelable. Se fue extendiendo la idea de que nuestro estilo de gobierno era prepotente y arrogante, poco propenso al diálogo. Muchos sectores sociales que nos habían apoyado de manera entusiasta, se fueron alejando de nosotros; y no valoramos suficientemente el riesgo que suponía la renuncia a dialogar con ellos. El voto de las clases medias urbanas, de los funcionarios, de los jóvenes, de los profesionales, de los autónomos y pequeños empresarios o de algunos sectores del movimiento obrero, empezó a dirigirse a la abstención y, en menor medida, a otros partidos de centro o de la izquierda.

Como consecuencia, el partido se fue refugiando en su electorado más tradicional y en los votos de sectores sociales menos dinámicos: amas de casa, pensionistas, electores con niveles educativos muy bajos, parados... Es verdad que en democracia todos los votos tienen el mismo valor. Pero desde el punto de vista político, la pérdida de apoyos entre los sectores más activos supone normalmente que se ceda la iniciativa a la oposición. Y eso es lo que fue sucediendo desde finales de los años ochenta en la mayoría de los terrenos.

Progresivamente, fuimos prescindiendo de los matices y de los claroscuros y adoptamos un lenguaje dirigido a los previamente convencidos; mientras, la sociedad evolucionaba en sentido contrario, gracias a la madurez inherente al ejercicio de las libertades democráticas, a la extensión de la enseñanza y al creciente pluralismo informativo, que nosotros mismos habíamos promovido. La imagen de los socialistas empezó a dejar de ser sinónimo de modernidad, justo cuando la sociedad española se modernizaba velozmente. Siendo los principales responsables de la vertebración de una sociedad abierta y progresista, mostrábamos en nuestra actuación política actitudes cada vez más conservadoras.

Éstas también empezaron a manifestarse a la hora de reclutar a los dirigentes del partido. Desde los inicios de la transición, un gran número de personas de todas las edades, sexos, orígenes y profesiones, con carnet o sin él, habían participado en el desarrollo del proyecto socialista. Pero el acceso a los puestos de primera línea estaba más restringido. Quienes habíamos llegado a ellos a finales de los setenta, a una edad anormalmente temprana, formamos con el tiempo un tapón generacional muy espeso y difícil de desbloquear.

Se debió haber producido un cambio progresivo de caras, incorporando a gente que aportase savia nueva, capaz de proporcionar un nuevo impulso a la dirección del partido. Pero ese cambio generacional, salvo excepciones, no se produjo con la intensidad que hubiese sido necesaria. Los jóvenes se sintieron poco identificados con quienes no les abríamos suficientes puertas, y muchas personas valiosas se fueron quedando por el camino, frustradas por no encontrar la manera de seguir colaborando con el partido.

Los criterios para incorporar a los nuevos cuadros dirigentes respondían, en ocasiones, a otras prioridades menos confesables. Poco a poco se fue extendiendo una práctica política clientelar, sobre todo en ámbitos locales y regionales. Los nombramientos no siempre tenían en cuenta el perfil

NOMINATIONS PROFILE

que se requería para desempeñar las funciones del cargo con eficacia, valorándose ante todo la lealtad política y la influencia de la persona nombrada a la hora de asegurar el control de tal o cual agrupación local o comité del partido.

La patrimonialización de las instituciones al servicio de intereses de partido repercutía en la forma de usar los recursos presupuestarios. La adjudicación de subvenciones empezó a tener sesgos partidistas, olvidando que los principales destinatarios de nuestro paso por el poder no eran quienes estaban provistos del carnet del PSOE. A veces se tenía la impresión de que, para nuestros gestores, era más importante contentar a unos pocos miembros del propio partido que atender a los ciudadanos a los que había que pedir que renovasen su confianza en nosotros.

Cada vez nos costaba más esfuerzo retener los apoyos sociales conseguidos años antes. La mayoría de los afiliados y muchos de los profesionales con los que contábamos sólo eran requeridos para colaborar esporádicamente en las campañas electorales o asistir a actos públicos. Las informaciones circulaban en sentido descendente, sin crearse vías de participación en sentido inverso.

Una parte importante de la actividad de los órganos de dirección se canalizaba a través de las instituciones, y éstas se usaban a veces para garantizarse la propia supervivencia, a base del establecimiento de complicidades basadas en intereses particulares. En demasiadas ocasiones, dimos la sensación de que cualquiera valía para cualquier tarea, con tal de que acreditase suficiente lealtad hacia quien le había nombrado. Los enfrentamientos internos tenían que ver, en la mayoría de las ocasiones, con peleas de poder, y no con discusiones ideológicas.

UNA POLÍTICA DE COMUNICACIÓN ERRÓNEA

Tuvimos muchas dificultades en relación con los medios de comunicación. Los intentos para controlar los medios públicos, de intensidad y fortuna desiguales según los momentos, reducía en todo caso su credibilidad; además, nuestros intentos eran cada vez más inútiles, al progresar el pluralismo informativo. Incluso hubo personas o grupos ligados al partido que realizaron algunas inversiones en medios privados, casi siempre ruinosas. Cada vez que expresábamos con amargura nuestras quejas por el trato injusto que recibíamos de tal o cual medio, dejábamos al descubierto nuestra debilidad. Cuando cometíamos la torpeza de prescindir, en nuestras críticas, de cualquier diferenciación entre quienes recogían críticas fundadas de nuestras actuaciones y aquellos otros cuyo objetivo era pura y simplemente el acoso y derribo del Gobierno, los medios que intentaban informar con objetividad se sentían agraviados.

En cambio, no prestamos la atención debida a una estrategia de comunicación moderna, imprescindible para hacer política en la sociedad de la información. Ni desde el PSOE ni desde Moncloa se tuvo excesiva capacidad para definir líneas informativas coherentes y tenaces. Tardamos mucho tiempo en incorporar algunas técnicas y métodos elementales para desenvolverse en los medios audiovisuales. El hecho de que Felipe tuviese que esperar a 1993 para preparar a conciencia una intervención televisiva es muy revelador del voluntarismo y la falta de profesionalidad en la que nos movíamos.

En definitiva, el modelo de partido que había funcionado desde los años setenta a plena satisfacción, convirtiéndose en el punto de referencia de las demás organizaciones, empezó poco a poco a hacer agua. El partido había sido en ese periodo un magnífico instrumento para elaborar un proyecto político mayoritario, ahora necesitaba renovarse para no convertirse en un lastre de cara al futuro.

Junto a estos factores negativos, el partido ofrecía por supuesto otros muchos aspectos positivos, algunos de ellos admirables. La afiliación aumentaba sin cesar, nuestra implantación territorial llegaba a todos los rincones de España, y la labor desinteresada de miles de alcaldes y concejales representaba para millones de ciudadanos la prueba evidente de que los casos de corrupción no eran más que una excepción. Un amplísimo colectivo de hombres y mujeres estaban dando lo mejor de sí mismos para democratizar y modernizar España. Gracias a ellos, el respaldo electoral y social del PSOE mostraba todavía una gran solidez y resistencia; su deterioro se produjo con mucha más lentitud de la que algunos habían imaginado.

EL IMPACTO DE LOS CASOS DE CORRUPCIÓN

Por supuesto, el descenso electoral sufrido por el PSOE durante los últimos años se explica en buena medida por el impacto de los escándalos generados por los casos de corrupción, ante los que tanto el Gobierno como el partido reaccionamos tarde y mal. Desde el debate del 1 de febrero de 1990, en el que Alfonso Guerra arremetió contra la oposición como único argumento para tratar de explicar las actividades de su hermano Juan, se creó un estilo de respuesta a los ataques de que éramos objeto basado en unos presupuestos erróneos y torpes. Se insistía en ocultar las evidencias, en imputar cualquier acusación a las perversas intenciones de los que la formulaban, en escudarse detrás de la solidaridad entre socialistas para no asumir las propias responsabilidades, o en confundir las responsabilidades políticas con las de tipo penal, negando que aquéllas pudiesen existir sin que antes hubiese recaído una sentencia firme para establecer éstas: todos estos procedimientos fueron utilizados, de una u otra forma, como excusa con tal de no reconocer ningún error, no admitir nunca que se hubiese producido un comportamiento irregular, no exigir cuentas ni investigar a fondo y en serio los hechos que se denunciaban.

Perdimos un tiempo precioso. Los socialistas nos enajenamos en esos años el crédito de mucha gente. La forma de comportarse en política y de ejercer el poder por parte de los representantes del PSOE había sido hasta entonces, y hubiese debido seguir siéndolo, un referente moral. A partir de 1990, se produjo un punto de inflexión. La pérdida de capital político afectó, por primera vez, a Felipe González. El clima de escándalos empezó a dominar el panorama. Junto a él, las tensiones entre Gobierno y partido pasaron a ser, cada vez más, de dominio público.

La valoración del conjunto de nuestra acción de gobierno era positiva, y los electores no estaban dispuestos a renunciar a sus principales logros. Pero la figura pública de Felipe González había sufrido las consecuencias de la estrategia de ataques y críticas especialmente dirigida contra él, y la valoración positiva de nuestra gestión empezó a palidecer ante la opinión pública, pues otros factores arrojaban sombras sobre los socialistas. Los errores, los escándalos y los casos de corrupción se sumaron a la crisis económica y a la imagen de un PSOE dividido. Los aspectos negativos fueron superando a los positivos, y muchos electores apostaron por la alternancia. Aunque ésta tuviese que pasar por un Gobierno del PP.

Como consecuencia de todo ello, el PP fue consolidando su posición en sectores muy amplios y distintos del electorado a lo largo de los años noventa: entre los jóvenes y entre las personas mayores, entre hombres y mujeres, en las clases medias pero también en los demás estratos de la sociedad. El voto al Partido Popular se fue haciendo cada vez más interclasista y transversal; por contraposición, nuestros apoyos se concentraron progresivamente en los sectores tradicionalmente afines a las ideas socialistas, perdiendo presencia entre el electorado más volátil, que suele ser quien otorga en última instancia la mayoría.

LA SOCIEDAD ESPAÑOLA SE MUEVE

En esa evolución también tuvieron mucho que ver, además de las políticas realizadas y la imagen ofrecida por los respectivos partidos, los cambios profundos registrados en la sociedad española durante los dos últimos decenios. Frente a ellos, nuestra capacidad de respuesta fue claramente insuficiente.

¿Cuál ha sido el impacto de esos cambios sociales sobre las actitudes políticas? ¿Por dónde pasa ahora la línea divisoria entre izquierda y derecha? ¿Qué planteamientos tradicionales de la socialdemocracia han quedado inservibles?

En el PSOE, habíamos dedicado muy poca atención a esos y otros muchos interrogantes, que sin embargo preocupaban y preocupan a sectores importantes del electorado. Los perfiles diferenciales entre la izquierda y la derecha se han ido modificando con el tiempo, y ese proceso sufrió una considerable aceleración tras la desaparición del modelo comunista. La caída del Muro había supuesto el triunfo de la libertad frente a un modelo totalitario, lo que entre nosotros se traducía en la victoria de la socialdemocracia sobre el comunismo. Pero la nueva situación también representaba un desafío para el conjunto de la izquierda, que debía adaptar sus políticas a un entorno en el que el papel del mercado recuperaba terreno frente a la acción del Estado. Durante ese proceso, las diferencias entre izquierda y derecha aparecían confusas a los ojos de muchos ciudadanos, y los riesgos de una alternativa conservadora para el mantenimiento de la cohesión social no se percibían con la misma nitidez.

La política de una izquierda moderna debe responder, sin duda, a los mismos principios y valores de siempre, pero necesita definirse con unos parámetros muy distintos a los de hace cinco lustros. En España sigue habiendo una mayoría de ciudadanos que consideran necesario conciliar su progreso material con políticas de cohesión social. Mucha gente sabe que la política es imprescindible para defender sus derechos y avanzar hacia la satisfacción de sus necesidades básicas. Pero ya no es posible identificar mecánicamente democracia con izquierda, ni derecha con posiciones autoritarias. La prima de credibilidad democrática de la izquierda ha ido amortizándose a medida que la democracia se ha consolidado y que la derecha se ha modernizado.

Por eso, la tradicional polarización ideológica entre izquierdas y derechas ya no representa el mejor instrumento de movilización de los electores indecisos. La palabra «derecha» sigue estando proscrita del léxico políticamente correcto; pero el concepto del «centro político», desligado ya de lo que significó para identificar a la opción concreta liderada por Adolfo Suárez, ha proporcionado un socorrido refugio para abrigar un proyecto político como el de Aznar, que adolece de raíces confesables.

La derecha estaba obligada a modernizarse, al menos superficialmente, para romper el techo electoral que le mantenía anclada en la oposición. A raíz de la segunda y definitiva dimisión de Fraga, los herederos de Alianza Popular se pusieron a buscar sus nuevos referentes ideológicos. Bucearon por las aguas del liberalismo, de la democracia cristiana y del conservadurismo thatcheriano. En todas ellas encontraron vinculaciones, pero ninguna se acoplaba suficientemente a las necesidades del PP. Por fin, el viaje al centro iniciado por Fraga aún en vida de Franco pareció llegar a alguna meta durante la primera legislatura de Aznar en La Moncloa.

La opinión pública estaba en un momento propicio para creerse esa operación, que no dejaba de ser una mezcla de oportunismo, propaganda y realismo. Los españoles estaban deseando, en 1996, prestar más atención a los resultados concretos de la acción del Gobierno que a sus orígenes políticos o a sus planteamientos teóricos. Una parte del electorado ya había apostado por la necesidad de la alternancia, y quería enviar al PSOE a la oposición aun a costa de forzar sus propias convicciones ideológicas. Mal que nos pese a lo socialistas y por injusto que pueda parecernos, el recuerdo de los años de la crispación había llevado a muchos electores a tratar de poner tierra por medio respecto de un pasado reciente que les había dejado un sabor amargo.

QUÉ HACER DESDE LA OPOSICIÓN

Al pasar a la oposición en el conjunto de España, la reflexión que no habíamos hecho antes de la derrota, había que afrontarla ya sin más demora. ¿Cómo habíamos llegado hasta aquí? ¿Cuándo se había iniciado el declive del proyecto puesto en marcha en 1982? ¿A qué razones había que atribuir ese deterioro? Y, sobre todo, ¿qué había que hacer para emprender cuanto antes la recuperación?

Los electores llevaban tiempo enviándonos a los socialistas señales inequívocas de que esperaban que nos tomásemos en serio la necesidad de una renovación, de un nuevo impulso. Éste debía afectar al análisis de la realidad social, a las ideas, a las propuestas programáticas, al estilo de hacer política y a las personas. Una vez en la oposición, a partir de 1996, los electores nos exigían una explicación sobre las causas que pudiesen justificar lo sucedido y sobre la manera de reaccionar para evitar que esas situaciones se repitiesen en el futuro.

Ya no eran válidas las excusas para aplazar esa tarea. Pese a la derrota, el partido había resistido mucho mejor de lo previsible el acoso a que estaba sometido, pero ya nadie podía negar sus muestras evidentes de agotamiento, tanto en las ideas como en las personas. Se había reducido nuestra presencia pública, y ésta se centraba cada vez más en las discusiones internas. A medida que habíamos perdido poder local y autonómico, el partido se fue quedando sin fuerzas, alejado de la sociedad y encerrado en sus locales, lamiéndose sus heridas y ofreciendo síntomas crecientes de endogamia. La experiencia indicaba que donde habíamos pasado a estar en minoría, nos estaba costando un gran esfuerzo recuperar de nuevo los apoyos perdidos y volver a superar a la derecha. En la oposición municipal y autonómica, tendíamos a estar menos preocupados por los problemas de los ciudadanos que en solventar nuestras querellas internas.

Sin embargo, tardamos tiempo en reaccionar a fondo y dotarnos de una estrategia global para recuperar los apoyos y la confianza perdidos. Nuestros esfuerzos tuvieron que dedicarse, ante todo, a apagar algunos fuegos: la sucesión de Felipe; la respuesta ante las acusaciones sobre el pasado, que seguían siendo azuzadas desde el Gobierno y sus medios de comunicación; la disminución de la presencia institucional en los niveles regionales y locales; las divisiones internas.

Quienes pagaron las consecuencias de todo ello fueron la reflexión sobre el nuevo escenario creado con la llegada al poder del PP y el debate sobre cómo enfocar una oposición atractiva y eficaz: ambos escasearon de manera evidente. Dimos por descontado que el liderazgo de Aznar sería efímero, y el debate político dejó paso a una serie de enfrentamientos personales, basados las más de las veces en conflictos de poder interno. Cada vez había menos impulso renovador, pese a que los renovadores disponíamos de una mayoría muy amplia en los órganos de dirección del partido. Cada vez expresábamos menos ideas y propuestas dirigidas hacia la sociedad, y generábamos más información sobre nuestros problemas domésticos.

A partir de ese momento, sin embargo, las razones para votarnos ya no iban a basarse preferentemente en la afinidad ideológica y en el miedo a la derecha. Las fronteras entre los respectivos espacios políticos se habían hecho permeables, y el Gobierno de Aznar no estaba pensando aplicar medidas dirigidas a desmantelar una tras otra todas las conquistas sociales alcanzadas durante nuestros años en el Gobierno.

Tampoco necesitaba hacerlo, pues podía equilibrar las cuentas públicas y adoptar medidas fiscales regresivas sin necesidad de recortar brutalmente el gasto social. Una coyuntura económica tan brillante como la que se había encontrado el PP al llegar al Gobierno les permitía exhibir un crecimiento robusto y capitalizar la creación de empleo. El diálogo con los sindicatos barrió los temores de que se desmantelasen los logros alcanzados bajo los gobiernos socialistas en el terreno laboral y social. La rebaja del IRPF, vendida con un gran aparato propagandístico, enmascaró el aumento de la fiscalidad indirecta. El control abusivo de la información amortiguó las críticas que mereció la actitud del Gobierno en las empresas privatizadas. Sus aliados nacionalistas le dieron estabilidad parlamentaria, pero también sirvieron para que Aznar se desmarcase de sus planteamientos, enarbolando la bandera de lo español frente a los intentos disgregadores de alguno de los grupos que le habían apoyado en el Parlamento.

Frente a todo ello, nuestras críticas no calaron en la opinión pública. En unos casos, las denuncias no formaban parte de las preocupaciones prioritarias de unos ciudadanos satisfechos por la bonanza económica, la mejoría del empleo y la constatación de que la derecha no era tan cerril como para desmantelar el Estado de bienestar que nosotros habíamos construido. Las acusaciones en torno a la «guerra digital» contra el grupo PRISA, o la descripción de cómo se estaban utilizando las privatizaciones para poner al frente de las mayores empresas españolas a una nueva casta de dirigentes empresariales ligada por razones de amistad personal a Aznar o a Rodrigo Rato llegaban hasta los españoles de a pie más como una contienda entre políticos que como una muestra de que los intereses generales estuviesen quedando relegados frente a los particulares.

CRISIS DE LIDERAZGO

Por descontado, en la dificultad para que nuestro mensaje calase en el electorado tuvo mucho que ver la crisis de liderazgo que sufrimos durante todo ese tiempo. Los perfiles de nuestra política se vieron difuminados. Nuestras discrepancias internas ocupaban casi todo el espacio que conseguíamos en los medios de comunicación. Aparecíamos ante los ciudadanos ensimismados en nuestros propios problemas y alejados de sus preocupaciones; faltos de ideas y de ilusión. Y lo que aún era más preocupante, representábamos el pasado; un pasado reciente de crispación, tensiones y escándalos, del que todos querían olvidarse cuanto antes. No hubo forma de escapar de esa vinculación negativa, que provocaba rechazo y producía el alejamiento de muchos electores progresistas.

Después de más de trece años al frente del Gobierno, y de haber ocupado abundantes responsabilidades de gobierno en autonomías y ayuntamientos, el PSOE necesitaba, más que nunca, una profunda renovación.

No obstante, la renuncia de Felipe y mi elección como secretario general fueron apresuradas y mal digeridas por los afiliados. Éstos demostraron en las primarias que sus ansias de cambio no habían quedado en absoluto saciadas con la desaparición de quien fue su líder indiscutido durante veintitrés años, a quien todavía veían además moverse entre bambalinas. La elección de Borrell y el periodo de la «bicefalia» se saldaron con un balance muy negativo. Los motivos de su dimisión tuvieron que ver con otras razones, pero muchos pensaron que se había visto obligado a presentarla por las presiones del llamado «aparato», cuya entidad real nadie era capaz de definir pero al que se atribuían todo tipo de intenciones aviesas. Mi candidatura *in extremis* a la Presidencia era contradictoria con la voluntad que los afiliados habían expresado cuando tuvieron oportunidad de votar a «su» candidato, aunque los órganos del partido me hubiesen proporcionado ahora un respaldo casi unánime.

Por eso reconocí, ante el mismo Comité Federal que me había proclamado candidato unos meses antes, mi equivocación, tanto al no hacer efectiva mi renuncia después de la victoria de Borrell en las primarias como también al aceptar ser candidato tras la dimisión de éste. Una parte del electorado no entendió cómo era posible que alguien que no contaba con la máxima confianza de su propio partido se presentase ahora a solicitar la suya para gobernar. Todas las explicaciones imaginables, por razonables que fuesen, eran incapaces de vencer esa contradicción.

Acudimos, pues, a las elecciones con un grave problema de liderazgo. Y se notaba demasiado. Unos expresaban sin tapujos su nostalgia ante la ausencia de Felipe, mientras otros criticaban su omnipresencia; quienes no habían querido optar meses antes a la sucesión del sucesor de Felipe, ahora dejaban caer que sí lo harían tras el batacazo electoral. De la «bicefalia» estábamos pasando a la «acefalia», mientras las diferentes voces territoriales del partido ofrecían ante los ciudadanos la imagen de un partido carente de un proyecto nacional. Cualquier observador objetivo percibía que el PSOE tenía muy poca confianza en las posibilidades de ganar.

Al final, se confirmaron los peores presagios, y con la mayoría absoluta del PP se clausuró definitivamente el ciclo político que los socialistas habíamos iniciado a comienzos de los años setenta. Los jóvenes estaban alejados de nosotros; el movimiento sindical, con el que habíamos restablecido unas relaciones cordiales, se mantenía sin embargo a la expectativa, sin volcarse en nuestro favor; los intelectuales parecían, en general, escépticos y distantes; el mundo de la cultura, que siempre había respondido a nuestras llamadas, se sentía un poco abandonado a su suerte; las clases medias se mostraban satisfechas con la situación económica y desengañadas de la política. Nuestro discurso no había conseguido fundir el hielo que se había ido creando entre muchos votantes progresistas y el partido. Las divisiones internas formaban parte de nuestra imagen, y producían la sensación de que los dirigentes socialistas pensaban ante todo en sí mismos, y muy poco en la gente de la calle.

¿España se había vuelto de derechas? Nuestra segunda derrota, y la mayoría absoluta del PP, no tenían una fácil explicación basada en razones ideológicas. En marzo del 2000, el grueso de los votos se decidieron a apoyar a Aznar por otras razones. La gente no sentía ninguna necesidad de apostar por la alternancia, les importaban mucho más los resultados de la acción de Gobierno que la etiqueta ideológica de quien protagonizase esa acción. Por eso esta vez funcionó menos que nunca la llamada al voto de los progresistas frente a los conservadores.

Contra el olvido

No obstante, a pesar de la amplitud de la derrota podemos partir de una base sólida para emprender la recomposición de nuestro proyecto y competir cuanto antes con la derecha en la disputa por la hegemonía electoral. Gracias a la memoria histórica, el PSOE ocupa un lugar privilegiado en el electorado, como ningún otro partido podrá jamás alcanzar. El espacio político del centro-izquierda sigue siendo el que sintetiza el sentimiento mayoritario del electorado, aunque ello no se traduzca automáticamente en votos al partido. La sociedad española necesita de la existencia de una fuerza política progresista fuerte, capaz de articular sus demandas y sus aspiraciones.

Además, tenemos razones para estar satisfechos de lo que ha avanzado España durante los años en los que fuimos los encargados de gobernarla. Y esa satisfacción la compartimos con muchos ciudadanos, a los que una propaganda machacona no les va a hacer olvidar cómo era nuestro país antes de 1982. En política, hay que estar siempre dispuesto a denunciar los errores, pero también a valorar los aciertos, para no echar por tierra una y otra vez lo que tanto esfuerzo costó edificar.

¿Es posible comprender el éxito de la transición sin efectuar una valoración globalmente positiva del periodo 1982-1996? La España que Felipe González entregó a José María Aznar era indudablemente mejor, desde todos los conceptos, que la que él se había encontrado al llegar a La Moncloa. Durante esos años, los objetivos que movilizaron a los demócratas españoles desde finales del siglo XIX se fueron traduciendo en hechos concretos; con la única excepción del cáncer terrorista, todas las metas con las que soñábamos para democratizar y modernizar España pudieron alcanzarse. Son muy pocos los nostálgicos dispuestos a dar un salto hacia el pasado.

Empero, algunas voces muy poderosas están empeñadas en reescribir la historia, negando cualquier mérito al periodo de Gobierno socialista e intentando arrojar sobre él una capa de lodo que ensucie incluso los logros menos discutibles de nuestra labor al frente del Ejecutivo. Pero la realidad salta a la vista, por muchos esfuerzos que se hagan para tergiversarla o deformarla. Queda la preocupación de que, quienes no conocieron la época anterior, puedan menospreciar lo que hubo que hacer para disfrutar hoy de un país que ha recuperado en este último cuarto de siglo el atraso que venía arrastrando como consecuencia de la incuria de muchos decenios de gobiernos autoritarios e incompetentes. No es baladí, por ello, la preocupación por mantener el relato de nuestro pasado reciente a salvo de cualquier tentación de orientarlo en una dirección sesgada y sectaria.

El discurrir normal de nuestro sistema democrático sufrió serios desgarros durante el último periodo de gobierno socialista. Para derrotarnos, se traspasaron en muchas ocasiones los límites razonables de la acción política, se abandonaron las formas e incluso hubo quien jugó conscientemente con la propia estabilidad del Estado democrático. Y esas batallas tuvieron costes importantes. El encanallamiento del clima en el que se desenvolvía la vida política provocó una creciente desafección de los ciudadanos. Muchos de ellos perdieron la ilusión, dejaron de confiar en lo público, o cayeron en el pasotismo y en el hastío. A partir de ese momento, calaron en la opinión pública las voces que recelan del Estado y tratan de legitimar operaciones tendentes al desmantelamiento de lo público, con lo que de paso se deslegitima la acción de los políticos.

Pero quienes nos han sucedido al frente del Gobierno de España no han tenido que destruir lo que hicimos, antes de pasar a desarrollar sus proyectos. No han partido de cero, como tantas otras veces en nuestra historia, en la que los gobiernos tuvieron que empezar a trabajar sobre los cascotes procedentes del derribo de la obra de sus antecesores. Nosotros pudimos ya sustentar muchas reformas sobre las bases, todavía endebles aunque apreciables, que nos legaron los gobiernos de la UCD. Por eso es preocupante observar ahora cómo, en ocasiones, el PP de Aznar parece más interesado en minar la memoria de nuestro paso por el Gobierno que en utilizarla como referencia para proyectar a partir de ella sus propias políticas.

Los representantes de la derecha saben que los cambios registrados en el último cuarto de siglo —muchos de los cuales tuvieron lugar entre 1982 y 1996— se han convertido en indiscutibles incluso para quienes se opusieron a ellos en el momento en el que se estaban produciendo. Ésa es la mejor manera de valorar como se merece, en toda su dimensión, lo que nosotros hicimos en ese periodo.

Epílogo político

La sociedad española cuenta con más recursos que nunca para hacer frente a los desafíos del nuevo siglo. Hemos culminado la transición a la democracia y superado el atraso histórico que arrastrábamos desde el siglo XIX. Las necesidades básicas de nuestros ciudadanos están ahora mucho mejor cubiertas que en ninguna otra época de nuestra historia; la posición de España en el mundo se ha normalizado y nuestro prestigio exterior es elevado; la pluralidad de nuestro país está reflejada en nuestras instituciones, que son total e inequívocamente democráticas. De todos los grandes problemas históricos que arrastrábamos en 1975, sólo queda abierto el problema terrorista.

Sin embargo, quedan muchas cosas por hacer, y algunas no son fáciles. Por dos razones básicas. En primer lugar, las tareas que deben ocupar nuestra atención en los próximos años están probablemente más difusas —o si se prefiere menos definidas— que las que figuraban en nuestra agenda hace un cuarto de siglo. Tenemos más recursos, mejores instrumentos, capacitación suficiente para trabajar con ellos, pero falta claridad en la definición de los principales rasgos del proyecto que queremos llevar a cabo.

Hace veinticinco años era fácil explicar cuál era la España que soñábamos para el año 2000. Los referentes estaban claros: la democracia, el bienestar, Europa. Teníamos a mano ejemplos conocidos de lo que queríamos alcanzar, pues otros países habían llegado ya al lugar hacia el que nos dirigíamos. Hoy, en cambio, no es sencillo dibujar con trazos tan claros el país en el que deseamos vivir. A ello se añade una segunda dificultad: el ámbito mismo en el que realizamos nuestro trabajo —la actividad política, las instituciones democráticas— está atravesando por una crisis de confianza, que se agrava en España por los avatares de los años de crispación y desgarros que caracterizaron a nuestra vida pública en los años noventa, y que nos ha afectado de modo particular a los socialistas.

Procede, pues, clarificar los grandes perfiles de nuestra visión política. ¿Qué significa ser socialista o socialdemócrata a comienzos del siglo XXI? ¿Cuáles son los ejes que separan nuestras ofertas políticas de las de la derecha? ¿Cómo queremos que sea España dentro de un cuarto de siglo? No podemos ya buscar inspiración acudiendo a ver lo que sucede más allá de los Pirineos. Decir que nuestro modelo para España es el sistema político, económico y social vigente en los países más avanzados de Europa, no es decir nada. Porque eso ya lo hemos conseguido. Por fin hemos dejado de ser diferentes. Las distancias que nos separan de los demás son menores, de índole cuantitativa. Los principales países europeos, y la Unión Europea como espacio y horizonte común, se plantean las mismas interrogantes sobre el futuro; incluso, muchas de ellas desbordan las fronteras de nuestro continente.

LA IZQUIERDA ANTE EL FUTURO

Por eso hay que analizar las cosas desde un ángulo más global. ¿En qué situación queda la izquierda tras la caída del sistema comunista? ¿Por qué la democracia empieza a mostrar en público sus insuficiencias, justo en el momento en que su rival desaparece? ¿Cómo hacer política en un mundo globalizado, en el que los mercados mundiales tratan de imponer su ley? ¿A través de qué estímulos podemos reforzar los vínculos entre los ciudadanos y las instituciones representativas? Las mismas preguntas se pueden escuchar hoy en las calles de Madrid o de Santiago de Chile, en Londres o en Moscú. La misma interpelación se dirige a todos los políticos, sea cual sea su nacionalidad, aunque con más intensidad a los que formamos parte de la izquierda. Ésta, que creía contar durante buena parte del siglo XX con todo el viento de la historia a favor de su proyecto de sociedad, se ve ahora en la necesidad de reformular muchas de sus propuestas.

En realidad, la izquierda está atravesando una crisis; una más de las que ha sufrido a lo largo de su historia. No hay por qué negarlo, ni avergonzarse por reconocer lo que es obvio. Ante la evidencia, lo más aconsejable es diagnosticar a ciencia cierta lo que nos pasa, sin mirar para otro lado ni esperar cruzados de brazos algún remedio mágico para los males que nos aquejan. Males que no hace falta exagerar pero tampoco menospreciar. Entre otras razones, porque no disponemos de ninguna terapia rápida para curarlos de la noche a la mañana. Los manuales en los que aprendimos lo que había que hacer para materializar nuestras ilusiones se han quedado obsoletos. Las ilusiones de siempre persisten, pero casi todo lo demás es muy distinto a como se manifestaba en el pasado.

Tenemos que desbrozar un camino que no está trazado de antemano. Hay que evaluar las consecuencias de las continuas transformaciones que se vienen produciendo en los últimos veinticinco años, en todas direcciones. El balance es impresionante. Parece como si el cambio de milenio se resistiese a figurar como una simple efemérides motivada por los caprichos del calendario: la economía, la ciencia, las tecnologías, las fronteras, las estructuras sociales, las pautas culturales… casi todo lo que está a nuestro alrededor trata de presentarse ante el futuro con un nuevo rostro. Ya es un lugar común hablar de «nuevas tecnologías», de «nueva economía»… e incluso de una nueva era: la era de la información.

La repercusión de esas convulsiones no es idéntica en uno y en otro campo del espectro político. La derecha se adapta mejor a estos terrenos movedizos, en la medida en que opta por defender sus intereses en espacios que tratan de autonomizarse, si no de prescindir de la esfera pública. Cuanto más poder económico se acumule en unas pocas manos, más trivial y accesorio resulta el papel de la derecha política.

En cambio, la hegemonía del mercado a partir del hundimiento del modelo comunista ha generado nuevas turbulencias en el espacio progresista, que se añaden y se solapan con las que ya se venían manifestando desde los sesenta. Aunque la izquierda ha asumido el papel del mercado, sigue necesitando de la política para desarrollar sus ideas. Por encima del principio de eficacia, nosotros defendemos un proyecto humanista. Detrás de las estadísticas, vemos derechos, aspiraciones, sentimientos y necesidades vitales insatisfechas. Y para que ningún ser humano se vea aplastado ante el empuje de la pura lógica mercantil, hay que establecer un nuevo esquema de relación entre la política y la economía, entre el Estado y el mercado.

De la reacción de la izquierda ante estos cambios de tanto calado va a depender su éxito o fracaso ante unas dificultades que podrían acabar afectando, en el límite, a su propia identidad. Después de haber alentado tantas revoluciones políticas para cambiar la realidad social, la izquierda corre ahora el riesgo de convertirse en un mero sujeto pasivo de otras revoluciones —tecnológicas, científicas, etcétera— ante las cuales no debe perder la iniciativa. Porque los tiempos actuales exigen el mantenimiento de posiciones coherentes, pero a la vez compatibles con la necesaria agilidad para adaptarse a los cambios. Y para hacerlo, empezando por comprender e interpretar correctamente el sentido y el significado de lo que acontece a nuestro alrededor, se precisa además un considerable esfuerzo intelectual.

Pocos son los que, ante todo ello, quieren volver a abrazar unas ideologías cerradas que nos aseguraban hasta hace poco la respuesta a todas las preguntas y solución para todos los problemas. La opinión pública ya no reacciona así. Prefiere, con razón, que los políticos despleguemos la imaginación y busquemos nuevas orientaciones. Y eso es lo que nos cabe hacer, aunque cueste mucho trabajo; no podemos dejarnos arrastrar por la pereza mental y la falta de flexibilidad. En el peor de los casos, los que han optado por hacer frente a esos desafíos desde posiciones rígidas y actitudes conservadoras —que no son patrimonio exclusivo de la derecha— se han ido quedando en la cuneta. Son preferibles los espacios abiertos, las verdades relativas, los matices y los tonos suaves, que la tendencia a aferrarse al pasado. Siempre, claro está, que no confundamos el final de las certezas absolutas con el final de las convicciones y de los valores; ni la crisis de la izquierda con el preámbulo de su desaparición.

LA SOCIALDEMOCRACIA AFRONTA LOS CAMBIOS

Como ya se empiezan a vislumbrar algunas de las luces que aguardan al final del túnel, me atrevo a avanzar un primer balance de las bajas causadas y de los supervivientes de tanto movimiento sísmico. Mientras que el comunismo no ha podido mantenerse en pie ni siquiera como un modelo teórico, sobre todo a la vista de las funestas consecuencias de su aplicación práctica, la socialdemocracia es una de las pocas familias ideológicas que ha sobrevivido a todos los avatares. Lo ha conseguido gracias a su coherencia, pero sobre todo a su demostrada capacidad de adaptación a lo largo del tiempo.

En el plano teórico y filosófico, la socialdemocracia está asimilando, pese a algunas contradicciones inevitables, los signos de los tiempos. Su proyecto ya no es exclusivo de una clase, sino que ha pasado a dirigirse a toda la sociedad. La lucha de clases dejó de ser «el motor de la historia», y han ocupado su lugar otro tipo de tensiones derivadas de la desigualdad: por razón de género, de creencias, de niveles formativos o de acceso a los servicios públicos. Todas ellas necesitan respuesta desde una izquierda moderna. La empresa ya no es el espacio por excelencia del conflicto social, y en ella se auspicia muchas veces la colaboración entre empresarios y trabajadores. Los electores de la izquierda y de la derecha proceden de sectores sociales que se entremezclan entre sí, y los propios partidos son ya organizaciones interclasistas.

La socialdemocracia se propone en este nuevo escenario defender los intereses generales, interpretados a la luz de los valores en los que siempre se ha basado su misión liberadora. Las instituciones representativas y el principio de legalidad se han convertido en su principal herramienta para frenar los abusos de los grandes poderes económicos; ahora es la derecha quien desconfía del Estado. Pero la defensa del espacio público, asumida por la izquierda, no lleva en absoluto a su idealización: el Estado no puede ni debe encargarse de todo. Es más, la experiencia ha demostrado que hay cosas que el sector público no sabe hacer, o que cuando se le han encomendado, las ha administrado de manera ineficaz. Por eso, muchas de las políticas públicas tradicionales, aplicadas en los sesenta y los setenta, forman parte ya del pasado.

Leídos e interpretados a la luz de las nuevas circunstancias, nuestros principios y objetivos básicos gozan por tanto de buena salud. Incluso algunos de ellos han pasado a formar parte de las convicciones comunes del conjunto de la sociedad. Lo individual y lo social han dejado de ser vistos como conceptos contrapuestos, pasando más bien a complementarse uno a otro. La defensa del valor de cada individuo por encima de cualquier otra consideración grupal —nacional, religiosa, racial…— , y la de su autonomía en relación con la esfera pública, apuntan nuevos lugares de encuentro con el liberalismo político, heredero junto con nosotros de los valores de la Ilustración.

También nos marchan bien las cosas, en general, desde el punto de vista electoral. España ha sido, en los últimos años, una de las pocas excepciones a una regla que ha permitido importantes victorias de las alternativas socialdemócratas allí donde habían permanecido en la oposición desde los años ochenta. Los partidos hermanos del PSOE gobiernan en los principales países de la Unión Europea y en otros muchos lugares del planeta. La Internacional Socialista, una vez abandonado su tradicional eurocentrismo, ha sido capaz de atraer hacia sus filas a formaciones políticas de todos los continentes y de establecer relaciones con los demás exponentes del liberalismo progresista, incluidos los demócratas estadounidenses, hasta convertirse en la mayor «multinacional de la política» que existe en el mundo.

¿En qué se traduce, entonces, la crisis de la izquierda? No se trata ni de una crisis filosófica, ni tampoco de una crisis electoral, sino de una crisis política. Descartado el motor utópico inherente a la visión paradisíaca de una sociedad sin clases, la izquierda ha perdido un componente muy importante de su carácter profético. Y con él, la posibilidad de remitir a un futuro lejano la rendición de cuentas de su labor. El «reino» de la izquierda pertenece ahora a este mundo, un mundo que no se deja fácilmente gobernar. La misma socialdemocracia que es capaz de comprender la magnitud de los cambios que ocurren a nuestro alrededor, de asumir con naturalidad sus consecuencias y de gobernar con eficacia en el mundo de hoy, encuentra dificultades muy notables para transformar la realidad desde el poder. Y claro, la confianza en el futuro o la capacidad de ilusionar y movilizar a la sociedad para alcanzar nuevas cotas de progreso no se deja alimentar sólo con buenos propósitos.

Pese a las mayorías parlamentarias obtenidas últimamente por muchos partidos socialdemócratas, la endeblez de los resultados de sus intentos reformistas corre el riesgo de mover al escepticismo a sus propios votantes, que se preguntan si las propuestas de sus candidatos están condenadas, para ser realistas y viables, a parecerse como dos gotas de agua a las recetas que patrocina la derecha. ¿Se han esfumado en la práctica las diferencias entre unos y otros? ¿Todas las políticas y todos los políticos conducen al mismo sitio? ¿Acabaremos teniendo que renunciar a la reforma de una sociedad injusta, una vez abandonada la utopía de una sociedad distinta?

Diferencias entre izquierda y derecha

Por descontado, la respuesta es negativa: existen hoy, y seguirán existiendo siempre, alternativas distintas. Pero siendo sinceros, hemos de reconocer que los rasgos distintivos de las ofertas políticas de la izquierda y la derecha, que han configurado nuestra cultura política durante decenios, se han difuminado en una serie de terrenos. Muchas de las viejas confrontaciones del pasado han dado lugar a nuevos diagnósticos compartidos por unos y otros.

Esto es particularmente visible en el terreno económico. Hace veinte años —en Francia, en 1981— comprobamos los riesgos que comportaba una estrategia keynesiana tradicional ceñida en exclusiva al ámbito de cada uno de nuestros países. A partir de entonces, las recetas de los diferentes gobiernos empezaron a converger, fuese cual fuese su color político. El final del modelo de crecimiento sostenido de la posguerra europea afectó a la línea de flotación de nuestra estrategia, basada en la utilización de las políticas de demanda para alcanzar el pleno empleo.

El Estado del bienestar comenzó a sufrir entonces problemas estructurales, y el pacto social en el que se sustentaba hizo aguas. El peso de los impuestos sobre los bolsillos de los contribuyentes no podía seguir aumentando indefinidamente, y a partir de unos niveles determinados, alcanzados en la mayoría de los países europeos, el tamaño del sector público tendió a estabilizarse e incluso a reducirse. El dogma neoliberal impuso su hegemonía durante más de un decenio.

La convergencia entre políticas de distinto signo ideológico ha afectado a otros muchos aspectos: desde la delimitación de las funciones del sector público hasta la visión de la seguridad interior y exterior. En otros supuestos, como en la actitud respecto de los nacionalismos o el proteccionismo, la fractura atraviesa de modo transversal tanto a la izquierda como a la derecha.

Durante todo este proceso de ajuste de los postulados tradicionales de la izquierda, han faltado explicaciones que lo justifiquen y lo hagan comprensible. Y en contraste con esa precariedad argumental, a veces se ha dado la impresión de que el giro respecto de las posiciones tradicionales buscaba simplemente facilitar el acceso al poder. Obviamente, si la modernización de la socialdemocracia se deja dominar por la imagen de que con ella simplemente se quiere pagar el precio para conseguir una mayoría parlamentaria, se estará induciendo a la frustración a muchos de sus votantes.

COHERENCIA ENTRE PALABRAS Y HECHOS

La socialdemocracia necesita, por consiguiente, restablecer una relación coherente entre los valores que defiende, los objetivos que persigue y los resultados de su acción. O dicho de otra forma, entre las palabras y los hechos. Es imprescindible hacerlo para salir al encuentro de la demanda de seguridad que se ha generado entre los ciudadanos, tras la ofensiva neoliberal. Ya no es creíble la oferta de un horizonte utópico de progreso y de liberación, cuya fecha de realización se va posponiendo una y otra vez.

En los últimos años, han empezado a surgir iniciativas que intentan conciliar los buenos deseos y la realidad: van desde la Tercera Vía hasta los trabajos de la Comisión Progreso Global, que impulsa Felipe González por mandato de la Internacional Socialista. Al buscar el reencuentro del discurso con la realidad, el socialismo democrático vuelve a mirar hacia la sociedad civil y hacia el individuo. Se le pide al Estado que garantice resultados y que los distribuya con equidad, no que administre directamente unos recursos que en general no supo manejar de manera eficiente. Se intentan definir nuevas estrategias políticas que aseguren la complementariedad entre el fomento de la libre iniciativa de cada ciudadano y las actuaciones tendentes a redistribuir la renta y la riqueza o a garantizar la igualdad básica entre todos.

También la derecha intenta a su manera remozar sus planteamientos. A la vista de la pujanza electoral de la socialdemocracia, los conservadores han camuflado en los últimos tiempos el fundamentalismo neoliberal que caracterizó la época de Reagan y Thatcher, pasando a encubrir sus recetas con un piadoso velo centrista. Cuando no se sirven de tonos populistas, despliegan un considerable esfuerzo propagandístico para rodearse de una imagen de eficiencia y de modernidad. Aunque muchos de ellos no han renunciado a imponer su visión egoísta del funcionamiento de la economía y de la sociedad, mueven sus posiciones hacia el centro del terreno, donde saben que se encuentran los votos que proporcionan las mayorías parlamentarias.

Sus conveniencias tácticas no están acompañadas de una renovación en profundidad de sus presupuestos ideológicos; simplemente los ocultan, y en cuanto tienen oportunidad reducen la política a su mínima expresión. Por decirlo en tonos futbolísticos, «achican espacios». Frente a lo cual, una izquierda que se ha visto obligada a cambiar su sistema de juego reacciona con incomodidad.

La partida no ha acabado, por supuesto. Los electores van a seguir teniendo opciones diferentes, que representan alternativas e intereses distintos; la política no va a desaparecer de sus vidas, aunque la derecha se esconda en un *totum revolutum* disfrazado de centrismo. El interés general sigue necesitando que alguien lo defienda frente a los intereses particulares.

Quedan muchas tareas por hacer, que el mercado no resuelve. Las actuaciones de los grandes conglomerados económicos, que justifican su tamaño por imperativo de la globalización, entran sin embargo en contradicción con los intereses de una mayoría de ciudadanos desprovistos de otra capacidad de influencia y de poder distinta que no sean su voto y sus derechos fundamentales. La economía de mercado necesita reguladores que garanticen la igualdad de oportunidades y el acceso de todos al disfrute de los servicios públicos. Sin una actuación pública decidida, no es posible otorgar la prioridad estratégica que se merece la inversión en educación, tanto desde el punto de vista de la igualdad como de la cualificación de los recursos humanos. El Estado de bienestar requiere reformas y ajustes, pero su papel como garante de los derechos sociales de ciudadanía y como corrector de las desigualdades sigue siendo imprescindible.

LA GLOBALIZACIÓN

La dimensión espacial en la que se manifiesta el objeto de la política también está cambiando. El significado de las fronteras nacionales ya no es el mismo. Junto a las tensiones provocadas por la globalización, existen otras que pugnan por situar muchas de las decisiones en instancias más cercanas a los ciudadanos. En consecuencia, las funciones y competencias de los Estados nacionales necesitan readaptarse, pese a que los derechos y libertades fundamentales sigan siendo todavía reconocidos y protegidos a esa escala.

La globalización nos abre múltiples posibilidades y genera a la vez una innegable sensación de incomodidad. Se reconocen sus aspectos positivos pero se recela de ella. Mucha gente se siente insegura e impotente ante algunas consecuencias de la mundialización, lo que provoca instintivamente reacciones defensivas. Quienes se manifiestan en Seattle o Praga no lo hacen tanto por defender ideales nacionalistas; lo que denuncian es la falta de instancias políticas eficaces para encargarse, a escala global, de lo que sus Estados venían haciendo en el interior de sus territorios respectivos. Mientras que la actividad de las empresas desborda continuamente las fronteras, la política sigue recluida, en lo sustancial, en el interior de cada Estado. Los mercados han adquirido una dimensión mundial, pero los instrumentos de actuación política no han sido capaces de seguir esa evolución.

Ahora bien, si la globalización es un hecho inexorable, ¿qué hay que hacer para repartir sus frutos, conjurar sus riesgos o paliar sus efectos negativos? ¿Se pueden llegar a «desnacionalizar» una serie de ámbitos de la actuación política? Aunque esto último es difícil, no parece que quepa otra alternativa. Potenciar la dimensión supranacional de los partidos y de las instituciones es cada vez más urgente, si se quieren adoptar decisiones a un nivel coherente con el de los problemas que se plantean.

Recuperar espacio para la política

En definitiva, tenemos que responder a los intentos de limitar el espacio de la política y su capacidad transformadora, en una doble dirección. Por una parte, encontrando un catalizador de los sentimientos cívicos de los ciudadanos, sustitutivo del vínculo que les ataba a su respectiva clase social. En la izquierda, la conciencia de clase no ha sido sustituida por ningún impulso de progreso con fuerza para vencer la inercia del nacionalismo, que supone un lastre todavía muy poderoso. En la derecha, los designios del mercado priman sobre cualquier otra consideración. Y por otra, resolviendo los problemas planteados por la asimetría entre la dimensión global de los problemas y el formato nacional de la mayoría de los instrumentos políticos. Necesitamos construir una alternativa que, además de comprometer a los ciudadanos en la búsqueda de un mundo mejor, explique con credibilidad cómo puede gobernarse ese mundo, tan diferente al que alumbró nuestras ideas y nuestra cultura política, tan complejo. Aún no la tenemos.

Esa falta de definición hace que en todas las sociedades democráticas, desde las más maduras hasta las más jóvenes, se perciba en estos momentos una crisis de confianza en la política y en las principales instituciones representativas, que conlleva la pérdida de esperanzas y horizontes y el repliegue defensivo y escéptico hacia el individualismo. El triunfo de la democracia frente a sus enemigos ha dejado al descubierto, paradójicamente, sus fallos y sus insuficiencias, sin que aparezcan simultáneamente grandes referentes movilizadores de la opinión pública. La abstención aumenta; la televisión obliga a comprimir los mensajes políticos hasta su trivialización; los Parlamentos no encuentran la manera de adecuarse a las posibilidades que ofrece la sociedad de la información; los partidos políticos requieren importantes reformas en su funcionamiento e incluso en la misión que tienen encomendada.

La crisis de la política es un riesgo para la propia democracia, pues es el medio preferido para el surgimiento de populismos demagógicos y tentaciones xenófobas. Pero sobre todo es letal para el proyecto de la izquierda. Cuanta menor sea la identificación entre los ciudadanos y sus instrumentos de acción colectiva, más débiles serán las instituciones democráticas; y la debilidad de éstas es el escenario preferido de los que pretenden imponer sus intereses particulares sobre la voluntad de la mayoría. La izquierda tiene, por ello, más interés que nadie en fortalecer la legitimación de la política.

Hay que reivindicar el papel de la política, su utilidad para mejorar la vida y elevar las esperanzas de la gente. Cada vez que escucho la frase terrible: «¡todos los políticos sois iguales!», me rebelo contra ella. Porque para mí, como para otros muchos, la política es algo noble. Y debe seguirlo siendo.

¿Y EN ESPAÑA?

Los que vivimos la transición fuimos espectadores, y en alguna medida actores, de una política con mayúsculas: la de los grandes valores, la del diálogo, la de la tolerancia para con quien pensase de manera diferente, la de la imaginación para hacer posible un marco institucional y social en el que todos cupiesen. En esos años hubo también, sin duda, espacio para el desencanto: no pudieron alcanzarse a la vez todos los sueños acumulados durante el periodo de la dictadura. Pero la transición, incluidos los primeros años de nuestros gobiernos, pasará a la historia como una época de grandes ilusiones colectivas.

Muchos ciudadanos han llegado a pensar que, para sus intereses, no hay muchas diferencias en función de cuál de los dos grandes partidos esté instalado en La Moncloa. Y a nosotros nos corresponde hacerles ver esas diferencias. ¿Qué les decimos? Hay objetivos indiscutibles: el pleno empleo, que de nuevo parece alcanzable; la igualdad de géneros; la mejora de los mecanismos de atención a las personas mayores o a los que no pueden valerse por sí mismos; la educación y formación permanentes; la protección del medio ambiente. Y también hay requisitos necesarios: el respeto de la pluralidad nacional y cultural de España, el avance hacia la integración de los inmigrantes, la apuesta por la construcción de un espacio europeo en el que poder tomar las decisiones que desbordan ya los límites del Estado. En la práctica, las políticas del PP y del PSOE respecto de esos grandes temas difieren; pero en la formulación de sus enunciados, todos utilizamos casi las mismas palabras.

Por eso es crucial hablar de cómo pensamos avanzar hacia esos objetivos. La respuesta es, en este caso, tanto o más importante que la anterior. Y más difícil. Exige una definición del papel que otorgamos unos y otros a la política; avanzar propuestas sobre la manera de organizar los partidos y de desarrollar su actividad; dibujar las reformas que es preciso introducir en las instituciones básicas del Estado democrático, para que éste se adapte a la redistribución de los niveles de decisión que se está produciendo; hablar de qué reformas se quieren impulsar y cómo se piensan financiar.

La izquierda debe responder cuanto antes. ¿Está el PSOE en condiciones de hacerlo?

Hoy, casi cinco años después de la llegada de Aznar y del Partido Popular al Gobierno, las cosas empiezan a virar en nuestro favor. La perspectiva que ofrece el paso del tiempo, la renovación generacional de los dirigentes del PSOE y la experiencia de cómo se las gasta la derecha cuando ejerce el poder sin cortapisas, abren expectativas optimistas para la recomposición de los lazos entre lo que representa nuestro partido y las ansias mayoritarias de progreso que siguen muy presentes en la sociedad española. La diferencia que nos separa del apoyo electoral obtenido por el PP es perfectamente superable. Aspiramos a ganar de nuevo, y cuanto antes, para conseguir una mayoría parlamentaria que nos permita volver a gobernar. No es ninguna quimera.

El PSOE de hoy es el mismo de siempre, pero a la vez es mucho más de lo que era cuando nosotros nos hicimos cargo de él. En los años setenta, recobró pronto la presencia que había perdido en el interior de España, supo obtener un apoyo considerable de los electores, y ha impulsado transformaciones muy profundas en nuestro país. Los resultados electorales adversos de estos últimos años han marcado una cierta interrupción de esa labor, pero es razonable esperar que vuelva pronto a recuperar la mayoría parlamentaria.

En política, no obstante, el agotamiento de un ciclo no genera espontáneamente el comienzo de un nuevo periodo de auge. No nos debemos engañar: pese al descenso tan sensible de nuestros apoyos el 12-M, ninguna ley nos garantiza que hayamos llegado a nuestro suelo electoral. Nadie tiene asegurado un porcentaje mínimo de votos. Ni siquiera el Partido Socialista. En el 2000 hemos obtenido millón y medio de votos menos que en 1996, pero si no reaccionamos o cometemos de nuevo las mismas equivocaciones, lo que hoy parece un suelo electoral será difícil de alcanzar la próxima vez. Mientras que los apoyos se pueden perder de la noche a la mañana, recuperar la confianza de los votantes es una tarea ardua y complicada.

Por supuesto, el PSOE no necesita poner en cuestión sus fundamentos políticos. Ni siquiera acometer, como algunos propusieron tras el 12-M, una «refundación» como la que sirvió para transformar a la apolillada AP de Fraga en el PP de Aznar. No hay nada en nuestros orígenes de lo cual debamos avergonzarnos, lo que sí era el caso de la derecha surgida del franquismo reformista. Sin tergiversar el relato de nuestra trayectoria durante los últimos veinticinco años, podemos sentirnos satisfechos de asumir la época de Felipe González, tomando como base de nuestro proyecto lo conseguido en los últimos veinticinco años, aunque aprendiendo también de los errores en los que hemos incurrido.

Eso sí, debemos estar una vez más abiertos a los cambios, como en otras muchas ocasiones durante la historia del partido. El PSOE tiene que constituirse de nuevo, y cuanto antes, en un instrumento político creíble y atractivo. Ocho años consecutivos de mayoría parlamentaria del PP quizás no produzcan retrocesos irreversibles, pero sin duda dejarán secuelas. Los socialistas tenemos que encargarnos de cerrar la vía de la resignación y abrir la puerta a la esperanza de que el progreso sigue siendo posible, y de que sus frutos volverán a repartirse de forma equitativa entre todos.

Epílogo personal

El 12 de marzo de 2000 finalizó un largo ciclo en la vida del PSOE y se abrió una nueva etapa, cuyo mejor símbolo es la elección de José Luis Rodríguez Zapatero como secretario general del partido, encabezando una dirección compuesta básicamente por gentes pertenecientes a una generación distinta a la que había estado al frente de él durante veinticinco años. Sin rupturas políticas, pero con la conciencia clara de que el futuro necesita ser alimentado con ideas, estilos y talantes diferentes, la Ejecutiva surgida del 35 Congreso ha empezado ya a marcar con su propia impronta los destinos del socialismo español.

El cambio de ciclo también nos afecta, y mucho, desde el punto de vista personal. El 12-M se cerró un periodo apasionante de mi vida. Contemplando ahora lo que ha sido mi trayectoria durante este cuarto de siglo, me doy cuenta de la dificultad de separar la actividad política del resto de mi historia. La política me ha absorbido más de lo que nunca hubiese imaginado. Un cuarto de siglo más tarde, a mis cincuenta y dos años, he sido casi todo lo que se puede ser en política.

El testigo ha pasado ahora a manos de los nuevos dirigentes. A quienes les precedimos, nos corresponde ponernos a su disposición, apoyarles en su labor y ofrecerles nuestra experiencia. El partido les ha trasladado a ellos la responsabilidad de dirigir nuestros destinos. ¿Significa eso que me quiero jubilar de la política? En absoluto. Hoy ya no ocupo ningún puesto relevante, pero continúo en activo. Soy diputado y pertenezco al Comité Federal del PSOE. Sigo día a día la actualidad, escribo artículos de opinión en la prensa y, como es natural, estoy dispuesto a apoyar en lo que se pueda y a colaborar cada vez que se me requiera. Pero he tomado cierta distancia.

En los tiempos que vienen, mi lugar no está en la primera línea de responsabilidad, sino más bien en un prudente segundo plano, poniendo a disposición de los nuevos dirigentes mis conocimientos y un claro afán de colaboración. A lo largo de todo ese periplo, he acumulado muchas experiencias, de las que no me siento exclusivo propietario. También he conocido gente extraordinaria, desde líderes con proyección mundial hasta personas sencillas que se me han acercado para trasladarme sus problemas o mostrarme simplemente su apoyo y su cariño. Todos ellos me han enseñado cosas muy interesantes, de las que no se aprenden en los miles de libros e informes que he tenido encima de la mesa.

Desde mi nueva posición, siento necesidad de hacer también un pequeño —y provisional— balance personal. ¿Qué ha significado la política en este periodo, desde el punto de vista de mi vida particular? Mi familia se ha visto muy condicionada por mi actividad. Me casé y tuve dos hijos estando ya sumido en un trabajo sin horarios fijos ni fiestas predeterminadas. Mila, Cristina y Miguel han pagado un precio por ello, y nadie podrá decir que hayan recibido a cambio muchas satisfacciones. Parte de la atención que debía dedicarles fue sustituida por una larga lista de viajes, reuniones, comidas o cenas: si los españoles nos caracterizamos por malgastar el tiempo en supuestos almuerzos de trabajo y en reuniones interminables, en la vida política eso es particularmente cierto. Pero además, ser pareja o hijo de político marca mucho.

Mila ha tenido dificultades para participar normalmente en la actividad del partido, pues cualquier opinión que emitiese o cualquier gesto que pudiese hacer, corrían el riesgo de ser interpretados en función de su vinculación. Y ha perdido oportunidades profesionales por ser la mujer de quien era. Mis hijos han vivido siempre sabiendo que sus profesores, o sus amigos, les miraban de una manera especial. Mejor o peor, pero distinta a la de los demás niños. A veces, han llegado a ocultar su parentesco conmigo, para que les dejasen en paz.

Tengo muy buenos amigos entre mis compañeros y compañeras de brega política; pero a cambio, algunas de las amistades de mi infancia y de mi juventud se han ido diluyendo. He intentado no dejar de frecuentar a los amigos de siempre, pero a veces lo que más necesitaba cuando tenía un hueco en la agenda era la soledad. En los momentos de tensión, estaba tan absorto en mis propias preocupaciones, que otro tipo de conversaciones me eran ajenas. No me ha sido fácil encontrar todo el tiempo que hubiese querido para ir al cine, ni para leer todos los libros que se acumulaban sobre mi mesa, ni para ir a todos los conciertos. Ni siquiera para ir a ver al Athletic.

Se suele hablar siempre de la soledad en la que se encuentra quien tiene que tomar las últimas decisiones, sin nadie a quien apelar para compartirlas. Es cierta esa sensación, y muy difícil de evitar. Cuanto mayor ha sido el nivel de responsabilidad que he ocupado, mayor era la sensación de vivir dentro de una campana neumática, a cuyo interior llegaban distorsionados los mensajes del exterior. Por eso es tan necesario tener alrededor a alguien que, antes de pararse a pensar en sus conveniencias particulares, te hable con claridad, llamando a las cosas por su nombre y poniendo los puntos sobre las íes. He tenido la suerte, a lo largo de estos años, de poder contar con algunos colaboradores de estas características.

Además del círculo de colaboradores inmediatos, mi experiencia me indica que nunca hay que dejar de escuchar la voz de quienes viven alejados de los despachos oficiales. Pero, ¡qué difícil es que alguien te hable con franqueza y sin reservas mentales, cuando eres el que manda! Por eso, he procurado prestar una atención especial a quienes, sin defender ningún interés particular, se atrevían a hablar con franqueza; aunque ello me haya supuesto, en contrapartida, tener que aguantar con buenos modos algunas críticas duras. El descubrimiento del correo electrónico ha sido fantástico para poder recibir sin intermediarios las opiniones y comentarios de muchos ciudadanos a los que nunca se les pasaría por la cabeza solicitar una entrevista.

También me he visto obligado a enzarzarme en discusiones en las que, alguna vez, tuve que defender lo indefendible. Todavía recuerdo una cena con amigos en la que, el día en que José María Irujo publicaba por primera vez en *Diario 16* un avance de las tropelías de Roldán, defendí su honorabilidad a falta de pruebas que confirmasen las informaciones que todos habíamos leído esa mañana. Al cabo de una semana, llamé por teléfono a mis amigos para reconocer que ellos tenían razón. ¡Quién podía pensar que, teniéndolo tan cerca, fuese capaz de hacer lo que hizo! Hasta que lo leímos en la prensa, no había manera de imaginar que todo aquello podía ocurrir.

Cualquiera que se dedica a una actividad pública se ve rodeado cada día por gentes que fingen amistad y simpatía a raudales, ante las que conviene mantener bien alta la guardia, para distinguir bien los sonidos de los ruidos. En la política, se confunde muchas veces la amistad con la conveniencia y el afecto con el interés; a fin de cuentas, las relaciones humanas son imprescindibles para lograr un buen entendimiento, la imagen cuenta mucho, y no siempre es fácil distinguir a primera vista cuáles de los sentimientos que se manifiestan hacia nosotros son sinceros.

Hay, en este sentido, algunos especímenes especialmente peligrosos, que abundan allí donde se juntan dos o más políticos. Los aduladores, que permanentemente rodean al líder, diciéndole que es el más guapo, el más alto y el más listo. ¿Cuántos adulados son capaces de resistir su influjo, y no perder el sentido de la realidad? O los adictos a pedir favores y enchufes. Por no hablar de los golfos. Creo que me he conseguido librar bastante bien de los riesgos inherentes a todos ellos.

Valorando los pros y los contras, y pese a todos esos condicionantes, estoy satisfecho de haber optado por vivir así. Ni me quejo ni me arrepiento de haber decidido en su momento dejar a un lado mi itinerario profesional. Haciendo política, he vivido muchos momentos inolvidables. Me he sentido espectador en directo de la redacción de algunas páginas cruciales de nuestra historia contemporánea. He trabajado por aquello en lo que creo y con gente que cree lo mismo que yo: llevando a cabo políticas de igualdad, resolviendo problemas a la gente que más lo necesitaba, sintiendo cómo se emocionaban las personas mayores al poder estar cerca de uno de los representantes de las ideas por las que tanto sufrieron ellos o sus padres, o leyendo sus cartas llenas de cariño y de buenos sentimientos.

También he pasado por momentos muy duros; los peores han estado siempre relacionados con el terrorismo. ¿Quién me iba a decir que aquellas siglas de ETA, que recuerdo haber visto por primera vez pintadas con brocha gorda en un muro de Getxo a comienzos de los sesenta, iban a traer tanta sangre y tanto sufrimiento inútil? Cada vez que he visto llorar a los familiares de los asesinados me he hecho las mismas preguntas, llenas de rabia: ¿sabrán, los que disparan, que cuantas más veces lo hagan, mayor será nuestra determinación de hacer frente al terror?, ¿cómo pueden siquiera imaginar que todo un pueblo vaya a rendirse?, ¿qué le lleva a esa gente a cometer crímenes tan inútiles?, ¿cómo podemos extirpar las raíces del odio que han incubado?

He asistido a muchos funerales de víctimas del terror. Todos ellos igual de tristes. Todos los asesinatos, tan indignantes. Pero algunas muertes me han producido un golpe especialmente profundo: Enrique Casas, Fernando Múgica, Paco Tomás y Valiente, Fernando Buesa, Ernest Lluch. Su recuerdo es un argumento muy fuerte para seguir trabajando por las mismas ideas que ellos defendieron y que sus asesinos nunca podrán borrar del corazón de tanta gente que, como yo, les echan mucho en falta.

Me dejé atrapar por la política con gusto, incluso con pasión. Y voy a seguir en sus redes, viviéndola con más sentimiento que cálculo, dejándome guiar por el corazón, y no sólo por la razón. Después de tanto tiempo, me repugnan como el primer día quienes se acercan a ella para medrar y engordar su bolsillo. Quizás por eso, hayan sido muy pocas las ocasiones en las que he sentido que alguien quería tentar mis principios éticos, ofreciéndome la posibilidad de corromperme. Todos ellos pincharon en hueso.

Comprendo muy bien a los ciudadanos que nos exigen más a nosotros que a los políticos de la derecha. Con ello, nos recuerdan que la izquierda tiene que responder a un impulso ético. Siempre me ha parecido que así debe ser.

Por eso me ha producido tanto rechazo conocer los casos de corrupción que han afectado a compañeros nuestros, y a algunos de los altos cargos que nombramos desde el Gobierno. No he entendido nunca a quienes han podido pensar que una cosa eran los valores que defendemos y las leyes que aprobamos en el Parlamento, y otra diferente el que nosotros, a título individual o como partido, tuviésemos que respetarlas y cumplirlas. El rechazo de los electores a medida que se iban haciendo públicos los escándalos, no me sorprendió. ¿Qué otra cosa podían hacer, al ver que el partido no reaccionaba?

Viví también con amargura la pasión por el dinero que mostraron algunos compañeros durante lo que se llamó «la cultura del pelotazo», a finales de los años ochenta. ¡Qué razón tenía quien dijo aquello de que «si no se vive como se piensa, se acaba pensando como se vive»! Los sueldos que se ganan en la vida política no son, pese a lo que generalmente se dice, nada del otro mundo. Lo que gana un ministro, o incluso un diputado, está por encima de la media de los asalariados de nuestro país, pero claramente por debajo de los niveles de retribución de muchos profesionales. Por eso, quien tenga como objetivo en la vida ganar mucho dinero, lo mejor que puede hacer es alejarse lo más posible de la política. Política y dinero no son buenos compañeros.

Me alegra saber a cambio que yo, y la inmensa mayoría de mis compañeros, nos podemos seguir mirando a los ojos cada mañana cuando nos ponemos ante el espejo, puesto que hemos tenido un comportamiento limpio, honrado y sin nada de lo que avergonzarnos. ¿Lo sabe la gente con la que me cruzo por la calle? Es posible que una parte de ellos, no. Pero por mucho que nos parezca injusto, las cosas son así. Es cierto que en política la imagen es, en la mayoría de las ocasiones, más importante aún que la realidad. Pero al mismo tiempo que políticos somos personas, y para cada uno de nosotros, lo que tiene valor es la coherencia entre lo que decimos y lo que hacemos.

Acabo ya. Yo, y quienes como yo han vivido activamente la política del PSOE durante el último cuarto de siglo, nos encontramos ante una encrucijada: disponemos de una gran experiencia, tenemos todavía mucho tiempo por delante, pero ha llegado un momento en el que había que dar un paso hacia atrás. Era necesario un cambio generacional como el que se ha producido al frente del partido en el último congreso. En la medida de mis posibilidades, lo provoqué sabiendo muy bien lo que hacía. Se ha producido, y bienvenido sea.

En contrapartida, dispongo de un tiempo que antes me faltaba. Ahora puedo dedicarme, por fin, a algunas de las cosas que echaba de menos entonces. Por ejemplo, a aportar mi testimonio personal y mi forma de ver las cosas sobre algunos de los momentos que he vivido durante los últimos veinticinco años. Espero no haber hecho perder su tiempo a quienes me hayan acompañado durante este trayecto.

Índice onomástico

Abril Martorell, Fernando, 81, 82, 83, 93, 95, 111, 112, 118, 202
Acosta, José, 88
Aguilar, Miguel Ángel, 40
Aguiriano, José Antonio, 69, 156
Aguirre, José Antonio, 31
Ajuriaguerra, Juan, 219
Akal, Ramón, 60
Albero, Vicente, 286
Albistur, Xabier, 226
Alemán, Juan Carlos, 381
Almansa, Fernando, 34, 46
Almeida, Cristina, 128
Almunia, Cristina, 102, 117, 119, 130, 146, 155, 252, 430
Almunia, Luisa, 252
Almunia, Miguel, 27, 162, 252, 430
Alonso, Concha, 156, 251
Altamirano, Carlos, 66
Álvarez Cascos, Francisco, 290, 372
Álvarez de Miranda, Fernando, 118
Amann, José Isaac, 30
Anguita, Julio, 276, 285, 286, 338, 346, 361, 378
Ansón, Luis María, 291, 329
Aparicio, Pedro, 94
Arana, Sabino, 215, 218
Arango, Joaquín, 272
Aranzadi, Claudio, 243
Arberas, padre, 31
Ardanza, José Antonio, 227, 230, 231, 233, 238
Areilza, José María, 44, 91
Arenas, Javier, 272
Arias Navarro, Carlos, 61
Ariza, Julio, 172
Armada, Alfonso, 107, 119
Arregui, José, 112
Arzallus, Xabier, 218, 219, 226-232, 235, 277
Asunción, Antoni, 286
Aulestia, Kepa, 230
Azaña, Manuel, 202
Azcárate, Manuel, 128

Aznar, José María, 20, 22, 23, 231, 232, 234, 238, 239, 240, 242, 246, 247, 250, 264, 268-272, 276, 277, 285, 286, 287, 291, 293, 315, 332, 334, 335, 337-340, 343, 346, 351, 352, 360, 372, 373, 374, 375, 379, 380, 381, 384, 386, 390, 403, 405, 406, 409, 410, 426, 427
Azorín, Tomás, 220
Bandrés, Juan María, 163
Barbero, Marino, 309
Baroja, Pío, 32
Barón, Enrique, 96
Barrera, Heribert, 45
Barrionuevo, José, 141, 148, 194, 243, 250, 270, 296, 306, 318, 372, 373
Barroso, Miguel, 268, 269, 271, 357, 378
Barzelay, Michael, 209, 214
Beatles, 36
Beethoven, Ludwig van, 36
Belloch, Juan Alberto, 282, 286
Benegas, José María, *Txiki*, 117, 227, 228, 230, 249, 250, 275, 299, 312, 326, 327
Bernaola, padre, 38
Bernar, Ignacio, 45
Bettelheim, Charles, 37
Blair, Tony, 351
Blanco, Miguel Ángel, 233
Bono, José, 319, 328, 330, 376, 378, 379
Borrell, Josep, 20, 150, 169, 172, 208, 250, 318, 323, 330, 349, 355, 367-377, 385, 407
Boyer, Miguel, 66, 81, 139, 140, 142, 150, 152, 163, 169-172, 175, 183, 187, 188, 189, 302, 312
Brabo, Pilar, 128
Brandt, Willy, 66, 351
Brassens, George, 36
Buero Vallejo, Antonio, 32
Buesa, Fernando, 381, 433
Bustelo, Carlota, 88
Bustelo, Francisco, 65, 88, 98
Busturia, Daniel, 40
Caballero, Abel, 189, 243
Caldera, Jesús, 288, 348
Calvo Ortega, Rafael, 148
Calvo Sotelo, Leopoldo, 113, 115, 119, 120, 122, 129, 138, 139, 141, 143, 153, 352
Camacho, Marcelino, 55, 56, 80, 82, 106, 154, 185, 196
Campo Vidal, Manuel, 185
Campo, Julián, 151, 189
Camus, Albert, 32
Candela, Fuensanta, 162
Candela, Juan, 87
Candela, Milagros, 20, 21, 24, 26, 70, 87, 101, 102, 117, 119, 130, 144, 146, 155, 156, 161, 162, 194, 198, 252, 266, 355, 380, 430
Cañellas, Gabriel, 237, 238

Caño, Javier, 226
Carrero Blanco, Luis, 64, 202
Carrillo, Santiago, 43, 75, 82, 91, 106, 116, 128, 138, 392
Casals, Pau, 252
Casas, Enrique, 433
Castellano, Pablo, 45, 55, 56, 65, 88
Cebrián, Juan Luis, 269
Cercas, Alejandro, 65, 145, 184, 185, 327
Císcar, Ciprià, 19, 22, 326, 327, 329, 330, 353, 363, 366, 367, 378
Claes, Willy, 331
Claudín, Fernando, 44
Coloma, padre, 32
Colomo, Fernando, 73
Concha, Manuel de la, 286
Conde, Mario, 34, 245, 285, 289, 291, 294
Conde, Rosa, 243
Contreras, José Miguel, 268, 269
Corcuera, José Luis, 81, 141, 143, 154, 162, 166, 172, 174, 185, 186, 243, 284, 286, 292, 325
Crespo, Segismundo, 145, 149, 150, 157
Croissier, Luis Carlos, 198, 243
Cuenca, Miguel, 148, 149
Cuesta, Álvaro, 348
Cuevas, José María, 82, 129, 130, 174, 196
Chaves, Manuel, 26, 28, 45, 60, 69, 91, 106, 198, 328, 330, 355, 378, 389
Chopin, Fryderyk Franciszenk, 36
Debunne, Georges, 161
Desdentado, Aurelio, 67
Díez, Rosa, 334, 376
Dorado, Roberto, 145, 146, 268, 272
Dylan, Bob, 36
Eguiagaray, Juan Manuel, 22, 38, 98, 249, 250, 329, 330, 368
Eguibar, Joseba, 232
Eisenstein, Serguei Mijailovich, 38
Elordi, Carlos, 132
Elorza, Javier, 46
Engels, Friedrich, 35
Escudero, Margarita, 102
Escuredo, Rafael, 124, 129, 166, 237
Espert, Joaquín, 238
Espina, Álvaro, 101, 145, 149, 157, 192
Etxebarrieta, Txabi, 35
Fellermaier, Ludwig, 46
Feo, Julio, 145, 146, 220
Fernández Albor, Gerardo, 237, 238
Fernández Marugán, Francisco, 327
Fernández Ordóñez, Francisco, 78, 129, 146, 189, 248, 330
Fernández Ordóñez, Miguel Ángel, 254, 281

Fernández, Bernardo, 181
Fernández, Fernando, 238
Fernández, Mario, 226
Fernández, Matilde, 243, 327
Fernández Rioja, José Luis, 156
Ferrer Salat, Carlos, 82, 129, 156, 161, 180, 196
Foot, Michael, 66
Ford, John, 38
Fraga Iribarne, Manuel, 35, 58, 76, 91, 93, 117, 129, 138, 194, 227, 238, 246, 247, 284, 296, 403, 427
Franco, Francisco, 46, 47, 53, 68, 76, 116, 403
Frutos, Francisco, 23, 276 378
Fuentes Quintana, Enrique, 78, 81
Gala, Manuel, 253
Galeote, Guillermo, 309, 326
Garaicoechea, Carlos, 219, 220, 226, 227
García Bloise, Carmen, 57, 124
García Damborenea, Ricardo, 185, 229
García de Blas, Luis, 150
García de Enterría, Eduardo, 119
García Díez, Luis, 139
García Duarte, Antonio, 56
García Egocheaga, Javier, 226
García Miralles, Antonio, 279
García Sabell, Domingo, 246
García Salve, Francisco, 33
García Trevijano, Antonio, 62
García Valverde, Julián, 250
García Vargas, Julián, 198, 294
Garnacho, Manuel, 56, 85
Garton Ash, Thimoty, 17
Garzón, Baltasar, 270, 271, 282, 286
Gil Robles, José María, 45
Gómez de Liaño, Javier, 340
Gómez Llorente, Luis, 65
Gómez, Hipólito, 238
Gómez, Sócrates, 88
González, Felipe, 16, 22, 26, 42, 44, 45, 46, 47, 48, 57, 59, 60, 70, 73, 74, 76, 80, 86, 89, 91, 97-106, 110, 111, 113, 116, 119, 123, 124, 134-136, 138-144, 147, 151, 157, 166, 172, 174, 176-177, 187, 188, 189, 193, 194, 197, 208, 238, 242, 247, 248, 249, 250, 257, 258, 262, 264-272, 276-280, 285-288, 294, 295, 299-301, 303-312, 315-335, 338, 342-357, 359, 363-365, 367, 371, 373, 385, 390, 393-396, 399, 401, 404, 407, 409, 421, 427
Gorordo, José María, 34
Granados, Esteban, 115
Griffith, David Wark, 38
Griñán, José Antonio, 291, 351
Guerra, Alfonso, 42, 48, 98, 100, 102, 103, 124, 130, 132, 136, 140, 142, 143,

149, 157, 168, 169, 177, 187, 194, 197, 203, 242, 248, 249, 257-259, 261, 265-267, 272, 278-280, 288, 299-301, 303-312, 315-318, 321-327, 335, 348, 350, 356, 357, 363, 395, 396, 400
Guerra, Juan, 247, 265, 304, 306, 310, 400
Guerrero, Enrique, 380
Guevara, Juan Ramón, 228, 229, 231
Guindal, Mariano, 61, 164
Guterres, Antonio, 26
Gutiérrez Mellado, Manuel 115
Gutiérrez, Antonio, 196
Guzmán, Enrique, 40
Halliday, Johnny, 36
Hardy, Françoise, 36
Hawks, Howard, 38
Hermosín, Carmeli, 45, 326
Hernández Mancha, Antonio, 238, 240, 241, 246
Herrero de Miñón, Miguel, 238, 251
Homs, Françesc, 292
Hormaechea, Juan, 238
Ibáñez, Paco, 36, 135
Ibarreche, Juan José, 234
Ibarruri, Dolores, Pasionaria, 128
Iglesias, Juan, 45
Iglesias, Pablo, 58, 72, 74
Irujo, José María, 432
Irujo, Manuel, 45
Izquierdo, María, 203, 204
Jaúregui, Ramón, 228-230, 267, 328, 353, 354, 374
Jiménez Blanco, Antonio, 118
Jiménez de Parga, Manuel, 80, 148
Jiménez, Adolfo, 150
José Ramón, dibujante, 73, 94
Jospin, Lionel, 26, 351
Juan Carlos I, 68, 76, 112, 113, 118, 119, 122, 147, 148, 188
Juan XXIII, 33
Lago, general, 139
Laína, Francisco, 117
Lake, Anthony, 331
Lambert, John, 40
Lang, Fritz, 38
Largo Caballero, Francisco, 149
Larrañaga, Jesús, 226
Larroque, Luis, 128
Lasa, José Antonio, 344
Laski, Harold, 393
Lavilla, Landelino, 91, 115, 138
Leal, José Luis, 82, 96, 119, 253
Ledesma, Fernando, 141, 243
Leguina, Joaquín, 86, 101, 195, 243, 305, 318, 392
Leizaola José María, 45
Lerma, Joan, 328, 330
Lertxundi, Roberto, 128
Líster, Enrique, 43, 45
López Albizu, Eduardo, *Lalo*, 56, 74, 103

López Real, Francisco, *Curro*, 42, 43, 44, 45
Lutero, Martín, 101
Luzón, Francisco, 255
Llopis, Rodolfo, 38, 42, 44, 47, 55, 63
Lluch, Ernest, 103, 142, 188, 198, 433
MacDonald, Ramsay, 393
Macías, Francisco, 62
Madrid, Demetrio, 239
Majó, Joan, 189, 198
Mancho, Jesús, 56, 62
Mansilla, Pedro Pablo, 66
Maragall, Pascual, 374, 377
Maravall, José María, 113, 117, 141, 145, 151, 177, 188, 198, 243, 250, 257, 266-269, 271, 306, 307, 318, 355, 357, 378
Mardones, Luis, 247
Marey, Segundo, 344
Marín, Leocadio, 166, 194
Marín, Manuel, 42, 44, 47, 51, 71, 72
Márquez, Fabián, 82
Martín Toval, Eduardo, 253, 278, 279, 280, 308
Martín Vigil, José Luis, 32
Martínez Noval, Luis, 262
Martínez, José, 38
Martínez, Miguel Ángel, 43, 44, 47, 56, 58, 59, 65, 72
Marx, Carlos, 34, 35, 37, 65, 96
Masperó, François, 38
Mata, Enrique de la, 69
Mauroy, Paul, 125
Mayor Oreja, Jaime, 19
Meersch, Maxence van der, 32
Méndez, Cándido, 185
Miguel, Carmén de, 193
Milans del Bosch, Jaime, 118
Mitterrand, François, 38, 66, 73, 211
Mohedano, José María, 289
Moltó, Juan Ignacio, 205
Mollet, Guy, 38
Moral, Enrique, 88
Morán, Fernando, 141, 188, 189, 328
Moscoso, Javier, 188, 198, 201, 202, 204
Moustaki, Georges, 135
Mozart, Wolfgang Amadeus, 36
Múgica, Enrique, 45, 48, 56, 62, 106, 107, 243, 250, 277
Múgica, Fernando, 334, 335, 433
Muñoz, Javier, 52
Nadal, Joaquim, 94
Narvaiza, José Luis, 38
Navarrete, Carlos, 115
Navarro, Carlos, 165
Nenni, Pietro, 66
Novo, Luis Alonso, 56
Núñez Encabo, Manuel, 115
Obiols, Raimon, 102, 329, 330, 333, 351
Obrador, Francisco, 191
Oliart, Alberto, 139
Ollora, José María, 42

Omeñaca, Jesús, 35
Oreja, Marcelino, 246
Oriol, Antonio, 68
Palme, Olof, 66, 173, 351
Pallach, Josep, 45
Pardo Zancada, Emilio, 116
Parejo, Luciano, 203, 204, 205
Peña, Francisco, 204, 223, 239
Pereda, José María, 32
Pérez Ayala, Andoni, 34
Pérez Delgado, Julián, 31
Pérez Infante, Ignacio, 166
Pérez Mariño, Ventura, 270, 286
Pérez Rubalcaba, Alfredo, 21, 22, 318, 357, 378
Pérez Touriño, Emilio, 348
Pérez, Antonio, 38
Peridis, José María Pérez, 73, 190
Perote, Juan Alberto, 294
Persson, Goran, 351
Piñar, Blas, 91, 117
Piqué, Josep, 372
Plaza, Crisanto, 83
Pons, Félix, 189, 198, 201, 288
Portela, Marcial, 255
Portillo, Joaquín, 40
Prats, Joan, 142
Puccini, Giacomo, 36
Puerta, Alonso, 101, 126-127
Pujol, Jordi, 161, 220-225, 239, 277, 294, 295, 339
Quadra, Tomás, 189, 201, 205, 250
Quijano, Jesús, 328, 330
Quinn, Ruairi, 192
Quoist, Michel, 32
Raimon, Ramón Pelegero, 36
Rajoy, Mariano, 22
Ramos, Agapito, 88
Ramos, Francisco, 202, 203, 204, 205
Rato, Rodrigo, 340, 406
Reagan, Ronald, 240, 422
Redondo, Nicolás, 44, 45, 47, 56, 58, 59, 60, 61, 69, 70, 80, 82, 86, 87, 88, 92, 100, 104, 105, 133, 134, 144, 156-157, 161, 164, 169, 174-177, 184-185, 197, 245, 261, 264, 393
Renoir, Auguste, 38
Reventós, Joan, 107
Rincón, José Miguel, 38
Rincón, Luciano, 38
Ríos, César Alonso de los, 132
Ríos, Miguel, 135
Robledo, Rafael, 57
Roca, Miquel, 144, 219-225, 229, 277
Rocard, Michel, 211
Rodríguez Bolaños, Tomás, 94, 190
Rodríguez Casanueva, Manuel, 61
Rodríguez de la Borbolla, José, *Pepote*, 98, 243, 300, 305
Rodríguez Miranda, Santiago, 146, 147
Rodríguez Sahagún, Agustín, 78, 83, 112, 113, 116, 138

Rodríguez Valverde, Máximo, 56
Rodríguez Zapatero, José Luis, 18, 28, 137, 348, 429
Rodríguez, Miguel Ángel, 372
Rodríguez, Rosa, 56
Roig, Xavier, 380
Roldán, Luis, 284, 285, 289, 344, 432
Roldán, Santiago, 171
Rolling Stones, 36
Romanones Álvaro de Figueroa, conde de, 202
Romero, Carlos, 141, 151, 188, 250, 253
Romero, José María, 85, 105
Rosa, Javier de la, 245, 285, 291
Rosón, Juan José, 139
Rúa, Fernando de la, 26
Rubial, Ramón, 32, 59, 226, 355, 356
Rubio, Mariano, 286, 320
Ruiz Gallardón, Alberto, 272
Ruiz Jiménez, Joaquín, 43
Ruiz Mateos, José María, 163, 285, 344
Ryan, José María, 112
Saavedra, Jerónimo, 60, 69, 91, 106, 328, 381
Sáenz Coscolluela, Javier, 189, 250
Sagardoy, Juan Antonio, 100
Sánchez Merlo, Luis, 143
Sánchez Morón, Adolfo, 205
Santamaría, Julián, 337, 392
Saracíbar, Antón, 185
Sariego, Gustavo, 125
Sartorius, Nicolás, 67, 277
Sastre, Alfonso, 32
Satrústegui, Joaquín, 118
Sebastián, Pablo, 40, 46
Seeger, Pete, 36
Segura, Julio, 128
Semprún, Jorge, 44, 243, 250
Serra, Narcís, 94, 141, 188, 189, 250, 257, 271, 294, 301, 308, 319, 321, 328, 330
Serrano, José Enrique, 22
Serrano, Teófilo, 149, 157, 204, 208, 209, 253
Serrat, Joan Manuel, 135
Sevilla, Jordi, 348
Simón, Manuel, 55, 56
Siurana, Antoni, 94, 107
Solana, Javier, 26, 101, 111, 113, 124, 125, 177, 188, 189, 194, 197, 243, 250, 271, 295, 306, 318-321, 328, 330, 331, 355, 366
Solbes, Pedro, 250, 281, 283, 291, 292, 293, 332, 351
Solchaga, Carlos, 47, 81, 151, 152, 165, 168, 169, 170, 187, 189, 208, 221, 229, 258, 259, 278-281, 286, 287, 288, 299, 302, 303, 308, 312, 315, 319-321, 323, 326, 330
Solé Tura, Jordi, 250
Sosa Wagner, Francisco, 205
Sotillos, Eduardo, 151, 164, 189
Stroheim, Erich von, 38

Suárez, Adolfo, 62, 63, 64, 67-70, 75, 83, 89, 90, 91, 93, 97, 107-113, 115, 116, 119, 123, 130, 138, 220, 275, 322, 352, 392, 403
Suárez, Fernando, 176, 184
Subirats, Joan, 209
Tarradellas, Josep, 109
Tejero, Antonio, 111, 115, 117
Thatcher, Margaret, 209, 240, 422
Tierno Galván, Enrique, 75, 84, 91, 94, 141
Tomás y Valiente, Francisco, 223, 334, 433
Torres Rojas, general, 111
Turrión, Manuel, 88
Ullastres, Alberto, 40
Unamuno, Miguel de, 33
Uriarte, Pedro Luis, 226
Varela, Ignacio, 271, 272, 378
Vartan, Sylvie, 36
Vázquez, Francisco, 280
Vera, Rafael, 372, 373
Verdi, Giuseppe, 36
Vicente, Ciriaco de, 58, 142
Vida Soria, José, 118
Vilaró, Ramón, 40
Villaescusa, general, 68
Yáñez, Luis, 45
Yárnoz, Carlos, 307
Zabala, José Ignacio, 344
Zabalza, Antoni, 172
Zaguirre, José María, 85
Zaldívar, Carlos Alonso, 128
Zapatero, Virgilio, 198, 202
Zubizarreta, José Luis, 226
Zufiaur, José María, 85, 105

Este libro se terminó de imprimir
en los talleres gráficos de Huertas, S. A.,
Fuenlabrada (Madrid)
el mes de febrero de 2001